LA GOUVERNANCE DES SOCIÉTÉS ANONYMES DANS LA ZONE O.H.A.D.A

Dr Issa SIDIBÉ

LA GOUVERNANCE DES SOCIÉTÉS ANONYMES DANS LA ZONE O.H.A.D.A

L'Harmattan
Mali

Harmattan Mali / Tropique Editions
ACI2000 Bamako - Immeuble Jean-Marie CISSE
Bureau 10 - Tél.: +223 76 43 00 66 /+223 66 89 33 72
www.harmattanmali.com
Couverture et mise en page : Coco Joyce

L'Harmattan 2023
5-7, rue de l'École-Polytechnique ; 75005 Paris
http://www.librairieharmattan.com

ISBN : 978-2-336-42515-3
EAN : 9782336425153

Governance of corporations in the OHADA area

Summary
The review of the current practice of governance of corporations in the OHADA area reveals elements of corporate governance but with shortcomings.
Using the approach of analysis, synthesis and a comparative approach, this study provides evidence of the existence of such elements and their limits, in order to propose a harmonized convergence of practices governance in the area of OHADA by the adoption of a code of governance and a code of conduct for corporations.
The said elements are related to the organization of the powers, rights and protection of shareholders. Indeed, the hierarchy of powers of the organs of management is recognized by the Uniform Act Relating to Commercial Companies. The company can be administered either by a board of directors headed by a President or a Chief Executive Officer (CEO).

The lawmaker O.H.A.D.A. also organized the protection of shareholders by the consecration of the powers of government and their financial profit. Thus in various articles, the AUSC organizes the participation of shareholders at the general meeting, the right to vote, ask questions, and the right of communication and alert. Its financial prerogatives are its vocation to participate in and to enjoy dividends. It has at its disposal management expertise, an original legal instrument which allows him to control social leaders.

The principles of "corporate governance" of corporations have always advocated the fight against information asymmetry in favor of social leaders. However, it was found that the concentration of power in the unitary executive and the establishment of a deputy for companies with fewer than three shareholders are not conducive to transparency. This situation is aggravated by the coexistence in the OHADA area several systems of legal control : SYSCOA, OHADA accounting law, CIMA, CIPRES code, OAPI and embryonic financial markets.
Therefore, the study recommended a governance code and a code of conduct to make them more efficient public companies by the

convergence of universal practices of governance that does not deny the inclusion of elements of African entrepreneurial culture.

Keywords : Corporate governance, family council, managers, social leaders, powers, shareholders, transparency, good practice, leadership, social accountability, liability, performance.

La gouvernance des sociétés anonymes dans la zone O.H.A.D.A.

Résumé

L'examen de la pratique de la gouvernance des sociétés anonymes de la zone O.H.A.D.A. révèle des éléments de la « corporate governance » avec des insuffisances.

A l'aide de l'approche de l'analyse, de la synthèse et d'une démarche comparative, cette étude met en évidence l'existence de ces éléments et leurs limites, afin de proposer une convergence vers des pratiques harmonisées de gouvernance dans la zone O.H.A.D.A. par l'adoption d'un code de gouvernance et d'un code de bonne conduite des sociétés anonymes.

Lesdits éléments sont relatifs à l'organisation des pouvoirs, des droits et de la protection des actionnaires.

En effet, la hiérarchisation des pouvoirs des organes d'administration, de direction et de gestion est reconnue par l'AUSC. La société anonyme peut être administrée selon le cas par un conseil d'administration dirigé par un Président du conseil d'administration ou par un Directeur général, ou par un Président –Directeur-Général.

Le législateur O.H.A.D.A. a aussi organisé la protection des actionnaires par la consécration à leur profit des pouvoirs de contrôle de la gestion, mais également des droits sur les résultats de l'entreprise. Ainsi dans diverses dispositions, l'AUSC organise la participation de l'actionnaire à l'assemblée générale, son droit de vote, de poser des questions, de communication et d'alerte. Il a, à sa disposition l'expertise de gestion, un outil juridique original qui lui permet de contrôler les dirigeants sociaux.

Les principes de la « corporate governance » a toujours prôné la lutte contre l'asymétrie d'informations au profit des dirigeants sociaux. Or il a été constaté que la concentration de pouvoirs dans la structure moniste de direction et l'institution d'un administrateur général ne sont pas de nature à favoriser la transparence.

L'étude a, par conséquent, recommandé un code de gouvernance et un code de bonne conduite pour rendre plus performantes les sociétés anonymes par la convergence vers des pratiques universelles de gouvernance qui ne nient pas la prise en compte des éléments de culture entrpreneuriale africaine.

Mots Clés : Administrateurs, dirigeants sociaux, pouvoirs, actionnaires, transparence, bonnes pratiques, responsabilité des dirigeants sociaux, responsabilité sociétale, performance.

DEDICACES

A mes parents, in memoriam, en faible témoignage et modeste reconnaissance des sacrifices que vous avez consentis pour moi.

A ma très chère épouse, exemplaire Hassanatou Tall, avec l'expression de toute mon affection dont le soutien pour la réalisation de ce livre a été remarquable.

A ceux à qui nous devons

REMERCIEMENTS

Nos remerciements vont au professeur Abdoulaye Sakho,

Pour toutes les vertus dont il a fait montre dans la redaction du présent livre

AVERTISSEMENT

La faculté des Sciences Juridiques et Politiques n'entend donner ni approbation, ni désapprobation aux opinions émises dans cette thèse.

Celles-ci doivent être considérées comme propres à leur auteur.

LISTE DES ABRÉVIATIONS

A	:	Arrêté
AFEP	:	Association française des entreprises privées
Al.	:	Alinéa
Art.	:	Article
AUSC	:	Acte Uniforme relatif au droit des sociétés commerciales et du groupement d'intérêt économique
AUPC	:	Acte Uniforme portant organisation des procédures collectives d'apurement du passif
AUOHC	:	Acte Uniforme portant organisation et harmonisation des comptabilités des entreprises
BCEAO	:	Banque Centrale des Etats de l'Afrique de l'ouest
B.R.D.A	:	Bulletin rapide de droit des affaires Francis Lefebvre
BRVM	:	Bourse Régionale des Valeurs Mobilières
BVMAC	:	Bourse des Valeurs Mobilières de l'Afrique Centrale
Bull. C.N.C.C	:	Bulletin du Conseil national des commissaires aux comptes
Bull. CIV.	:	Bulletin des arrêts de la Cour de cassation (chambre civile)
Bull. Joly Sociétés	:	Bulletin Joly (mensuel d'information des sociétés)
Bull. Crim.	:	Bulletin des arrêts de la Cour de cassation (chambre criminelle)
CCJA	:	Cour Commune de justice et d'arbitrage
Cass. Com	:	Arrêt de la chambre commercial de la Cour de cassation
Cass. Civ.	:	Arrêt de la chambre civile de la Cour de cassation
Cass. Crim	:	Arrêt de la chambre criminelle de la Cour de cassation

CA	:	Cour d'appel
CAC	:	Commissaire aux comptes
Cah. Dr. Entr.	:	Cahier des entreprises
CGA	:	Centre de Gestion Agréé
C.M.F	:	Conseil des marchés financiers
CNC	:	Conseil national de la comptabilité
CNCC	:	Compagnie Nationale des Commissaires aux comptes
CEMAC	:	Communauté économique et monétaire de l'Afrique Centrale
CIMA	:	Conférence Interafricaine des marchés des assurances
C.O.B	:	Commission des opérations boursières
C.O.S.U.M.A.F	:	Commission de surveillance des marchés financiers
chron. Semaine juridique	:	Entreprise et affaires
CIPRES	:	Conférence interafricaine de la prévoyance sociale
CRCA	:	Commission Régionale de Contrôle des assurances
CREDA	:	Centre de Recherche sur le droit des affaires
C.R.E.P.M.F.	:	Conseil régional de l'épargne publique er des marchés financiers
D. affaires	:	Dalloz affaires
DG	:	Directeur Général
doctr.	:	Doctrine
Dr. et patrim.	:	Droit et patrimoine
Dr. sociétés	:	Droit des sociétés
Dr. Soc.	:	Droit social
éd.	:	édition (s)
GAZ. Pal.	:	Gazette du palais
GE	:	gouvernement d'entreprise (gouvernance d'entreprise)
GIE	:	Groupement d'intérêt économique
IAS	:	International Accounting Standard
IFRS	:	International Financial Reporting Standard

ICGN	:	International Corporate Governance Network
JCP	:	Juris-Classeur périodique (la semaine juridique)
JCPE	:	Juris-Classeur périodique, édition Entreprise
Jurispr	:	Jurisprudence
L.	:	Loi
LGDJ	:	Librairie générale de droit et de jurisprudence
Loi NRE	:	Loi sur les Nouvelles Régulations Economiques
LSF	:	loi de sécurité financière
MMDA	:	Model Mining Development Agreement
MEDEF	:	Mouvement des entreprisses de France
NTIC	:	Nouvelles Technologies de l'information et de la communication
OAPI	:	Organisation africaine de la propriété intellectuelle
OCDE	:	Organisation pour la coopération et le développement économique
OHADA	:	Organisation pour l'Harmonisation en Afrique du droit des affaires
OPA	:	Offre publique d'acquisition
p.	:	page
P-DG	:	Président directeur général
PCA	:	Président du Conseil d'Administration
PME	:	Petite et Moyenne entreprise
RTD.com.	:	Revue de droit commercial
RTD civ	:	Revue trimestrielle de droit civil
RCCM	:	Registre de commerce et du crédit mobilier
RD compt.	:	Revue de comptabilité
RSE	:	Responsabilité sociétale des entreprises
Rev. Sociétés	:	Revue des sociétés

Rosc	:	Rapport sur l'Observation des Normes et Codes
SA	:	Société anonyme
SARL	:	Société à responsabilité limitée
SNC	:	Société en non collectif
SCS	:	Société en commandite simple
SYSCOA	:	Système Comptable ouest africain
SYSCOHADA	:	Système comptable de l'OHADA
Th.	:	Thèse
Trib. Reg.	:	Tribunal Régional de Dakar
Trib. Com.	:	Tribunal de commerce
UEAC	:	Union Economique d'Afrique Centrale
UEMOA	:	Union Economique et Monétaire Ouest africaine
U.M.A.C	:	Union Monétaire de l'Afrique centrale
UNIDA	:	Association pour l'unification du droit en Afrique
Vr.	:	Voir

SOMMAIRE

INTRODUCTION GENERALE

1- Le gouvernement est un terme qui désigne, à la fois, l'action et la manière de diriger, d'une part, et l'organe qui détient le pouvoir de diriger un pays ou une entreprise[1] d'autre part.

2- En revanche, la gouvernance d'entreprise est l'ensemble des processus, réglementations, lois et institutions influençant la manière dont l'entreprise est dirigée, administrée et contrôlée[2]. « Pour que l'on ne puisse pas abuser du pouvoir, il faut que par la disposition naturelle des choses, le pouvoir arrête le pouvoir »[3]. Pour certains elle est classiquement définie comme le système de direction et de contrôle des entreprises[4] et aussi comme un ensemble de relations entre la direction de l'entreprise, son conseil d'administration, ses actionnaires et ses autres parties prenantes[5]. Cette doctrine d'origine anglo-américaine qu'est la « corporate governance »[6], tend à s'assurer que les sociétés sont gérées dans l'intérêt commun de tous les actionnaires et non dans celui particulier des majoritaires ou des dirigeants. Elle est fondée sur la gestion des rapports entre le conseil d'administration, les dirigeants et les actionnaires. Son but est de stimuler l'interventionnisme des minoritaires afin de lutter contre la concentration des pouvoirs dans la société. Elle a également été vue comme un moyen d'améliorer la performance des sociétés, notamment grâce à l'amélioration de la transparence dans la société et de l'efficacité du conseil d'administration ainsi qu'un moyen de la revalorisation du rôle de l'actionnaire.

3- Ainsi, le gouvernement des entreprises peut être vu comme une réponse efficiente apportée aux problèmes de coordination et d'incitation dans les firmes[7]. Or, ces problèmes sont surtout liés à la répartition du

---

[1] Joseph ISSA-SAYEGH Professeur, L'OHADA ET LE GOUVERNEMENT DES ENTREPRISES, article publié sur le site : www.ajbef.info/spip.php?auteur

[2] http :www.oecd.org

[3] Montesquieu cité par (A.) Sakho, Corporate governance, Revue africaine de Management, n° 1, février 2010, p. 22. Cette revue est éditée par l'Institut Polytechnique de Dakar et l'association Sénégalaise des anciens auditeurs de l'ENA- Dakar.

[4] Report of the Committee on the Financial Aspects of Corporate Governance (rapport Cadbury), 1992, p. 15. disponible sur http ://www. Ecgi.org/codes/documents/Cadbury.pdf.

[5] Principes de gouvernement d'entreprise de l'OCDE, 2004, p. 11, disponible sur http ://www.oecd.org/dataoecd/32/19/31652074.PDF.

[6] (C.) Baron, La gouvernance : débats autour d'un concept polysémique, Droit et sociétés 2003/2, n° 54, p. 329.

[7] (T.) PEDERSEN, et (S.) THOMSEN, "Economic and Systemic Explanations of Ownership Concentration among Europe's Largest Companies". International Journal of the Economics of Business, Vol.6, n°3, 1999, p. 125.

pouvoir que confère la détention des droits de propriété dont les implications organisationnelles et comportementales peuvent être analysées. Selon la théorie des contrats incomplets[8], la notion de propriété recouvre deux aspects que sont les droits résiduels de décision et l'appropriation des gains résiduels qui ont un impact réel sur la performance des firmes. Il en ressort que pour comprendre les pratiques de gouvernement des entreprises dans un pays, il faut analyser l'impact de ses régimes de propriété comme cadre permettant la faisabilité de telles pratiques.

4- Inversement, comprendre les régimes de propriété institués dans un pays c'est évaluer le gouvernement de cette propriété qu'ils autorisent. L'analyse économique considère les structures de propriété comme étant l'un des fondements du gouvernement des entreprises[9]. C'est ce que souligne un auteur[10] qui considère l'activité économique comme une certaine répartition du pouvoir effectif de disposition sur les biens et services, résultant des transactions nées des intérêts divergents et de l'utilisation en vertu de ce pouvoir de disposition de tels biens et services. Ainsi, les caractéristiques d'une société peuvent être décelées dans les manières dont la répartition des pouvoirs réels et la distribution des possibilités d'influencer l'activité communautaire sont faites.

5- On en arrive à la question de savoir si sans prendre en compte l'étape d'identification des priorités et les attentes dans le système de contrôle des entreprises il n'est pas naïf de se passer de la réalité politique, culturelle, économique et sociale de ces pays pour appliquer sans contraintes toutes les règles édictées par la pratique à travers le monde ? C'est ce que pose la problématique de la réception des principes de la « corporate governance » dans un pays donné voir dans une zone déterminée. Et le professeur Véronique MAGNIER dans un article a décrit les caractéristiques d'un droit qui reçoit en ces termes : « En face, réceptacle de la réception, on a un droit plus perméable que d'autres aux influences extérieures : parce que le droit des sociétés est, plus que d'autres, à l'écoute de l'économie»[11]. Cet « économique [qui] bouscule le juridique, lui impose sa loi, le façonne à son image »[12]. Et ceci est

---

[8] (O.) Hart, Incomplet Contracts and th theory of the firm, in O.E. 1991, p. 85.

[9] (T.) PEDERSEN, et (S.) THOMSEN, op. cit. p. 20.

[10] (M.) WEBER, *Economie et société*, Pocket, Paris. ,1995.p.12 et 39.

[11] V. MAGNIER, Réception du droit américain dans l'organisation interne des sociétés commerciales, *Arch. phil. Droit n°* 45, 2001, p. 213-225.

[12] L. Josserand, « Comment les textes de loi changent de valeur au gré des circonstances économiques », in *Études de droit civil à la mémoire de Henri Capitant*, Paris, 1939.

encore plus vrai, aujourd'hui, pour les sociétés cotées qui ont la particularité d'évoluer dans ces deux espaces : le territoire national, avec ses traditions juridiques, et l'espace sans territoire que sont les marchés financiers[13].

6- Nous tenterons d'abord de répondre à cette question en commençant par déterminer la conception de la propriété dans le contexte des pays membres de l'OHADA et par un rappel historique de l'évolution de cette conception.

Nous aborderons ensuite les influences de cette évolution sur leur environnement économique avant de confronter le modèle théorique du gouvernement des entreprises dans l'Acte uniforme relatif au droit des sociétés commerciales et du groupement d'intérêt économique (AUSC) à la réalité de la vie des entreprises africaines.

7- De par leurs spécificités culturelles internes (les traditions africaines) mais aussi l'influence des faits extérieurs comme la colonisation occidentale en tant qu'éléments importants dans les prises de décisions, les pays[14] signataires du traité de l'Organisation pour l'Harmonisation en Afrique du Droit des Affaires sont pourvus d'une pléthore de mécanismes de régulation des affaires et d'un large éventail de sources de droit. Par conséquent plusieurs définitions de la propriété coexistent dans ces pays[15]. Dans le droit coutumier africain une distinction s'opérait entre la propriété familiale villageoise ou provinciale et la propriété individuelle.

8- Ce type de propriété porte sur la terre. L'attitude des africains vis-à-vis de la terre est bien différente en ce que celle-ci a un caractère sacré (cette conception religieuse n'est pas une spécificité africaine car on peut la relever dans les civilisations primitives pré-romaines). Elle renvoie à la présence réelle ou imaginaire des membres de toute une lignée. Elle est le gage de la continuation de la vie car elle lie des générations des familles entières de l'aïeul fondateur au plus jeune membre de la famille[16]. La terre est un bien commun à toute la communauté et ne peut donc échapper au contrôle de celle-ci[17].

---

[13] Voir M. Reimann, *Arch. phil. Droit n°* 45, 2001, p. 235-247.

[14] BENIN, BURKINA FASO, CAMEROUN, COMORES, CONGO, COTE-D'IVOIRE, GABON, GUINEE EQUATORIALE, MALI, NIGER, SENEGAL, TCHAD, TOGO.

[15] (P-Y.) GOMEZ, (M.) MENDY, L'analyse des institutions, entre culturalisme et économisme : l'exemple des institutions de la propriété au Sénégal, *Management International*, Vol. 9, n° 3, Printemps 2005, p. 19-31.

[16] Gomez et Mendy, 2005 op. cit.

[17] (G-A.) Kouassigan, L'homme et la terre, Droits fonciers coutumiers et droit de la propriété en Afrique occidentale, ORSTOM, Paris 1966, p.153.

Le droit africain de la terre peut être considéré comme un droit « sui generis » qui repose sur le principe fondamental de la philosophie africaine de la solidarité et du principe de vitalité. Toutefois, la propriété collective n'est pas la seule forme de dévolution des biens dans l'Afrique traditionnelle[18].

9-Dans la conception africaine, le droit de propriété suppose un effort personnel préalable et un résultat sur lequel porte ce droit. Tout ce qui provenait directement du travail physique ou intellectuel était considéré comme la propriété personnelle et, à ce titre, échappait aux règles de la propriété collective[19]. C'est ainsi que toutes les choses créées par l'homme, fruits de son travail, peuvent être commercialisées. Ce sont des biens qui peuvent être appropriés individuellement et aliénés. Il en était ainsi pour les instruments de travail, les objets de pratique occulte de même que les biens revêtant un caractère tout à fait personnel, comme les ustensiles de cuisine, les vêtements ou certaines parures qui étaient considérés comme la propriété personnelle de leur auteur ou détenteur[20]. Ces objets se transmettaient de père en fils, ou d'oncle à neveu, selon que l'on était dans le système patriarcal ou matriarcal. Il pouvait arriver que certains soient enterrés avec leur propriétaire. En revanche, d'autres biens comme le bétail, les greniers, l'or non transformé en bijoux, étaient classés dans la catégorie de la propriété collective.

10-L'avènement de la colonisation occidentale constitue un tournant dans les rapports entre l'africain et sa terre. Préoccupés par la sécurité dans les transactions et l'exploitation optimale des terres qui étaient circonscrites dans les colonies surtout dans et autour des zones en pleine urbanisation, les colonisateurs occidentaux ont instauré le système de l'immatriculation et le système de la transcription et de l'inscription en Afrique.

11- De leur application naquit la théorie du domaine éminent, essentiellement fondée sur l'ancien droit français et selon laquelle toute

---

[18] (G-A.) Kouassigan, L'homme et la terre, Droits fonciers coutumiers et droit de la propriété en Afrique occidentale, op.cit., p.158.

[19] Il serait donc naïf de parler de l'ignorance généralisée des formes de propriété autres que la forme collective en Afrique. Mais force est de reconnaître que les conditions de la mise en place de la propriété privée en Afrique telle qu'elle l'était dans l'Europe du début du XIXème siècle ne sont pas encore réunies. En effet la propriété de type romain, la « dominium ex jure » reprise dans l'article 544 du code civil français tarde à prendre une grande ampleur dans le droit africain de la terre.

[20] (G-A.) Kouassigan, L'homme et la terre, Droits fonciers coutumiers et droit de la propriété en Afrique occidentale, op.cit. p. 200.

parcelle de terre non immatriculée était considérée comme une terre vacante et sans maître et devait par conséquent être reversée dans le domaine privé de l'Etat. La colonisation, en introduisant la monnaie dans les échanges en Afrique, a dénaturé le droit africain en permettant la dissimulation des biens collectifs inaliénables par leur transformation en argent. La monétisation de l'économie, a donné au gérant des propriétés collectives la possibilité de se détourner des règles coutumières de gestion de ces biens communs.

12- L'accession à la souveraineté internationale n'a pas changé cette donne. En plus du principe de l'immatriculation qu'ils ont hérité de la colonisation, les nouveaux dirigeants politiques au pouvoir dans certains Etats indépendants ont transformé les droits coutumiers sur la terre tout en respectant scrupuleusement les droits acquis des occupants qui avaient mis en valeur les terres qu'ils cultivaient. Mieux ces occupants paysans avaient la possibilité d'accéder à la pleine propriété si la mise en valeur était jugée suffisante par les pouvoirs publics. Au Sénégal, la loi de 1964, véritable nationalisation de près de 90% des terres composant le territoire sénégalais, a constitué la première révolution foncière post-indépendance. En effet, dans sa volonté d'appliquer son programme de développement fondé sur le socialisme africain (une sorte de transposition du collectivisme communautaire traditionnel), le premier Président de la République du Sénégal, Léopold Sédar Senghor, procéda à une importante réforme foncière et agraire qui allait transférer sans écueils les prérogatives du lamane (chef des terres chez les wolofs) au jeune Etat[21]. La réforme constitutionnelle préparant la réforme foncière effaça de la Constitution (du 07 mars 1963), en son nouvel article 12, l'expression propriété collective alors qu'elle était protégée au même titre que la propriété individuelle par la Constitution du 29 août 1960.

13- L'évolution de la propriété de la terre en Afrique n'a pas encore atteint le stade de la propriété privée en Occident. Même si juridiquement des mesures ont été prises et des dispositifs mis en place au travers de la mise en vigueur des codes d'investissement, de

[21] Cette réforme donne un pouvoir important aux organes décentralisés représentant l'Etat. Dans une large majorité les terres sont gérées par des conseils ruraux qui en assurent l'affectation. Celle-ci est personnelle. La terre peut être affectée à une personne physique ou morale (association ou coopérative) qui l'exploite. Les terrains alloués à l'exploitation peuvent être désaffectés pour des motifs d'insuffisance de mise en valeur, de non résidence sur le terroir ou de non exploitation personnelle ou encore dans un but d'intérêt général (ou édification des infrastructures à usage public). Aussi l'affectation peut-elle prendre fin avec le décès de la personne physique, ou la dissolution du groupement affectataire. Elle n'est pas héréditaire.

commerce (généralement copiés ou adaptés des textes français) pour organiser l'activité économique, les entrepreneurs africains ont encore à l'esprit l'organisation communautaire ou familiale de la production des biens essentiellement basée sur l'agriculture donc liée à la terre.

14- L'entreprise commerciale ou industrielle peine à trouver une place importante dans la création de la richesse. Et même si elle existe, l'entreprise n'a aucun autre objectif que la satisfaction des besoins individuels et familiaux de son créateur. D'ailleurs, ces propos de Mamadou Dia ancien Président du Conseil du gouvernement du Sénégal sont on ne peut plus évocateurs de cette situation, « Deux choses essentielles manquent pour un capitalisme africain : l'abondance du capital et une classe bourgeoise désirant prendre des risques ». Ce constat établi au début des années 1960 est encore d'actualité dans presque tous les pays de l'Afrique subsaharienne. La conception africaine de la propriété est bien marquante dans l'environnement des affaires dans le continent.

15- Le paysage économique des pays membres de l'OHADA est dominé par de entreprises détenues par des familles ou des individus, l'État et des sociétés étrangères dont les titres ne s'échangent guère sur les places boursières locales. L'environnement économique est caractérisé par une pléiade de petites entreprises qui assurent souvent une part significative de l'emploi et de la production. L'absence de très grandes entreprises dont le capital est diffus entre plusieurs milliers d'individus déteint sur les pratiques de gouvernement des entreprises. En Afrique, les petites et moyennes entreprises à actionnariat concentré occupent la plus grande part de l'économie nationale. Ainsi rares sont les entreprises dirigées par des managers professionnels salariés locaux qui n'ont aucun rapport d'actionnariat avec leur entreprise.

16- Le marché des capitaux des pays de la zone OHADA est minuscule et embryonnaire comparé aux autres marchés de l'Afrique subsaharienne[22].

---

[22] Par comparaison à la fin de 2007, la capitalisation boursière de la BRVM ne représentait que 11,5 % du PIB de l'ensemble des 8 pays membres de l'UEMOA et la capitalisation de la BVMAC (en zone CEMAC, 6 pays d'Afrique centrale) est insignifiante loin derrière, les places financières de Lagos 28,6 %, de Nairobi 53,7 %, de Port-Louis 55,8 % et de Johannesburg 280,4 % du PIB de leurs pays respectifs. Pour plus d'information lire l'article de GABRIEL FAL PDG de CGF Bourse « Relancer les Bourses francophones » le 30 mars 2008 – in
http ://www.jeuneafrique.com/jeune_afrique/article_jeune_afrique.asp?art_cle=LIN30038relansenohp0

La bourse de Johannesburg compte près de 85% de la valeur totale, en actions cotées, de capitalisation des marchés financiers de l'Afrique subsaharienne. Le nombre de sociétés dont les actions sont cotées à la bourse est généralement faible et l'échange d'une ou de quelques valeurs seulement domine souvent l'activité boursière (pour la BRVM en moyenne et par séance, ce sont 4 sociétés sur 38 qui voient leurs actions s'échanger sur la place boursière).

17- Cette faible financiarisation des économies africaines peut s'expliquer non pas par la petite ou moyenne taille des entreprises locales africaines mais aussi par des raisons d'ordre psychosociologique. En effet, d'une part les fondateurs propriétaire-dirigeants de ces sociétés familiales ou individuelles craignent d'en perdre le contrôle s'ils les ouvrent au public[23]. D'autre part, alors que l'entrepreneur anglophone mise sur une valorisation de son investissement dans un délai limité en privilégiant le financement par les fonds d'investissement ou de capital-risque, l'entrepreneur francophone, qui se fie à une logique industrielle de rendement et de conservation illimitée du patrimoine, finance généralement la phase de développement de son entreprise par la dette bancaire[24].

18- D'autres raisons peuvent encore être évoquées parmi lesquelles la rareté des ressources propres à favoriser le développement économique. En effet, la faiblesse des revenus des ménages n'encourage pas l'habitude de l'épargne et de l'investissement en Afrique. De plus, certains ménages excédentaires préfèrent généralement investir leur épargne dans les titres d'Etat (bons et obligations du trésor public qui offrent des intérêts souvent largement supérieurs aux dividendes perçus des entreprises cotées).

19- A la suite de ces passages, on ne peut s'empêcher de se poser la question du gouvernement des entreprises dans les conditions présentées ci-dessus.

En d'autres termes, quelles sont les pratiques de gouvernement des entreprises singulièrement dans les sociétés anonymes de la zone OHADA et quels en sont les modèles référentiels ?

20- Si la bonne gouvernance est devenue une préoccupation commune à toutes les sociétés cotées ou non, sa pratique se décline selon les modèles variés d'une société à l'autre ou d'un ordre

---

[23] A. SAKHO, Le viatique de l'investissement en fonds propres, numéro spécial Banque/Assurances du Journal « le soleil » 1998.

[24] Gabriel Fal, « relancer les Bourses francophones » le 30 mars 2008.

juridiqueromano-germanique à anglo-saxon. CalPERS reconnaissait déjà en 1998 que « quelques-uns de ces principes ne sont pas appropriés à toutes les sociétés, à cause de leurs différents niveaux de développement, de leur structure actionnariale, de l'environnement qui les entoure ou d'une myriade d'autres distinctions »[25].

21- Cette remarque de CalPERS jette un pavé dans la mare, car la tendance actuelle est la convergence vers des pratiques universellement admises grâce au développement fulgurant des nouvelles technologies de l'information, l'une des causes les plus marquantes de la mondialisation depuis vingt ans avec l'émergence d'un nouveau type d'entreprise[26].

22-Dans ce contexte, la bonne gouvernance des sociétés commerciales dans la zone OHADA est posée. Face à la variété des problématiques de gouvernance, il a fallu restreindre le champ d'étude aux seules sociétés anonymes dont l'examen de la pratique pose la problématique suivante : la délicate question de la réception de la gouvernance d'entreprise dans la zone OHADA. Il offre à notre travail un cadre particulièrement intéressant pour au moins deux raisons.

- En premier lieu, il s'agit des sociétés qui peuvent être des PME pourvoyeuses d'emplois avec un actionnariat concentré ou familial.
- En second lieu, ces sociétés peuvent dépasser le cadre d'un pays et son actionnariat peut être divers et transnational avec la participation des fonds de pension agissant sur un marché réglementé.

Cet examen de la réception de la gouvernance d'entreprise (GE) dans la zone OHADA va passer d'abord par la présentation de l'OHADA avant la revue de la pratique du gouvernement d'entreprise dans cette zone.

23- Dans chaque pays, le système national de gouvernement des entreprises est régi par les lois portant sur les sociétés et les affaires. En Afrique francophone même si chaque pays a un cadre qui lui est spécifique, c'est l'Acte Uniforme relatif au droit des sociétés commerciales et du groupement d'intérêt économique (AUSC) compris dans le Traité de l'Organisation pour l'Harmonisation en Afrique du

---

[25] CalPERS, Principes fondamentaux de gouvernement d'entreprise, 13 avril 1998, p. 3.

[26] D'autres termes ont été proposés pour qualifier ce type de société, comme « les sociétés métanationales », voir DOZ (Y.), SANTOS (J.), WILLIAMSON (P.), From Gobal to Metanational, Harvard Business School Press, novembre 2001 ; les auteurs y développent la thèse qu'un nouveau type de sociétés apparaîtraient dans la catégorie des Global Players, les sociétés qui « développeraient un nouveau type d'avantage compétitif, en découvrant et en mobilisant des connaissances dans le monde entier ».

Droit des Affaires (OHADA) qui encadre toutes les activités économiques dans les pays membres.

L'Organisation pour l'Harmonisation en Afrique du Droit des Affaires (OHADA) a été créée par le Traité signé le 17 octobre 1993 à Port-Louis (Ile Maurice).Cette organisation comprend essentiellement des Etats francophones issus de l'Union monétaire et économique Ouest Africaine (UEMOA) et de la Communauté Economique et monétaire de l'Afrique centrale (CEMAC). Présentement on y compte en son sein des Etats lusophones et espanophones. Constatant d'une part que l'intégration économique de ces pays imposait la mise en place d'un droit des affaires harmonisé, simple, moderne et adapté afin de faciliter l'activité des entreprises, l'arbitrage devait être promu comme instrument de règlement des différends contractuels d'autre part.

Le traité de l'OHADA est tout d'abord original en ce qu'il est le premier en Afrique à mettre en œuvre un mouvement d'uniformisation de la pratique des affaires et faciliter les échanges entre commerçants installés dans les pays membres.

24- Les pays signataires ont adopté le traité pour des motivations techniques (difficultés de détermination et indisponibilité des instruments législatifs, archaïsme de la législation, insuffisance du système judiciaire) et économiques (choix de la stratégie d'intégration régionale comme réponse à la mondialisation, nécessité de rassurer les investisseurs étrangers par l'établissement d'un cadre juridique et judiciaire moderne et sécurisant). Les travaux de la commission de réflexion ont été financés par le gouvernement français et ont enregistré la forte présence de juristes français[27].

Quelles sont les caractéristiques majeures de l'AUSC? Reprenant pour l'essentiel le droit des sociétés défini dans les codes nationaux de commerce ou des obligations civiles et commerciales avatars du code de commerce français, l'AUSC présente quelques traits fondamentaux :

- La réglementation de la notion d'appel public à l'épargne,
- L'apparition d'un embryon de droit des groupes de sociétés[28],

[27] Ce qui nous fait dire que l'AUSC et même le Traité de l'OHADA est une copie du droit français des sociétés et des affaires.

Le traité de l'OHADA est tout d'abord original en ce qu'il est le premier en Afrique à mettre en œuvre un mouvement d'uniformisation de la pratique des affaires et faciliter les échanges entre commerçants installés dans les pays membres. Même s'il n'a pas précisément parlé du gouvernement des entreprises le traité de l'OHADA n'en touche pas moins les mécanismes.

[28] La notion de groupe de sociétés a fait l'objet d'une définition de la part du Professeur Abdoulaye Sakho dans son ouvrage, Les groupes de sociétés en Afrique : Droit, pouvoir et

- L'organisation d'un arbitrage institutionnel : compétence donnée à la CCJA (rôle administratif - comparable à la CCI) par application du Traité et du Règlement de procédure arbitrale de la CCJA.

25-Dans le souci de réglementer tous les secteurs de l'économie dans les pays signataires et ayant la volonté d'obtenir l'adhésion de tous les acteurs économiques exerçant en leur sein, les rédacteurs de l'AUSC ont tenu compte des réalités économiques, institutionnelles et sociales de l'entreprise, en particulier de l'intérêt des actionnaires, de la composition et du fonctionnement du conseil d'administration et de la direction générale.
Deux des trois formes de gouvernement des entreprises mises en évidence sont présentes dans les pratiques de gouvernement des entreprises des pays membres de l'OHADA.

26-Ainsi, on rencontre les mécanismes de gouvernement managérial caractérisé par la séparation entre propriété et contrôle. C'est le cas essentiel des sociétés qui font un appel public à l'épargne et surtout celles cotées à la BRVM[29] et BVMAC[30] et dont l'objectif principal est la maximisation de la valeur actionnariale. Les pratiques de gouvernement de ces entreprises ne diffèrent pas de celles observées dans les pays occidentaux. A y voir de près, les sociétés africaines cotées dans les bourses africaines sont souvent de capitaux étrangers. L'arrivée massive des capitaux étrangers s'expliquerait par le fait que pour attirer les capitaux étrangers les Etats africains « appâtent » les investisseurs occidentaux par des régimes préférentiels procurant des avantages administratifs, fiscaux, financiers, de transferts de capitaux, en instaurant de nouveaux codes des investissements qui accordent de multiples facilités exceptionnelles aux entreprises étrangères.

27- Il est possible aussi de voir des entreprises créées (avec ou sans partenaires occidentaux) et gérées par des africains adopter des modèles européano-américains. En général ces modèles deviennent des modèles de référence socio-économiques (objet d'imitation et d'envie) des élites africaines acquises aux idées occidentalisantes[31]. Cette

---

dépendance économique, Karthala- CRES 2010, p. 14. « ...En effet, celui-ci se caractérise par la création d'un centre de décision qui définit la politique générale de l'ensemble et exercice un pouvoir de contrôle. On peut le définir comme un ensemble d'unités de production et/ou de distribution, organisé en plusieurs entreprises ou sociétés qui a ce centre de décision unique » ; Vr. art. 173 à 180 de l'AUSC.

[29] Bourse Régionale des Valeurs Mobilières.

[30] Bourse des Valeurs Mobilières de l'Afrique Centrale.

[31] DAHMANI, M., (1983), *« L'occidentalisation des pays du tiers monde : mythes et réalités »*, Economica et Office des Publications Universitaires, Paris.

transformation des structures économiques africaines se fait avec l'aide de l'élite dirigeante généralement formée dans les écoles occidentales et imprégnées des cultures euro-américaines. Une fois sur le continent, à la tête des entreprises, ces dirigeants venus des pays occidentaux s'inspirent des modèles de ces pays pour, disent-ils, rattraper le retard alors que l'écart se creuse de plus en plus. Il en est ainsi pour les dirigeants formés à l'aide des programmes scolaires et universitaires des pays africains généralement vécus comme des copies conformes des programmes occidentaux, plaqués dans le système éducatif local sans examen critique préalable, encore moins prise en compte des réalités locales.

28-Il y a aussi le gouvernement familial ou entrepreneurial que l'on peut observer sur une grande partie des entreprises africaines. Ce type de gouvernement d'entreprise concerne surtout les petites et moyennes entreprises familiales ou individuelles (unipersonnelles). Pour des raisons de commodité, ces entreprises adoptent, lorsqu'elles sont enregistrées officiellement, la forme juridique de la société anonyme. Cependant rares sont celles dont le nombre des membres du conseil d'administration dépasse le minimum requis (3). De plus, le conseil ainsi mis en place et constitué d'administrateurs cooptés ou d'actionnaires prête-noms, est passif en ce sens qu'il est à la solde du dirigeant-propriétaire.

Dans le cas d'espèce, on ne peut parler de gouvernement des entreprises en faisant référence qu'à la seule théorie économique. En effet, les raisonnements et les actes des dirigeants d'entreprises ne sont pas souvent conformes à la rationalité économique[32]. Les fondateurs des entreprises familiales ou individuelles perçoivent celles-ci comme un outil au service de l'environnement social qui doit être socialement utile. Ils puisent leur satisfaction dans leur réussite à assurer leurs engagements envers l'environnement social.

29 -Bien qu'ils croient que l'entreprise est un univers dont le fonctionnement est régi par des règles économiques de performance, de rentabilité, d'efficacité, de croissance, les dirigeants des entreprises africaines sont pour la plupart convaincus que l'entreprise doit garder des objectifs de création d'emploi pour la société. Deux logiques apparemment contradictoires sont souvent associées dans leurs comportements. L'une fondée sur une dimension sociale (faire

---

[32] BAUER, M., « *Les patrons des PME entre le pouvoir, l'entreprise et la famille* », InterEditions Coll. L'Entreprise, Paris 1993, p.35.

pleinement jouer à l'entreprise sa fonction sociale) est marquée par la volonté de maintenir l'entreprise dans le patrimoine familial.
Et l'autre, quant à elle, se fonde sur une dimension managériale (souci de se conformer aux normes internationales de gestion de l'entreprise) traduisant la nécessité d'obtenir des profits à court terme, rente et source de revenus pour la famille.

30-Cette situation peut être analysée comme une sorte d'élargissement du gouvernement des entreprises africaines à l'approche de la théorie des parties prenantes.
Notons à ce propos que la conciliation, terrain de choix de la tradition africaine, a singulièrement inspiré les rédacteurs du traité de l'OHADA qui ont institué la Cour d'arbitrage pour régler à l'amiable les différends entre commerçants[33], le pouvoir de concilier les parties, c'est-à-dire de rapprocher les esprits, de réconcilier les hommes, selon les règles du droit coutumier.

31-Dans un autre registre, l'AUSC admet l'existence juridique de la société individuelle connue sous le nom de société anonyme unipersonnelle (l'art.385 al.2 autorise à une personne de créer une société anonyme et d'en être le seul actionnaire) ; l'actionnaire unique prend toutes les décisions influençant la vie de son entreprise, décisions qu'aurait prises une assemblée générale et un conseil d'administration.
Il reconnaît aussi l'importance du secteur informel dans la création de valeur et des emplois par l'admission de la société en participation (article 854 et suiv.). Celle-ci est entendue comme une société qui n'est pas immatriculée au registre du commerce et du crédit mobilier et pour laquelle la personnalité morale n'existe pas. Les économies africaines sont essentiellement composées de ces petites unités de production de biens et services, officiellement mal organisées, qui créent de la valeur à côté des entreprises appartenant au secteur dit moderne. Selon nos interlocuteurs, les sociétés en participation représentent près de 90% des Très Petites Entreprises et Petites Entreprises.
En empruntant cette voie d'adaptation du droit des sociétés aux réalités locales, les rédacteurs de l'acte uniforme ont admis et prévu l'existence de la société de fait. Elle est définie dès lors que deux ou plusieurs personnes physiques ou morales se comportent comme des associés sans avoir constitué entre elles l'une des sociétés reconnues par l'Acte uniforme, ou encore lorsque deux ou plusieurs personnes physiques ou

[33] A. SAKHO, Justice alternative et concurrence, article à paraître dans les Annales Africaines, CREDILA.

morales ont constitué entre elles une société reconnue comme telle mais n'ont pas accompli les formalités légales constitutives ou ont constitué entre elles une société non reconnue par le présent Acte uniforme.
Il s'ensuit que pour résoudre cette problématique, les questions de recherche servent de boussole pour notre étude.

32-Ces précisions données, la question centrale de notre étude est non seulement de chercher les éléments de la gouvernance dans l'acte uniforme mais aussi de connaître les limites de cette gouvernance. Une des questions de recherche auxquelles nous essayerons de répondre, est de savoir quel est le niveau de la pratique actuelle de la bonne gouvernance dans les sociétés anonymes dans la zone OHADA ? Pour y répondre, il est évident qu'il faut dénombrer les techniques utilisées au travers des articles de l'AUSC pour gouverner une société anonyme et partant déterminer les mécanismes de sa mise en œuvre. Cette démarche nous permettra de quantifier la réception de la notion de gouvernance des sociétés anonymes en vue de son amélioration. Elle révèle des intérêts évidents.

33- L'intérêt du sujet réside dans le fait que suite à la mondialisation [34], la sécurité juridique et judiciaire conditionne l'investissement étranger dans une zone voire dans un pays donné. La mondialisation de l'économie n'est plus aujourd'hui une simple expression à la mode, ni une vue de l'esprit [35]. Elle devient progressivement une réalité dont les Etats doivent tenir compte pour la mise en place de divers instruments juridiques. Il s'agit principalement de définir un cadre favorable aux échanges commerciaux et financiers internationaux. Dans cette perspective, le droit des sociétés qui joue un rôle essentiel dans le domaine économique méritait une attention particulière. Cela n'a pas échappé aux rédacteurs des textes de l'OHADA qui ont consacré l'Acte uniforme le plus volumineux aux sociétés

---

[34] Par leurs effets conjugués, la démocratie et la concurrence ont modifié encore plus profondément le caractère des systèmes de gouvernance en accentuant considérablement l'interdépendance économique, sociale et culturelle. C'est au niveau microéconomique que l'évolution s'est amorcée, les phénomènes d'interaction entre entreprises et entre individus ayant permis d'activer et de consolider les liens créés par les accords d'échanges, le transport à faible coût, les flux migratoires et les nouveaux moyens de communication. Le commerce tout azimut, la mobilité sociale et la couverture planétaire assurée par la télévision – sans parler de l'effet boule de neige de l'Internet – ont balayé les obstacles et révélé l'existence d'intérêts communs puissants, qui se préoccupent rarement des interdictions et des règles édictées par les autorités traditionnelles.

[35] Jérome Caby, La convergence internationale des systèmes de gouvernance des entreprises : faits et débats, IAE de Paris (Université Paris 1 • Panthéon - Sorbonne) - GREGOR - 2003-07 - 1.

commerciales et au groupement d'intérêt économique[36]. L'adoption de la gouvernance des sociétés anonymes selon les principes de l'OCDEdans la zone OHADA permettra l'investissement direct étranger. Et les applications pratiques de cette recherche sont d'au moins quatre ordres :

Ces travaux seront d'abord utiles aux actionnaires. Ils leur permettront de comprendre les principes de la «corporate governance» et de se référer en la matière à quelques grands principes qui doivent définir non pas des règles strictes de bonne gouvernance, mais bel et bien des lignes directrices générales mais claires.

Ils seront également utiles aux administrateurs des sociétés anonymes de la zone OHADA dans leur quête d'identification de principes reconnus de bonnes gouvernances.

Car l'obligation d'un bon administrateur n'est pas uniquement de faire son devoir, mais de le connaître précisément[37].

Ces travaux profiteront aussi aux actionnaires qui vont exiger désormais la transparence en utilisant les outils de protection que leur offrent les principes du GE.

Enfin, ces travaux pourraient également apporter un éclairage utile au législateur OHADA par la prise en compte des suggestions d'amélioration de certaines dispositions de l'AUSC en vue de leur actualisation.

Ces intérêts qui viennent d'être identifiés sont intimement liés à l'objectif que nous poursuivons tout au long de cette thèse.

34-La présente étude se propose, à travers la doctrine et la jurisprudence, d'analyser les problèmes liés à la gouvernance des sociétés anonymes dans l'OHADA.

L'étude des organes sociaux existants permettra d'appréhender la problématique liée à la gestion de la direction et au contrôle de ses activités. Au- delà de ce contrôle, l'analyse va porter sur le rôle conféré à l'intérêt social dans le but de protéger les actionnaires et d'assurer la durabilité de la société. La recherche d'un équilibre entre ces organes sociaux a contribué à l'émergence d'organes de contrôle de la gestion sociale.

C'est la raison pour laquelle l'organisation des pouvoirs au sein de la société anonyme, se révèle tripartite : une fraction des pouvoirs est

---

36 Henri-Désiré Modi Koko Bebey, La réforme du droit des sociétés commerciales de l'OHADA, Revue des sociétés2002 p. 255.

37 Eric (P.), LE gouvernement d'entreprise dans les grandes sociétés cotées, Les éd. du Siècle, p. 54.

dévolue aux associés, une autre aux dirigeants, le contrôle des comptes et de la gestion étant confié à des organismes autonomes[38].
L'analyse de l'AUSC doit permettre de relever les insuffisances dans la gouvernance des sociétés anonymes dans la zone OHADA afin d'y apporter des correctifs en vue de faire des propositions d'amélioration. Ces objectifs ne seront jamais atteints sans que des hypothèses ne soient posées et vérifiées.

35- Le postulat sur lequel nous partons est que les dirigeants des sociétés commerciales dans la zone OHADA ne respectent pas les principes de la « corporate governance» et cela pour plusieurs raisons :
Les règles issues de l'acte uniforme relatif au droit des sociétés commerciales et du GIE ne sont pas adaptées au contexte de la mondialisation ;
Les règles de fonctionnement des sociétés anonymes sont ignorées des associés ;
Les règles de la « corporate governance » ne sont pas compatibles avec la culture des populations de la zone OHADA. ;
Les règles de la corporate governance sont-elles une solution dans le contexte de la zone OHADA.?
Après vérification de ces hypothèses confrontées à la réalité, à la revue des littératures – chercheurs, des résultats attendus permettront certainement l'amélioration de la gouvernance des sociétés anonymes.

36-A l'issue des travaux, cette thèse doit permettre :
L'amélioration de la transparence dans la gouvernance des sociétés anonymes dans la zone OHADA ;
L'institution d'un code de gouvernance et de bonne conduite dans les sociétés anonymes de la zone OHADA ;
L'amélioration du cadre législatif par la proposition de révision de l'acte uniforme relatif au droit des sociétés commerciales et du GIE en vue d'une meilleure adéquation avec les pratiques pertinentes conformes à la bonne gouvernance ;
L'analyse de la doctrine, de la jurisprudence, des textes législatifs nationaux et /ou internationaux relatifs à la gouvernance des sociétés commerciales sera faite.
La meilleure information des associés si l'examen de la pratique permet l'adoption des standards internationaux, et peut être une amélioration du gouvernement d'entreprise.

---

[38] A. Sakho, Gouvernance et contrôle interne dans les entités d'intérêt public, conférence pour le compte de l'Institut Sénégalais des Administrateurs du 1er Avril 2005. Vr. www.isa.sn

Enfin cette étude débouchera sur la soutenance d'une thèse de doctorat en droit des affaires rendue possible par l'adoption d'une méthodologie scientifique appropriée.

37-La méthode, en tant que « démarche organisée»[39], doit, selon Descartes, « précéder ce qu'elle mesure»[40]. Dans toute étude à la fois analytique et comparative, la méthode devrait, selon Henri Capitant, être « fonction du but que l'on veut atteindre»[41].

Si Constantinesco définit ce but, qui est de « faire ressortir les rapports de ressemblance et de dissemblance existant entre les objets comparés»[42], il rechigne cependant à en faire dépendre la méthode. Tout aussi réservé, Robert Séroussi admet néanmoins que la « démarche doit évidemment tenir compte du domaine de la recherche, du sujet »[43].

38-Le choix est ainsi fait pour la présente étude de recourir, en fonction des niveaux d'analyses, à la méthode analytique et comparative. Elle permet, en focalisant l'étude sur les techniques juridiques, d'analyser et de comparer dans les détails les différentes règles et institutions juridiques qui conditionnent, en droit français et droit OHADA , l'apport de la séparation des organes sociaux, de la protection des actionnaires et de la transparence à l'effectivité de la pratique de gouvernance des sociétés anonymes.

39-La micro-comparaison est d'autant plus recommandée que le degré de diversité entre les ordres juridiques en question est, a priori et par hypothèse, jugé faible[44]. Le chemin de la micro- comparaison menant à la macro-comparaison, il sera également fait usage de la méthode macro-comparative. Celle-ci, communément admise en théorie général du droit comparé, sert à l'étude des structures fondamentales et des caractéristiques des ordres juridiques, c'est-à-dire en plus des techniques juridiques, les styles de codification, les méthodes interprétatives ou encore l'influence de la doctrine juridique ; cela en vue

---

[39] Rouveyran (J.-C) , Mémoires et thèses. L'art et les méthodes, éd. Maisonneuve & Larose, 1989, p.48 et s.

[40] Van Der Helm (A.J.) et Meyer (V.M.), comparer en droit, éd. C.E.R.D.I.C., 1991, p. 7.

[41] Capitant (H.), comment il faut faire sa thèse de doctorat en droit, 2ème éd., Librairie Dalloz, 1928, p.69 ; Dreyfus(S.), La thèse et le mémoire de doctorat. Etude méthodologique, 2ème éd. Cujas, 1983, p.68.

[42] Il écrit : « Il est possible qu'en fonction du but poursuivi, le comparatiste accorde plus d'importance à certains aspects du processus méthodologique qu'à d'autres. Cependant, ce serait une erreur de croire que la méthode comparative, en tant que telle, dépend des buts poursuivis et change en fonction d'eux ».

[43] Séroussi (R.), Introduction au droit comparé, éd. Dumod, 2000, p. 21.

[44] Fromont (M.), Grands systèmes de droit étrangers, 2ème éd., op.cit. p.1.

d'une classification en systèmes ou familles juridiques[45]. Elle permet ainsi, à un second niveau d'analyses, d'avoir une vision d'ensemble de l'effectivité de la pratique actuelle de la gouvernance des sociétés anonymes et des conceptions françaises et du droit OHADA du gouvernement d'entreprise. Une application de cette méthodologie rend moins ardue la réalisation d'une étude qui se voudrait, pour restituer fidèlement les formules de M. Wigmore[46], à la fois une comparative nomothetics, établissant les mérites respectifs des règles étudiées, et une comparative nomogenetics, mettant en évidence le développement des droits étudiés en rapport l'un avec l'autre.

40-De ce lien, il est en l'occurrence posé, puisque la comparaison n'est pas ici essentiellement bilatérale, mais la priorité est donnée au droit français qui constitue un «simple système de référence»[47], en raison du fait qu'il est techniquement proche du droit OHADA, qu'il offre un «modèle valable»[48], et «qu'il est , au moins sur certains points, plus récent, qu'il réponde à la conscience juridique contemporaine ou qu'il incorpore des progrès qui ont été réalisés»[49].

41-Nos développements se feront dans l'observance de quelques préceptes de bon sens dégagés en doctrine. Il s'agira notamment d'éviter les parallélismes forcés[50] ou les oppositions faciles[51], de ne pas savoir de la répugnance à reconnaître la différence[52], de ne pas se limiter à l'ordre des données textuelles, mais de rechercher le droit au-delà de la pyramide normative juridique, c'est-à-dire par delà des

---

[45] Van Der Helm (A.J.) et Meyer (V.M.), comparer en droit, op. cit. p.73.

[46] A new way of teaching comparative law, in A panorama of world's legal system, Journal of the S.P.T.L., 1926, p.6.

[47] L'expression est empruntée à M. Fromont, qui l'emploi pour désigner le droit français dans le contexte de toute étude comparative qui le met aux prises avec un droit étranger.

[48] Constantinesco (L.-J.), Traité de droit comparé, t. 1 : Introduction au droit comparé, L.G.D.J., 1972, p. 220.

[49] Tunc (A.) : Cours de grands systèmes de droit contemporain, licence 4ème année, coll. « les cours de droit », Paris, 1969-1970, p. 56.

[50] Séroussi (R.), Introduction au droit comparé, éd. op. cit. p. 1.

[51] Rodière (R.), Introduction au droit comparé, Dalloz, 1979, p. 138.

[52] L'opinion est émise par M. Legrand, dans « Comparer » ; Sacco (R.) et alii, Le droit comparé aujourd'hui et demain, Actes du colloque du 1er décembre 1995, Société de législation comparée, 1996, p. 37-38.

aménagements hiérarchisés des sources du droit positif[53], et de situer les règles dans leur contexte historique et culturel[54].
A coté de la recherche documentaire, nous avons utilisé la méthode qualitative de recherche de terrain auprès de quelques sociétés anonymes afin de mieux comprendre le fonctionnement de leurs organes sociaux au quotidien et de répertorier les problèmes de direction auxquels elles sont confrontées.
La démarche adoptée mêle méthode de recherche documentaire et qualitative.

42-Pour mieux cerner la problématique dans une dynamique théorique pour les étudiants et les chercheurs d'une part, et pratique pour les administrateurs et autres acteurs des sociétés anonymes de la zone OHADA d'autre part, cette thèse est composée de **deux parties**.
La première procède à l'analyse de la pratique actuelle de la gouvernance des sociétés anonymes dans l'espace OHADA.
La seconde partie est consacrée à la convergence vers des pratiques harmonisées de gouvernance des sociétés anonymes dans la zone OHADA.

---

53 Vr. not. Les rapports de MM. Legrand et Vanderlinden, dans Sacco (R.) et alii : L'avenir du droit comparé. Un défi pour les juristes du nouveau millénaire, op. cit. p. 65, 318 s. ; David (R.) Les avatars d'un comparatiste, éd. économica, 1982, p. 258-260.
54 Van Der Helm (A.J.) et Meyer (V.M.), comparer en droit, op. cit. p. 8.

PREMIERE PARTIE

PRATIQUE ACTUELLE DE LA GOUVERNANCE DES SOCIETES ANONYMES DANS LA ZONE OHADA

43-Le 21éme siècle se caractérise par la multiplicité des défis à relever dans tous les domaines : politique, social et économique.
Ainsi le monde d'aujourd'hui se caractérise-t-il par la globalisation souvent appelée « mondialisation »[55]. Dès lors les problèmes qui se posent au monde doivent être traités de façon globale. Les crises s'internationalisent très rapidement et l'ONU est appelée à jouer un rôle majeur à travers ses institutions spécialisées. C'est surtout sur le plan économique que la mondialisation prend tout son sens. Les économies sont interdépendantes et les crises touchent tous les secteurs à la fois[56]. Les économies sont fragilisées et des thérapies sont nécessaires.

A la faveur des répétitions des scandales financiers[57] dans les grands pays capitalistes des principes ont été adoptés pour éviter l'effondrement des économies et la disparition des entreprises avec son cortège de problèmes sociaux. L'une des thérapies fut l'adoption des principes de la « corporate governance » qui questionne l'exercice du pouvoir dans l'entreprise au-delà des relations entre ses actionnaires et ses dirigeants[58]. Dans ces pays, on a élaboré un cadre juridique et réglementaire qui doit régir l'organisation du pouvoir dans l'entreprise[59].

44-Même si l'OHADA n'a pas légiféré à titre principale sur cette question, elle n'est pas restée en marge de cette évolution. En effet, pour inciter les investisseurs certains articles de l'acte uniforme relatif au droit des sociétés commerciales et GIE font référence aux éléments de la gouvernance d'entreprise **(TITRE I).** Des obstacles inhérents au niveau de développement de nos pays constituent des limites à cette gouvernance (**TITRE II).** Ce qui autorise à dire qu'il y a une pratique du gouvernement d'entreprise dans l'OHADA.

---

[55] Mireille DELMAS MARTY, La mondialisation du droit. Risques et chances D. 1999 chr. p. 43.

[56] Vr les déclarations de Jack WELCH, ancien president de General Electric au Financial Times du 12 mars 2009« On the face of it (crisis), shareholder value is the dumbest idea in the world).

[57] Citons en vrac et sans prétendre à l'exhaustivité PARMALAT, MARIONNAUD, CREDIT LYONNAIS, SWISSAIR, FRANCE TELECOM, PHILIP HOLZMANN, AHOLD, VIVENDI UNIVERSAL, POLLY PECK, BCCI BANK, NEUER MARKT, ENRON.

[58] Y. Chaput, Le monde idéal : les principes de la gouvernance d'entreprise, in cahiers de Droit de l'entreprise n°5, supplément à la Semaine Juridique n°44-45 du 3 novembre 2005, p. 25-26.

[59] Vr aux USA, le Sarbanes- Oxley Act du 30 juillet 2002 ; au Royaume –Uni, le rapport Cadbury publié en 1991 ; Les principes de l'OCDE approuvés en mai 1999 et révisés en Avril 2004 ; Le cadre réglementaire moderne pour le droit européen des sociétés, rapport publié en novembre 2002 ; en France la loi n° 2001-420 du 15 mai relative aux nouvelles régulations économiques.

TITRE I : ELEMENTS DE LA GOUVERNANCE D'ENTREPRISE DANS LES SOCIETES ANONYMES

45-Deux éléments de la gouvernance d'entreprise sont mis en évidence par l'AUSC dans la zone OHADA. Ces éléments s'articulent autour des organes et des comportements des dirigeants. La lecture de l'acte uniforme relatif aux sociétés commerciales et du groupement d'intérêt économique dans ses dispositions relatives au management et à la gestion quotidienne de la SA confirme l'existence de ces éléments de la « corporate governance »[60].

Cet état de fait montre à quel point le législateur OHADA tient à moderniser les instruments juridiques dans le dessein de favoriser la création des sociétés commerciales et singulièrement les sociétés anonymes et de rendre plus transparente leur gestion.

Pour atteindre son objectif, il a choisi deux techniques concernant la société anonyme. Il s'agit de la séparation des postes de Directeur Général et de celui du Président du conseil d'administration d'une part et, d'autre part, la mise en place des mécanismes de contrôle à travers l'importance qu'accorde l'AUSC à l'intérêt social.

46- Comme instrument de mesure du pouvoir[61] des dirigeants, la question de la dissociation des fonctions de Président et de Directeur Général, qui concerne les sociétés anonymes à conseil d'administration[62], est une des questions de la réflexion sur les principes de bonne gouvernance d'entreprise, car elle touche l'articulation entre le contrôle de la gestion et la gestion elle-même. Des techniques sont utilisées en conséquence **(Chapitre I).** L'acte uniforme relatif au droit des sociétés et du GIE qui fait de la promotion des investissements une de ses priorités a, par divers articles, assuré la protection des actionnaires par la mise en œuvre des règles de la gouvernance d'entreprise **(chapitre II).**

---

[60] Traité et actes uniformes commentés et annotés, OHADA, Juriscope, 2ème éd. 2002, p. 422.

[61] A. Sakho, Les groupes de sociétés en Afrique : Droit, pouvoir et dépendance économique, éd. Karthala et Cres, 2010, p. 263.

[62] J. Hamel, G. Lagarde et A. Jauffret, n° 652.

CHAPITRE I : LES TECHNIQUES UTILISEES

47-La séparation des postes de directeur Général et de Président du conseil d'administration réalisée par l'OHADA[63] rentre dans le cadre de la gouvernance d'entreprise qui consiste en une meilleure définition des pouvoirs au sein de l'entreprise dans le but d'améliorer l'efficacité de la gestion de l'entreprise et de protéger les actionnaires ainsi que les dirigeants.

Elle permet une redistribution des pouvoirs et la reconstruction de l'identité des autres couches de l'entreprise (salariés...). D'après Jean TAMALET, il s'agit d'une doctrine qui vise le rééquilibrage du pouvoir entre l'actionnariat et le management au sein de l'entreprise[64].

SECTION I : LA SEPARATION DES POSTES DE DIRECTEUR GENERAL ET DE PRESIDENT DU CONSEIL D'ADMINISTRATION

48-Cette séparation se réalise dans la forme des organes mis en place pour administrer, diriger, gérer une société anonyme dans la zone OHADA.

L'art. 414 de l'AUSC dispose « Le mode d'administration de chaque société anonyme est déterminé de manière non équivoque par les statuts qui choisissent entre :

- la société anonyme avec conseil d'administration et
- la société anonyme avec administrateur général.

La société anonyme peut, en cours de vie sociale, changer à tout moment son mode d'administration et de directoire… »

Le législateur OHADA était en avance sur son homologue français. En effet, c'est avec la loi sur les Nouvelles Régulations Economiques votée en mai 2001 que le législateur français introduit pour les sociétés à Conseil d'Administration le choix entre la dissociation des fonctions de Président et de Directeur Général d'une part, et le maintien de la formule de cumul de ces fonctions d'autre part : l'article 225-51-1 dispose ainsi que « la direction générale de la société est assumée, sous sa

---

63 Art 415 « La société anonyme avec conseil d'administration est dirigée soit par un président-directeur général, soit par un président du conseil d'administration et un directeur général ». Vr. également la thèse de Mme Françoise Dieng, La direction des sociétés anonymes en droit sénégalais comparée aux droits français anglais et américain, Paris I, 1995.

64 http ://www.afic.asso.fr/Images/Upload/Partenariat/ft 12_corporate_governance_0205.pdf A. Tunc, Le gouvernement des sociétés anonymes, les mouvements de réforme aux Etats- unis et au Royaume – Uni ; RTD com. P. 1994. ; J.J. Caussain, Le gouvernement d'entreprise- Le pouvoir rendu aux actionnaires : CREDA Litec 2005.

responsabilité, soit par le Président du Conseil d'Administration, soit par une autre personne physique nommée par le conseil d'administration et portant le titre de directeur général. Dans les conditions définies par les statuts, le Conseil d'Administration choisit entre les deux modalités d'exercice de la direction générale visées au premier alinéa. Les actionnaires et les tiers sont informés de ce choix dans des conditions définies par décret pris en conseil d'Etat »[65]. Il devient dès lors nécessaire de faire une distinction entre les organes d'administration d'une société anonyme.

PARAGRAPHE I : LA FORME DES ORGANES

49-Nous distinguons la gouvernance par un conseil d'administration dirigé par un président et celle effectuée par un directeur général. L'art.415 de l'AUSC l'affirme de façon péremptoire « La société anonyme avec conseil d'administration est dirigée soit par un président-directeur général, soit par un président du conseil d'administration et un directeur général ».

A. LA GOUVERNANCE PAR UN PRESIDENT-DIRECTEUR GENERAL

50-Il s'agit bien ici d'une société anonyme avec conseil d'administration. L'acte uniforme la légalise, car le conseil est un organe d'administration formé de trois membres au moins et de douze au plus[66]
Ce nombre est susceptible d'augmenter lorsque la société fait appel public à l'épargne ou lorsque ses actions sont admises à la bourse des valeurs ou en cas de fusion[67]
Les membres du conseil d'administration sont des actionnaires. Cependant, l'acte uniforme de l'OHADA admet la présence dans le conseil de membres non actionnaires[68] dans la limite du tiers.
L'acte uniforme ne précise pas le statut des membres non actionnaires dans le conseil d'administration. Le droit français a tranché cette question en précisant que le nombre des administrateurs salariés ne peut être supérieur à quatre, ni excéder le tiers du nombre des autres administrateurs ; ils ne sont pas pris en compte dans le calcul du nombre

65 D. Vidal, Droit des Sociétés, 3ème éd. LGDJ. p. 435.
66 Art. 416 de l'AUSC
67 Art. 418 de l'AUSC
68 Art 417 de l'AUSC

maximal d'administrateurs, ni pour le calcul du nombre des administrateurs pouvant être liés à la société par un contrat de travail.
Ce sont des administrateurs à part entière ; ils ont voix délibérative, supportent les mêmes responsabilités et empochent les mêmes jetons de présence que les autres administrateurs ;
Ils bénéficient de garanties spécifiques : ils ne peuvent être licenciés en leur qualité de salariés que par jugement ; ils ne sont révocables en tant qu'administrateurs que pour faute constatée dans l'exercice de leurs fonctions ; ils ne sont donc pas révocables ad nutum[69]

51-Comme administrateur le président directeur général est membre du conseil d'administration. L'institution du président directeur général est une première modalité de gestion de la société anonyme avec conseil d'administration.
Il assume à la fois les fonctions de président du conseil d'administration et de directeur général de la société. Il peut être assisté d'un directeur général adjoint dans ses fonctions de direction générale de la société. Il doit être obligatoirement une personne physique[70] choisi parmi les administrateurs.
Pour un souci d'efficacité de gestion, la durée du mandat du président directeur général ne peut excéder celle de son mandat d'administrateur.
Selon les principes de la «corporate governance » la dissociation des fonctions exécutives dans l'entreprise offre plus de transparence dans l'organisation des pouvoirs [71] . Nous pouvons remarquer que les rédacteurs de l'acte uniforme ont opté pour le système dualiste d'administration des sociétés anonymes de plus de trois actionnaires.
L'institution du président du conseil d'administration et président directeur général constitue la seconde modalité de gestion de la société anonyme

B. GOUVERNANCE PAR LE PRESIDENT DU CONSEIL D'ADMINISTRATION

52-Une société anonyme avec conseil d'administration peut être dirigée soit par un président du conseil d'administration nommé par ce

---

69 Maurice Cozian et Alain Viandier, droit des sociétés 5eme éd. p. 308.

70 Un notaire ne peut être nommé président (art. 13, D. 19 déc. 1945), Com. 10 oct. 1995, Bull. Joly 1995, p. 1064, n° 379, B. Saintourens ; Dr. sociétés 1995, n°231, Th. Bonneau (en l'espèce, mise en faillite personnelle, art. 189 L. 25 janv. 1985).

71 La loi relative aux nouvelles régulations économiques (loi NRE) du 15 mai 2001, et la loi de sécurité financière (LSF) du 1er août 2003.

dernier parmi ses membres et assisté par un directeur général[72], soit par un PDG, qui peut, à son tour, être assisté par un ou plusieurs directeur (s) général(aux) adjoint(s). Ces derniers sont des organes légaux au même titre que le conseil d'administration. Chacun d'eux est investi des attributions propres.

Les règles applicables au mandat du président du conseil et de sa révocation sont les même que celles appliquées au président directeur général.

Cette diversité de formules d'organisation des pouvoirs de direction et de contrôle doit permettre aux actionnaires et aux dirigeants de chaque société anonyme de rechercher celle d'entre elles qui correspond de la manière la plus appropriée aux caractéristiques de la société et aux circonstances de son développement[73].

Dès lors l'existence d'éléments de gouvernance est perceptible dans l'analyse des pouvoirs des dirigeants sociaux.

PARAGRAPHE II : LES POUVOIRS DES ORGANES SOCIAUX

53- La société est engagée par les actes des organes de gestion, de direction et d'administration qui ne relèvent pas de l'objet social, à moins qu'elle ne prouve que le tiers savait que l'acte dépassait cet objet ou qu'il ne pouvait l'ignorer compte tenu des circonstances, sans que la seule publication des statuts suffise à constituer cette preuve[74].

On voit, dans cette disposition du législateur OHADA, l'omnipotence du pouvoir régalien des organes sociaux de la société anonyme. C'est dans l'art 465 de l'AUSC qu'il a cerné les pouvoirs du président directeur général. Et l'analyse de celui-ci fait ressortir deux types de pouvoirs : les pouvoirs propres et les pouvoirs partagés[75]

A. LES POUVOIRS PROPRES

54-Afin de réglementer les organes de gestion, le droit français avait d'abord organisé la SA sur une base essentiellement contractuelle.

---

[72] Art.415 de l'AUSC.

[73] Vr. Le rapport Bouton de 2002.

[74] Art 122 de l'AUSC.

[75] Selon l'art465 de l'AUSC, « le président directeur général préside le conseil d'administration et les assemblées générales. Il assure la direction générale de la société et représente celle-ci dans ses rapports avec les tiers. Pour l'exercice des fonctions, il est investi des pouvoirs les plus étendus qu'il exerce dans les limites de l'objet social et sous réserve de ceux expressément attribués aux assemblées générales ou spécialement réservé au conseil d'administration par des dispositions légales statutaires.

Les actionnaires, « propriétaires » de la société désignaient des mandataires qui étaient chargés de la gérer[76].
Dans cette conception les dirigeants sociaux étaient de simples mandataires sociaux, car ils n'avaient de pouvoirs que ceux qui leur étaient attribués par les actionnaires dans les statuts.

55-Le droit français abandonne progressivement cette conception contractuelle au profit d'une approche institutionnelle qui reconnaît aux dirigeants sociaux des pouvoirs propres définis par la loi. Nous pouvons citer la détermination légale des pouvoirs des dirigeants sociaux à l'égard des tiers, qui concerne toutes les formes sociales. L'arrêt Motte du 4 juin 1946 consacre l'abandon de cette théorie en reconnaissant au conseil d'administration des pouvoirs légaux propres, dans un ensemble d'organes hiérarchisés[77]
Les faits sont les suivants : Lors d'une assemblée extraordinaire, les actionnaires décident de modifier l'organisation des pouvoirs en confiant au président les attributions jusque- là réservées au conseil d'administration. Sur recours de Motte, qui a la qualité d'administrateur, cette décision est déclarée nulle au motif : « Attendu que l'arrêt attaqué annule la résolution votée par l'assemblée générale qui modifie l'article 24 des statuts sociaux et investi le président-directeur général de l'ensemble des pouvoirs attribués jusqu'alors au conseil d'administration ;- Attendu, en effet, que la société anonyme est une société dont les organes sont hiérarchisés et dans laquelle l'administration est exercée par un conseil élu par l'assemblée générale ; qu'il n'appartient donc pas à l'assemblée générale d'empiéter sur les prérogatives du conseil en matière d'administration »[78].
Aujourd'hui, c'est presque toute l'organisation interne de la SA qui est déterminée de façon impérative par la loi. A une définition conventionnelle s'est substitué un statut légal des dirigeants sociaux. Cette phrase de M. Guyon rend bien compte de cette évolution : « Les fondateurs doivent adopter en bloc le statut de la SA tel qu'il est fixé

---

[76] Art22 de la loi de 1867 disposait en effet que la SA est administrée « par un ou plusieurs mandataires à temps, révocables, salariés ou gratuits, pris parmi les associés ». Ces mandataires pouvaient choisir parmi eux, un directeur ou, si les statuts le permettaient se substituer un autre mandataire étranger à la société dont ils étaient responsables devant elle.

[77] (R.) Badinter., les pouvoirs du président-directeur général de la société anonyme de type classique après la réforme du droit des sociétés commerciales : D.S. 1969, Chr., p.185 et s.

[78] Cass. Civ. 4 juin 1946 : JCP 47, II, 3518, note BASTIAN.

par la loi. Ils ne peuvent le modifier ou le compléter pour tenir compte de leurs besoins spécifiques que sur des points de détails»[79].
Les dirigeants sociaux, qui ne tiennent plus leurs pouvoirs des actionnaires mais de la loi, perdent leur qualificatif de mandataire pour devenir des organes sociaux au sens des partisans de la thèse institutionnelle[80]. Le droit OHADA poursuit dans le même sens.
L'acte uniforme détermine les organes de gestion de la SA et fixe leurs pouvoirs même dans les rapports entre associés[81].

1) LES POUVOIRS DU CONSEIL D'ADMINISTRATION

56-Le conseil d'administration a des attributions diverses et variées qui font de lui un organe essentiel au sein de la société anonyme.
L'art 435 de l'AUSC, qui définit les pouvoirs du conseil d'administration est le suivant : « Le conseil d'administration est investi des pouvoirs les plus étendus pour agir en toute circonstance au nom de la société.
Il les exerce dans la limite de l'objet social et sous réserve de ceux expressément attribués par le présent Acte uniforme aux assemblées d'actionnaires.
Le conseil d'administration dispose notamment des pouvoirs suivants :
1°) il précise les objectifs de la société et l'orientation qui doit être donnée à son administration ;
2°) il exerce, selon le mode de direction retenu, un contrôle permanent de la gestion assurée, par le président directeur général ou par le directeur général ;
3°) il arrête les comptes de chaque exercice.
Les dispositions des statuts ou de l'assemblées générale limitant les pouvoirs du conseil sont inopposables aux tiers. »
Les art.436, 437 et 438 de l'AUSC complètent le précédent en ce qui concerne les pouvoirs du conseil d'administration. Ainsi, nous pouvons dégager les pouvoirs généraux et les pouvoirs spécifiques de cet organe social.

a) Les pouvoirs généraux du conseil d'administration

A la lecture combinée de ces articles, les pouvoirs généraux du conseil d'administration peuvent être répartis en trois grands ensembles :

---

[79] Guyon, y. Droit des affaires, t. I, 11e éd., n° 279 et s.

[80] Ripert, G. et Roblot, R., traité de droit commercial, t. I, 17e éd. Par Germain et Vogel, n° 1625.

[81] Art. 435 de l'AUSC.

1°) Le conseil d'administration détermine les orientations de l'activité de la société (il s'agit des décisions stratégiques pour la société) et veille à leur mise en œuvre.
2°) Le conseil d'administration se saisit de toute question intéressant la bonne marche de la société et règle par ses délibérations les affaires qui la concernent.
3°) Le conseil d'administration procède aux contrôles et vérifications qu'il juge opportuns.
Le conseil d'administration conserve le pouvoir d'engager la société, l'article 436 de l'AUSC précisant que "dans les rapports avec les tiers, la société est engagée même y compris par les décisions du conseil d'administration qui ne relèvent pas de l'objet social, dans les conditions et limites fixées à l'art.122 du présent Acte uniforme."
Toutefois il ne peut s'approprier la direction générale de la société et le pouvoir de représenter la société à l'égard des tiers. Il doit avant tout de surveiller la direction de la société. Cette omnipotence du pouvoir d'administration du conseil est limitée par la loi elle-même (objet social, attributions des autres organes de la société), et, éventuellement, par les statuts[82].

b) Les pouvoirs spécifiques du conseil d'administration

Le conseil jouit de prérogatives qu'il est le seul à pouvoir exercer ; ni le président ni l'assemblée des actionnaires ne sauraient se substituer à lui. A côté de ses pouvoirs généraux, le conseil d'administration dispose de pouvoirs propres.
Ainsi, il est l'organe compétent pour prendre les décisions suivantes :
1°) Approbation des cautions, avals et garanties pour qu'une société anonyme accorde valablement une caution ou une garantie à un engagement pris par un tiers, le conseil d'administration doit obligatoirement avoir donné son autorisation préalable. Cette autorisation n'est exigée que pour garantir les engagements pris par des tiers et non ceux afférents aux engagements propre de la société par exemple l'hypothèque que la société consent pour sa propre dette[83]. Ces opérations sont considérées par le droit OHADA comme des opérations courantes c'est-à-dire celles qui sont conclues à des conditions normales.

---

[82] M. Philippe, Droit commercial, Sociétés commerciales, 7ème éd., Précis Dalloz, p. 455.
[83] Com. 4 mai 1999, préc. , J.C.P. éd. E. 2000, p.31, A. Viandier et J.J Caussain ; R.M.J.O.déb. Ass. Nat. 3 décembre 1970, p.6095 ; Rev. Sociétés 1971, p.109, Cf.J.P. Langlande, Le pouvoir de fournir des sûretés dans les sociétés anonymes, RTD.com. 1979, 355.

Les opérations courantes sont celles qui sont effectuées par une société d'une manière habituelle, dans le cadre de ses activités[84].
Le Président du conseil d'administration ou le Directeur Général ne peuvent donc accorder seuls une garantie (il existe cependant des mécanismes de délégation, mais il faut toujours à la base une décision du conseil d'administration)[85].
2°) Choix de la dissociation des fonctions entre le Président du conseil d'administration et le président-directeur général.
Selon l'art.415 de l'AUSC, la société anonyme avec conseil d'administration est dirigée soit par un président directeur général, soit par un président du conseil d'administration et un directeur général. Dès lors les sociétés anonymes constituées dans l'espace OHADA doivent effectuer un choix entre ces modes de direction désormais possibles : soit adopter la formule du président-directeur-général, soit dissocier les fonctions de directeur général et de président du conseil d'administration. S'il revient à l'assemblée générale des actionnaires d'indiquer dans les statuts la manière dont le conseil d'administration optera pour telle ou telle forme de direction, il ne lui appartient pas de faire le choix. Le choix entre tel ou tel mode est un pouvoir propre du conseil d'administration qui doit donc adopter une résolution précisant s'il opte pour la formule du président-directeur-général ou s'il décide de dissocier les fonctions de président du conseil d'administration de celle de directeur général[86].
3°) Convocation des assemblées : C'est le conseil d'administration qui est chargé de convoquer l'assemblée générale des actionnaires. Cependant, à défaut de convocation par le conseil d'administration, l'assemblée générale peut être également convoquée (entre autres) par un mandataire désigné en justice (soit à la demande de tout intéressé en cas d'urgence ou d'un ou plusieurs actionnaires réunissant au moins 10 % du capital social, soit à la demande du liquidateur) ou par le commissaire aux comptes[87].

---

[84] Art. 439 de l'AUSC.

[85] Vr. traité et actes uniformes annotés, p. 342 : Par dérogation aux dispositions des alinéas qui précèdent, le président directeur général ou le directeur général, selon le cas, peut être autorisé à donner à l'égard des administrations fiscales et douanières, des cautions avals, garanties ou garantie à première demande, au nom de la société, sans limite de montant. Le Président directeur général ou le directeur général, selon le cas, peut déléguer le pouvoir qu'il a reçu en application des alinéas qui précèdent.

[86] M. DE JUGLART, B. IPPOLITO, Les sociétés commerciales : cours de droit commercial, éd. Montchrestien, p. 460.

[87] Cour suprême du Niger, n° 01-158/c du 16/08/01, SNA LEYMA c/ Groupe HIMA SOULEY,

4°) Nomination et fixation de la rémunération du président du conseil d'administration du directeur général et des directeurs généraux adjoints.
Il revient au conseil d'administration de nommer et de fixer la rémunération du président du conseil d'administration du directeur général et des directeurs généraux adjoints.
Le candidat est nécessairement proposé par le président[88] et nommé par le conseil d'administration[89] qui fixe sa rémunération[90]. L'intervention obligatoire de ces deux organes ne permet pas de prétendre que le directeur général tient ses pouvoirs de l'un plutôt que de l'autre. Seulement, étant donné que le directeur assiste le président, il est normal que ce dernier prenne l'initiative de sa désignation. D'un autre côté, comme le directeur général a vis-à-vis des tiers les mêmes pouvoirs que le président, il est logique que le conseil d'administration participe à la nomination de l'un comme de l'autre[91].
Le conseil définit le profil des administrateurs qui présentent les candidatures à l'assemblée générale : il peut parfaitement à travers son comité des nominations faire des propositions de critères sur des bases objectives.
La création de ces comités d'audit est rendue possible en vertu de la théorie de la délégation. Le conseil peut déléguer à un ou plusieurs de ses membres des mandats spéciaux pour un ou plusieurs objets déterminés, sans que cela altère pour autant les pouvoirs conférés aux autres dirigeants[92]. Cette possibilité permet d'envisager la création d'autres organes recevant mandat de gérer certains aspects des affaires sociales, notamment tout type de comités qui auraient une nature extrastatutaire, dont les membres pourraient d'ailleurs bénéficier de rémunérations exceptionnelles.

---

précise que le juge de référé est compétent pour désigner le mandataire de l'art 516, alinéa 2-2°.
[88] Paris 12 mars 1999, Bull. Joly 1999, p. 661. n° 146, B. Petit ; J.C.P. éd. E 1999, p. 1239, A. Viandier et J. J. Caussain.
[89] Cette distinction qui est obligatoirement effectué par le conseil peut permettre de distinguer le directeur général, du directeur technique qui, lui, est engagé par le président ou le chef du personnel, mais pas par le conseil, Pau 31 janv. 1967, D. 1967, 476.
La promesse faite par le président d'une société à un cadre de le nommer directeur général dans la société-mère au cas où il quitterait ses fonctions dans une filiale étrangère, ne peut engager la société ; mais elle engage personnellement le président comme promesse de porte-fort, Com. 4 oct. 1988, préc. (aff. Willot) Bull. Joly 1988, p. 863, n° 277, P.L.C. ; Defrénois 1989, art. 34518, p. 560, J. Honorat.
[90] Com. 13 févr. 1996, D. 1996, som. 345, J. Cl. Hallouin.
[91] M. Philippe, Droit commercial, Sociétés commerciales, 7ème éd., Précis Dalloz, p. 490.
[92] Article 437 AUSC.

5°) Autorisation des conventions réglementées : Le conseil d'administration doit donner son autorisation préalable à toute convention intervenant directement ou par personne interposée entre la société et son directeur général, l'un de ses directeurs généraux adjoints, l'un de ses administrateurs. Les conventions réglementées se définissent comme celles qui sont conclues entre les dirigeants sociaux susvisés. Il en est de même des conventions conclues avec une personne morale dont l'un des dirigeants de la société anonyme est propriétaire ou associé indéfiniment responsable ou même dirigeant[93].

Les dispositions de l'acte uniforme permettent de mettre en œuvre des organes et mécanismes internes à la société afin de contrôler sa gestion et de s'inscrire dans la dynamique actuelle des règles modernes de droit des sociétés relatives à la « corporate governance ».

2) LES POUVOIRS PROPRES DU PRESIDENT–DIRECTEUR GENERAL

57-Le Président du Conseil d'administration cumule ses fonctions avec celles du Directeur Général. Il détient donc, à côté de ses fonctions de Président du Conseil d'administration, les pouvoirs et les responsabilités du Directeur Général.

a). Les pouvoirs du PDG agissant en tant que président du conseil.

58-Le conseil élit en son sein un président, dont la mission consiste à :

Veiller à ce que les procédures relatives aux travaux préparatoires, aux délibérations, aux prises de décisions et à la mise en œuvre de celles-ci soient correctement appliquées.

convoquer les réunions du conseil et établir l'ordre du jour ;

Veiller à ce que les administrateurs reçoivent à temps les informations précises avant les séances et si nécessaire, entre celles-ci ;

Veiller à développer une interaction entre le conseil et la direction générale ;

Veiller à ce que tous les administrateurs puissent contribuer aux discussions du conseil en toute connaissance de cause et à ce que le conseil dispose d'un temps de réflexion et de discussion suffisant avant les prises de décisions ;

---

[93] Traité et actes uniformes commentés, OHADA, 2ème éd. Juriscope, 2002, p. 430.

- veiller en cas de conflits d'intérêts, à arrêter la ligne de conduite à tenir et veiller à l'application des textes relatifs à cette question ;
- Fournir aux nouveaux administrateurs les renseignements utiles et répondre aux questions éventuelles.

Le P-DG tire ces pouvoirs énumérés ci-dessus de l'article 465 de l'AUSC[94].

59-L'interprétation de cet article nous permet de relever que le président- directeur général préside et dirige. En sa première qualité, les réunions du conseil sont convoquées et présidées par le président ; sauf en cas de convocation urgente, les administrateurs reçoivent l'ordre du jour de la séance du conseil et les éléments nécessaires à leur réflexion. Le procès- verbal de chaque séance doit être établi et signé par au moins le président et un autre administrateur. Les annexes utiles jointes aux procès-verbaux sont signées dans les mêmes conditions.

b). Les pouvoirs du P- DG agissant en tant que directeur général

60-Les dispositions de l'acte uniforme sur les pouvoirs des dirigeants sont une reproduction de la loi de 1966 en France. Cette loi fait du PDG le vrai patron de la société, puisqu'il est à la fois président du conseil d'administration et directeur général de la société. En tant que tel, il est chef d'entreprise et il représente la société à l'égard des tiers. Il a la qualité d'employeur, il embauche et licencie les salariés, négocie les accords d'entreprise, reçoit les délégués du personnel. Représentant la société à l'égard des tiers, il signe les contrats au nom de la société, passe les commandes, assure les biens sociaux, agit en justice. C'est lui l'interlocuteur des administrations, sociales ou fiscales[95].

61-Un arrêt de la cour d'Angers qualifie le conseil d'administration d' « organe de réflexion et de décision ». Il délibère et décide, mais n'agit

---

[94] Selon ce texte « le président-directeur général préside le conseil et les assemblées générales. Il assure la direction générale de la société et représente celle-ci dans ses rapports avec les tiers. Pour l'exercice de ses fonctions, il est investi des pouvoirs les plus étendus qu'il exerce dans la limite de l'objet sociale et sous réserve de ceux expressément attribués aux assemblées générales ou spécialement réservé au conseil d'administration par des dispositions légales statutaires.

Dans ses rapports avec les tiers, la société est engagée par les actes du président-directeur général qui ne relèvent pas de l'objet social, dans les conditions et limites fixées à l'article 122 du présent acte uniforme.

Les stipulations des statuts, les délibérations des assemblées générales ou les décisions du conseil d'administration limitant les pouvoirs du président-directeur général sont inopposables aux tiers de bonnes foi ».

[95] Maurice, C., Alain, V., Droit des sociétés, 5ème éd. Litec.

que par son président qui représente la société[96]. Le corollaire de ces pouvoirs qu'il tire de la nature institutionnelle
de la société anonyme, est que le P-D.G doit assumer des responsabilités. Sa faute sera appréciée avec d'autant plus de sévérité qu'il est investi de la direction générale de la société. La jurisprudence offre de nombreux cas où la responsabilité du P-D.G a été engagée. Certaines fautes résident dans des imprudences, des imprévoyances ou un désintérêt dans la gestion du patrimoine social[97], d'autres dans l'utilisation de ses pouvoirs à des fins personnelles comme le cautionnement par la société d'une dette qui lui est personnelle[98] ou dans le dépassement de ses pouvoirs comme la prise de décision relevant du conseil d'administration[99].

Malgré cette répartition des pouvoirs entre les organes sociaux, il n'en demeure pas moins vrai que l'acte uniforme, à l'image de la loi 1966 en France, consacre le partage des pouvoirs entre lesdits organes.

B. LES POUVOIRS COLLECTIFS

62-Le législateur réglemente les missions des organes de gestion de la SA, ainsi que leurs conditions d'exercice. Nous constatons que l'acte uniforme n'est pas clair sur la répartition des pouvoirs entre le conseil d'administration et l'organe de direction (PDG ou DG). Selon l'article 435 al1 et 2 de l'AUSC, « Le conseil d'administration est investi des pouvoirs les plus étendus pour agir en toute circonstance au nom de la société. Il les exerce dans la limite de l'objet social et sous réserve de ceux expressément attribués par le présent acte uniforme aux assemblées d'actionnaires ». Or les articles 465 al3 et 487 al2 de l'AUSC, investissent également le PDG ou le DG « des pouvoirs les plus étendus qu'il exerce dans la limite de l'objet social et sous réserve de ceux expressément attribués aux assemblées générales ou spécialement réservés au conseil d'administration par des dispositions légales ou statutaires ».

63-L'incertitude demeure sur la répartition entre le pouvoir général d'administration du conseil et le pouvoir de direction général du PDG ou du DG, puisque l'acte uniforme utilise la même formule dans les deux cas. Ainsi pour les actes non visés par la loi, il y a une

---

[96] Angers, 14 janvier 1974, Rev. Des syndics, 1974.160.

[97] Cass. Com. 19 janvier 1988, B.R.D.A 1988, n°6, Paris, 1er janvier 1984. 779, n. SCHMIDT : imprudence et négligence conduisant à la présentation d'un bilan inexact.

[98] Montpellier 7 janvier 1980, Rev. Sociétés 1980, 737, n. MOULY.

[99] Paris, 16 mai 1978, Rev. Sociétés 1979, 72.

compétition concurrente du conseil d'administration et du président puisque tous deux sont également investis des pouvoirs les plus étendus pour agir en toute circonstance au nom de la société. Ce chevauchement est fâcheux[100]. Il est vrai que l'art. 435 de l'AUSC dans son alinéa 3 s'efforce de préciser le contenu du pouvoir général d'administration du conseil énumérant certaines opérations qui en relève. Il s'agit de la définition des objectifs de la société et l'orientation qui doit être donnée à son activité, le contrôle de la gestion sociale et l'arrêté des comptes annuels de chaque exercice.

64-Les mêmes pouvoirs sont détenus par l'administrateur général lorsque la société anonyme compte un à trois actionnaires et par le gérant d'une SARL. Dans ces conditions on se devait d'apporter des limites aux pouvoirs des dirigeants sociaux. L'art. 465 de l'AUSC précise les limites des pouvoirs des PDG d'une SA et l'art. 169 dispose que le PDG peut être révoqué à tout moment par le conseil d'administration.

65-La révocation[101] des dirigeants est prévue par l'AUSC[102]. Elle nourrit un abondant contentieux[103]. En effet, considérée comme une séquelle de l'analyse qui voyait dans leurs fonctions un mandat[104], la révocation des dirigeants relève de la compétence de l'assemblée d'actionnaires. La Cour d'appel d'Abidjan a rappelé à ce sujet et conformément aux articles 546 et 551 de l'AUS que « l'organe compétent

---

[100] Philippe (M.), Droit commercial : Sociétés commerciales, 7ème éd. Précis Dalloz, p.485 ; Versailles 10 mai 1990, Bull. Joly 1990, p.770, n° 228 (convention conclue par le cessionnaire de la majorité des actions garantissant au cédant sa nomination comme directeur général ; Paris 2 mai 1990, Bull. Joly 1990, p.775, n° 2230 ; Com. 2 juin 1992, Bull. Joly 1992, p.1078, n° 349 (promesse de maintien en fonction, atteinte au principe de la libre révocabilité) ; Paris 31 mars 1995, Dr sociétés 1995, n° 152, D. Vidal (promesse de nomination en qualité de président par l'actionnaire majoritaire de la société). Rappr. Com. 15 nov. 1994, Bull. Joly 1995, p. 65, n) 14, P. Le Cannu (promesse de porte-fort et indemnisation du président du directoire démissionnaire).

[101] Le vocable révocation vient du latin revocare qui signifie rappeler. Il désigne le fait, pour une personne, de retirer les pouvoirs accordés à une autre.

[102] Il s'agit de la révocation de l'administrateur à l'art 433 al.2 ; du P-DG à l'art 469 ; du DG à l'art492 ; de l'administrateur général à l'art 509 et l'administrateur général adjoint à l'art 515 de l'AUSC.

[103] CA Paris, 3e Ch. Sect. A, 4 avr. 2006, Rev. Soc juill-sept. 2006, p. 667 ; L. GODON, note sous CA Versailles, 5 juin 2003, Rev. Soc 2004, p. 108 ; CA Paris, 21 nov. 1991, Sonatra c/ Bon : J.C.P. 1992, éd. E, I, 145, n° 8, Obs. A. ViANDIER et j .j. CAUSSAIN ; CA Abidjan, arrêt n° 1247 du 28 nov. 2003, WWW. Ohada.com (ohadata J-03-347).

[104] Paul Le CANNU, Droit des sociétés, Domat, Droit privé, Montchrestien, Paris 200, p. 531. [[Merci de confirmer]]

pour révoquer le président directeur général et son équipe dirigeante est l'assemblée générale (...) »[105].

Cette révocation *ad nutum* selon la formule latine qui veut dire « au moindre signe de la tête » reste d'ordre public[106]. La révocation est le résultat de la mise en œuvre du contrôle de la gestion et des comptes sociaux, sanction à l'égard des dirigeants sociaux.

La révocation *ad nutum* peut être prononcée à tout moment par la décision souveraine d'une seule personne ou de l'organisme habilité à cet effet. Seuls les dirigeants sociaux peuvent être révoqués à tout moment par décision de l'assemblée d'actionnaires. Cette révocation est possible même si elle n'a pas été inscrite à l'ordre du jour[107], cela en vertu de la théorie des incidences[108]. A cet effet, le tribunal régional hors classe de Dakar a ainsi décidé qu' « (...) il n'est non plus utile de fixer dans l'ordre du jour le point sur la révocation du gérant, ce dernier peut être discuté dans les questions diverses »[109].

Cette situation est aussi transposable dans les sociétés anonymes. Elle concerne tout dirigeant[110]. Les conventions qui lui portent atteinte sont formellement interdites. Il en est ainsi de l'interdiction d'une clause subordonnant la révocation du directeur général à l'attribution d'une fonction salariée au sein de la société[111]. A l'évidence, la stipulation du contrat de travail d'un dirigeant qui prévoit qu'en cas de cessation des relations de travail ce dernier bénéficiera d'une indemnité équivalente au montant des rémunérations qu'il aurait perçues jusqu'au jour de sa retraite constitue une convention d'indemnité prohibée[112].

66-En principe, aucune motivation ni indemnité n'est exigée et due à l'administrateur lors de cette révocation. Mais cette règle est

---

[105] CA Abidjan, 23 oct. 2003, arrêt n° 1161. Ste ASH internationale c/ Maurice Kacou ; www.ohada.com (ohadata J-03-317).

[106] Dans un vieil arrêt du 30 avril 1878, la chambre civile de la Cour de cassation a précisé que la révocation ad nutum est « une règle d'ordre public à laquelle il n'est pas permis de déroger, notamment par des clauses qui, en enlevant à la société le droit absolu de révoquer ses mandataires, confèreraient aux tribunaux le pouvoir de contrôler les causes de révocation et d'allouer des dommages- intérêts au mandataire révoqué, à leur estime, sans motifs légitimes » D.P 1878, 1, 314 ; V. notamment Cass. Civ. 9 janv. 1964, p. 519.

[107] Art 522 al2 de l'AUSC.

[108] Il s'agit de la théorie selon laquelle les actionnaires décident au cours d'une assemblée de démettre le dirigeant quand bien même cette résolution n'aurait pas été inscrite à l'ordre du jour.

[109] Trib. Reg. hors classe de Dakar, jugement n° 327 du 19 févr. 2003, Pèdre Diop c/ Oumar SECK et BAG SARL ; www.ohadata.com (ohadata. J-o3-180)

[110] C'est-à-dire toute personne physique ou morale qui assure la direction ou l'administration totale ou partielle, de droit ou de fait de la société.

[111] Soc, 4 janvier 1974, RTDcom 1975, p. 114, obs. R. HOUIN.

[112] Cass. Com., 4 juin 1996, Dr. soc., juill.-août 1996, n°150, note Vidal.

protégée aujourd'hui par le principe du contradictoire[113] qui atténue sa brutalité. Ce principe signifie que soient respectés les droits de la défense. Dans un arrêt rendu le 3 janvier 1996, la Cour de cassation française affirme solennellement que « la révocation d'un directeur général peut intervenir à tout moment et n'est abusive que si elle a été accompagnée de circonstances ou a été prise dans des conditions qui portent atteinte à la réputation ou à l'honneur du dirigeant révoqué ou si elle a été décidée brutalement sans respecter le principe de la contradiction »[114]. Ce principe signifie que le dirigeant puisse préparer sa défense et présenter ses observations. Il doit, par conséquent, être informé du projet de révocation et invité à se justifier. Certes, la mesure de ce droit reste à préciser : suffit-il qu'il soit informé de la volonté des actionnaires de le révoquer ou faut-il également lui communiquer les griefs?

67-La doctrine[115] estime que l'évolution de la jurisprudence devrait logiquement conduire la Cour de cassation à consacrer cette obligation, qui seule semble correspondre à la philosophie du contradictoire. Si la révocation s'est réalisée dans les circonstances portant atteinte à l'honneur ou à la réputation des dirigeants sociaux ou encore si elle est entourée des circonstances injurieuses et vexatoires et sans possibilité de défense pour l'administrateur révoqué, la théorie de l'abus de droit justifie la réparation du préjudice subi par le dirigeant ainsi « traîné dans la boue »[116]. Les juges du fond ont l'obligation d'examiner si les circonstances dans lesquelles intervient la révocation du président du conseil d'administration portent atteinte à son honneur, et si le principe du contradictoire a été respecté[117].

68-En droit OHADA, il n'existe aucune décision en la matière. C'est pourquoi, la doctrine estime qu'il convient de ne pas s'empresser pour appliquer *de facto* le principe du contradictoire en cas de révocation ad nutum. La vigilance s'impose en la matière afin d'apprécier les évolutions convergentes ou divergentes du droit uniforme au regard des pratiques constatées en droit français[118]. De surcroît, il faut remarquer

---

113 Gibisila, irrégularité de la procédure de révocation d'un directeur général, J.C.P., 1995, éd. G., II 22369 ; Le CANNU, Le principe de contradiction et la protection des dirigeants, Bull. Joly 1996, 11.

114 Cass.com, 3 janvier 1996, n° 94-10.765 ; Cass. Com. 26 avril 1994, Pesnelle c/société Autoliv Klippan cité par Paul LE CANNU, ibid., p. 441.

115 Alain LIENHARD, note sous Cass. Com. 10 mai 2006, D 2006, Tome 2, p. 1533.

116 Maurice COZIAN et alii, Droit des sociétés, 17ème éd., LITEC, Paris, 2004, n° 450, p. 214.

117 Paris, 27 oct. 1995, Dr soc, janv. 1996, n°16 note Vidal ; Cass. Com , 3 janv. 1996, Dr. soc. Avr. 1996 n°83, note Vidal.

118 Benoit LEBARS et Boris MARTOR, « Management et financement de la société anonyme

que la plupart des dispositions de l'AUSC sont d'ordre public. Toutefois, le principe du contradictoire étant un principe général de droit, il sied de le respecter.

69- Dans la pratique cette révocabilité ad nutum soulève des questionnements. La décision n'a pas à être motivée, aucun préavis n'est à respecter, aucune indemnité ne peut être réclamée. Pis encore, cette règle est d'ordre public[119], d'où la nullité des dispositions,
statutaires ou extrastatutaires, qui pourraient dissuader les actionnaires d'exercer leur droit de révocation.

70-Dans le cadre de la gouvernance, pour éviter des conflits inutiles, le président du conseil d'administration doit vérifier les limites de ses pouvoirs avant d'agir.

La séparation des organes sociaux n'est pas le seul élément de la bonne gouvernance d'entreprise des sociétés anonymes existant dans l'acte uniforme relatif au droit des sociétés et du groupement d'intérêt économique de la zone OHADA. On a recours également à l'intérêt social pour assurer la pérennité de la société.

SECTION II : L'INTERET SOCIAL DANS L'AUSC : MOYEN DE PROTECTION DE LA SOCIETE

71-La prééminence accrue de l'aspect institutionnel de la société commerciale consacrée par le gouvernement d'entreprise, fait de la sauvegarde de l'intérêt social un outil de protection de la société. C'est pourquoi nous allons faire l'historique de l'évolution de la notion de l'intérêt social avant de procéder à l'analyse des mécanismes de sa détermination (paragraphe I) et de son rôle (paragraphe II) dans la protection de la société anonyme.

GENESE DE L'INTERET SOCIAL

72-C'est l'intérêt social qui met en exergue l'ensemble des mesures visant à assurer que les sociétés sont efficacement gérées, dirigées, et non dans le seul dessein de servir une direction, mais celui de la recherche d'un équilibre des pouvoirs au sein de la société[120]. D'ailleurs, pour se convaincre de la place de cette notion dans la vie sociale, il suffit de se rendre compte du nombre important des mesures rattachées à la théorie de la «corporate governance» [121] dans la loi

de droit OHADA », JCP 2004, n°5, supplément a la Semaine Juridique n°44, p. 14.

[119] Soc.31 mars 1981, Bull. Jolly 19981, p.742, n° 365, 4° esp. ; Soc 30 mars 1999, Bull. Joly 1999, p. 1107, n° 259, J.P. Dom ; Dr. sociétés 1999, n° 102,D. Vidal (contrat de travail frauduleux).

[120] vr schapira « l'intérêt social et le fonctionnement de la société anonyme ».

[121] La corporate governance est « le système par lequel les sociétés sont dirigées et gouvernées »

française[122]. Mais ce qu'il ne faut pas oublier, c'est que l'intérêt social est un concept à contenu variable.

« Comme la bonne foi ou l'intérêt de la famille, l'intérêt social est un standard, un concept à contenu variable ; d'autres parlent de concept mou. C'est un impératif de conduite, une règle déontologique et même morale, qui impose de respecter un intérêt supérieur à son intérêt personnel »[123]. Cette assertion met en lumière les difficultés posées par la définition de l'intérêt social. Ce concept, à l'instar des autres standards juridiques, est utilisé pour donner plus de flexibilité au droit, en laissant à la jurisprudence le soin de préciser la notion selon les cas qui lui sont présentés.

Ainsi, l'intérêt social, c'est-à-dire l'intérêt de la société, n'aurait pas de définition précise et devrait être «découvert» par le juge[124] selon la nature du litige qui lui est soumis.

73-Longtemps restée inconnue, la notion d'intérêt social a fait une entrée progressive dans le droit français des sociétés. Avant 1966, seuls les décrets- lois du 8 août et du 30 octobre 1935[125] dans leurs dispositions réprimant l'usage abusif des biens ou du crédit d'une société, faisaient expressément référence à ce terme. Toutefois, la jurisprudence n'hésite pas à recourir à cette notion même en l'absence de textes précis : ainsi en est-il par exemple en cas d'abus de majorité[126]

vr sur la corporate governance, sir Adrian CADBURY : intervention du 25 oct 1994, séminaire sur la corporate governance ; Les Echos Conférence.

[122] Loi n° 2001-420 du 15 mai 2001 relative aux nouvelles régulations économiques.

[123] COZIAN M. VIANDIER A. DEBOISSY F., Droit des sociétés, éd. Litec, 13e, 2000, n°466, p. 175.

[124] Dieunedort (N.), Le juge et le droit des sociétés OHADA : contribution pour le traitement judiciare des litiges entre associés, éd. universitaires européennes 2011, p. 191.

[125] J.O., A.N., 12 juin 1935.

[126] Définition de l'abus de majorité : Cass. Com., 18 avril 1961, Etablissements Picard, JCP 1961, II, n°12164.

L'abus de majorité est « la résolution prise contrairement à l'intérêt général de la société et dans l'unique dessein de favoriser les membres de la majorité au détriment des membres de la minorité ».

ou de minorité[127], en présence d'une convention de vote[128] ou en cas de nomination d'un administrateur provisoire[129].

74-En effet, un arrêt de la cour de cassation du 18 avril 1961 définit la notion d'abus de majorité, cause de nullité des assemblées d'actionnaires, par référence à celle d'intérêt social. De même un arrêt de la cour d'appel de Paris du 22 mai 1965[130] a confirmé l'opportunité de la nomination d'un administrateur provisoire en se fondant sur l'intérêt social. En outre c'est au nom de l'intérêt social que le juge accepte de designer un expert de gestion[131], ou de prononcer une mesure de séquestre[132].

75-Aujourd'hui la notion d'intérêt social a pris une ampleur telle que certains n'hésitent plus à y voir « la boussole du fonctionnement social »[133], « le concept majeur du droit moderne des sociétés »[134].
La jurisprudence a érigé le respect de l'intérêt social en principe du droit des sociétés, afin d'assurer la protection de la société et de ses composantes, lorsqu'un acte est pris au nom de la société ou une convention menace ou favorise son bon fonctionnement ou sa pérennité. Pour assurer une protection efficace de la société, la jurisprudence n'a pas donné une définition précise de l'intérêt social, ce qui lui permet de déterminer les contours de celui-ci au cas par cas.

---

[127] Définition de l'abus de minorité : Cass. Com., 9 mars 1993, Flandin, Rev. Sociétés, janvier – mars 2000, p. 36.
L'abus de minorité est constitué lorsque l'attitude d'un associé est « contraire à l'intérêt général de la société en ce qu'il interdit la réalisation d'une opération essentielle pour celle-ci, et dans l'unique dessein de favoriser ses propres intérêts au détriment de l'ensemble des autres associés ».

[128] C.A. Paris, 30 juin 1995, Metaleurrop, JCPE, 1996, II, n°795.
Un engagement de vote est licite dès lors qu'il est « limité à l'opération concernée, conforme à l'intérêt social et exempt de toute idée de fraude ». [[Merci de confirmer l'emplacement]]

[129] CA Amiens, 11 févr. 2003 : Bull. Joly 2003, n° 88, p. 440. (Lorsqu'il est établit que le président du conseil d'administration a perdu la confiance de l'associé porteur de la majorité des parts en nue-propriété et que ses décisions mettent gravement en péril les intérêts de la société).

[130] « Pour nommer un administrateur provisoire, le juge des référés doit s'inspirer des intérêts sociaux par préférence aux intérêts personnels de certains associés (…) ». C.A. Paris, 22 mai 1965, Fruehauf, JPC 1965, II, n° 14274 bis.D.1968, p.147, note Contin.

[131] Les conventions réglementées peuvent faire l'objet d'une expertise de gestion, même si elles ont été contrôlées par les associées (CA Paris, 24 mai 2002 : Dr. sociétés 2002, n° 177.

[132] D. Schmidt, Les conflits d'intérêts dans la société anonyme, éd. Joly 1999 ; C. Ruellan, La loi de la majorité dans les sociétés commerciales, Thèse Paris II, 1997 ; T. Com. Nanterre 26 févr. 1993, D. 1993. 337, note A. Couret et F. Peltier.

[133] A. Pirovano, La « boussole » de la socité, Intérêt commun, intérêt social, intérêt de l'entreprise ? D. 1997, chr. p. 189.

[134] Koné Mamadou, le nouveau droit commercial des pays de la zone OHADA : comparaison avec le droit français, LGDJ.

76-Alors même que la politique générale à envisager dans l'entreprise est fonction de l'intérêt social, cette notion apparaît très peu dans l'AUSC. On la retrouve par exemple à l'article 277 sur les SNC, lorsqu'il dispose que «dans les rapports entre les associés et en l'absence de détermination de ses pouvoirs par les statuts, le gérant peut faire tous les actes de gestion dans l'intérêt de la société... », à l'article 298 sur la SCS qui renvoie à l'article 277, à l'article 328 sur la SARL qui reprend les dispositions de l'article 277, à l'article 891 qui réprime l'abus de bien sociaux, de crédit, de pouvoirs et de voix dans les sociétés et enfin aux articles 130 et 131 sur les abus de majorité et de minorité.
Dans l'article 465 sur les SA, référence est faite au dépassement de l'objet social. Cette méfiance des rédacteurs de l'AUSC vis à vis de la notion d'intérêt social est dûe au fait qu'elle reste le moyen le plus souvent utilisé par le juge pour s'immiscer dans la vie sociale.
Compte tenu de l'importance de ce concept juridique du gouvernement d'entreprise et qui sert de boussole sociale, il est plus que nécessaire de procéder à sa détermination avant de relever son rôle.

PARAGRAPHE I : DETERMINATION DE L'INTERET SOCIAL DANS LE DROIT DES SOCIETES

77-Que l'intérêt social soit différemment appelé intérêt de l'entreprise[135] ou intérêt commun des associés, un choix s'impose. Chaque conception de l'intérêt social guide une politique sociale différente : les résolutions de distribuer les bénéfices, d'investir, de filialiser, d'absorber une autre société ou de se faire absorber, sont prises autrement selon que l'on considère le seul intérêt des associés ou l'intérêt de l'entreprise.

78-On voit que le choix est important parce que chacune des conceptions conduit à un mode de gouvernement différent. Si les dirigeants sociaux ont le choix des moyens, l'exercice de leur pouvoir doit s'inscrire dans le cadre de l'objectif qui leur à été fixé ; ils doivent de ce fait maîtriser le contenu de l'intérêt social, ce qui les met à l'abri d'éventuels contrôles internes ou externes. On peut ainsi assimiler l'intérêt social à un bouclier pour les dirigeants[136]. Le choix apparaît comme une nécessité parce que le marché africain doit savoir si la

---

[135] MONSALLIER M.C., L'aménagement contractuel du fonctionnement de la société anonyme, LGDJ 1998.
T.303, n°757 et s, p.317.

[136] La gouvernance dans les sociétés anonymes, un bouclier pour les dirigeants ? Colloque du CREDA 12 mai 2009, p. 22.

société cherche à optimiser la valeur de ses actions ou poursuit des objectifs différents de ceux des actionnaires. L'information contribue à décider d'acquérir, conserver ou céder les actions de la société.
C'est ainsi que les sociétés faisant publiquement appel à l'épargne doivent assurer la transparence de leur intérêt social[137].

79-Comme il est souvent le cas lorsque deux écoles doctrinales s'affrontent, ce n'est pas par simple plaisir intellectuel. Adopter comme intérêt social l'intérêt propre d'une entité ou l'intérêt commun des associés, c'est poursuivre des objectifs différents.
L'intérêt propre d'une entité conduit à conférer une certaine protection à la société mais aussi à ses dirigeants et associés majoritaires. A contrario, l'intérêt commun des associés conduit à conférer une plus grande protection aux associés minoritaires.

A. L'INTERET SOCIAL COMME INTERET DE L'ENTREPRISE

80-L'intérêt propre d'une entité peut s'entendre soit de l'intérêt de la personne morale, soit de celui de l'entreprise. Aussi, il n'est pas inutile dans le cadre de notre analyse de les différencier, tant les conséquences peuvent être pertinentes.
Ce qui nous conduit à mettre en exergue le débat de la doctrine française sur l'intérêt social avant d'en relever l'existence à travers les articles de l'AUSC.

---

[137] Vr. art. 905 de l'AUSC « Encourent une sanction pénale, les présidents, les administrateurs ou les directeurs généraux de société qui auront émis des valeurs mobilières offertes au public :
1°) sans qu'une notice soit insérée dans un journal habilité à recevoir les annonces légales, préalablement à toute mesure de publicité ;
2°) sans que les prospectus et circulaires reproduisent les énonciations de la notice prévue au paragraphe 1°) du présent article, et contiennent la mention de l'insertion de cette notice au journal habilité à recevoir les annonces légales avec référence au numéro dans lequel elle a été publiée ;
3°) sans que les affiches et les annonces dans les journaux reproduisent les mêmes énonciations, ou tout au moins un extrait de ces énonciations avec référence à ladite notice, et indications du numéro du journal habilité à recevoir les annonces légales dans lequel elle a été publiée ;
4°) sans que les affiches, les prospectus et les circulaires mentionnent la signature de la personne ou du représentant de la société dont l'offre émane et précisent si les valeurs offertes sont cotées ou non et, dans l'affirmative, à quelle bourse.
La même sanction pénale sera applicable aux personnes qui auront servi d'intermédiaires à l'occasion de la cession des valeurs mobilières sans qu'aient été respectées les prescriptions du présent article. »

1- LA DOCTRINE FRANÇAISE

81-L'intérêt de la personne morale c'est-à-dire la société ne se confond pas avec l'intérêt des associés, qu'ils soient majoritaires ou minoritaires.

La société a un intérêt propre qui transcende celui des associés[138]. La distinction réside alors dans le principe selon lequel «la société est une personne morale indépendante de la masse des personnes physiques qui la composent »[139]. L'intérêt de la personne morale prend sa source dans la conception institutionnelle de la société, qui doit poursuivre un intérêt qui lui est propre et disposer d'une organisation juridique et autonome par rapport aux associés[140]. Pour que la personnalité morale soit reconnue à un groupement, il faut préalablement que deux conditions soient réunies. D'une part, il faut qu'il existe au sein de ce groupement, un intérêt distinct des intérêts individuels et, d'autre part que ce groupement qui souhaite avoir la personnalité morale, ait une organisation capable de dégager une volonté collective qui le représentera dans tous les rapports juridiques.

Selon cette conception, l'intérêt social peut être défini comme l'intérêt supérieur de la personne morale elle- même, c'est-à-dire de l'entreprise considérée comme agent économique autonome, poursuivant des fins propres, distinctes notamment de celles des actionnaires, de ses salariés, de ses créanciers dont le fisc, de ses fournisseurs et de ses clients, mais correspondent à leur intérêt général commun, qui est d'assurer la prospérité et la continuité de l'entreprise.

Il en ressort qu'il n'est pas possible de concevoir un intérêt propre à la personne morale sans faire appel au concept d'entreprise : la société est une technique d'organisation de l'entreprise et son intérêt s'identifie à celui de l'entreprise. Selon Claude Champaud et Jean PAILLUSSEAU, « l'entreprise et la société sont deux choses fondamentalement distinctes. La première est une organisation économique et humaine, la seconde une notion purement juridique et qui n'est que juridique »[141]. Ces auteurs estiment que l'entreprise doit être entendue comme un ensemble de moyen en capital et en travail destiné à assurer la production des biens et

---

138 M. COZIAN, A. VIANDIER, F. DEBOISSY., Droit des sociétés.

139 J-M.VERDIER in M-C. MONSALLIER « l'aménagement contractuel du fonctionnement de la société anonyme » ; LGDJ 1998, n°762.318.

140 A. Sakho, La bonne gouvernance d'entreprise : la « corporate governance », Revue africaine de Management, n° 1, février 2010, p. 22. Cette revue est éditée par l'Institut Polytechnique de Dakar et l'Association Sénégalaise des anciens auditeurs de l'ENA-Dakar.

141 J. PAILLUSSEAU, les fondements du droit moderne des sociétés ; J.C.P éd G 1994, I. n° 3148.

des services. Il s'agit de l'intérêt d'un organisme économique, point de rencontre de multiples intérêts.
Pour le Pr Jean PAILLUSSEAU, la société est pour l'entreprise une structure d'accueil et une organisation juridique.
L'organisation de l'entreprise peut être contractuelle et réalisée par la volonté des associés. Mais plus souvent, elle est institutionnelle et réalisée de façon impérative par le législateur.

2- L'INTERET SOCIAL SELON LE DROIT OHADA

82-Pour la zone O.H.A.D.A, la notion d'intérêt social prend de l'ampleur, le législateur communautaire va plus loin en lui accordant une consécration législative notamment les articles 277 ; 298 ; 328 et 465 de l'AUSC. L'organisation de l'entreprise résulte de l'acte uniforme dont les rédacteurs entendent protéger les différents intérêts catégoriels (associés, créanciers) au sein de l'entreprise. Cette protection par l'AUSC des intérêts catégoriels suppose que la société soit indépendante et autonome de chacun de ces intérêts particuliers.
La société n'étant qu'un instrument privilégié de l'organisation des entreprises, l'intérêt social serait « l'intérêt propre d'une entité autonome et indépendante. En effet, la protection de l'intérêt de l'entreprise - ou des intérêts dont la société est la cause et le support - est le meilleur garant de la protection de l'ensemble des intérêts catégoriels. Il est évident que si l'entreprise est la cause de l'existence de tous ces intérêts, sa prospérité est aussi le dénominateur commun de leur protection. C'est dans la perspective de son expansion et de sa rentabilité que les associés lui ont apporté des fonds, que des tiers lui ont accordé du crédit, que des dirigeants la conduisent, que des salariés et des cadres y travaillent, que des partenaires l'admettent dans une centrale d'achat,… »[142]
Il en découle que l'intérêt de l'entreprise ne protège pas seulement les intérêts catégoriels mais également la société elle-même par sa pérennité, sa stabilité, son fonctionnement ; ce qui semble logique puisque la protection des intérêts catégoriels nécessite la protection de la source des différents intérêts.

83-Cette protection de la société par l'intérêt de l'entreprise a été illustrée en jurisprudence par le célèbre arrêt Fruehauf[143], rendu par la cour d'appel de Paris le 22 mai 1965. Les faits sont les suivants : *la*

---

[142] J. PAILLUSSEAU, L'efficacité de l'entreprise et la légitimité du pouvoir » ; Petites affiches 19 juin 1996, n°74.23.
[143] Op.cit.

société Fruehauf -France, contrôlée par un groupe financier américain, était contractuellement liée à la société des Automobiles Berliet. Le contrat portait sur la livraison de remorques à destination de la République populaire de Chine. Lorsque la société mère américaine (Fruehauf International : 60% du capital de Fruehauf –France) a appris la destination du matériel, elle a donné l'ordre à sa filiale française de cesser l'exécution du contrat, jugée contraire aux intérêts des Etats-Unis. A la demande des actionnaires français de Fruehauf – France, un administrateur provisoire a été nommé au motif que la rupture était contraire aux intérêts de la filiale française.
Qui plus est, la ruine de la filiale aurait abouti au licenciement de plus de 600 ouvriers, ce que relève expressément la cour.

84- Ainsi, en dehors des cas d'abus de droit de vote, dans toutes les autres actions judiciaires dont la défense de l'intérêt social est le fondement et notamment en matière d'abus de biens sociaux, le juge refuse de voir dans l'intérêt social celui des seuls associés. Selon les termes de la cour de cassation, l'abus des biens sociaux « a pour but de protéger non seulement les intérêts des associés, mais aussi le patrimoine de la société et les intérêts des tiers qui contractent avec elle ». Ainsi décide-t-elle que « l'assentiment du conseil d'administration ou de l'assemblée générale des actionnaires ne peut faire disparaître le caractère délictueux des prélèvements abusifs de fonds sociaux ».
On assiste ainsi à l'émergence d'une conception de l'intérêt social qui transcende l'intérêt des seuls associés[144].

85-S'il est souhaitable de considérer l'intérêt social au sens de l'AUSC, comme l'intérêt de l'entreprise, compte tenu de la grande protection pour la société qu'offre cette approche, on peut néanmoins reprocher à cette conception de justifier la mainmise sur la société d'une classe de dirigeants s'abritant « derrière la bannière de l'intérêt social, entendu comme intérêt supérieur dans l'entreprise »[145]. L'intérêt social de l'entreprise pourrait « être le moyen d'une confiscation du pouvoir au profit d'une petite oligarchie de dirigeants »[146]

---

[144] Mestre, J. ; Faye, S. ; Blanchard, C., Lamy Sociétés commerciales, éd. 2001, n° 1333 et s.
[145] A. PIROVANO, La boussole de la société. Intérêt commun, intérêt social, intérêt de l'entreprise ? ; D 1997, Chr. 190.
[146] J-J. DAIGRE, le gouvernement d'entreprise : feu de paille ou mouvement de fond ; Droit & patrimoine, juill-août 1996.21

B. L'INTERET SOCIAL COMME INTERET COMMUN DES ASSOCIES

86-C'est le code civil français qui, dans certaines de ses dispositions notamment les articles 1832 et 1833, semble être le fondement de cette théorie. En effet l'article 1832 énonce que « la société est instituée par deux ou plusieurs personnes qui conviennent par contrat d'affecter à une entreprise commune des biens ou leur industrie en vue de partager le bénéfice ou de profiter de l'économie qui pourra en résulter ». Pour le Pr. Schmidt, ce texte assigne au contrat de société un but précis qui est le partage entre les associés du bénéfice réalisé par la société. Aussi, estime-t-il, le gouvernement de la société doit avoir pour objectif le partage de bénéfice.

La seconde argumentation est tirée de l'article 1833 qui dispose que «toute société doit être (…) constituée dans l'intérêt commun des associés», ce qui permet à l'auteur de conclure que « la société (…) n'est pas constituée en vue de satisfaire un autre intérêt que celui des associés, qui ont seuls vocation à partager entre eux le bénéfice social »[147]. De ce point de vue la société ne serait qu'un contrat de partage où les dirigeants auraient pour mission de créer des bénéfices à répartir entre associés.

Il est possible de mener le même raisonnement dans le cadre de l'AUSC, surtout que ce texte prévoit à l'article 4 que «La société commerciale est créée par deux ou plusieurs personnes qui conviennent, par un contrat, d'affecter à une activité des biens en numéraire ou en nature, dans le but de partager le bénéfice ou de profiter de l'économie qui pourra en résulter (…). La société commerciale doit être créée dans l'intérêt commun des associés». Les rédacteurs de l'AUSC reprennent ainsi à leur compte les dispositions des articles 1832 et 1833 du code civil français.

Doit-on alors penser que l'AUSC opte pour un intérêt social traduisant un intérêt commun des associés ?

87-Une réponse affirmative ne s'impose point, car l'une des vocations de l'AUSC est d'assurer la pérennité des entreprises en Afrique. On sait que les actionnaires– investisseurs [148] préfèrent généralement maximiser leurs profits à court terme plutôt que d'assurer la pérennité de l'entreprise dans laquelle ils investissent. L'intérêt pour eux relève exclusivement de la seule recherche de profit. A contrario,

---

[147] D. SCHMIDT, De l'intérêt social ; JCP éd.E 1995, n° 38.488.

[148] Vr la notion, D. SCHMIDT « rapport de synthèse » ; JCP éd E 1996/4.25.

pour les actionnaires entrepreneurs, l'intérêt social repose aussi et surtout sur la croissance de la société à long terme.
Mieux, l'intérêt des associés suppose une égalité de traitement entre les associés, se traduisant par une prise en compte des attentes légitimes des actionnaires investisseurs qui représentent généralement la minorité dans le capital social.
Les actionnaires investisseurs, le plus souvent minoritaires, s'opposent alors en pratique aux actionnaires entrepreneurs traditionnellement majoritaires, car ils estiment que le pouvoir doit être exercé pour le profit de tous « puisqu'une société ne peut être créée et gouvernée dans l'intérêt de certains associés seulement »[149]
Si on se réfère au raisonnement du Pr. Dominique SCHMIDT, l'intérêt social risque de constituer un frein au fonctionnement des sociétés dans l'espace OHADA. Le risque est de rendre difficile la mise en réserve des bénéfices, mais également de fragiliser la répartition du pouvoir social. Dans toutes les hypothèses où un conflit entre associés menacerait la survie de la société, l'intérêt commun des associés aboutirait à accepter la disparition de celle-ci, quelle que soit son importance économique et sociale et sans même tenir compte de sa viabilité.
L'intérêt social entendu comme intérêt commun des associés pêcherait par sa non prise en compte de la pérennité de l'entreprise, de l'emploi, au profit des seuls intérêts capitalistes à court terme des associés[150]. Il semblerait alors qu'il faille concevoir dans le cadre de l'AUSC, l'intérêt social comme l'intérêt de l'entreprise.
Cette approche offre plus de flexibilité puisqu'elle permet une réelle protection de la société en assurant son fonctionnement et sa pérennité, non pas uniquement l'intérêt des associés. Dès lors, il apparaît évident que les rédacteurs de l'AUSC assignent à l'intérêt social un rôle dans l'équilibre des pouvoirs dans les sociétés commerciales.

PARAGRAPHE II : LE ROLE DE L'INTERET SOCIAL DANS LE DROIT DES SOCIETES.

88-L'intérêt social, considéré par certains auteurs comme l'intérêt de l'entreprise et par d'autres comme l'intérêt commun des associés, est un concept central du gouvernement d'entreprise[151]. Dans

---

[149] D. SCHMIDT, De l'intérêt commun des associés, JCP éd E 1994, I, n° 404.535.
[150] Vr dans le même sens, J-P. BERTEL, B. FIELD, C. NEUVILLE, I. VEZINET, P. BEZARD « L'intérêt social » ; Droit & Patrimoine avril 1997. 44.
[151] J. PAILLUSEAU, « Les fondements du droit moderne des sociétés », JCPE 1984, I, 3148 ; « Qu'est ce que l'entreprise ? » dans l'ouvrage collectif L'entreprise : nouveaux apports,

cette perspective l'intérêt social doit contribuer non seulement à protéger les droits des actionnaires et faciliter leur exercice, mais également l'entreprise.
Pour parvenir à une telle protection, l'intérêt social contribue au règlement des conflits d'intérêts dans la société d'une part et, d'autre part, il sert d'outil de contrôle de la gestion sociale.

A. L'INTERET SOCIAL COMME ELEMENT DE REGLEMENT DES CONFLITS D'INTERETS DANS LA SOCIETE ANONYME

89-Généralement, le mauvais fonctionnement de la société prend sa source dans les conflits d'intérêts entre associés. Or ces derniers disposent d'un pouvoir de décision qu'ils doivent utiliser conformément à l'intérêt social.
La société fonctionne selon le principe majoritaire[152]. Les associés minoritaires doivent se soumettre aux décisions adoptées selon cette procédure : «comme dans une démocratie, les décisions se prennent à la majorité, devant laquelle la minorité doit s'incliner ; c'est un gage d'efficacité par rapport au droit commun des contrats ou de l'indivision, lequel ne connaît que la règle de l'unanimité »[153]. Et l'AUSC de préciser à l'article 454 que «les décisions du conseil d'administration sont prises à la majorité des membres présents ou représentés, à moins que les statuts ne prévoient une majorité plus forte (...) ». Ce qui nous renvoie à la notion de majorité et celle de minorité.

a) La notion de majorité

90-La notion est définie par la jurisprudence sur la base des règles et principes fondamentaux qui gouvernent les sociétés, telles la nécessaire vocation de toute société à être constituée dans l'intérêt commun des associés et l'obligation faite aux membres et dirigeants de toujours agir dans l'intérêt social.
C'est essentiellement dans l'exercice de leur droit de vote que les associés peuvent se rendre coupables d'abus sanctionnables. Cependant la jurisprudence a élargi la notion, puisqu'elle admet que les décisions

---

Travaux et Recherches de la Faculté de droit de Rennes, Economica, 1987 ; « Le droit des activités économiques à l'aube du XXIe siècle », D. 2003, Chr. P. 260 et p. 322.

152 RUELLAN C., La loi de la majorité dans les sociétés commerciales, Thèse Paris II, 1997. VAISSE S., la loi de la majorité dans la société anonyme, contribution à l'étude de la nature juridique de la société anonyme, Thèse Paris, 1967.

153 COZIAN M., VIANDIER A., DEBOISSY F., Droit des sociétés, éd. Litec, 13è, 2000, n°470, p. 177.

prises par les organes sociaux comme le conseil d'administration puissent être constitutives d'un abus de majorité[154]

Il convient d'observer que la notion de majorité dans les sociétés anonymes peut être comprise différemment selon que l'on prend pour cas le conseil d'administration ou l'assemblée générale[155].

Au sein du conseil d'administration, les délibérations ne sont valables que si la moitié au moins de ses membres sont présents ; toute clause contraire étant réputée non écrite[156].

Les décisions sont alors prises à la majorité des membres présents ou représentés, à moins que les statuts ne prévoient une majorité plus forte. Cette majorité qualifiée peut être prévue pour toutes les décisions du conseil d'administration ou seulement pour certaines d'entre elles. C'est dans la mise en œuvre de ce mécanisme que des associés abusent de leur majorité en prenant des décisions sans aucun égard pour l'intérêt de la société mais uniquement en vue de favoriser l'intérêt d'un associé ou d'un groupe d'associés majoritaires au détriment d'un associé minoritaire[157].

Dans les assemblées générales, le quorum est fixé par l'art 549 de l'AUSC, lequel dispose que « l'assemblée ne délibère valablement que si les actionnaires présents ou représentés possèdent au moins le quart des actions ayant le droit de vote.

Sur deuxième convocation aucun quorum n'est requis».

La majorité se calcule alors selon les voix exprimées, étant entendu que les absentions et les votes blancs sont considérés comme des votes «contre» pour déterminer si cette majorité est atteinte ou non.

Quant à l'assemblée extraordinaire, elle statue à la majorité des deux tiers des voix exprimées.

Il y aura abus de majorité lorsque la décision adoptée par le ou les associés majoritaires apparaîtra à la fois contraire à l'intérêt social et comme ayant été prise dans l'unique dessein de favoriser les membres de la majorité au détriment des autres associés. Ces deux critères sont cumulatifs, et ce, à l'exclusion de tous les autres[158].

---

154 CA Paris, 31 mars 2000 : RJDA 1/2001, n° 43, p. 40.

155 LE CANNU P., DONDERO B., Droit des sociétés, 3e éd. Montchrestien, p. 563.

156 CA Douai, 17 nov. 1994, JCPE éd. E 1995. I. 475, obs. A. Viandier et J.J. Caussain, n° 10 ; BJS Juill. 1995, p. 671. Note B. Saintourens.

157 Les associés majoritaires d'une société à responsabilité limitée (SARL) créent une société nouvelle qui absorbe la première. La fusion est annulée au motif qu'elle avait été décidée dans le but de faire échec au droit de retrait dont bénéficierait un associé minoritaire au sein de la société absorbée. (Cass. Com. 11 0ct. 1967 : D. 1968, jurispr. p. 136).

158 Une société anonyme décide de la révocation de l'actionnaire majoritaire en qualité de

90-Par ailleurs de façon générale l'exercice des pouvoirs de l'actionnaire majoritaire dans les sociétés commerciales doit se situer dans le respect des droits des minoritaires, la violation de ceux-ci, si elle est contraire à l'intérêt social, constitue un abus de majorité. Dans tous les cas la preuve de l'abus de majorité doit être rapportée[159].

L'abus de majorité est une création purement jurisprudentielle, dont l'objectif est de sanctionner tout comportement abusif lié à l'exercice du droit de vote de la majorité[160]. A cet effet l'article 130 l'AUSC dans son alinéa 2 précise cette notion en disposant qu' « il y a abus de majorité lorsque les associés majoritaires ont voté une décision dans leurs seul intérêt, contrairement aux intérêts des associés minoritaires, et que cette décision ne puisse être justifiée par l'intérêt de la société ».

Cette précision des contours de l'abus de majorité par les rédacteurs de l'AUSC va faciliter le travail du juge. Dans le droit français la notion est une création purement jurisprudentielle[161].

91-La jurisprudence a transposé en droit des sociétés la théorie civiliste de l'abus de droit[162]. Plus précisément, il s'agit de la théorie du doyen Ripert[163]. Celui-ci se rattache à une conception individualiste, restrictive de l'abus des droits :

Il reprend les idées de Saleilles selon lequel l'abus des droits est un « acte dont l'effet ne peut être que de nuire à autrui, sans intérêt appréciable

---

PDG, un nouveau président est nommé. L'ancien PDG prend l'initiative d'une assemblée (d'après l'arrêt la convocation est régulière) et révoque le PDG en place. Les juges en relevant que les majoritaires n'avaient pas fait la démonstration de leurs compétences, annulent pour abus de majorité cette décision prise dans l'unique dessein de permettre aux majoritaires d'exercer la direction de fait de la société, au détriment de l'intérêt de la société et des minoritaires (CA Paris, 2 Juill. 2002 : Bull. Joly Sociétés 2002, p. 120 ; JCPE, n° 50, p. 1991).

[159] En somme, tout ceci ne serait qu'une application particulière de la théorie générale de l'abus du droit… ou d'une formule kantienne du type : « Lors de son vote dans le cadre de l'A.G. de la société X … considère ladite société et son intérêt social comme une fin et non comme un moyen ». En un mot, il n'y a pas abus de majorité si une décision malencontreuse est prise… dès lors que ce n'est pas en cherchant à satisfaire un intérêt propre et/ou extérieur à l'intérêt social.

[160] KENGNE G., Le rôle du juge en matière d'abus du droit de vote, P.A. 12 juin 2000, n°116, n°1, p. 10.

[161] Cass. Com. 30 mai 1980 : Bull. civ. IV, n. 223.

[162] COZIAN M., VIANDIER A., DEBOISSY F., Droit des sociétés, éd. Litec, 13è, 2000, n°471, p. 177.

[163] RIPERT, Abus ou relativité des droits, Revue critique de législation et de jurisprudence, 1929, p. 33.

Cass.Com. , 22 avr.1976 : D. 1977, jurisp. P.4 – Cass.Com., 1er juill. 2003 : Rev. Sociétés 2004, p. 337 ; RJDA 11/2003, n° 1074, p. 938.

et légitime pour celui qui l'accomplit »[164]. L'abus suppose, selon cette conception, une intention de nuire.

Transposé en droit des sociétés, l'abus de majorité suppose une intention de nuire à la minorité.

L'abus de majorité tire généralement son origine dans les conflits d'intérêts entre associés, lors de la répartition ou de la mise en réserve des bénéfices[165]. Les minoritaires souhaitent très souvent percevoir immédiatement les dividendes de leur placement, alors que les majoritaires ambitionnent de mettre en réserve le bénéfice social afin d'assurer le développement et la pérennité de la société. Une décision sociale de mise en réserve des bénéfices a été annulée pour abus de majorité. Le juge a estimé que l'affectation des dividendes aux réserves pendant sept ans, qui n'a aucune répercussion sur la politique d'investissement de l'entreprise, tandis que les associés majoritaires ont voté des résolutions octroyant au gérant des primes importantes et approuvé des rémunérations versées à ce dernier, est constitutive d'un abus de majorité car contraire à l'intérêt social[166].

Ici, nous remarquons que les deux éléments nécessaires à la qualification de l'abus de majorité sont réunis à savoir la violation de l'intérêt social et la rupture d'égalité entre les associés.

Cet arrêt était venu à la suite d'un autre arrêt de rejet de la cour de cassation[167] pour abus de majorité non caractérisé.

« Ne donne pas de base légale à sa décision la cour d'appel qui annule pour abus de majorité des délibérations décidant, pour l'une , d'affecter des bénéfices en réserves, et, pour l'autre d'incorporer les réserves au capital social, en relevant que les réserves avaient atteint un niveau suffisant, que cette affectation ne pouvait que soumettre les sommes affectées aux aléas des fluctuations monétaire sans profit pour la société, notamment sous forme de rémunération et qu'enfin l'incorporation au capital de l'ensemble des réserves avait été faite en cours de procédure, pour, à l'évidence, empêcher la répartition des réserves.

De tels motifs constituent de simples affirmations impropres à préciser en quoi les résolutions litigieuses avaient été prises contrairement à l'intérêt général de la société et dans l'unique dessein de favoriser les associés majoritaires au détriment du demandeur ».

---

164 SALEILLES, Rapport présenté à la première sous- commission de la commission de révision du code civil, Bulletin de la société d'études législatives, 1905, t I V, p. 322.

165 [[Merci de fournir la note]]

166 Revue des sociétés n°2, avril/juin 2004, p. 337.

167 Cass. Com., 22 janvier 1991, Société Pyrénées Diesel c. François Grenet.

92-Avec ces deux arrêts nous démontrons que le juge peut apprécier la conformité de la décision de l'assemblée à « l'intérêt général de la société». Mais encore faut-il que le juge exprime suffisamment les atteintes à cet intérêt. C'est dire que le juge du fond doit en faire une application convaincante, en relevant précisément les éléments caractéristiques de l'abus de droit.

Des décisions d'affectation répétées sur plusieurs exercices, sans justification économique sérieuse, une privation complète des associés minoritaires de tous avantages qu'ils pourraient retirer de la société, un traitement de faveur que s'octroient les majoritaires, un lien étroit entre ces phénomènes : tels sont les éléments qu'il faut caractériser pour que la décision prise par les organes légaux de la société puisse être remise en cause. Il est normal que les décisions de rejet soient plus fréquentes que celles qui admettent l'annulation[168].

93-Dans ce contexte, l'art 167 de l'AUSC offre une protection aux actionnaires minoritaires. Il leur permet de se constituer en association pour se faire entendre, voire poursuivre la direction d'une société. Mais dans une telle action en justice, les actionnaires ne peuvent prétendre à des dommages et intérêts. Un actionnaire minoritaire peut engager des poursuites à l'encontre d'un actionnaire majoritaire par le biais d'une action civile «ut singulu», mais les éventuels dommages et intérêts sont dans ce cas versés à la société.

Par ailleurs, les associés victimes de cet abus peuvent également solliciter et obtenir la condamnation des responsables, en application du droit commun de la responsabilité civile. Les dirigeants reconnus responsables peuvent être condamnés en comblement du passif si par leur faute la société a été contrainte de déposer le bilan. Ainsi, les actes passés en exécution de la décision annulée pourront également être annulés ; toutefois, cette nullité ne saurait avoir d'effet qu'entre les associés, mais non à l'égard des tiers dès lors que ceux-ci sont de bonne foi. Une jurisprudence de la cour d'appel d'Abidjan estime que le juge des référés était incompétent pour annuler les délibérations d'une assemblée générale[169]. Il appartiendra à la jurisprudence des tribunaux des Etats de l'espace OHADA et à la CCJA de préciser ces sanctions, et plus généralement les pouvoirs du juge en cette matière.

---

[168] R. ROBLOT, Traité, t, 1, n° 1507 ; B. MERCADAL et Ph. JANIN, n° 3232.

[169] Vr. arrêt en date du 13 janvier 2004, la cour d'appel d'Abidjan a considéré que le juge des référés était incompétent pour annuler dans de telles conditions les délibérations d'une assemblée générale, ce qui laisse supposer que le juge du fond aurait été compétent.

Il est évident que pour résoudre ce conflit d'intérêts, l'article 130 l'AUSC impose de tenir compte de l'intérêt social de la société. Il ne fait aucun doute qu'il s'agit bien là de la volonté du législateur de l'OHADA de protéger le fonctionnement de la société et garantir sa pérennité par l'intérêt social sous le couvert de l'abus de majorité.

b) La notion de minorité

94-Les notions de minorité et de majorité sont accueillies et témoignent que les associés ne poursuivent pas nécessairement les mêmes objectifs, n'ont pas intégralement des intérêts convergents ; l'intérêt social permet de réguler les dissensions manifestes qui ne doivent pas dégénérer en abus[170].

Les conflits d'intérêts apparaissent lorsque les minoritaires en exerçant leur vote, s'opposent à ce que des décisions soient prises, alors même qu'elles sont nécessitées par l'intérêt de la société[171]. « Il y a abus de minorité lorsque, en exerçant leur vote, les associés minoritaires s'opposent à ce que des décisions soient prises, alors qu'elles sont nécessitées par l'intérêt de la société et qu'ils ne peuvent justifier d'un intérêt légitime »[172]. On dit ainsi que les minoritaires bloquent une décision de manière injustifiée, dans le dessein de nuire aux majoritaires. Par exemple le fait pour les minoritaires de s'opposer à une augmentation de capital « qui était légalement requise et nécessaire à la survie de la société » constitue un abus de minorité. De même un associé égalitaire qui sans aucun motif raisonnable s'oppose systématiquement aux résolutions proposées par son coassocié abuse de sa position.

Selon le professeur Merle[173], les associés minoritaires peuvent commettre deux types d'abus :

- « L'abus de minorité peut se traduire par une décision sociale obtenue par surprise ou par une action en justice abusive (« abus positif »).

---

170 Bull. Joly Sociétés 2006, note F.G.Trébulle, p. 14.

171 Le refus de voter une augmentation de capital indispensable à la survie de la société dans le seul but de se venger après avoir été évincé du conseil d'administration et de protéger ses intérêts, possédés dans une société concurrente, est abusif. Un administrateur ad-hoc chargé de voter à la place du minoritaire bloquant a été nommé. Par contre il n'a pas été fait droit à la demande de dommages et intérêts, à défaut de réalité du préjudice financier, l'existence de frais financiers allégués par le demandeur ne résultant pas du refus du minoritaire (Cass. Com., 5 mai 1998 : Bull. Civ. IV. n° 149, P. 120 ; D. affaires 1998, p. 1097 ; Rev. Sociétés 1999, p. 344 ; Bull. Joly Sociétés 1998, p. 755 ; Dr. Sociétés Oct. 1998, n° 129, p. 15).

172 Art 131 de l'AUSC.

173 MERLE P., Droit commercial : Sociétés commerciales, éd. Dalloz, 6è, 1998, n° 581, p. 625.

- Mais l'abus le plus fréquent consiste à bloquer toute modification du pacte social en refusant par exemple de voter une décision d'augmentation du capital ou de prorogation de la société (« abus négatif ») »[174].

Les associés victimes de tels abus peuvent, en prouvant que l'opération en question est indispensable à la bonne marche de la société, demander en justice des dommages et intérêts contre l'associé minoritaire ou égalitaire.

Les juges ont parfois nommé un mandataire ad hoc[175] ayant pour mission de représenter les minoritaires défaillants lors d'une nouvelle assemblée générale et de voter en leur nom dans le sens des décisions conformes à l'intérêt social mais ne portant pas atteinte à l'intérêt légitime des minoritaires[176].

96-La jurisprudence française n'a pas toujours retenu l'abus de minorité contre les minoritaires. Le minoritaire qui s'oppose à une opération de nature à réduire considérablement sa part dans le capital social ne commet pas d'abus[177]. De même, la nécessité de l'affectio societatis n'implique pas que tout actionnaire minoritaire doive voter une résolution contraire à ses intérêts ; elle lui interdit seulement de provoquer une situation incompatible avec l'intérêt général de la société dans l'unique dessein de favoriser son intérêt égoïste au détriment de celui des actionnaires[178].

Il ressort de l'article 131 de l'AUSC que l'abus de minorité requiert deux conditions cumulatives : des décisions nécessitées par l'intérêt de la société et une absence de justification d'un intérêt légitime pour le minoritaire. A travers la société, c'est l'activité de l'entreprise que souhaite préserver l'AUSC, en faisant abstraction du seul intérêt des associés. On le voit le législateur OHADA s'aligne sur la jurisprudence française lorsque celle-ci décide qu'en plus du caractère abusif aux agissements des minoritaires, il faut que la résolution litigieuse constitue une opération essentielle pour la société[179].

---

[174] Arrêt Flandin du 9 mars 1993, cour de cassation.

[175] Cass.com., 9 mars 1993 : RJDA 4/1993, n° 323 ; Cass.com., 19 avr. 2005 : RJDA 10/2005, n° 1109.

[176] Arrêt Flandin du 9 mars 1993, cour de cassation.

[177] Versailles, 13e ch., 25 nov.1987 : JCP 88, éd., 15168, n° 2.

[178] *Paris, 3e ch. A, 26 juin 1990 : JCP 90, éd. E, 15915.*

[179] Cass. Com., 14 janvier 1992, Vitama, Bull. Joly Sociétés, mars 1992, p.273 et s.

Le législateur OHADA utilise aussi l'intérêt social pour réprimer l'abus de biens ou crédit de la société afin de protéger les intérêts des acteurs sociaux. De la même manière, dans le cadre de l'abus des biens sociaux, la jurisprudence considère, selon une formule désormais consacrée, que les abus des biens sociaux portent atteinte non seulement aux intérêts des associés mais aussi à ceux des tiers qui contractent avec elle[180].

97-Dans ce contexte, la mise en jeu de la responsabilité pénale des dirigeants sociaux résulte de divers agissements. Ont été ainsi sanctionnées des émissions de traites de complaisance pour aider une société dirigée par un ami, l'appropriation personnelle par un dirigeant de sommes dues à la société, la vente de marchandises non inscrites en comptabilité, l'utilisation par un dirigeant d'un prêt consenti à une SARL par une autre société dont il était gérant, la prise en charge par une société des dettes personnelles du dirigeant, l'existence d'un compte courant d'associé au nom du dirigeant constamment débiteur, des rémunérations abusives, etc.

Aux termes de l'article 891 de l'AUSC, «encourent une sanction pénale le gérant de la SARL, les administrateurs, le président-directeur général ou l'administrateur général adjoint qui, de mauvaise foi, font des biens ou du crédit de la société, un usage qu'ils savaient contraire à l'intérêt de celle-ci, à des fins personnelles, matérielles ou morales, ou pour favoriser une autre personne morale dans laquelle ils étaient intéressés, directement ou indirectement ».

Ce délit ne concerne que les dirigeants des sociétés par actions ou de S.A.R.L., ce qui peut paraître surprenant car « toute société pourrait être le cadre d'un tel délit »[181] Selon certains auteurs[182], ce cantonnement de l'abus de biens sociaux aux sociétés de capitaux se justifierait par la prise en compte de l'intérêt des créanciers. Le gage de ces derniers se limite au patrimoine social dans ce type de sociétés : le détournement des biens ou du crédit de la société par le dirigeant réduit les chances qu'ont les créanciers de recouvrer leurs fonds. C'est pourquoi la protection de ces tiers intéressés interdit de se satisfaire de l'unanimité, de l'approbation de l'acte par les associés[183] ou encore du fait que la

---

[180] Cass.Crim. , 26 mai 1994 : Bull. Crim.n° 206 p. 482 ; Rev. Soc. 1994, p.771, note B. Bouloc.

[181] GOUTAY P., DANOS F., De l'abus de la notion d'intérêt social, D. A. 1997, n° 28, p. 877.

[182] SOUSI G., Intérêt du groupe et intérêt social, JCPE 1975, II, n° 11816, p. 387.

[183] Cass.crim., 30 sept. 1991, p. n°90-83965 : « l'assentiment de l'assemblée ou le concours financier apporté par les dirigeants sociaux à des sociétés dans lesquelles ils sont associés, ne peuvent faire disparaitre le caractère délictueux des prélèvements abusifs, et sans justification commerciale, comme en l'espèce, des fonds sociaux, la loi ayant pour but de protéger non seulement les intérêts des associés, mais aussi le patrimoine de la société et les intérêts des tiers

société soit strictement familiale[184], voire unipersonnelle[185]. Toutefois, la jurisprudence considère que le préjudice directe résultant de l'abus n'est causé qu'à la société elle-même et à ses actionnaires[186] et en déduit que les créanciers ne peuvent obtenir réparation de leur préjudice qualifié d'indirect que devant les juridictions civiles[187]. Cette solution, qui se recommande de l'interprétation restrictive des règles pénales est cohérente[188] ; elle prive les tiers- intéressés de la voie pénale mais n'hypothèque pas leurs chances de succès sur le terrain civil[189].

A contrario, dans les sociétés de personnes, les créanciers disposent en plus du gage sur le patrimoine propre de chaque associé un droit sur le patrimoine social : « il apparaît inutile de réprimer pénalement le passage d'un bien social d'un patrimoine dans l'autre, puisque de toute façon les créanciers pourront toujours le saisir. C'est une des raisons pour lesquelles le législateur n'a pas cru bon d'appliquer le délit d'abus de biens sociaux aux sociétés en nom collectif qui n'ont pas d'autonomie patrimoniale au regard des créanciers »[190]

Néanmoins, cette position doctrinale n'emporte pas l'adhésion : les créanciers d'une société de personnes auront souvent de grandes difficultés à recouvrer leurs fonds sur le patrimoine du dirigeant qui sera opportunément devenu insolvable ou dont le patrimoine sera insuffisant pour honorer toutes les dettes[191]. De même, le bien social que

---

qui contractent avec elle » : Cass. crim. 19oct 1971 : Bull. crim. n° 272, p. 670.

[184] Cass. crim., 4 sept. 2002, p.n°01-85893.

[185] Cass.crim., 14 juin 1993 : Bull. crim.n° 208 p. 526 ; Rev. Soc. 1994, p. 90, obs B. Bouloc.

[186] Cass.crim. 24 avril 1971 : Bull. crim., n° 117, p.303 ; Rev. Sociétés, 1971, p. 608, note B. Bouloc.

[187] Ibid. Cass.crim. 9 nov. 1992 : Bull. Crim. n° 361 p. 1004 ; Rev. Sociétés 1993, p. 433 n. Bouloc ; Cass. crim. 27 juin 1995 : Bull. crim. n° 236, p. 664 ; Rev. Sociétés 1995, p.746.

[188] V. pour un comité d'entreprise Cass. crim. , 7 juin 1983 : Bull.crim., n° 172 ; Rev. Sociétés 1984, p. 119, n

Bouloc et pour un syndicat de branche : Cass. crim. 27 nov. 1991 Bull. crim. n° 439, p.1121 ; Bull. Joly 1992, p.405, note Streiff, considérant qu'a donné une base légale à sa décision la chambre d'accusation qui a retenu « que la violation de la législation sur les sociétés commerciales par l'employeur, sans qu'il soit fait état d'un dommage causé par lui à la profession, ne peut justifier l'exercice d'une action par les syndicats, la simple allégation d'infraction dont se serait rendu coupable l'employeur étant insuffisante pour caractériser un intérêt collectif dont les syndicats auraient qualité pour assurer la défense » et précisant que « le préjudice indirect qui serait porté, par un délit d'abus de biens sociaux, à l'intérêt collectif de la profession, ne se distingue pas du préjudice, lui-même indirect, qu'auraient pu subir individuellement les salariés de l'entreprise »

[189] Tout comme un actionnaire peut obtenir réparation de son préjudice personnel sur ce même terrain, v. Cass. crim. 6 janv ; 1970 : Bull. crim. n°11 ; p. 22.

[190] SOUSI G op. cit.

[191] Cass.com., 9 janv. 2001, BJS, avr. 2001, § 92, note F.-X. Lucas ; 19 déc. 2006, p. BJS 2007. 472, note C. Régnaut- Moutier.

le dirigeant s'est approprié peut avoir disparu par simple usage : ainsi en est-il par exemple du voyage d'agrément gracieusement payé par la société.

98- En outre, le fonctionnement et la pérennité des sociétés de personnes seraient mieux assurés si leurs dirigeants avaient à craindre les sanctions pénales prévues par l'abus de biens sociaux.

C'est pourquoi, il nous semblerait utile d'étendre le délit d'abus de biens sociaux aux autres types de sociétés afin de mieux assurer la protection des associés, des créanciers et de la société (tant dans son fonctionnement que dans sa pérennité).

Quoi qu'il en soit, dans les sociétés de capitaux et dans les S.A.R.L., où l'abus de biens sociaux fulmine, force est de constater que son application pose souvent des problèmes notamment au regard de l'intérêt social qui constitue l'un de ses critères de mise en œuvre.

Nous remarquons que l'abus de biens sociaux est constitué lorsque les dirigeants d'une société ont fait, de mauvaise foi, un usage des biens ou du crédit de la société qu'ils savaient contraire à son intérêt. Tout comme dans le cas de distribution de dividendes fictifs, c'est plus précisément la lésion de l'intérêt patrimonial de la société qui est visée par l'abus des biens sociaux.

L'élément matériel de ce délit consiste en un usage contraire à l'intérêt social. L'usage ici doit s'entendre comme une appropriation, une dissipation, un simple acte d'administration ou même une omission.

On peut alors supposer que seront concernés tous les actes qui portent atteinte au patrimoine social. C'est le cas des rémunérations excessives versées par la société, des commissions injustifiées et exorbitantes ou encore de la prise en charge par la société de dettes personnelles des dirigeants.

L'intérêt de la société[192] est donc le critère de la mise en œuvre du délit de biens sociaux.

Pour qu'une hypothèse d'abus de biens sociaux puisse garantir un bon fonctionnement de la société, le juge africain devrait adopter une conception large de la notion d'intérêt social, seule capable de prendre en compte les intérêts des associés, le patrimoine de la société et les intérêts des tiers qui contractent avec elle. L'intérêt social ici doit être identifié à celui de l'entreprise dans toutes ses composantes. L'AUSC

---

[192] V.D. SCHMIDT, « De l'intérêt commun des associés », JCP 1994. I. 3793 et rectif. 3800 bis ; du même auteur, Les conflits d'intérêt dans la société anonyme, éd. Joly. 2è éd. 2005.

donne au délit d'abus de biens sociaux une grande souplesse d'utilisation qui va dans le sens d'une protection efficace de la société.
Le second rôle de l'intérêt social est sans doute celui que lui confère l'AUSC. Il sert, à cet effet, à contrôler la gestion sociale.

B- L'INTERET SOCIAL COMME ELEMENT DE CONTROLE DE LA GESTION SOCIALE DANS LA SOCIETE ANONYME

99-Mounetaga Diouf dans sa thèse a bien cerné cette notion de contrôle de la gestion sociale par l'intérêt social. Il a soutenu que la politique suivie par les majoritaires n'est pas forcement la meilleure politique pour la société. Ces derniers peuvent bien être guidés par des considérations strictement personnelles sans rapport avec l'intérêt social.
C'est justement la politique suivie par les majoritaires qui doit être contrôlée du fait de l'enchevêtrement de leurs intérêts personnels avec ceux de la société employant plusieurs personnes et concluant des contrats avec d'autres entités, et ceux des minoritaires « fragiles» et exposés au « génocide » ou tout au moins à «l'exclusion»[193]
L'AUSC adopte dans ses dispositions des principes relatifs au contrôle de la gestion sociale.

a) Obligation de communication des informations

100-L'une des obligations de la direction d'une société est de mettre à la disposition des actionnaires les informations[194] dont ils ont besoin pour apprécier son fonctionnement. L'intervention des actionnaires dans la gestion de la société anonyme se réalise à travers leurs droits d'information, à travers leurs droits de vote, et s'il y a lieu, par le droit d'agir en justice pour défendre l'intérêt de la société, ainsi que les intérêts propres des actionnaires, dans la mesure où ils sont reconnus[195].
Aux termes de l'article 159 de l'AUSC, les associés qui s'estiment peu éclairés sur la gestion sociale, en dépit de l'ensemble des informations qu'ils auraient reçus, peuvent demander au tribunal une expertise de gestion.
Cette procédure qui se veut être une source d'information est un moyen de contrôle de la gestion sociale pour les actionnaires minoritaires et de protection de la société. A cet effet, l'art 159 dispose «Un ou plusieurs

---

[193] Mounetaga Diouf, l'intervention du juge dans la vie des sociétés, thèse UCAD, 27 janvier 2007, p. 50.
[194] CA Poitiers, 11 mars 1977, juris-Data n°045335.
[195] LE CANNU P, DONDERO B, Droit des Sociétés, 3e éd. Montchrestien, p. 625.

associés représentant au moins le cinquième du capital social peuvent, soit individuellement, soit en se groupant sous quelque forme que ce soit, demander au président de la juridiction compétente du siège social la désignation d'un ou plusieurs experts chargés de présenter un rapport sur une ou plusieurs opérations de gestion»

b) Droit de recourir a l'expertise de gestion

101-L'expertise apparaît comme un moyen de prévenir ou de mettre fin à des abus de pouvoir de la part des majoritaires qui sont de nature à compromettre gravement l'intérêt social. Le juge devra apprécier le bien-fondé de la demande[196]. Ainsi, dans une affaire ayant souverainement estimé qu'une nouvelle expertise ne permettrait pas d'obtenir d'autres information que celles qui figuraient déjà dans deux rapports établis par l'expert comptable désigné par le comité central d'entreprise, ce dont elle a exactement déduit que cette mesure était inutile, une Cour d'appel, qui n'était dès lors pas tenue de rechercher si les opérations litigieuses étaient susceptibles d'avoir porté atteinte à l'intérêt social, a légalement justifié sa décision de rejeter la demande de désignation d'un expert chargé de présenter un rapport sur deux opérations de gestion[197].
Il n'acceptera de nommer un expert de gestion que s'il relève «des présomptions d'irrégularités affectant une ou plusieurs opérations de gestion déterminée»[198].

102-En fait, une irrégularité qui affecte la vie juridique, économique ou comptable de la société, porte gravement atteinte à l'intérêt social. L'irrégularité dans la gestion, critère de l'expertise de gestion, représenterait une atteinte à l'intérêt social, dès lors que l'irrégularité est significative au regard des éléments fondamentaux du

---

[196] La référence au terme de gestion conduit à dire que l'expertise ne peut concerner les décisions prises par les associés dans le cadre des assemblées : CA Paris, 8 nov. 1991 : Bull. Joly Sociétés 1992, p. 177 ; Dr sociétés févr. 1992, n°35.
La demande ne peut s'étendre à l'ensemble de la gestion et à l'examen général de la régularité et la sincérité des comptes sociaux : Cass. Com., 21oct. 1997 : RJDA janv. 1998, n°64.
Le respect de la procédure préalable d'interrogation des dirigeants n'a pas pour conséquence de priver le juge de son pouvoir d'apprécier le sérieux de la demande d'expertise qui lui est présentée : Cass. com., 11 oct.2005 : Bull. Joly Sociétés 2006, n° 129, p. 621 : Rev. Sociétés 2006, p. 570.

[197] Cass. com., 12févr. 2008 : RJDA 6/2008 n° 679, p. 679 ; Bull. Joly Sociétés 2008, n° 81, p. 384.

[198] D. vidal, l'atteinte à l'intérêt social ; critère du domaine de l'expertise de gestion ; Dr. Soc 1997-1998, n° 4, avril 1998. 13.

pacte social, c'est-à-dire au regard des rapports, de la répartition du résultat ou de l'entreprise commune.
L'intérêt social recouvrerait immanquablement la vision économique des irrégularités sociales.
Si l'expertise de gestion est ouverte surtout à la minorité[199], car c'est très souvent elle qui est mal informée sur la gestion et qui a intérêt à critiquer, rien n'interdit à priori à un majoritaire et même un membre de l'équipe dirigeante, de se renseigner sur la nature, la portée et les conséquences de certaines opérations de gestion, sauf si sa qualité de mandataire social lui permettait d'obtenir une information suffisante.
En application de l'Art. 159 de l'AUSC dans une affaire entre la Société Sen Jet SARLc/Alexandro ROCCHI et Roverto OTTAVI, la Cour d'Appel de Dakar a ordonné l'expertise de gestion en ces termes *«... Considérant qu'il résulte des pièces du dossier que les intimés sont des associés de la société Sen Jet SARL dont les parts représentent 30% du capital social ;*
Considérant que leur demande participe de leur droit en tant qu'associés d'être informés sur la gestion de la société ; que l'appelant n'ayant produit aucun document pouvant renseigner sur la gestion de la société, il y a lieu de confirmer l'ordonnance prise sur ce point... »[200]. Ainsi, tout comme le droit français, le droit OHADA assure l'information de l'actionnaire par le recours à l'expertise de gestion.

103-Une opération de gestion est une décision prise par l'organe de direction de la société et non par l'assemblée générale. Selon la jurisprudence une expertise de gestion ne sera ordonnée que si le demandeur établit de sérieux doutes sur la régularité d'une opération sociétaire et parvient à la rendre suspecte aux yeux du tribunal. Le fait que le caractère d'urgence de la demande ne soit pas établi, que les autres moyens légaux ou statutaires d'obtenir des informations n'aient pas été épuisés importe peu. La demande d'un ou de plusieurs associés minoritaires n'est pas subordonnée à l'établissement d'un abus de majorité.

104-La désignation de l'expert est limitée à une ou plusieurs opérations de gestion. Elle a ainsi été admise pour établir les relations entre deux sociétés pendant plusieurs années, pour établir des

---

[199] D. Schmidt, Les droits de la minorité dans la société par actions, Thèse en droit, Strasbourg, 1970 cité par Raphael CONTIN et Henri Hovasse, « L'expert de minorité dans les sociétés par actions », D. S 1971, p. 75.

[200] CA Dakar, arrêt n° 547 du 22 juillet 2010, Bull. des Arr. rendus par la CA de Dakar en matière civile et commerciale, Vol. n°1, p.325.

conventions passées entre la société et l'un de ses associés[201], pour rechercher si des frais professionnels exposés par les dirigeants sont conformes à l'intérêt de la société, etc.

105-La demande doit établir l'étendue de la mission et les pouvoirs de l'expert.

L'expertise ne saurait avoir pour objet de remettre en cause la régularité et la sincérité des comptes sociaux. « L'expertise de gestion n'est pas une sanction de la gestion ; en revanche, elle sanctionne une information insuffisante »[202]. Elle a en effet une finalité informative, puisqu'elle permettra à l'ensemble des actionnaires de savoir si les opérations de gestion entachées d'irrégularités graves sont ou non conformes à l'intérêt social. L'institution contribue ainsi à la protection de la société puisqu'elle renforce la protection de l'intérêt social.

C'est aussi par le biais de l'intérêt social qu'une autre obligation pèse sur le dirigeant social. Il s'agit de l'obligation de loyauté. C'est la jurisprudence française qui a affirmé un devoir de loyauté du dirigeant de société à l'égard de tout associé. Cette idée de moralisation des sociétés commerciales est fondée sur la nécessité pragmatique de protéger la confiance des actionnaires dans les dirigeants. Les normes par lesquelles se traduit cette obligation de loyauté sont de ne pas abuser des biens de la société et de la gérer dans l'intérêt social, de ne pas la concurrencer et d'informer les associés, les tiers et les autres dirigeants[203].

c) Le devoir de loyauté et de diligence

106-L'obligation de loyauté[204] impose au dirigeant de n'utiliser son pouvoir qu'au profit de la société et de ses actionnaires, comme il doit gérer dans l'intérêt exclusif de la société[205]. C'est pourquoi les

---

201 CA Paris, 24 mai 2002 : Dr, sociétés 2002, n° 177.

202 Vr P. Le CANNU, Elément de réflexion sur la nature de l'expertise judiciaire de gestion ; préc.

203 J. Mestre et I. Grossi, L'éthique du dirigeant d'entreprise, in Ethique en entreprise, Librairie de l'Université d'Aix en Provence, 2001 p. 241.

204 Dieunedort Nzouabeth, Le juge et le droit des sociétés OHADA : Contribution pour le traitement judiciaire des litiges entre associés, éd. p.22 ; Vr. également A. (Guengant), S. (DE Vendeuil), D. (Davodet), P. (Engel), Juge et droit des sociétés en 70 thèmes : Textes, Commentaires, Jurisprudence, Litec 2008, p. 212 : le refus, contraire à l'intérêt social, d'exécuter les décisions de justice prononçant l'expulsion de la société des locaux loué et la condamnation de celle-ci au paiement des sommes dues au titre de marchandises livrées (Cass. com., 8févr. 2005 : RJDA 5/2005, n° 582.

205 H. Le Nabasque : Le developpement du devoir de loyauté en droit des sociétés, RTDcom. 1999, 273 ; B. Daille-Duclos : Le devoir de loyauté du dirigeant, JCP éd. E, 1998, 1486.

opérations commerciales ou financières que les dirigeants entreprennent doivent présenter un intérêt pour la société et le dirigeant doit être en mesure d'en apporter la justification et par ailleurs il doit spontanément révéler tout conflit d'intérêts[206]. C'est pourquoi un contrat non autorisé par le Conseil d'administration et qui faisait peser une charge financière non négligeable sur la société au profit de certaines personnes uniquement et sans contrepartie pour la société est nul[207].

107-En définitive, on retiendra que l'intérêt social dans l'AUSC doit se comprendre comme un intérêt qui est supérieur à celui des associés et qui ne devrait nullement pas être confondu avec l'intérêt de la majorité ou de la minorité qui parfois en est même contraire. « L'intérêt social doit donc être une harmonieuse synthèse temporelle de l'intérêt des associés et celui de l'entreprise, au sens œcuménique que donne à cette dernière les partisans de la doctrine de l'entreprise »[208]. Cette approche qu'avait d'ailleurs déjà eue le Pr CHAPUT[209]a le mérite de trouver un juste milieu entre l'individualisme libéral et la prise en compte de l'intérêt général.

108-Il résulte de ces développements que l'AUSC consacre le renforcement de la transparence et de la démocratie dans la gouvernance des sociétés anonymes.

Ainsi, les associés ont le droit d'être informés et de s'informer à tout moment sur la gestion de l'entreprise par les dirigeants. A cet effet les procédures d'alerte et l'expertise de gestion sont mises à leur disposition pour assurer la transparence de la gestion des sociétés anonymes.

L'intérêt social est consacré comme le critère d'appréciation de certains actes de gestion.

Il est sans conteste le fondement de l'intervention du juge dans la vie sociétaire[210]

---

206 D. Schmidt et N. Dion, n. sous cass. Com. 27 février 1996 JCP E II 838

207 Chambre commerciale de la Cour de cassation du 22 février 2008, n°07-12307.

208 Vr. sur une approche mixte de l'intérêt social, J-P. BERTEL, Liberté contractuelle et société, RTDcom 1996.

209 Vr. Y. CHAPUT, DROIT des sociétés, PUF, Thémis Coll. Droit fondamental, 1993 pour qui, « dès lors qu'on parle d'intérêt social, celui-ci risque d'éclater s'il n'assure pas un compromis efficace entre les véritables égoïste ou altruistes en cause ; ceux des associés individuellement considérés, des cocontractants, des concurrents, comme des pouvoirs publics qui poursuivent cet impalpable intérêt général, fondement des interventions législatives ».

210 Vr. J. MESTRE, S. FAYE et BLANCHARD Lamy Sociétés commerciales, n° 1262.

CONCLUSION DU CHAPITRE PREMIER

109-Le mode de direction de la société anonyme institué par le législateur communautaire OHADA dissocie les fonctions de président et de directeur général[211]. La prise en compte de l'intérêt social sert de bouclier pour la protection des associés et des actifs de la société. En cela les dispositifs de l'OHADA s'inscrivent dans la droite ligne des principes de la « corporate governance ». Cet alignement sur les principes de «corporate governance» [212], non seulement instaure des règles techniquement plus performantes, mais en plus, met le droit OHADA à jour sur les évolutions les plus récentes en matière de gestion des entreprises[213].

110- Les droits des administrateurs sont désormais consacrés en France à savoir le droit à l'information par l'existence de la loi du 15 mai 2001[214] et celle du 1er août 2003.

Dans la zone OHADA par mimétisme du droit français ce droit à l'information résulte d'une création jurisprudentielle française[215].

Par plus de transparence dans la gestion, et plus de protection des actionnaires[216], l'AUSC s'efforce de les mettre en exergue à travers la sécurisation des activités économiques et dans l'exercice des droits des actionnaires. Toute chose qui participe au renforcement de la gouvernance par sa mise en œuvre.

---

211 Art 415 de l'AUSC « La société anonyme avec conseil d'administration est dirigée soit par un président- directeur général, soit par un président du conseil d'administration et un directeur général »

212 Ahmed NACIRI, Traité gouvernance corporative : théories et pratiques à travers le monde, les presses universitaires de Laval, p.246.

213 Couret A., Mondialisation et droit des sociétés, la structure juridique des entreprises (corporate governance), Revue internationale de Droit Economique, 2002, n°2, p. 339-367.

214 Vr. la loi du 15 mai 2001 article L. 225-25 du code de commerce « Chaque administrateur reçoit toutes les informations nécessaires à l'accomplissement de sa mission et peut se faire communiquer tous les documents qu'il estime utiles »

215 Cass. com., 2juillet 1985, JCPE, II, 14758, A Couret ; Cass. com. 24 avril 1990, Rev. Sociétés, 1991, 347, P. Didier ; Cass. com., 8 octobre 2002, Dr. Sociétés, 2003, n° 36, H. Hovasse.

216 L'actionnaire dont la qualité est contestée ne se voit pas refuser le droit de demander une expertise de gestion : Cass. com. , 17 mars 2009, n°08- 11819.

CHAPITRE II : LA MISE EN ŒUVRE DE LA GOUVERNANCE D'ENTREPRISE

111-La gouvernance d'entreprise [217] est une problématique commune à toutes les sociétés commerciales. Elle doit participer à rendre pérenne la société et à sécuriser les activités économiques d'une part, et favoriser l'exercice des droits des actionnaires d'autre part.

SECTION I : LA SECURISATION DES ACTIVITES ECONOMIQUES

112-Remédier à l'insécurité des activités économiques [218] constitue l'un des objectifs majeurs de l'OHADA. De nombreuses dispositions spécifiques des différents actes uniformes permettent de penser que la sécurisation des activités économiques est recherchée sur le double plan de la sécurité juridique et de garant de la transparence.

PARAGRAPHE I : LA SECURITE JURIDIQUE DANS LES ACTES UNIFORMES

113-L'AUSC contient de nombreuses dispositions pratiques dont l'application permet de sécuriser les rapports des associés entre eux d'une part, et les rapports des sociétés avec les tiers d'autre part.

A- LES RAPPORTS INTERNES DES SOCIETES COMMERCIALES

114-Dans l'AUSC les rapports entre associés des sociétés commerciales sont fondés sur le principe d'égalité qui constitue lui-même un gage de sécurité. Un associé ne se sentira en sécurité que s'il bénéficie des mêmes droits et s'il est soumis aux mêmes obligations que les autres. Cette égalité des actionnaires[219] ne ressort de l'AUSC que de façon incidente. En effet, c'est l'art 714 qui fait obligation au

---

[217] Le gouvernement d'entreprise se réfère au « dispositif institutionnel et comportemental régissant les relations entre les dirigeants d'une entreprise, plus largement d'une organisation, et les parties concernées par le devenir de ladite organisation, en premier lieu, celles qui détiennent des droits « légitimes » sur celle-ci ». Vr. PEREZ Roland, La Gouvernance de l'entreprise, Paris : La Découverte, 2003 (collection « Repères »), p. 3.

[218] Vr. déclaration du juge Kéba Mbaye, Président de l'UNIDA « …à savoir que l'origine du mal n'était rien d'autre que « l'insécurité juridique et judiciaire » qui régnait dans les pays africains de la zone franc et qui était due au délabrement du tissu juridique et à son application et imprévisible », Dakar, le 10 mai 2004.

[219] Sur ce principe d'égalité, v. J.- M. MOULIN, Le principe d'égalité entre les actionnaires, thèse Paris V, 2001 ; Y. DE CORDT, L'égalité entre actionnaires ; mythe ou réalité ?, th. Louvain-la-Neuve, 2003.

commissaire aux comptes de s'assurer que l'égalité entre les associés est respectée [220] , notamment que toutes les actions d'une catégorie bénéficient des mêmes droits. L'égalité des droits au sein des catégories est assurée par l'application de l'art 744 de l'AUSC qui dispose «Les sociétés anonymes émettent des valeurs mobilières dont la forme, le régime et les caractéristiques sont énumérés au présent titre.
Elles confèrent des droits identiques par catégorie et donnent accès directement ou indirectement à une quotité du capital de la société émettrice, ou à un droit de créance général sur son patrimoine. Elles sont indivisibles à l'égard de la société émettrice.
L'émission de part bénéficiaire ou de parts de fondateur est interdite. »
Cette disposition légale est incontestablement une avancée par rapport au droit français des sociétés commerciales. Ici le principe d'égalité est mentionné dans des textes particuliers qui en feraient une règle d'envergure limitée[221].
Par ailleurs dans la zone OHADA lorsque la société décide de procéder à l'achat de ses propres actions en vue de les annuler et de réduire son capital à due concurrence, elle présente cette offre d'achat à tous les actionnaires et l'avis doit être inséré dans un journal habilité à recevoir les annonces légales. Cette disposition a pour but d'assurer le respect du principe d'égalité entre actionnaires en cas de réduction du capital social[222].
A cet effet les actionnaires quelle que soit la nature des actions détenues doivent être tous informés collectivement ou individuellement des actions à racheter par la société[223].

---

[220] Cf. J.M. Moulin, Le principe d'égalité dans les sociétés anonymes, Thèse dactyl. Paris V, 1999. L'égalité des actionnaires : mythe ou réalité ? Entretiens de Nanterre 1994, Ph. Bissara, P. Didier, Ph. Misserey, in J.C.P. éd. E. n° 5-1994, p. 18. J. Mestre, l'égalité en droit des sociétés (aspects de droit privé), Rev. Sociétés 1989, 399 V. sur le contrôle du conseil constitutionnel, Décisions 16 janv.1982, Rev. Sociétés 1982,138, J.C., « Le principe de l'égalité ne fait pas obstacle à ce qu'une loi établisse des règles non identiques à l'égard des catégories de personnes se trouvant dans des situations différentes, mais qu'il peut en être ainsi que lorsque cette non-identité est justifiée par la différence de situation et n'est pas incompatible avec la finalité de la loi ».

[221] R. MORTIER, Le rachat par une société de ses droits sociaux, Dalloz, Nouv. Bibl. thèses, 2003, préf ; J.-J. Daigre, p. 32, n° 37.

[222] Art 628 de l'AUSC « La réduction du capital est autorisée ou décidée par l'assemblée générale extraordinaire, qui peut déléguer au conseil d'administration ou à l'administrateur général, selon le cas, tous pouvoir pour la réaliser.
En aucun cas elle ne peut porter atteinte à l'égalité des actionnaires sauf consentement exprès des actionnaires défavorisés.

[223] Art 643 et 644 de l'AUSC.

Cette sécurité ressort plus clairement lorsque le législateur OHADA admet la libre cessibilité des actions ou des parts sociales. Cette faculté donnée à l'associé lui offre cette liberté de retrait. La société commerciale, même de personne n'est plus une prison pour l'associé. Cette solution tire son origine dans le principe des engagements perpétuels : nul ne peut être condamné à rester associé sa vie durant contre son gré[224]. Mais la solution varie selon que l'on considère la société comme un contrat ou une institution.

115-En tant que contrat, l'associé ne pourra se retirer qu'avec l'accord unanime de ses associés[225]. Selon l'art 1134 du code civil : «les conventions légalement formées tiennent lieu de loi à ceux qui les ont faites. Elles ne peuvent être révoquées que de leur consentement mutuel, ou pour les causes que la loi autorise.
Elles doivent être exécutées de bonne foi »[226].
Si elle est considérée comme une institution, l'associé doit pouvoir se retirer librement[227].
Or l'AUSC privilégie l'aspect institutionnel de la société, d'où la libre cessibilité des actions. Cette faculté offerte par les textes de l'OHADA est un gage de sécurité pour les investisseurs. Car les actions sont des valeurs patrimoniales dont la libre transmissibilité doit être assurée.
Cependant, cette liberté a des limites s'agissant de la transmission des parts sociales dans les SARL comme celles des sociétés de personnes où la cession des parts sociales est considérée comme une cession de créance impérativement soumise aux formes de droit civil. Ici le mécanisme va prendre en compte l'intuitu personae pour rendre plus rigoureuse les conditions de l'opération de cession[228]. La mise en œuvre de la gouvernance d'entreprise s'effectue par la prise en compte de l'intérêt social. Nous avons dit précédemment qu'il constitue un outil mis à la disposition de l'associé pour se protéger contre les pouvoirs dont disposent les dirigeants sociaux. L'affirmation de sa primauté sur les intérêts personnels des associés est un moyen de sécurité. Cette primauté ressort clairement des dispositions de l'art.4 al.2 de l'AUSC selon lequel

---

[224] M. COZIAN, A. VIANDIER, Droit des sociétés, 5è éd. Litec, p. 127.
[225] M. COZIAN, A. VIANDIER, Droit des sociétés, 5è éd. Litec, p. 127.
[226] D. MAZEAUD, Le contrat, liberté contractuelle et sécurité juridique, Defrénois 1998, 1137 ; P. ANCEL, Force obligatoire et contenu obligationnel du contrat, RTD civ., 1999, 771.
[227] CH. LAPOYADE DESCHAMPS, LA liberté de se retirer d'une société : D. 1978, chron., p. 123 ; I. SAUGET, Le droit de retrait, thèse Paris X. 1991.
[228] Art 318 et 319 de l'AUSC.

« la société commerciale doit être créée dans l'intérêt commun des associés ».
Il résulte de cette affirmation trois conséquences sur le plan juridique qui concourent toutes à la sécurisation de l'associé et la pérennité de la société.
D'abord l'intérêt social va permettre aux minoritaires de discuter certaines décisions des majoritaires et même d'engager contre eux des actions pour abus de biens sociaux, de pouvoir et du crédit de la société[229].
Ensuite, c'est en considération de ce même intérêt social que les procédures d'alerte et d'expertise de gestion peuvent être activées afin de sanctionner éventuellement un défaut d'information[230].
Enfin, il permet au juge d'intervenir dans la vie[231] d'une société viable afin de garantir sa pérennité et préserver les emplois.

116-Au regard de ces considérations, la consécration législative de l'intérêt social est un facteur de sécurité des associés. Le législateur de l'OHADA a renforcé cette sécurité en prévoyant dans les articles 147 à 149 de l'AUSC les modes de règlement de litige entre associés[232]. L'arbitrage fait partie des mécanismes destinés à accroître la sécurité des associés. Cela s'est traduit dans l'acte uniforme sur l'arbitrage[233] par la généralisation de la validité des clauses compromissoires[234] puisque

---

229 Le droit pénal spécial des sociétés anonymes, études de droit commercial sous la direction de J. Hamel, Dalloz, 1955, p.215 ; CA Paris, 9e ch. A, 7 juin 1988 ; Aix-en- Provence, ch. Coor. 7 décembre 1988 ; Paris, 9e ch., 5 juin 1976. Vr. infra n° 77.

230 A. CERATI- GAUTHIER, « La nouvelle expertise de gestion assure- t- elle une meilleure information des actionnaires minoritaires ? », LPA, 5 avril 2002, n° 69, p. 4.

231 Il résulte de l'article 145 du code de procédure civile français que si le demandeur à la mesure d'instruction n'a pas démontrer l'existence des faits qu'il invoque puisque cette mesure in futurum est justement destinée à les établir, il doit justifier d'éléments rendant crédibles ses suppositions et démontrer que les preuves obtenues seraient de nature à alimenter un procès. Tel est le cas dans la mesure où, d'une part, le chiffre d'affaires de la société est depuis plusieurs années en nette diminution, conduisant à un résultat négatif en 2004 et en 2005 et où, d'autre part, la rémunération des cogérants n'a pas évolué alors que ceux-ci sont domiciliés à Saint-Barthélémy où ils exploitent un magasin d'antiquité. Ces faits, susceptibles de caractériser l'existence d'un abus de majorité ou/ et de faute de gestion, justifient l'expertise (CA Paris, 6 févr. 2008 :JurisData n° 2008-358145 ; Dr sociétés juill. 2008, n° 142, p.12).

232 Dieunedort (N.), le juge et le droit des sociétés, thèse UCAD, 2005, p. 50.

233 Vr. l'article du professeur A. Sakho, Justice alternative et concurrence, op.cit. dans lequel il cite *Yves GUYON, l'Arbitrage, Economica, p. 5, Paris 1995* pour préciser la définition de l'arbitrage « l'arbitrage consiste à faire trancher un litige par de simples particuliers, dont la sentence a néanmoins la même autorité qu'un jugement rendu en première instance par une juridiction étatique »

234 La mission d'amiable compositeur, qui a pour fondement la renonciation des parties à se prévaloir d'une exécution stricte des droits qu'elles tiennent du contrat, donne à l'arbitre le pouvoir, notamment, de modérer les effets du contrat dans la recherche d'une solution juste

l'art.2 de ce texte dispose que «toute personne physique ou morale peut recourir à l'arbitrage sur les droits dont elle a la libre disposition ». La libre disposition des droits constitue, en effet, le critère d'arbitrabilité d'un litige[235].

117-L'utilisation de la libre disposition des droits comme critère doit être nuancée.

Nous avons la certitude qu'un droit est disponible lorsqu'il est sous l'absolue maîtrise de son titulaire qui peut dès lors l'aliéner et même y renoncer. Ce qui fait dire Pr. LEVEL qu'il « existe des degrés dans la disponibilité des droits »[236]. Il en est ainsi, par exemple, des droits qui procèdent d'une situation indisponible mais qui deviennent disponibles dans certains de leurs effets. Il est aussi des droits indisponibles à l'état de droits éventuels qui deviennent disponibles à l'état de droits nés et actuels. D'une manière générale, plus un droit sera envisagé comme instrument de protection d'une personne, plus il sera indisponible et, inversement, plus il sera tenu comme l'expression juridique de la volonté, plus il sera disponible. C'est pour cette raison qu'on devra se montrer très réservé sur l'utilisation de ce critère. Chaque législation doit à cet effet, préciser la conception des droits subjectifs qu'elle crée ou qu'elle reconnaît.

La bonne gouvernance des sociétés anonymes ne se limite pas seulement à assurer la sécurité des associés, mais elle doit également inspirer la confiance des tiers.

B - LES RAPPORTS DES SOCIETES AVEC LES TIERS

118- L'AUSC est le fruit d'une recherche constante de conciliation de techniques modernes de création des sociétés commerciales et celles favorisant les investissements[237].

Aussi la bonne gouvernance des sociétés anonymes est–elle le résultat de la recherche de cet équilibre[238]. Le législateur OHADA a, dans divers

---

et conforme à l'équité, en écartant au besoin l'application de certains droits nés de la convention, sous réserve de ne pas en modifier l'économie en substituant aux obligations contractuelles des obligations nouvelles ne répondant pas à l'intention commune des parties (CA Paris, 6 mai 1993 : Bull. Joly Sociétés 1993, p. 737.)

235 Vr. l'article du professeur A. Sakho, Justice alternative et concurrence, op. cit.

236 Vr P. LEVEL, L'arbitrabilité in Perspectives d'évolution du droit français de l'arbitrage, Rev. Arb, 1992, p.195 et s.

237 Lohoues-OBLE, Jacqueline, Traité OHADA et Règlement de procédure de la CCJA, in Traité et Actes uniformes commentés, juriscope, 1999, p. 105.

238 Dans un essai de synthèse, Charreaux (1997) définit la gouvernance comme l'ensemble des mécanismes organisationnels et institutionnels ayant pour effet de délimiter les pouvoirs et d'influencer les décisions des dirigeants, autrement dit, qui « gouverne » leur conduite et

actes uniformes, voulu donner un gage de sécurité à tous ceux qui auront à traiter avec les sociétés créées dans la zone. La qualité des relations juridiques d'une société avec les tiers repose essentiellement sur deux piliers, le crédit et la responsabilité au sens large du terme, c'est à dire le fait de répondre de ses actes. L'importance du crédit dans l'exercice des activités économiques n'est plus à démontrer, quelle que soit d'ailleurs la forme du crédit ou le sens que l'on donne à ce mot[239]. En effet, le crédit est souvent décrit comme «l'un des moteurs essentiels de l'économie »[240] et, étymologiquement, crédit ou *credere* signifie croire, avoir confiance. Deux actes ont vu le jour à cet effet, pour assurer la sécurité des partenaires. Il s'agit de l'acte uniforme sur le droit commercial général et de celui consacré aux sûretés.

Ces actes sont destinés à améliorer la relation de la société avec cette catégorie de partie prenante que sont les créanciers ou « stakeholders »[241].

Le terme « Stakeholder » représente l'ensemble des partenaires ou des parties prenantes dans la vie d'une entreprise, en considérant que l'ensemble de ces partenaires sont aussi des créateurs de valeur.

Dans l'optique de la société civile, la valeur d'une entreprise n'est plus uniquement celle du capital financier, mais également celle des différentes parties prenantes (cadres dirigeants, salariés, clients et fournisseurs, banques,…).

Il apparaît évident que l'information dont doivent bénéficier à des participants et à des tiers, contrairement à celle due aux associés, n'est pas une information individuelle mais collective. C'est globalement et non à titre personnel que les salariés, les investisseurs, les créanciers, les clients ou les associations(ONG) peuvent avoir accès à des informations qui doivent être exactes et sincères. Ainsi, tout intéressé peut avoir communication d'un certain nombre de documents, singulièrement de ceux qui doivent être déposés au greffe du tribunal.

119-Pour renforcer le crédit des sociétés commerciales par l'amélioration de la transparence l'acte uniforme relatif au droit

---

définit leur espace discrétionnaire.

239 Vr. A. Sakho pour qui le crédit est le fondement du pouvoir : Droit, pouvoir et dépendance économique, éd. Karthala/CRES 2010, p. 190.

240 Ph. Simler et Ph. Delebecque, Droit civil, les sûretés- la publicité foncière, Dalloz 3è éd. 2000, n° 3 p.6.

241 F.G. Trébulle, l'information environnementale, quelle place en droit des sociétés, chron. Semaine juridique : Entreprise et affaires n° 6, 9 février 2006, 1257.

commercial général a institué le registre du commerce et du crédit mobilier.

L'art.20 et suivant sont relatifs à la structure du RCCM. La possibilité de l'inscription des sûretés mobilières au RCCM vise à compléter l'information du public sur la situation patrimoniale ou plus précisément sur l'état d'endettement des commerçants, personne physique et morale. L'art.19 al2 de l'acte uniforme relatif au droit commercial général énumère les sûretés devant être inscrites au RCCM en ces termes « Le registre du commerce et du crédit a pour objet...de recevoir les inscriptions relatives :

- au nantissement des actions et des parts sociales ;
- au nantissement du fonds de commerce, et à l'inscription du privilège du vendeur de fonds de commerce ;
- au gage
- aux privilèges du trésor, de la Douane et des Institutions Sociales ;
- à la réserve de propriété ;
- au contrat de crédit-bail».

L'inscription confère également des droits au créancier auquel incombe d'ailleurs l'accomplissement de cette formalité. Selon l'AUSC une inscription régulière est opposable aux parties elles mêmes ainsi qu'aux tiers, à compter de sa date et pendant une durée qui varie de un à cinq ans selon la nature des sûretés[242]. En plus des déclarations de l'assujetti, le greffe du tribunal compétent est tenu de mentionner d'office les décisions de justice relatives à la situation personnelle du déclarant et à la levée de l'incapacité, décisions qui lui sont obligatoirement transmises par la juridiction qui les rend.

Il faut dire que toutes ces inscriptions sont prises pour une durée déterminée, variable suivant la nature de la sûreté considérée.

Dorénavant, la désignation des administrateurs doit être publiée au RCCM. Cette mesure est destinée à assurer le crédit de l'entreprise, celui-ci dépendant pour une large part de la confiance que les tiers placent en ses dirigeants.

Pareillement, la démission et la révocation d'un administrateur doivent être publiées dans le RCCM[243].

L'instauration d'un registre unique permet la centralisation de l'ensemble de la publicité quérable sur un même registre et du coup la

---

[242] Art. 63 de l'AUSC.

[243] F. Anoukaha, A. Cissé, N. DIOUF, J. N. TOUKAN, P. G. POUGOUE, M. SAMB, Sociétés commerciales et G.I.E, éd. Bruylant Bruxelles, juriscope.

suppression de la dispersion des sources d'information. Nous remarquons que de par sa structure interne et régionale, l'élargissement du nombre de sûretés à y inscrire ainsi que leur regroupement au même endroit, les détails des renseignements qu'il recueille, le RCCM offre aux opérateurs économiques nationaux et internationaux un ensemble d'informations commerciales sur leurs situations financières respectives. Il renforce la sécurité du crédit et le protège non seulement au plan interne mais également dans l'espace OHADA[244].

120-Le législateur communautaire a poursuivi sa logique en instituant des procédures de recouvrement et les voies d'exécution pour donner plus de confiance à ceux qui traitent avec les sociétés commerciales.

C'est ainsi que l'AUSC organise la procédure de reprise par la société des engagements pris pour son compte lors de sa formation[245].

La reconnaissance par le juge des sociétés de fait poursuit le même objectif[246].

Et l'art.255 de l'acte uniforme renforce la sécurité des tiers de bonne foi en disposant que ni la société, ni les associés ne pourront se prévaloir à leur égard de la nullité. Enfin, lorsqu'elle a été régulièrement constituée la société répond de tous les actes de ses dirigeants, y compris ceux qui ne relèveraient pas de l'objet social, car selon l'art123 de l'AUSC les limitations statutaires des pouvoirs des dirigeants sociaux sont inopposables aux tiers de bonne foi.

L'acte uniforme portant organisation des procédures simplifiées de recouvrement et des voies d'exécution améliore également la situation des créanciers. Ici, le souci du législateur OHADA est de permettre, autant que faire se peut, au créancier d'être payé.

Ainsi pour la réalisation du gage, le législateur OHADA a procédé à la définition d'un régime intermédiaire commun. Il permet la réalisation du gage sans passer par le juge, pourvu que le créancier soit muni d'un titre exécutoire. Par exemple, un créancier qui aurait constitué son gage par acte authentique pourra le réaliser sans l'intervention du juge.

Cette solution offre un caractère à la fois simple et sécurisant pour le créancier. L'art.56 de l'acte uniforme portant organisation des sûretés

---

244 Vr. Communication du Dr. Kwawo Lucien JOHNSON, Secrétaire permanent de l'OHADA, Forum pour les investissements en Afrique centrale, Brazzaville, du 19 au22 juin 2006, p. 5.

245 Art106 à 113 AUSC.

246 L'art 868 de l'AUSC prévoit expressément que « lorsque l'existence d'une société de fait est reconnue par le juge, les règles de la société en nom collectif sont applicables aux associés ».

règlemente la réalisation du gage et distingue selon que le gage porte sur une chose autre qu'une créance ou sur une créance[247].

121-Le législateur OHADA dans sa démarche de mise en œuvre du principe de la « corporate governance » a voulu assurer la transparence par l'adoption des dispositions relatives tantôt aux associés dans leurs rapports entre eux, tantôt aux tiers dans leurs rapports avec les sociétés commerciales.

Les actes uniformes vont servir d'instruments juridiques pour assurer cette transparence.

PARAGRAPHE II : LES ACTES UNIFORMES GARANT DE LA TRANSPARENCE

122-L'information donnée par la société témoigne de la fonctionnalité de ses organes. L'AUSC fait de la diffusion de l'information une des obligations essentielles des dirigeants[248] des sociétés anonymes dans l'espace OHADA. Elle est considérée comme un pilier du gouvernement d'entreprise. En effet, le respect du droit à l'information des actionnaires constitue une des missions essentielles du conseil d'administration[249], qui engage clairement sa responsabilité civile et pénale en cas de comportement déloyal vis-à-vis d'un ou de plusieurs actionnaires (absence d'information, information mensongère ou erronée…). Le droit à l'information est considéré comme un droit politique des actionnaires. Ils peuvent l'exercer périodiquement ou en permanence selon le cas et permet en tout état de cause aux associés de contrôler la gestion de la société. Il résulte de cet état de fait une obligation d'information dont l'absence sera sanctionnée par divers moyens mis à la disposition des créanciers.

A – LE DROIT A L'INFORMATION

123-Afin que les actionnaires puissent se faire une opinion personnelle sur la gestion de la société, la réglementation[250] leur permet

---

247 Art 56 AUSC.

248 Vr. art 526 de l'AUSC.

249 F. Lenoir, G. OZIEL, L'Administrateur de société anonyme en questions, 1ère éd. Soficom.

250 Art 525 de l'AUSC « En ce qui concerne l'assemblée générale ordinaire annuelle, tout actionnaire a le droit, pour lui-même ou par le mandataire qu'il a nommément désigné pour le représenter à l'assemblée générale, de prendre connaissance au siège social :
1°) de l'inventaire, des états financiers de synthèse et de la liste des administrateurs lorsqu'un conseil d'administration a été constitué ;
2°) des rapports du commissaire aux comptes et du conseil d'administration ou de l'administrateur général qui sont soumis à l'assemblée ;

de connaître à l'avance les principaux documents qui vont être soumis aux assemblées auxquelles ils sont appelés à participer et, en dehors de toute réunion d'assemblée, de se renseigner sur les délibérations antérieures[251].

L'information[252] est au centre du droit des sociétés. Il s'agit d'un droit reconnu à l'actionnaire en vertu de l'action qu'il possède et lui permettant de participer à la marche de la société. Le législateur de l'OHADA a renforcé les droits d'information des actionnaires qui bénéficient désormais d'une information minimale leur permettant normalement de suivre la vie sociale. Mais cette information reste néanmoins insuffisante pour se faire une idée précise et immédiate de la gestion sociale[253] La complexité sans cesse croissante des techniques comptables a entraîné la nécessité d'avoir en sa possession le plus de données possibles pour procéder à une analyse financière fiable[254].

Ce droit est inhérent à sa qualité d'actionnaire.

Comment l'actionnaire exerce-t-il ce droit à l'information ?

3°) le cas échéant, du texte de l'exposé des motifs, des résolutions proposées, ainsi que des renseignements concernant les candidats au conseil d'administration ou au poste d'administrateur général ;

4°) de la liste des actionnaires ;

5°) du montant global certifié par les commissaires aux comptes des rémunérations versées aux dix ou cinq dirigeants sociaux et salariés les mieux rémunérés selon que l'effectif de la société excède ou non deux cents salariés.

Sauf en ce qui concerne l'inventaire, le droit pour l'actionnaire de prendre connaissance s'exerce durant les quinze jours qui précèdent la tenue de l'assemblée générale.

En ce concerne les assemblées autres que l'assemblée générale ordinaire annuelle, le droit de prendre connaissance porte sur le texte des résolutions proposées, le rapport du conseil d'administration ou de l'administrateur général selon le cas et, le cas échéant, le rapport du commissaire aux comptes ou du liquidateur »

251 Selon Ahmed Naciri, le droit des actionnaires à l'information est un droit classique des actionnaires qui a été mis en œuvre avec la loi du 24 juillet 1966. Autant dire que la notion n'est pas nouvelle. Toutefois, les critiques portées contre l'information des actionnaires sont connues et identifiées depuis longtemps ; si l'information des actionnaires est pléthorique, elle n'est pas suffisante et les documents sont soit transmis en retard, soit ne sont pas transmis. Or l'information des actionnaires est essentielle pour que ceux-ci puissent se prononcer en toute connaissance de cause lors des assemblées générales, soit sur la gestion des dirigeants, soit sur une augmentation de capital essentielle pour la survie de la société. Vr Traité de gouvernance corporative : Théories et pratiques à travers le monde, p. 269.

252 Le vocable information vient du verbe informer qui dérive lui-même du latin informere qui signifie instruire. Au sens de la loi, l'information désigne un renseignement de caractère précis, particulier et certain. Elle est définie comme un « renseignement possédé et l'action de le communiquer a autrui (à une personne déterminée ou au public)». Dans un autre sens, l'information est un élément de la connaissance que l'on a. C'est aussi l'action qui consiste à communiquer l'élément de connaissance.

253 Vr M. Germain « Transparence et information » ; Petites affiches 19 nov. 1997, p. 16.

254 G. Berlioz « Comptabilité et ingénierie juridico-financière » ; RD compt. 1996, p. 103.

124-L'actionnaire peut exercer ce droit de deux manières. Il peut se rendre au siège social pour prendre connaissance des documents qui sont tenus à sa disposition quinze jours avant la date de la réunion. Il peut se faire assister par un expert ou un huissier. Il peut aussi prendre copie de ces documents, sauf l'inventaire [255]. C'est le droit de consultation[256]. De même, tout actionnaire peut se faire envoyer ces documents et pièces comptables ainsi que les procès-verbaux des délibérations des décisions collectives lorsqu'il en fait la demande. Il s'agit du droit de communication. Mais ce droit à l'information dont dispose l'actionnaire connaît certaines vicissitudes selon que l'information soit quérable[257] ou portable[258].

125-D'une part, lorsque l'information est quérable, une difficulté relative au lieu où l'actionnaire doit aller la chercher se pose.
L'actionnaire doit-il aller chercher l'information au siège social ou à la direction administrative ? Ou encore l'actionnaire doit-il aller à la fois au siège social et à la direction administrative ?
En effet, le dépôt des documents en un seul lieu - au siège social ou à la direction administrative - comporte des risques limités à condition, toutefois, qu'il ne soit pas de nature, par la distance géographique entre ces deux lieux, à interdire pratiquement l'exercice du droit d'information de n'importe quel actionnaire. En outre, la dualité du lieu de consultation des documents peut soulever des difficultés lorsque la direction administrative est géographiquement distincte du siège social. Cela contraint bien évidemment, la société à les établir en double exemplaire et entraîne des frais lourds pour celle-ci. De même, il paraît difficile d'exiger de l'actionnaire qu'il se transporte fréquemment au siège social pour procéder aux vérifications des documents lorsque ce siège est situé dans différents pays. Il n'osera pas se déplacer à cause des frais

---

[255] Il faut noter que l'expression « prendre copie » s'entend de façon large et vise la prise de note, les photocopies, l'utilisation du magnétophone. Ces procédés permettent à l'actionnaire d'assurer la conservation des renseignements dont il a eu connaissance. Mais cette expression exclut la faculté d'exiger de la société la remise d'une copie et l'utilisation de ces procédés quant à l'inventaire

[256] V. art. 525 et suivants de l'AUSC qui énumèrent de façon exhaustive la liste des documents que l'actionnaire peut consulter au siège social.

[257] L'information quérable est celle que l'actionnaire va chercher au siège social ou selon la formule de M.G.J.VIRASSAMY celle qui « suppose des investigations dans les affaires de l'entreprise et implique le recours à des enquêtes et des recherches à la licéité parfois douteuses >> Georges J. VIRASSAMY, « Les limites a l'information sur les affaires d'une entreprise », RTDcom

[258] L'information portable est « celle qui fait l'objet d'une publicité obligatoire en divers lieux accessibles à tous »

inhérents qui seraient plus élevés que les dividendes qu'il recevra. D'ailleurs, dans la plupart des cas, l'actionnaire fait preuve d'une certaine désaffectation à l'égard de la vie sociale. A cet effet, le professeur A. TUNC écrit que « l'actionnaire, qui ne va pas à l'assemblée générale, se dérange encore bien moins pour aller au siège social »[259].

126-D'autre part, plusieurs difficultés d'information auxquelles est confronté l'actionnaire naissent du fait que l'information est portable. En effet, cette information pose quelques problèmes. D'un côté, le premier problème est relatif à son imperfection car, l'information peut être quelque peu imprécise en raison d'erreurs de saisies, d'omissions ou de contrôles insuffisants. A cet effet, un actionnaire de la société anonyme de gérance et d'armements du Togo (SAGA-TOGO) également actionnaire à ECOBANK-TOGO, estime que «les informations mises à la disposition des actionnaires par ces deux sociétés ne sont pas toujours sincères. Les erreurs de calculs des dividendes à servir sont courantes». De l'autre, l'une de ses principales difficultés réside dans sa parcellisation. Elle n'est pas pondérée. Aussi, convient-il de préciser que l'excès d'information n'est pas à écarter car elle tue l'information quand l'essentiel est noyé sous un flot de renseignements sans intérêt. C'est ce que les médias appellent la désinformation, et la désinformation juridique est certainement tout aussi redoutable que la désinformation par voie de presse ou de la télévision[260].

127-D'ailleurs, l'information livrée aux actionnaires est dispendieuse car elle requiert des moyens financiers. Autrement dit, elle est synonyme de contrainte et de frais.
La doctrine souhaite donc que « les dividendes ne soient pas trop entamés par les frais d'information »[261] car l'objectif premier d'une société est de partager des bénéfices et non pas de diffuser l'information. Bien plus, les dirigeants sont parfois hostiles à l'exercice du droit à l'information par les actionnaires. Cette attitude peut se justifier par le fait qu'ils craignent certaines indiscrétions émanant des concurrents qui achèteraient simplement quelques actions pour se renseigner à bon compte. L'information met ainsi en conflit l'intérêt de l'actionnaire censé disposer d'informations précises pour mieux apprécier la gestion de la société et celui de la société. Cette dernière tend à éviter que les

---

259 André Tunc, « L'effacement des organes légaux de la société », D. 1952, n° 4, p. 74.

260 Colloque du CREDA, 1er mars 1994, JCPE, 1994, I, p. 427.

261 M.D. Gabare- Leibler, La remise en cause de l'information du public et des actionnaires aux Etats- Unis, Thèse en droit, Paris, 1, 1984, cité par Yves Guyon, ibid.,p. 299.

concurrents ne s'emparent d'informations pouvant la nuire. C'est ce qu'a pu observer M. C. BONNET :
« Dans le monde hostile de la concurrence, il importe de pouvoir se situer par rapport aux autres concurrents et à cette fin, tout renseignement peut être utilisé pour apprécier la fermeté ou la faiblesse des positions adverses »[262]

128-Les principes de la «corporate governance» voudraient que soit garantie la diffusion en temps opportun des informations exactes sur tous les sujets significatifs concernant la société, notamment la situation financière, les résultats, l'actionnariat et la gestion de cette société.
Il résulte des articles 98 et 113 de la loi du 24 juillet 1966, selon lesquels le conseil d'administration est appelé à agir au nom de la société, que le président de ce conseil doit mettre les administrateurs en mesure de remplir leur mission en toute connaissance de cause.
« Dés lors, manque de base légale la décision par laquelle la cour d'appel rejette la demande tendant à l'annulation des délibérations du conseil d'administration qu'avait formée un administrateur faisant valoir qu'il n'avait pas été à même d'exercer son mandat dans les conditions d'information suffisante, sans chercher si cet administrateur avait, à l'initiative du président du conseil d'administration, reçu l'information préalable à laquelle il avait droit, soit par un envoi, soit par une mise à disposition.
La méconnaissance des droits à l'information préalable d'un membre d'un conseil d'administration affecte, par elle –même, la régularité de la réunion de cet organe social, quand bien même un groupe majoritaire existerait au sein du conseil»[263].
La solution retenue en l'espèce condamne en effet sans équivoque la thèse selon laquelle la totalité des informations préliminaires à la future réunion devrait être réclamée par les membres du conseil d'administration. En revanche, l'arrêt ne paraît pas l'exclure qu'à partir du moment où ils ont reçu un minimum de précisions du président, l'initiative ne repasse dans leur camp.
Ce serait alors aux administrateurs de poser des questions ou éventuellement de se constituer eux-mêmes un dossier plus étoffé, s'ils estiment utile.

---

[262] C. Bonnet, Le secret dans la vie économique, Thèse, Paris, 1970, Cité par G.J. VIRASSIMY, ibid., p. 184

[263] Cass. Com., 24 avril 1990, (cassation partielle) cts Cointreau c.cts Rémy Martin et Cie, Bull. Civ. IV, n° 125, p. 82 ; Bull. mens. inf. soc. (Joly) 1990, p 512, note LE CANNU.

Il reste cependant à savoir par quels moyens ils pourront obtenir ce complément d'information. L'arrêt fournit quelques indications à cet égard.

129-Normalement, c'est au président, et éventuellement au commissaire aux comptes, qu'il appartient de tenir le conseil d'administration au courant de la marche des affaires sociales. Toutefois, on ne saurait exclure que, dans certaines situations conflictuelles comme en l'espèce, un élu de la minorité ne se heurte à une résistance ou, du moins, à des réticences de la part de détenteurs du pouvoir, qui sont l'émanation d'un bloc d'actionnaire rival. Dans ces conditions, l'administrateur minoritaire serait –il en droit d'aller recueillir directement les renseignements qu'il juge nécessaires, en examinant les archives et la comptabilité de la société ou encore en interrogeant son personnel? La doctrine paraît favorable à cette solution, mais les décisions de jurisprudence qui l'ont consacrée sont rares[264]. Le principal apport de cet arrêt a consisté à fonder la nullité de la délibération litigieuse, non sur le dol ou abus de pouvoir du président, mais sur un droit direct à l'information, qui apparaît comme le corollaire des pouvoirs du conseil d'administration de recueillir tous les éléments nécessaires à la formation de sa conviction. Le conseil est, en effet, une instance délibérative. C'est pourquoi, notamment, la jurisprudence annule les résolutions approuvées par voie de signature individuelle de chaque administrateur, mais sans débat en réunion[265].
Or de telles discussions n'ont de sens qu'à la condition que tous les participants puissent s'y affronter avec des arguments d'égale valeur et donc disposent de la même connaissance du fonctionnement de la société.

130-Le législateur OHADA a souscrit à ce principe en tenant compte de la spécificité de chaque type de société. Ainsi dans les sociétés de personnes, par exemple la SNC, en contrepartie de leur lourde responsabilité, les associés en nom possèdent un droit de contrôle étendu sur l'activité du gérant[266]. D'une manière générale, la gérance a l'obligation de rendre des comptes aux associés chaque fois qu'ils le demandent. Mais pour ne pas gêner le gérant dans l'exercice de ses

---

[264] Trib. Com. Seine, 11 juillet 1952, journ. Soc. 1955, 350, ordonnant la communication des documents comptables à un administrateur. Rappr. Paris, 9 février 1935, GAZ. Pal.1935, 1, 671 : Aix, 3février 1966, J.C.P. 1966, II, 14861, note R. PRECEROU.

[265] Paris, 18 mars 1959, Gaz. Pal. 1959, 2,7 ; Rouen, 24 novembre 1959, Gaz. Pal. 1960, 1, 144 ; Amiens, 7mai 1963, Gaz. Pal. 2, 246 ; Rev. Trim. dr. Com.1963, 859, obs. HOUIN ; Paris, 13 juin 1964, D. 1965, 398.

[266] M. PHILIPPE, Droit Commercial : Sociétés Commerciales, Précis Dalloz, 7ème éd., p. 166.

fonctions, il peut être convenu dans les statuts que le gérant rendra compte annuellement, à la clôture de l'exercice social. C'est par le biais du droit à l'information qu'ils peuvent contrôler la marche de la société, droit qui est intimement lié à leur droit de vote[267].

L'AUSC en ses articles 344 et suivants consacre de larges dispositions sur le droit de communication de l'associé de la SARL, tout en précisant que ces associés ont un droit d'information permanent sur les affaires sociales.

Dans les SA, les informations communiquées doivent inclure, à titre non limitatif, les informations importantes sur : les résultats financiers et opérationnels de la société, les objectifs de la société, les principaux actionnaires et les droits de vote, la politique relative à la rémunération du conseil d'administration et les principaux dirigeants et renseignements sur les administrateurs, les opérations entre entités apparentées, les facteurs de risque prévisibles, les questions ayant trait aux employés et autres parties prenantes, les structures et politique de gestion[268].

Les articles 525 et suivants de l'AUSC organisent le droit de communication des documents sociaux aux actionnaires, lors des assemblées, ou à toute époque de l'année ; ils peuvent aussi poser des questions écrites aux dirigeants deux fois par exercice, sur tous les faits de nature à compromettre la continuité de l'exploitation. L'énumération de l'AUSC est exhaustive[269].

131-Pour renforcer les droits à l'information des associés, le législateur OHADA encourage les SA à plus de transparence. En ce qui concerne les rapports annuels des résultats financiers et opérationnels les sociétés cotées sont soumises à une variété d'obligations en matière de publication d'information. Elles doivent publier dans un journal d'annonces légales, dans les quatre mois suivant la clôture de l'exercice et plus de quinze jours avant l'assemblée générale, les états financiers sommaires consolidés et non vérifiés[270]. Dans les quarante cinq jours

---

[267] F. ANOUKAHA, A. CISSE, N. DIOUF, J. N. TOUKAN, P. G. POUGOUE, M. SAMB, Sociétés Commerciales et G.I.E, éd. Bruylant Bruxelles, Juriscope, p. 79.

[268] CA,Paris 30 mars 1977,Rev. Sociétés 1977, 470, J. Hémard, annulant comme abusive la décision du conseil d'augmenter la rémunération de son président, exagérée tant dans son montant que du fait de sa rétro activité, alors que la situation financière de la société était désastreuse.

[269] TPI Yaoundé, ord. Réf. N° 494/0, 06février 2001.

[270] Art847 de l'AUSC « Les sociétés dont les titres sont inscrits à la bourse des valeurs doivent publier au journal habilité à recevoir les annonces légales dans les quatre mois de la clôture de l'exercice et quinze jours au moins avant la réunion de l'assemblée générale ordinaire annuelle des actionnaires sous un titre faisant clairement apparaitre qu'il s'agit de projets non vérifiés par les commissaires aux comptes :

suivant l'assemblée générale, les sociétés cotées sont tenues de publier les états financiers sommaires consolidés, vérifiés et approuvés, portant la certification des vérificateurs et le montant des dividendes approuvés. La publication est faite dans le bulletin officiel de la cote et dans une revue d'annonces légales dans la ville où se situe le siège de la société.

132-Selon les normes comptables ouest- africaines, un rapport annuel contient un bilan, un compte de résultat, un état de flux de trésorerie, un état des changements intervenus dans la structure de l'actionnariat, des notes annexes aux états financiers, un rapport de vérification des comptes et un rapport du conseil d'administration contenant l'exposé et analyse de la direction. Le SYSCOA impose le dépôt d'états financiers consolidés[271].

Pareillement, les sociétés non cotées qui sont contrôlées à 50% ou plus par une entreprise cotée en bourse dont la valeur des actifs est supérieur à 200 millions de FCFA ou dont le capital boursier s'élève à 80 millions de FCFA, sont tenues de publier dans les 45 jours suivant la tenue de l'assemblée générale des états financiers vérifiés dans un journal d'annonces légales[272].

Les sociétés anonymes non cotées sont tenues de déposer des états financiers au greffe du tribunal, dès que ceux-ci ont été approuvés par l'assemblée générale. L'art 269 de l'AUSC dispose à cet effet que «Les sociétés anonymes sont tenues de déposer au greffe du tribunal, pour être annexés au registre du commerce et du crédit mobilier, dans le mois qui suit leur approbation par l'assemblée générale des actionnaires, les états financiers de synthèse, à savoir le bilan, le compte de résultat, le tableau financier des ressources et emplois et l'état annexé de l'exercice écoulé.

En cas de refus d'approbation de ces documents, une copie de la délibération de l'assemblée est déposée dans le même délai.»

133-En ce qui concerne la transparence sur les objectifs de la société, le législateur OHADA dans le cadre du renforcement de la gouvernance oblige les sociétés cotées à préparer des rapports de

---

1°) les états financiers de synthèse (bilan, compte de résultats, tableau financier des ressources et emplois et état annexé) ;
2°) le projet d'affectation du résultat ;
3°) pour les sociétés ayant des filiales ou des participations, les états financiers de synthèse consolidés, s'ils sont disponibles.

[271] Le SYSCOA a été développé le premier et adopté officiellement par l'UEMOA sous la forme du Règlement04/96 du 20 décembre 1996 Relatif au Droit Comptable (amendé par le Règlement 07/01 du 20 septembre 2001).

[272] Article 853 de l'AUSC.

situation semestriels, comprenant une description des activités de la société et une prévision de l'évolution des activités pour le reste de l'exercice. Les évènements importants qui sont intervenus pendant le semestre qui vient de s'écouler seront également mentionnés dans le rapport. La société est tenue de préparer un rapport du conseil d'administration avant l'assemblée annuelle qui doit aborder les objectifs de la société. L'art. 525 de l'AUSC donne la liste nominative des documents à communiquer.
Et l'art. 526 prévoit la possibilité pour tout actionnaire de prendre connaissance et copie à toute époque des documents sociaux, des procès verbaux et des feuilles de présence des assemblées tenues durant ces trois derniers exercices et tous les autres documents, si les statuts les prévoient.

134-Quant à la politique relative à la rémunération du conseil d'administration et des principaux dirigeants et renseignements sur les administrateurs les Art. 523 et 525 de l'AUSC servent de base juridique pour garantir la transparence. Une liste des administrateurs, leur profil et activités professionnelles au cours des cinq dernières années et la rémunération globale des 5 ou 10 dirigeants/administrateurs les mieux payés peuvent être consultées au siège de la société 15 jours avant la tenue de l'assemblée générale. Cette règle est conforme au principe posé par l'ICGN qui affirme que les sociétés se doivent de publier dans chaque rapport annuel les rémunérations perçues par les cadres dirigeants, ceci, afin, à la fois, de satisfaire aux impératifs de transparence, de vérifier la conformité de ces rémunérations aux règles, et enfin de démontrer qu'elles respectent les standards[273]. Il incombe au conseil d'administration de fixer, par comparaison avec les pratiques du secteur, et de rendre publique la rémunération des administrateurs et du principal dirigeant de l'entreprise[274].
Il en va de même des opérations entre entités apparentées qui ont reçu l'approbation du conseil d'administration.
Elles sont présentées à l'assemblée générale, et sont reflétées dans le rapport du commissaire aux comptes, qui est annexé au rapport annuel de la société. Les conventions dont il s'agit sont réglementées par les art440 à 442 de l'AUSC.

---

[273] International Corporate Governance Network (ICGN), ICGN Statement on Global Corporate Governance Principles, 9 juillet 1999, p. 4.

[274] Committee on Corporate Governance, The Combined Code : Principles of Good Governance and Code of Best Practice (derived from the Committee's Final Report and from the Cadbury and Greenbury Report), mai 2000, p. 8.

135-Ce devoir général d'information peut se trouver d'une manière ou d'une autre détourné par divers moyens. Les associés peuvent être confrontés à deux situations possibles. Dans le 1er cas, ils ont une information mais qui est insuffisante pour leur permettre d'exercer leur droit de contrôle. Dans le second, il y a purement et simplement un défaut d'information

Dans tous les cas, le législateur OHADA a doté l'associé d'un pouvoir de sanction.

B -SANCTIONS DU DEFAUT D'INFORMATION

136- Nous avons déjà noté que la communication d'informations est un droit politique de l'associé. Dans un système de gouvernement d'entreprise, la transparence est un moyen de prévention de conflits d'intérêts. C'est pourquoi le législateur OHADA à travers divers articles vise à assurer l'exercice de ce droit, donc la transparence. Mais il peut y avoir rupture. Dans ce cas la doctrine et la jurisprudence abordent la question en tenant compte tantôt de l'intérêt de l'associé[275], tantôt de l'intérêt de la société[276] elle-même dont la survie doit être assurée[277].

L'art 344 de l'AUSC dispose « Les associés ont un droit d'information permanent sur les affaires sociales. Préalablement à la tenue des assemblées générales, ils ont en outre un droit de communication ». Cette disposition est d'ordre public. Toute délibération faite en violation de ce droit de communication des associés sera sanctionnée par la nullité. En cas de refus de communiquer à l'actionnaire les documents requis, celui-ci peut saisir le juge de référé qui peut ordonner à la société, le cas échéant sous astreinte la communication de ces documents[278]. L'art 528 sert de moyen juridique pour faire droit aux demandes des actionnaires. Dans le cadre de l'art 158 de l'AUSC, l'associé d'une S.A. peut poser des questions par écrit aux dirigeants sociaux sur tout fait de nature à compromettre la continuité de l'exploitation. La réponse donnée à cette demande peut aboutir à l'ouverture d'une expertise de gestion[279]. Cette procédure ne sanctionne pas la gestion mais le défaut d'information.

---

[275] Cass. com. 13 nov. 2007 : Dr. Sociétés févr. 2008, n° 32, p. 82 ; Rev. sociétés 2008, p. 113 ; RTD com. 2008, p. 167, 354 et 366.

[276] Trib. Com. Marseille, 7 nov. 2001, Bull. Joly 2002, p. 106.

[277] Paris 22 juin 1978, Rev. Sociétés 1979, 333, Y. Chartier.

[278] TPI Yaoundé, Ord. Réf. N° 494/0, 06 février 2001, NDJEUDJUI Thaddée contre Continental Business Machines S.A.

[279] Voici les principes qui paraissent guider l'expertise de gestion :

- La demande d'expertise doit avoir une finalité sociale : tel est le cas si elle est justifiée

Ce défaut d'information, peut être même l'insuffisance d'information, résulte de certaines situations qui sont soit le manque de loyauté de certains dirigeants, soit l'existence de conventions conclues dans des conditions normales. Dans l'un ou l'autre cas la jurisprudence est abondante.

137-Ici l'une des sanctions du défaut d'information est l'institution d'un devoir de loyauté[280] de plus en plus exigeant. La plupart des dirigeants savent qu'ils ont un devoir de loyauté tant vis-à-vis de leur société que vis-à-vis de leurs associés. Mais le plus souvent, ils seraient bien en peine d'en définir clairement le contenu. Et pour cause : aucun texte ne prévoit ce devoir, qui ne résulte que d'une construction jurisprudentielle, dont les contours restent encore imprécis et paraissent s'élargir au fil des décisions de la cour de cassation française.

Ainsi, la cour a sensiblement augmenté ce devoir vis-à-vis des associés, au risque d'entrer en contradiction avec certains textes en vigueur.

Le devoir de loyauté vis-à-vis des associé est apparu lorsque certains associés ont cédé leurs titres directement ou indirectement au dirigeant, ce dernier les revendant peu de temps après avec une plus-value confortable. Dans les premières affaires soumises à la cour de cassation, alors qu'il achetait ou faisait acheter des titres, le dirigeant savait que des négociations se déroulaient en parallèle pour leur revente. En revanche, l'actionnaire cédant ne connaissait pas l'existence de ces autres discussions et n'avait donc pas le moyen de savoir que ces titres seraient très probablement rétrocédés à un prix bien supérieur. La jurisprudence a considéré que le silence du dirigeant sur cette information essentielle constituait une faute, compte tenu du devoir de loyauté qui lui incombait. Au fil de ses décisions, la cour de cassation a pris soin de préciser que le devoir de loyauté incombe aux seuls dirigeants et qu'un

---

par les conséquences nuisibles à la société qu'ont eues ou que pourraient avoir les opérations de gestion concernées. Son objet est la recherche de l'intérêt social sans exclure qu'il soit en corrélation avec les intérêts propres aux demandeurs ;

- L'expertise doit porter sur une ou plusieurs opérations de gestion. Le recours à l'expertise ne se conçoit que si le demandeur indique avec précision la ou les opérations de gestion qui en faire l'objet. Il n'est donc pas possible de demander une expertise relative aux seuls comptes sociaux, ni à l'ensemble de la gestion de la société ;
- Pour la recevabilité de l'action, la demande doit présenter un caractère sérieux qui peut se déduire d'une présomption d'irrégularité, voire d'un risque d'atteinte à l'intérêt social.

Vr. Cass. com., 17 janv. 2006 : JCPE 2006, n° 25, p. 1125.

[280] B. Oppetit, Ethique et droit des affaires, in Mél. A. Colomer, Litec 1993, p. 319.

simple actionnaire, lui, n'a pas d'obligation de révéler l'existence de discussions sur les titres qu'il achèterait.

Par une autre décision[281], la cour de cassation va beaucoup plus loin. S'il s'agit bien d'un cas où le dirigeant achetait indirectement des titres de l'un de ses coassociés, en revanche, aucune revente de ces titres n'était prévue et aucune dissimulation de ce fait n'était donc en cause. Selon la cour de cassation, le dirigeant pourrait cependant avoir manqué à son devoir de loyauté en n'ayant pas attiré l'attention des vendeurs sur l'existence de bénéfices distribuables d'un montant supérieur au prix de vente. Mais cette information est en réalité une information qui ressort de la lecture des comptes sociaux qui, selon l'arrêt, avaient été mis à la disposition des associés. Autrement dit, il est reproché aux dirigeants de ne pas avoir communiqué aux associés les informations qu'avec un minimum de diligence ils auraient pu obtenir.

On a donc glissé de l'obligation de communiquer des informations auxquelles les associés n'avaient pas accès à l'obligation de communiquer des informations pourtant disponibles.

139-On peut aussi s'interroger sur la cohérence de cette décision avec les textes régissant le droit à l'information des associés. Alors que dans les décisions précédentes, l'information (l'existence de négociations parallèles) était extérieure à la société, dans la nouvelle décision il s'agit d'une information interne (le montant des bénéfices distribuables). La loi prévoit les différents moyens dont disposent les associés pour obtenir des informations internes à la société, telle que demande de certains documents ou droit de poser des questions écrites. Ce que semble prévoir la cour de cassation va au-delà, à double titre. D'une part, selon elle, ce serait au dirigeant de prendre l'initiative de communiquer des informations en l'absence de toute demande de l'associé, en dépit de la réglementation en vigueur. D'autre part, l'information qu'aurait dû fournir le dirigeant est une information qui n'est pas visée par les textes.

L'obligation d'informer en devient spontanée et plus large.

Enfin, la lecture des attendus de la décision conduit à se demander si le devoir de loyauté ne finira pas par aller au-delà d'une simple obligation d'information pour se transformer en obligation de conseil. On pourrait en effet comprendre qu'ici la faute du dirigeant résulte non pas d'un défaut de communication puisque les documents étaient là mais d'un défaut d'analyse de leur contenu. Ce devoir de loyauté n'est plus en

---

[281] Cass. com. 6 mai 2008.

réalité une sanction du défaut d'information mais une source d'obligations pour le dirigeant social.
Cependant, dans une autre affaire, la Cour suprême du Canada dans un arrêt[282] rendu le 29 octobre 2004 maintient la protection offerte aux administrateurs honnêtes et bien intentionnés qui ont agi avec prudence et s'appuyant sur les renseignements dont ils disposaient.
Cette jurisprudence a contribué à la compréhension des obligations fondamentales des administrateurs envers la société et a établi des lignes directrices claires à leur intention.
Aussi le principe de loyauté ne s'inscrit-il pas dans le cadre d'une « exigence accrue de transparence de la part des dirigeants ». La seule issue du conflit d'intérêts réside en sa révélation, le silence nourrissant le soupçon de duplicité[283].
Le conflit d'intérêt[284] vise toute situation dans laquelle un actionnaire ou un dirigeant choisit d'exercer ses droits et pouvoirs en violation de l'intérêt commun soit pour satisfaire un intérêt personnel extérieur à la société, soit pour s'octroyer dans la société un avantage au préjudice des autres actionnaires.

140- Le cadre idéal des conflits d'intérêt réside dans les conventions, les dispositions légales conduisent à distinguer trois catégories d'opérations[285].
La première concerne des avantages purement financiers que le dirigeant est susceptible d'obtenir : la prohibition est alors totale. Ces opérations sont qualifiées de «conventions interdites».
Une seconde catégorie vise les opérations habituellement pratiquées par la société et qui ne font pas l'objet d'un contrôle mais qui, dans certains cas, sont portées à la connaissance des associés. Ces opérations sont connues sous le terme de conventions libres ou «conventions courantes ».
La troisième catégorie est constituée par toutes les autres opérations réalisées entre le dirigeant et la société : celles-ci, connues sous le terme de « conventions réglementées », sont soumises à une procédure spécifique qui varie selon la forme juridique de la société.

---

[282] Eric Lalanne, associé de Grandpré Chait à Montréal, a défendu avec succès les frères Wise dans cette affaire, WWW.camagazine. Com/2/5/6/6/8/index2.shtml.
[283] D. SCHMIDT, Les conflits d'intérêts dans la société anonyme, éd. Joly, 1999, p. 36.
[284] Vr. notamment I. BALENSI, Les conventions entre les sociétés commerciales et leurs dirigeants, thèse Paris 2, 1975 ; D. BASTIAN et M. GERMAIN, Juris-cl. Stés. fasc. 130-5.
[285] Vr. P. LE CANNU, « Les conventions réglementées après la loi n° 2001-420 du 15 mai 2001 », BJS 2001, 720 ; R. VATINET, « Les conventions réglementées », Rev. Sociétés 2001, 561 ; A. COURET, « La prévention des conflits d'intérêts » RJDA 04/02, 290 ; B. RAYNAUD, « La prévention des conflits d'intérêts dans les sociétés par actions », JCP éd. E. 2003, 354.

Le législateur OHADA a légiféré en la matière. En effet, tous les conflits doivent être révélés au conseil d'administration et sont soumis à l'autorisation préalable du conseil d'administration, à condition qu'il s'agisse d'une opération ordinaire dans des circonstances normales. Les arts 439 et 440 de l'AUSC organisent les modalités des conventions. Ces conventions réglementées pourraient comprendre, à titre d'exemple, l'allocation d'une voiture de fonction, un prêt ou un autre avantage conféré à un administrateur par la société. La partie concernée doit s'interdire de voter à la réunion du conseil d'administration.
Le conseil d'administration est tenu de soumettre ces conflits à l'assemblée générale suivante afin de recueillir son accord à posteriori. En outre, le conseil d'administration est également tenu d'informer le commissaire aux comptes de tous les conflits d'intérêts autorisés dans un délai d'un mois à compter de leur conclusion et le commissaire aux comptes est tenu de préparer un rapport spécial en vue d'aider l'assemblée générale à évaluer les opérations concernées. L'art 441 fait obligation au commissaire aux comptes de dénoncer à l'assemblée générale toute inobservation de ces règles. Les entités apparentées sont responsables de tout préjudice subi par la société du fait d'opérations entre entités apparentées ayant causé un préjudice à la société seront annulées[286]. Lorsque les conventions sont celles dites interdites, la sanction est la nullité d'ordre public, d'où l'impossibilité d'une confirmation ultérieure[287]. Selon la jurisprudence française cette nullité est une nullité absolue qui peut être invoquée non seulement par les associés, mais aussi par les tiers et les créanciers sociaux lésés pourvu que ceux-ci soient en mesure de justifier d'un intérêt légitime[288].
Ces différentes sanctions prévues par l'AUSC permettent effectivement de garantir la transparence dans les relations d'affaires dans la zone OHADA gage de toute politique d'investissement. Une bonne information des associés est le prélude à l'exercice de leurs droits.

SECTION II : L'EXERCICE DES DROITS DES ACTIONNAIRES

140-Les associés d'une société bénéficient des droits qui sont entre autre les droits financiers et des droits politiques. Corrélativement, ils assument des obligations.

---

[286] Art 443, 444,446 de l'AUSC.

[287] Art 356 de l'AUSC, vr. également CA Paris 5 déc. 1983 : Bull. Joly 1984 p. 150.

[288] CA Montpellier 7 janv.1980 : Rev, Sociétés 1980 p.737 note MOULY.

L'exercice de ces droits détermine leurs prérogatives de gouvernement par leur participation à la vie de la société d'une part, et celles financières par leur participation aux bénéfices, leur contribution aux pertes d'autre part.

PARAGRAPHE I : PREROGATIVES DE GOUVERNEMENT

141-La participation à la vie de la société est un droit fondamental de l'associé[289].

Il en résulte que l'associé a le droit de faire partie de la société. Dans ce cas, il doit donner son opinion sur l'orientation générale de l'affaire, exercer ses droits d'associés, notamment celui de contrôle et de critique ou celui de vote. Et l'art. 125 de l'AUSC stipule «Sauf disposition contraire du présent Acte uniforme, tout associé a le droit de participer aux décisions collectives. Toute clause statutaire contraire est réputée non écrite.»

A- LE DROIT DE VOTE

142-Le droit de vote est l'un des droits individuels les plus importants de l'actionnaire, qui lui permet de participer aux décisions collectives[290]. Le droit de vote implique l'assistance à l'assemblée générale. Celle-ci est destinée à protéger les actionnaires ; il est indispensable que tous aient été prévenus de la réunion, mis en mesure d'y participer et d'y faire entendre leur point de vue.

Une jurisprudence[291] récente de la cour de cassation semble tempérer cette rigueur de l'acte uniforme. En l'espèce, une société d'exercice libéral exploite un laboratoire d'analyses de biologie médicale.

Une première réunion d'assemblée générale se tient le 17 avril 2009 à 19h00. Au cours de cette première réunion la collectivité des associés votent l'exclusion à effet immédiat d'un des associés pour le non-respect des règles de fonctionnement de la société. Cet associé était par ailleurs cogérant.

Une seconde réunion d'assemblée générale se tient alors le même jour à 19h30. L'associé qui vient d'être exclu de la société d'exercice libérale n'intervient pas à cette assemblée.

Les autres associés estiment que l'exclusion prenait effet immédiatement.

---

289 COZIAN (M.), VIANDIER (A.), DEBOISSY (F.) : Droit des sociétés 13ème éd. LITEC 2000, n° 820, p. 268.

290 Art. 1844 du code civil.

291 Cour de cassation, Chambre civile 1, 26 mai 2011, pourvoi n°10-16894.

L'associé exclu conteste la régularité de la seconde assemblée générale. Il estime que son exclusion ne pouvait prendre effet immédiatement.
Les autres associés estimaient quant à eux qu'il résultait du rapprochement des articles R 6212-86 et R 6212-87 du code de la santé publique que la perte de qualité d'associé deviendrait effective immédiatement. Cette règle réglementaire était par ailleurs insérée dans les statuts.
La Cour d'appel de Caen juge que l'exclusion immédiatement effective de l'associé était contraire au droit commun des sociétés et à l'interprétation des dispositions précitées du code de la santé publique. La Cour d'appel annule dès lors l'ensemble des délibérations de la seconde assemblée générale, l'associé tout juste exclu n'ayant pas participé.
La Cour de cassation censure cette décision. Elle juge que les règles du code de la santé publique permettent au contraire à un associé qui a contrevenu aux règles de fonctionnement de la société d'être immédiatement exclu. Cette exclusion entraîne la perte immédiate pour l'associé de ses droits d'associés et notamment de son droit de participer et de voter aux assemblées générales. La Cour de cassation précise que la rétribution des apports en capital prend fin quant à elle que lors du remboursement des droits sociaux.
En cas d'exclusion d'un associé d'une société d'exercice libéral en analyse de biologie médicale, il existe donc une distinction entre la perte des droits de participation à la vie de la société qui est immédiate et le droit à la rétribution liée à la participation au capital social qui, elle prendra fin lorsque la Société aura racheté ses parts.
L'exclusion d'un associé se réalisera donc en deux temps.
Ainsi l'exclusion sur le champ d'un associé d'une société d'exercice libéral exploitant un laboratoire d'analyses de biologie médicale emporte-il la perte immédiate des droits d'associé à l'exception de la rétribution des apports en capital qui prend fin le jour du remboursement des droits sociaux.

Le droit de vote est une prérogative élémentaire et un droit d'ordre public ; les statuts ne peuvent contrevenir au droit d'expression de l'associé, ni au principe selon lequel « à valeur nominale égale, droit de vote égal». En ce sens l'art. 129 de l'AUSC précise «Les droits de vote de chaque associé sont proportionnels à sa participation au capital de la société, à moins qu'il en soit disposé autrement par le présent Acte uniforme». Le droit de vote est un attribut essentiel de l'action, à capital égal, vote égal. En principe, chaque actionnaire a droit à une voix.

143- Le législateur OHADA a consacré le droit de tout associé de participer aux décisions collectives[292]. Pour renforcer ce droit, il a écarté toute possibilité de création des actions sans droit de vote. L'art. 892 de l'AUSC sanctionne pénalement ceux qui, sciemment, auront empêché un associé quelconque de participer à une assemblée. Tout actionnaire doit donc jouir de son droit de participer aux assemblées et d'y voter[293].

Cependant, les représentants des actionnaires sont admis. Les actionnaires peuvent désigner un mandataire à l'assemblée générale annuelle[294]. Si le mandataire est un autre actionnaire, les plafonds de vote limiteront le montant des actions au titre desquels il peut voter, sans tenir compte des mandats en sa possession. Le mandataire doit être muni d'une procuration, lequel devra être certifié par un notaire.

Lorsqu'une action ou part sociale est grevée d'un usufruit, le droit de vote appartient au nu-propriétaire, à moins que les statuts n'en disposent autrement ; mais pour les décisions concernant l'affectation des bénéfices, le droit de vote est réservé à l'usufruitier[295]. La chambre commerciale considère que le droit de vote doit impérativement appartenir à l'usufruitier sur les « décisions concernant les bénéfices», sous peine de dénaturer l'usufruit[296].

144-L'existence de deux catégories d'actions porte atteinte au principe de l'attribution du droit de vote en proportion des apports : les actions ordinaires et les actions privilégiées, bien que ces dernières ne soient pas couramment utilises dans la pratique. Les actions ordinaires confèrent le droit de vote en vertu de la loi. Les actions nominatives peuvent bénéficier de voix doubles si elles sont détenues par le même propriétaire depuis plus de deux ans. La conversion en actions au porteur coûte au propriétaire le prix des droits de vote excédentaires[297]. Les actions privilégiées ne bénéficient pas d'une voix en vertu de la loi, sauf lorsque les droits qu'elles confèrent sont concernés et peuvent bénéficier d'une préférence en cas de distribution de dividendes et de liquidation, ainsi que de dividendes plus élevés ou de dividendes cumulés. Dans la pratique, les actions privilégiées sont rares. Les participations croisées

---

292 « L'assistance et le vote des actionnaires aux délibérations constitue un attribut essentiel de l'actionnaire » (Cass.req. 23 juin 1941 ; Journ. Soc.143, 209, note R.D.).

293 M. ARMAND- PREVOST, « Le pouvoir de vote », RJ com., n° spéc., nov. 1990, 147.

294 Art. 538 de l'AUSC.

295 Art.128 de l'AUSC.

296 P. Le CANNU, Le droit de vote de l'usufruitier d'actions, Rev. De Sociétés avril-juin, n° 2/2004 p. 318

297 *Art. 751 et 752.*

et les structures pyramidales ne sont pas chose courante[298]. Les plafonds de vote sont autorisés par la loi[299].

Cette prérogative donnée à l'actionnaire est incontestablement le moyen le plus adéquat pour favoriser sa participation à la vie collective de la société. Le législateur OHADA a voulu, par les différentes dispositions, doter les sociétés anonymes de la zone des mécanismes pour renforcer la transparence dans la conduite des affaires. Les droits de contrôle conférés aux actionnaires font partie de cette dynamique.

B- LES DROITS DE CONTROLE DE L'ACTIONNAIRE

145-L'analyse des dispositions de l'AUSC sur le droit de contrôle des actionnaires nous renseigne sur deux niveaux de contrôle. D'une part, certains contrôles relèvent exclusivement des actionnaires et, d'autre part il leur faut passer par le commissaire aux comptes. Ainsi, distingue-t-on le contrôle interne et le contrôle externe.

Dans le cadre du contrôle interne, le pouvoir de contrôle de l'opportunité des opérations de gestion appartient aux actionnaires et cela dans le cadre de l'assemblée générale annuelle. Plusieurs mécanismes prévus par le législateur de l'OHADA contribuent au renforcement du contrôle interne individuel. Cette évolution est liée à ce qu'un auteur a appelé « un droit élargi d'apprendre »[300]. Il se manifeste principalement par le déclenchement de la procédure d'alerte qui est d'une utilité notable et d'autres moyens de contrôle comme l'astreinte et l'expertise de gestion.

146-La procédure d'alerte est un outil indispensable de contrôle et d'information aux mains des actionnaires. L'institution de l'alerte constitue une innovation majeure en droit OHADA. Elle est prévue par les articles 150 et suivants de l'AUSC.

Ce mécanisme de « signes et de clignotants » constitue une des prérogatives des actionnaires relevant de la gestion normale de la société. Ainsi que doit-on entendre par procédure d'alerte? En quoi elle constitue un mécanisme renforcé de contrôle?

«Le terme d'alerte, selon le professeur Yves CHAPUT, est bien choisi. Ce n'est pas encore le temps des alarmes ou même des conflits. Il ne s'agit que de prévenir les dirigeants des écueils prévisibles... »[301].

---

[298] Art. 755 de l'AUSC.

[299] Art.751, 752,753 de l'AUSC.

[300] Jacques MESTRE, in Manuel de droit commercial, cite par Y. CHARTIER, Droit des affaires, 3/ Entreprises en difficulté, Prévention- Redressement- Liquidation, PUF, Paris, 1989, p. 73.

[301] Yves CHAPUT, Droit de la prévention et du règlement des difficultés des entreprises, PUF,

La procédure d'alerte consiste à découvrir les indices de difficultés afin d'organiser rapidement et discrètement une résistance efficace[302] Pour le professeur Yves CHARTIER, la procédure d'alerte «a pour objet d'attirer l'attention de ses destinataires sur le sérieux, voire sur la gravité de la situation »[303]. Cette tâche de dépistage des difficultés et leur révélation aux instances dirigeantes sont confiées aux actionnaires.
Selon les professeurs Michel JEANTIN et Paul LECANNU, «le droit d'alerte vise ainsi à provoquer une discussion interne à l'entreprise, dont l'objet sera à la fois de prendre la mesure la plus exacte possible des difficultés rencontrées ou sur le point de survenir, de proposer à la suite de cette discussion les solutions les plus appropriées à résoudre ces difficultés» ; pour le professeur Maurice COZIAN, « l'alerte permet la détection des premiers signes de faiblesse et l'activation d'une défense immunitaire »[304].

146-La procédure d'alerte est un moyen de contrôle et d'information aux mains des actionnaires. Sa consécration dans l'espace OHADA vise à prévenir les difficultés des entreprises et vient matérialiser dans le nouveau paysage juridique africain la naissance d'un véritable droit d'information des actionnaires. Aucune condition relative à la détention d'une fraction du capital n'est requise pour sa mise en œuvre. Son déclenchement est subordonné à l'existence de tout fait de nature à compromettre la "continuité de l'exploitation".
Cette expression s'inspire clairement du droit comptable qui exige que la société établisse ses comptes dans une optique de continuité de son activité prévisionnelle.
La continuité de l'exploitation demeure un critère fondamental auquel les actionnaires doivent se référer pour déclencher l'alerte. Cette notion est principalement fondée sur la situation financière de l'entreprise et sur les faits objectifs pouvant survenir dans un avenir prévisible. Parmi les faits de nature à compromettre la continuité de l'exploitation, peuvent être retenus les faits relatifs aux activités de la société comme les conflits sociaux ou les transactions à des conditions anormales. Il peut s'agir en

1986, n° 40 cite par Filiga Michel SAWADOGO, Droit des entreprises en difficultés, Bruylant, Bruxelles, 2002, n° 40, p. 36.

302 Yves GUYON, Droit des affaires, Tome 2, Entreprises en difficultés- Redressement judiciaire- Faillite, 9ème éd., Economica, Paris, 2003, n° 1044, p 65.

303 Yves CARTIER, Droit des affaires,3/ Entreprises eb difficultés, Prévention- Redressement- Liquidation, PUF, Paris, 1989, p. 83.

304 Michel JEANTIN et Paul LE CANNU, Droit commercial, Instruments de paiement et de crédit, Entreprises en difficulté, Précis Dalloz, 5eme éd., Paris, 1999, n° 444, p. 286.

outre de faits concernant la structure financière à savoir une insuffisance des moyens de financement ou la perte de la moitié du capital[305].
Les actionnaires doivent en effet bénéficier des informations précises sur l'entreprise, seul moyen permettant de contrôler l'activité sociale. L'efficacité de ce mécanisme relevant de la gestion normale dépend du moment de son déclenchement, car plutôt l'alerte est donnée, plus grande est la chance de guérison de la société[306]. Cela permet de se préparer à temps pour affronter les difficultés de la société car, ne dit-on pas, selon un adage populaire que "mieux vaut prévenir que guérir".
Par ailleurs, il a été observé que si un fait grave nouveau intervient, il ne leur est pas imposé de se taire. Mais ils informeront les dirigeants en dehors du mécanisme légal[307].
Associés à la marche de l'entreprise et détenteurs d'information dont la divulgation risque de nuire à la collectivité à laquelle ils appartiennent, les actionnaires doivent faire preuve d'un minimum de discrétion et de secret pour éviter tout risque pouvant affecter le crédit de la société et susciter une crainte souvent raisonnée chez les souscripteurs. Cette arme renforcée d'information et de contrôle constitue une véritable force de dissuasion aux mains des actionnaires.

147-La procédure d'alerte est un moyen renforcé d'information et de contrôle de la gestion sociale par des actionnaires. Il présente une utilité remarquable tant pour la société et que pour les actionnaires.
D'abord, la mise en œuvre de la procédure d'alerte est utile pour la société. Elle permet d'éviter les questions orales fastidieuses qui peuvent être posées par les actionnaires aux dirigeants sociaux. Ces questions écrites visent aussi à éviter que les actionnaires abondent dans les couloirs de la société. Cela constituerait un obstacle au fonctionnement normal de la société. C'est pourquoi certains auteurs estiment qu'il est souhaitable que la société désigne un responsable chargé de l'accueil des actionnaires qui ont des informations à demander ou des observations à formuler[308].
Ensuite, l'alerte consacre une égalité manifeste entre les actionnaires car la détention d'une fraction du capital n'est pas exigée pour sa mise en œuvre[309]. Elle permet d'éviter que les dirigeants ne donnent des

---

305 Maurice COZIAN et alii, Droit des sociétés, 16eme éd., LITEC, Paris, 2003, p. 159.
306 V. art. 371 ou 664 de l'AUSC.
307 Maurice COZIAN et alii, ibid., p. 159.
308 YVES GUYON, Droit des Affaires, tome 1, Droit Commercial Général et Sociétés, 12ème éd., Economica, Paris, 2003, n° 299, p. 303.
309 Voir art. 158 de l'AUSC.

réponses ambigües aux actionnaires par le truchement des questions orales. Autrement dit, les actionnaires peuvent obtenir par ces questions écrites des réponses plus complètes que par le jeu des questions orales posées en cours d'assemblées[310] « Ce droit à la curiosité, selon certains auteurs, est crucial pour les nouveaux actionnaires, anxieux de mieux connaître le navire sur lequel ils ont embarqué ainsi que son équipage »[311].

Encore faut-il que les actionnaires posent ces questions avec exactitude, c'est-à-dire, celles relatives aux "faits de nature à compromettre la continuité de l'exploitation" selon la formule de la loi et que les réponses aux questions qui leur sont destinées soient rédigées dans un style accessible aux non-spécialistes.

D'ailleurs, la procédure d'alerte montre à suffisance que la recherche de la transparence dans la gestion des affaires sociales est une nécessité pour les pays africains. Tout ceci participe au souci réel du législateur de l'OHADA de faire de l'information sur la gestion sociale, une priorité. Il pourrait s'agir selon les termes du texte d'un recours ouvert aux actionnaires en cas de situation de risque. A ce moyen de contrôle s'ajoutent divers autres nouveaux moyens.

148-Le contrôle interne individuel est renforcé par d'autres moyens prévus par le législateur. Il s'agit d'une part de l'astreinte et, d'autre part de l'expertise de gestion.

L'astreinte[312] est un moyen d'action mis à la disposition de l'actionnaire confronté au refus de communication des documents sociaux opposé par le dirigeant.

Comment l'actionnaire peut-il exercer ce droit ?

En effet, l'astreinte est exercée à l'égard du dirigeant qui refuse de communiquer les documents sociaux à un actionnaire qui en fait la demande. En ce cas, l'actionnaire peut saisir le président de la juridiction compétente pour qu'il statue à bref délai. Il s'agit du juge des référés, c'est-à-dire, celui qui statue en cas d'urgence. Le juge des

---

[310] Philippe Merle, Droit commercial, Sociétés commerciales, 12ème éd., Précis Dalloz, Paris, 2008, n° 476, p. 571.

[311] Maurice COZIAN et alii, ibid., n° 633, p. 290.

[312] Le mot astreinte vient du verbe astreindre qui dérive du latin astringere qui signifie serrer. L'astreinte est une condamnation pécuniaire accessoire et éventuelle, généralement fixée a tant par jour de retard, qui s'ajoute a la condamnation principale pour le cas oil celle-ci ne serait pas exécutée dans le délai prescrit par le juge et tend a obtenir du débiteur, par la menace d'une augmentation progressive de sa dette d'argent, l'exécution en nature d'une obligation supposant son fait personnel (peut être provisoire ou définitif). Il s'agit d'une contrainte financière.

référés peut ordonner aux dirigeants de la société cible de communiquer les documents à l'actionnaire.

C'est ce qui ressort de l'article 528 de l'AUSC qui dispose que « si la société refuse de communiquer tout ou partie des documents visés aux articles 525 et 526 du présent Acte uniforme, il est statué sur ce refus, à la demande de l'actionnaire, par le président de la juridiction compétente statuant à bref délai. Le président de la juridiction compétente peut ordonner à la société, sous astreinte, de communiquer les documents à l'actionnaire dans les conditions fixées aux articles 525 et 526 du présent Acte uniforme ». Ainsi, la reconnaissance expresse d'un droit à l'information au profit des actionnaires constitue l'une des innovations importantes de la loi.

149-La jurisprudence française s'est exprimée en ce sens. Dans une ordonnance rendue par le Tribunal de grande instance de Nanterre le 15 mars 1983, un associé d'une société civile immobilière avait demandé au gérant la communication de deux séries de documents : une assignation reçue par la société aux fins d'immatriculation et deux rapports d'expertise établis au cours d'une information pénale[313]. N'ayant pas obtenu satisfaction, il assigne la société et son gérant, en référé, procédure admise en matière d'information.

Le président du tribunal condamne la société, sous astreinte, à donner connaissance au demandeur de l'assignation dont la communication est réclamée. Par ailleurs, se retranchant derrière les principes généraux de la procédure pénale, il rejette la demande formée aux fins de prise de connaissance des rapports de l'expertise liés à l'instance pénale. Ce rejet des rapports de l'expertise se justifie par le fait qu'il n'y a pas eu d'inculpation. Cette décision, bien qu'elle soit applicable en matière civile, est également transposable en matière commerciale, notamment dans les sociétés anonymes.

Les juges de l'OHADA se sont aussi clairement fixés en ce sens. Dans une ordonnance rendue le 06 février 2001, le Tribunal de première instance de Yaoundé a souligné qu'en cas de refus de communiquer à l'actionnaire les documents requis, celui-ci peut saisir le juge des référés qui peut ordonner à la société, le cas échéant, sous astreinte, la communication de ces documents[314].

L'astreinte favorise l'accès à l'information au profit des actionnaires. Une fois l'information obtenue, elle devient un moyen renforcé de contrôle

---

313 Cass. Com. 1er juillet 2008, D 2008, A J, Tome 2, p. 1994.

314 Vr. en ce sens Michel JEANTIN, note sous TGI de Nanterre, 15 mars 1983, D.S 1983, p. 514.

des affaires sociales aux mains des actionnaires. Ainsi, elle assure la protection des actionnaires minoritaires.

Encore faut-il que l'on soit en présence d'un actionnaire diligent.

L'astreinte est une injonction de faire. Au cas où elle aboutit, son paiement ne se fait pas aux frais de la société. Les dirigeants supportent les charges de celle-ci et les frais de procédure. Elle est toujours dirigée contre les dirigeants pris en leur nom personnel et non contre la société qu'ils représentent. Elle est aussi considérée comme un succédané de la sanction pénale et très prisée par le législateur.

150-En France, lors de l'élaboration de la loi du 24 juillet 1966, l'idée s'est fait jour d'autoriser des minorités qualifiées à participer de façon active au contrôle de la gestion des sociétés anonymes[315]. Une telle considération participe d'un souci de valoriser la notion d'affectio societatis en réduisant l'influence du capital au profit de celle des personnes[316]. De même les actionnaires disposent d'un droit de communication en vertu de l'art.525 de l'AUSC. Ce droit permet surtout aux minoritaires de se protéger.

Ils ont en effet plusieurs possibilités de recours. Lorsque 10% des détenteurs d'une catégorie d'actions décident, ils peuvent convoquer une réunion spéciale.

L'art.516 de l'AUSC donne le même droit au commissaire aux comptes et au liquidateur.

Selon l'art.158 de l'AUSC tout actionnaire peut poser des questions écrites deux fois par exercice au président du conseil d'administration. Ce droit d'interroger les dirigeants s'inscrit dans l'optique d'une prévention des difficultés éventuelles. Comme la procédure d'alerte, l'expertise de gestion permet d'ouvrir une enquête sur une ou plusieurs opérations de gestion. Elle participe au renforcement des droits de contrôle des actionnaires.

La réforme de l'OHADA renforce justement les droits des actionnaires. Cette réforme,

qui vise à compléter l'information de ces derniers, se traduit par la possibilité qui leur est désormais accordée de demander l'expertise de gestion. C'est ce qui ressort de l'article 159 de l'AUSC qui dispose qu'« un ou plusieurs associés représentant au moins le cinquième du capital social peuvent, soit individuellement, soit en se groupant sous quelque forme que ce soit, demander au président de la juridiction compétente

---

315 GERMAIN, Etudes de cas de droit de sociétés, litec, 1994.

316 Jean- Pierre Casimir, Alain Couret, administration des entreprises, droit des affaires ed. Sirey.

du siège social la désignation d'un ou de plusieurs experts chargés de présenter un rapport sur une ou plusieurs opérations de gestion ».

151-Autrefois appelée expertise de minorité, l'expertise de gestion est l'une des innovations les plus marquantes de la réforme du droit des sociétés commerciales en Afrique[317]. Elle désigne « une action par laquelle la minorité révèle son aptitude à intervenir en qualité d'organe social subsidiaire de contrôle »[318].

La consécration de l'expertise de gestion par le droit OHADA s'inscrit dans le mouvement d'harmonisation du droit des affaires en Afrique dont l'objectif est de garantir la sécurité juridique des activités dans le but d'encourager les investisseurs. C'est pourquoi il est de nos jours très difficile d'appliquer un texte qui ne garantit aucune information minimale aux actionnaires minoritaires, c'est-à-dire «des actionnaires qui ne font pas partie du groupe dirigeant »[319]. TIGER fera d'ailleurs observer que l'un des objectifs prioritaires de cette nouvelle législation est l'amélioration de l'information et la sécurité des acteurs sociaux[320]. Selon le professeur Yves GUYON, c'est une procédure dont «le but n'est pas de donner au demandeur une information générale» mais «qui tend seulement à faire toute la lumière sur une ou plusieurs opérations déterminées, à propos desquelles -mais à propos desquelles seulement-, le demandeur aura des renseignements aussi complets et aussi précis que possible »[321].

Cette procédure sort du contexte traditionnel de l'information et s'intègre dans une procédure judiciaire. Il s'agit là, sans aucun scepticisme, d'un moyen de faire respecter les droits des actionnaires minoritaires par une action judiciaire [322]. Par surcroît, l'expertise de gestion permet à l'actionnaire qui souhaite être renseigné sur la gestion de la société

---

[317] Henri-Désiré MODI KOKO BEBEY, « La réforme du droit des sociétés commerciales en Afrique», Rev. Soc avril-juin 2002, p. 255.

[318] D. Schmidt, Les droits de la minorité dans la société anonyme, SIREY 1970, n°283 cité par Dominique VIDAL, Manuel droit des sociétés, 5eme éd., LGDJ, Paris, 2006, n° 749, p. 376.

[319] D. Schmidt, Les droits de la minorité dans la société par actions, Thèse en droit, Strasbourg, 1970 cité par Raphael CONTIN et Henri HOVASSE, « L'expert de minorité dans les sociétés par actions », D.S 1971, p. 75.

[320] M.P. TIGER, Le droit des affaires en Afrique, Que sais-je ? PUF, cité par Bérenger Yves MEUKE, « L'information des actionnaires minoritaires dans l'OHADA : réflexion sur l'expertise de gestion », http ://www.juriscope.org/ actu_juridiques/ doctrine/ OHADA/ Ohada_20.pdf.pp.1-13.

[321] Yves GUYON, « Expertise de gestion », Jurisclasseur des Sociétés 1985, fasc. 134-D, pp 1-13.

[322] Alain FENEON, «Les droits des actionnaires minoritaires dans les sociétés commerciales de l'espace OHADA», Revue Penant, 2002 cité par Bérenger Yves MEUKE.B, p. 3.

d'obtenir le maximum d'informations sur des faits que les dirigeants ont tendance à dissimuler en s'abritant derrière le secret des affaires.

152-Cette institution traduit évidemment une « mutation fondamentale de la fonction de l'information économique dans l'entreprise »[323]. Elle limite les conséquences d'une gestion désastreuse et permet de lutter contre les dirigeants qui se montrent rétifs à la transparence, pour des raisons d'inégale valeur[324].

Elle peut en effet permettre la découverte de faits nouveaux et l'utilisation des mesures appropriées. Elle est donc une mesure d'information et donc de transparence.

Contrairement au droit français[325], le législateur de l'OHADA prévoit qu'un actionnaire ou un groupe d'actionnaires n'a pas à préciser qu'il a épuisé toutes les voies d'information pour déclencher l'expertise de gestion. Son souci est de privilégier le contrôle de la gestion sociale qui s'effectue par le biais de cette institution majeure du droit africain.

De cette disposition découle une volonté affirmée du législateur de renforcer l'information des actionnaires car la détention de la fraction du capital exigée pour la demande de cette importante institution a été considérablement réduite. De plus, il est permis aux actionnaires minoritaires de se réunir afin de mettre en œuvre ce mécanisme de contrôle surtout à un moment où la société traverse une crise. Ainsi l'expertise de gestion constitue un des nombreux volets de la protection des minoritaires [326]. Elle élargit le périmètre d'information des actionnaires minoritaires et rééquilibre les forces au sein de l'entreprise. Elle permet ensuite aux minoritaires de se renseigner sur la nature, la portée et les conséquences de questions susceptibles de leur porter préjudice et, par conséquent, d'exercer effectivement le contrôle des affaires sociales. Tel est le cas de conventions réglementées qui peuvent faire l'objet de l'expertise[327].

---

323 Michel JEANTIN, « La loi du 1er mars 1984... », Dr. Soc, nov. 1984, p. 604.Vr. A. Sakho, « Les Groupes de Société et le Droit (contribution à la recherche sur la notion de pouvoir en droit privé), Th., FSJP, UCAD, 1993.

324 Paul LE CANNU, Droit des sociétés, Domat, Droit privé, Montchrestien Paris, 2002, n° 877.

325 Yves REIHNARD, RTDcom janv-mars 1988, n° 6.

326 François ANOUKAHA et alii, Sociétés commerciales et GIE, Bruylant, Bruxelles, 2002, p. 161.

327 CA Paris, 20 mai. 1998 : Dr. sociétés 1998, n°127, obs. D. VIDAL cité par Paul LE CANNU, ibid., p. 531.

Alain VIANDIER, «Sociétés et loi NRE- Les réformes de la loi « nouvelles régulations économique », éd. F. Lefebvre 2001, cité par Jean- Philippe DOM, « La protection des minoritaires», Rev. Soc juill. – sept.2001, p. 550.

François ANOUKAHA et allii, Sociétés commerciales et GIE, Bruylant, Bruxelles, 2002, p. 161.

Ce mécanisme d'information et de contrôle permet de bien veiller sur la gestion sociale.
La doctrine souhaite que les actionnaires fassent recours à la lettre recommandée avec accusé de réception afin de laisser une trace écrite de la question posée. Cette procédure facilite l'information des actionnaires.

153-Mais, il convient de souligner que l'expertise de gestion n'est pas un moyen pour faire procéder à un audit, car l'expert de gestion n'est pas un commissaire aux comptes. D'ailleurs, à la lecture de l'AUSC, il semble que c'est le dernier mécanisme d'information et de contrôle aux mains des actionnaires.
Ils ont la possibilité d'inspecter les livres de compte. 20% des actionnaires peuvent demander une vérification externe ou un rapport d'expert sur des opérations de gestion à travers le tribunal au frais de la société. Un actionnaire peut demander à la société de fournir une photocopie, datant de trois ans, des documents suivants : états financiers, liste des actionnaires, rémunération globale des cinq ou dix employés les mieux payés y compris la direction et procès verbaux et les listes de présence des assemblées générales.
Le tribunal peut s'assurer de l'application de cette disposition au moyen d'un jugement sur plainte des actionnaires[328].

154-Dans les sociétés anonymes comportant PDG et DG, il est reconnu au premier un droit de contrôle de la gestion de la société confiée au second. Cette prérogative résulte de l'alinéa 2 de l'art.480 de l'AUSC. A cet effet, il doit veiller à ce que le conseil d'administration assume le contrôle de la gestion de la société confiée au directeur général. A toute époque de l'année, il peut procéder aux vérifications qu'il juge opportunes et peut se faire communiquer tous les documents qu'il estime utiles à l'accomplissement de sa mission.
Quelle est la finalité du contrôle du gouvernement de la société ?

155-Les minoritaires sont des acteurs légitimes de la « corporate governance » lorsqu'ils jouent un rôle d'agent de la légalité. En société il y a d'un côté, les dirigeants, de l'autre, les dirigés. Les dirigeants ne sont pas bien placés pour attester la légalité de leurs actes, puisqu'ils sont les auteurs.
Le minoritaire, ne dirigeant pas, contrôle la légalité du gouvernement de la société. Il occupe une fonction sociale subsidiaire de contrôle.

---

328 Art. 525, 526 de l'AUSC.

A cette fin, il dispose de plusieurs moyens d'action, parmi lesquels on relève les actions en nullité, pour abus de majorité ou pour rupture de l'intérêt commun[329], les actions en responsabilité civile ou pénale, et les actions tendant à améliorer l'information : expertise de gestion et expertise *in futurum*, qui lui permettent notamment de demander si l'indemnité de départ versée à un dirigeant dont la gestion fut décevante satisfait l'intérêt commun des actionnaires, ou si un apport de sites industriels pollués[330] à une filiale ne satisfait que l'intérêt de l'apporteur.

156-Pour la mise en œuvre effective de ces actions des obstacles se dressent. Le premier est d'ordre financier : les voies d'action ont un coût ; le minoritaire, qui a perdu une partie de son investissement, peine à débourser les sommes nécessaires pour exercer ces actions. L'effort financier qu'il doit accomplir se mesure aux moyens infiniment plus puissants de la société, laquelle est toujours partie au procès en annulation, en responsabilité ou en expertise. Le deuxième réside dans l'insuffisance de l'information.

Le minoritaire ne dispose pas de l'information détenue par la direction générale et l'actionnaire majoritaire. Cette asymétrie rend difficile et risquée toute action judiciaire, les armes n'étant pas égales. Le troisième obstacle réside dans la compétence presque exclusive du tribunal de commerce : lorsque l'action tend à remettre en cause la gestion de la société, les minoritaires ne sont pas toujours accueillis avec grande faveur par les juges consulaires qui souvent occupent eux-mêmes des fonctions directoriales et peuvent penser que le procès intenté par les minoritaires tient davantage à la hargne et à l'absence de compréhension des problèmes qu'à un véritable procès en responsabilité pour faute.

Un autre obstacle réside dans les courtes prescriptions ; elles se multiplient, ce que confirment les trois alinéas de l'article L. 235-9 du Code de commerce français. Un obstacle supplémentaire à l'exercice du contrôle de la finalité surgit de façon récurrente : l'action du minoritaire est souvent qualifiée de téméraire, voire d'abusive ; il est toujours suspecté de ne vouloir rechercher que son intérêt égoïste et lorsque son action révèle des chances de succès, l'adversaire brandit la menace d'une plainte pour tentative d'extorsion de fonds. On se rappelle l'apostrophe :

---

[329] La délibération dont les effets rompent l'intérêt commun des actionnaires est nulle, selon l'article 1844-10 du Code civil.

[330] CA Orléans, ch. Com., 12 mars 2002 Cts Faverio c / Drogo : Juris-Data n° 2002-176581 ; Dr. societies 2003, comm.. 24, note F. G. Trébulle ; connaissance de l'existence d'un puits pollué sur le site : CA Lyon, 10 avr. 2003, n° 01/06915 : Juris-Data n° 2003-219240.

«Vous êtes politiquement minoritaires, dons vous avez juridiquement tort».
Le dernier obstacle concerne les règles procédurales des actions en responsabilité civile contre les dirigeants sociaux. La consultation des recueils apprend aussi que le parcours procédural à franchir avant même de commencer à évoquer la faute et le préjudice est tellement complexe que le minoritaire s'y perd et s'y ruine. Ce parcours oblige à distinguer l'action de la société et celle du tiers ; la faute détachable et celle liée à la fonction ; le préjudice individuel et le préjudice collectif ; l'action exercée individuellement et l'action exercée *ut singuli*. L'actionnaire qui ne subit aucun préjudice personnel mais qui souffre d'une baisse des cours liés à une mauvaise gestion des dirigeants ne peut espérer, à ses frais et risques, que sur l'indemnisation du patrimoine social, à l'issue d'une procédure dans laquelle il aura pour adversaire non seulement les dirigeants mis en cause, mais encore la société elle-même qui, par la voix de ses dirigeants, plaidera qu'il n'y a ni faute ni préjudice.

157-Tout cela encourage l'irresponsabilité. La vraie gouvernance des sociétés passe par l'existence d'une possibilité concrète de mettre en œuvre les voies d'action permettant aux minoritaires de contrôler effectivement le respect de la finalité du gouvernement des sociétés. Aujourd'hui cette possibilité n'existe que dans la loi ; dans les faits, il n'y a pas de vrai contre-pouvoir[331].

158-Dans le cadre du contrôle externe, le commissaire aux comptes et son suppléant participent au contrôle de la gestion des sociétés dans la zone OHADA. Il doit préparer un rapport dans lequel il informe le conseil d'administration sur les contrôles, les vérifications et les investigations auxquels il s'est livré ; les postes du bilan et les autres documents comptables sur lesquels il considère que des modifications doivent être effectuées, en faisant toutes les observations utiles sur les méthodes d'évaluation utilisées pour l'établissement de ces documents ; toute irrégularité et inexactitude qu'il aurait découvertes ; ses conclusions sur l'exercice comparées avec celles de l'exercice précédent. Dans le cadre du droit de communication des documents, ces rapports du commissaire aux comptes renforcent le droit de contrôle des actionnaires.

159-Ces différents droits de contrôle n'auront pas d'efficacité si aucune sanction ne peut être prise à l'encontre des dirigeants et des commissaires aux comptes. Pour pallier une telle carence diverses

---

[331] Dominique SCHMIDT, les actionnaires minoritaires, un combat légitime ?, Cahiers de droit de l'entreprise, n° 5, septembre 2005, p. 59.

procédures de sanction sont envisageables à l'encontre des dirigeants coupables d'une mauvaise gestion. Les actionnaires peuvent d'abord et très simplement les révoquer. Cette révocation peut intervenir à tout moment dans le cadre d'une assemblée générale. Aucun motif n'est requis et la décision peut être prise sur incident de séance, c'est-à-dire sans inscription préalable à l'ordre du jour du projet de révocation. Cette révocation *ad nutum* est la contrepartie de larges pouvoirs accordés aux dirigeants.

Les actionnaires peuvent ensuite mettre en jeu la responsabilité des dirigeants coupables tant sur le plan civil que sur le plan pénal.

160-Les recherches nous ont permis de découvrir que les dirigeants qui respectent la bonne gouvernance des sociétés commerciales doivent faire face à des risques multiformes quant à sa sanction : risque civil[332], risque pénal[333], risque fiscal[334], risque moral[335], risque de révocation[336], risque de réputation[337]. Certains risques n'ont cessé de se multiplier avec le temps, jusqu'à devenir quasiment obsédants.

---

[332] Cass. crim. 11 mai 1981 : d. 1982, p. 653, note B. Bouloc ; Rev. Sociétés 1982, p. 102, note J-L Sibon ; - CA Paris 31 janvier 1985 : Rev. Sociétés 1985, p. 414 ;- Cass. crim. 16 septembre 1985 : Bull. Joly 1985, p. 1039. ; - Cass. crim. 19 novembre 1987 : D. 1988, p. 191.

[333] T. corr. Paris 12 septembre 2006 n° 18992026, 11e ch., 1e sect. : RJDA 3/07 n° 269, D. 2006 AJ p. 2522.

[334] Cass. com. 18 mai 1999 n°967 D., Receveur des impôts de Mende c/Pascal ; RJF 8-9/99 n° 1083.

Dans cet arrêt le juge caractérise le lien entre l'impossibilité de recouvrement des impositions et l'inobservation des obligations fiscales de la société en relevant les circonstances suivantes, qui font apparaître que le dirigeant a favorisé l'aggravation du passif de la société et créé, par la même, les conditions rendant impossibles le recouvrement des impositions et pénalités dues par la société :

- Le receveur a été induit en erreur par le paiement partiel, pendant une partie de l'année, des dettes de la société et par les promesses de règlement du dirigeant qui alléguait simplement des difficultés passagères de trésorerie alors qu'il disposait de tous les éléments pour savoir s'il ne poursuivait pas une activité totalement déficitaire et qui, pour rendre plus vraisemblable cette allégation, avait fait régler par la société l'essentiel des premières dettes de TVA. Affecté par les difficultés financières rencontrées par la société, le dirigeant reconnaissait d'ailleurs qu'il avait retardé autant que possible le dépôt du bilan en maintenant la société en survie artificielle et en accumulant le passif fiscal ;
- Le receveur avait mis en œuvre en temps utile les voies d'exécutions qui étaient à sa disposition en retenant que celui-ci avait adressé de multiples avis de mise en recouvrement au cours du second trimestre de l'année en cause et avait inscrit son privilège au cours du dernier trimestre de cette même année. [[Merci de confirmer]]

[335] Cass. crim. 14 octobre 1991 : Rev. Sociétés 1992, p. 782, note B. Bouloc.

[336] Cass. Com., 8 févr. 2005 : RJDA 5/2005, n° 582.

[337] J. Igalens et S. Point, Vers une nouvelle gouvernance des entreprises, DUNOD 2009.

Certains, pourtant anciens, n'ont reçu de qualification véritable qu'à l'époque la plus récente : ainsi le risque de réputation. Ce risque est fortement lié à la personnalisation du pouvoir[338]. L'idée que d'un point de vue médiatique, l'entreprise devait se confondre avec l'image charismatique d'un leader a pesé lourd sur certains destins de dirigeants. Le risque de réputation est à partir de là inexorablement double : il affecte le dirigeant mais aussi l'entreprise[339]. Ainsi, un dirigeant d'une banque décida de démissionner en disant ceci : « J'avais fait l'analyse, au lendemain de l'affaire KERVIEL, que j'apportais plus de valeur à l'entreprise que ne je lui en faisait perdre. J'ai constaté (après l'affaire des stock-options) que mon apport était désormais négatif »[340].

161- Le commissaire aux comptes défaillant, en fonction de la nature des faits qui peuvent leur être reprochés, sera mis en cause tant sur le plan civil, pénal que disciplinaire.

La défaillance du commissaire aux comptes, que celle-ci consiste en un comportement fautif ou à une négligence, offre aux actionnaires des raisons de rechercher la mise en jeu de sa responsabilité.

S'agissant tout d'abord de l'actionnaire qui agit dans le but de faire sanctionner le commissaire aux comptes sur le plan de la responsabilité civile, il doit apporter la preuve de la faute ou de la négligence de celui-ci, de la relation de cause à effet entre cette faute ou la négligence et le préjudice qu'il a subi, ainsi que de la réalité dudit préjudice.

Aucune réparation ne peut être décidée résultant de la faute ou de la négligence susceptible de permettre aux actionnaires d'obtenir une mise en jeu de la responsabilité civile du commissaire aux comptes, il apparaît que les juges français l'ont souvent accordée sans qu'il ne soit satisfait à ces différentes conditions.

Ils ont appliqué ces qualifications au fait notamment : de méconnaître le caractère permanent de la mission en se déchargeant sur son confrère[341] ou en s'abstenant de contrôler sous le prétexte de la présence dans la société d'un expert comptable chevronné[342] ; de s'abstenir de vérifier effectivement les comptes, le contrôleur légal s'étant borné à entériner les chiffres qui étaient présentés[343] ou s'étant laissé orienter dans ses

---

338 A. Couret, La gouvernance dans les sociétés anonymes : Un bouclier pour les dirigeants ? Colloque du CREDA 12 mai 2009, p. 9.

339 Alain COURET, La gouvernance dans les sociétés anonymes : Un bouclier pour les dirigeants ? Colloque du CREDA 12 mai 2009, p. 10.

340 Société Générale, Les illusions perdues de Daniel BOUTON, Le point n°1912.

341 C.A. Paris, 15 janvier 1964, GAZ. Pal., 1964, I, jur., p.293 s.

342 Trib. gr. inst. 6 janvier 1973, Bull. C.N.C.C., n°9, 1973, p. 75.

343 C.A. Lyon, 23 nov. 1971, Bull. C.N.C.C., n° 6, 1972, p. 235 ; et C.A. Bordeaux, 24 mars

sondages de comptabilité par les dirigeants sociaux[344] ; de manquer à son devoir d'informer les actionnaires en réservant aux seuls dirigeants sociaux, postérieurement aux contrôles, la dénonciation d'irrégularités susceptibles d'entacher la crédibilité des comptes ; de faire preuve d'une carence fautive dans la mise en œuvre des contrôles[345] ;
de ne pas procéder aux investigations nécessaires à la découverte des anomalies comptables, de ne pas déceler des détournements commis par le chef comptable de la société[346] ; de ne pas vérifier les informations reçues, en se contentant de les entériner.
En tout état de cause les commissaires aux comptes n'étant tenus dans une large mesure qu'à une obligation de moyen pour que leur responsabilité puisse être retenue il appartiendra au demandeur d'apporter la preuve de leur faute ou de leur négligence.
Celles-ci sont appréciées *in abstracto* par les juges.
Les actionnaires doivent établir la réalité du préjudice dont ils peuvent se prévaloir. Ledit préjudice doit avoir, est -il affirmé en doctrine et en jurisprudence, les mêmes caractères que ceux du droit commun ; c'est-à-dire qu'il doit porter atteinte à un droit, être certain, sérieux et appréciable, direct, personnel à l'actionnaire victime et donc distinct du dommage éventuellement causé à la société[347]. Enfin, en ce qui concerne le lien causal entre la faute et le dommage dont pourraient avoir souffert les actionnaires, la cour de cassation par un arrêt s'est prononcée sur la responsabilité d'une société d'expertise comptable et du commissaire aux comptes. Leur responsabilité était recherchée pour avoir permis une présentation fallacieuse des comptes d'une société en difficulté.
En l'espèce, une société est mise en redressement judiciaire le 29 janvier 2002. Un plan de cession des actifs est adopté le 9 avril 2002. Le représentant des créanciers et le commissaire à l'exécution du plan ont assigné en dommages et intérêts l'expert- comptable et le commissaire aux comptes.
La Cour d'appel a condamné le commissaire aux comptes et l'expert-comptable au motif qu'ils avaient trompé les créanciers par la présentation fallacieuse des comptes de la Société. La Cour d'appel a

1986, Bull. C.N.C.C., n° 62, 1986, p. 294.
[344] Trib. gr. inst. Le Havre, 15 nov. 1979, Bull. C.N.C.C., n° 37, 1980, p. 44.
[345] Cass. Com. 12 nov. 1992, n° 90-18.502, affaire Camyor c. De la Grandière Villez et alii, Bull. Joly sociétés, n°1, 1993, pp. 93-95 ; Bull. C.N.C.C., n° 89, 1993, pp. 110 s. note Du Pontavice.
[346] Cass. Com. 19 oct. 1999, n° 96-20.687, affaire S.A. Garages Voltaire c. Alain Lefevre, Bull. C.N.C.C., n°117, 2000. pp. 60 s., note Merle.
[347] Chaput. Y., Le commissaire aux comptes, partenaire de l'entreprise, p. 108.

en fait estimé que cette présentation fallacieuse des comptes avait incité des fournisseurs et établissements bancaires à accorder plus de crédit en poursuivant leur concours. Pour la Cour, les fautes commises par l'expert-comptable et le commissaire aux comptes avaient donc aggravé le passif.

Un premier moyen du pourvoi soulevait à la Cour de cassation la question de savoir si l'associé de la Société de commissariat aux comptes pouvaient être jugé personnellement responsable alors que le mandat avait été confié à la société dont il n'était qu'associé.

La Cour de cassation a estimé que le commissaire aux comptes agissant en qualité d'associé, d'actionnaire ou de dirigeant d'une société titulaire d'un mandat de commissaire aux comptes répond personnellement des actes professionnels qu'il accomplit au nom de cette société, quelle qu'en soit la forme.

La Cour de cassation confirme que l'associé, actionnaire ou dirigeant d'une société de commissaire aux comptes est personnellement responsable lorsqu'il accomplit un acte au nom de cette société. Au même titre que les autres professions réglementées le commissaire aux comptes répond personnellement des actes même lorsqu'il exerce au sein d'une société.

L'expert-comptable critique ensuite l'arrêt d'appel car il estime que la Cour n'a pas caractérisé le lien de causalité entre la faute et le préjudice.

Plus précisément il est reproché à la Cour d'appel d'avoir statué ainsi alors qu'aucun élément ne permettait de juger si les fournisseurs avaient effectivement pris en considération les comptes litigieux pour prendre leur décision.

La Cour de cassation, confirme la décision d'appel.

Elle juge que la Cour d'appel a correctement caractérisé l'existence d'un lien de causalité.

La Cour avait caractérisé le lien de causalité en plusieurs étapes :

- *la faute de l'expert-comptable était à l'origine directe de la présentation fallacieuse des comptes de la société.*
- *Cette présentation fallacieuse a induit en erreur les créanciers et banques qui ont continué à accorder du crédit,*
- *Les fautes de l'expert-comptable ont donc permis la poursuite de l'exploitation avec l'emploi de moyen ruineux et ces fautes ont donc eu pour effet d'accroitre le passif*[348]*.*

[348] Cour de cassation Chambre Commerciale 23 mars 2010 pourvoi numéro 09-10791.

Les actionnaires des sociétés commerciales dans la zone O.H.A.D.A disposent également du pouvoir de mettre en cause la responsabilité civile des contrôleurs légaux des comptes, faisant par ce biais sanctionner en justice la défaillance de ces derniers dans l'exécution des contrôles qui relèvent de leurs fonctions.
L'exercice des droits se révélerait sans objet, si les actionnaires ne participent pas aux bénéfices ou ne contribuaient pas aux pertes.

PARAGRAPHE II : PREROGATIVES FINANCIERES ET CONTRIBUTION AUX PERTES

Un système de gouvernement d'entreprise doit mieux assurer la participation des actionnaires aux bénéfices et leur contribution aux pertes. Ces droits sont consécutifs au droit qu'ils détiennent sur les actions.

A. ATTRIBUTION DES DIVIDENDES

162-La participation aux résultats est l'essence même du contrat de société[349]. Le principe d'ordre public de l'égalité des associés s'oppose à ce que l'un d'entre eux puisse être exclu du profit en vue duquel la société a été constituée[350].
La vocation aux dividendes fait de tout investisseur un actionnaire de la société. Dans ce cadre il bénéficie d'un droit aux dividendes distribués par la société dans des conditions fixées par les statuts ou à défaut proportionnellement aux apports. D'après l'art.54 de l'Acte Uniforme, sauf clause contraire des statuts, les droits et obligations de chaque associé sont proportionnels au montant de ses apports, qu'ils soient faits lors de la constitution de la société ou en cours de vie sociale.
Un des éléments de la gouvernance des sociétés c'est de permettre la participation de tous les associés aux bénéfices, qu'ils soient distribuables ou non. Cela signifie qu'ils ne recevront rien s'il n'y a pas de bénéfices ; et s'il y en a, la société peut décider de les mettre en réserve pour s'autofinancer. L'art.143 de l'Acte Uniforme définit la notion de bénéfice distribuable comme le résultat de l'exercice, augmenté du report bénéficiaire et diminué des pertes antérieures ainsi que des sommes portées en réserve en application de la loi ou des statuts.

---

[349] Cass. Com. 19 mai 1954 : Bull. CIV. III. N° 189.

[350] Paris 5e Ch. A, 21 déc. 1983 : Bull. Joly 1984, 303. / Lamy sociétés commerciales p. 124-25.

L'assemblée générale annuelle approuve la distribution de dividendes, sur proposition du conseil d'administration[351]. Il n'y a pas de dividende minimum obligatoire. Les dividendes distribués peuvent dépasser les bénéfices de l'exercice[352]. Les actions privilégiées peuvent bénéficier d'une préférence dans la distribution des dividendes. Elles recevront de ce fait des dividendes plus élevés ou des dividendes cumulés[353].
Il résulte de l'Art.546 qu'un dixième des bénéfices net doit être affecté à une «réserve légale», jusqu'à atteindre 20% du capital social de la société.

163-La doctrine et la jurisprudence françaises constituent pour la zone OHADA des références pour la résolution d'un certain nombre de problèmes juridiques pratiques.
En effet, dans le cadre d'une répartition statutaire des bénéfices et renonciation aux dividendes, la Cour de Cassation dans un arrêt du 26 mai 2004 a cassé un arrêt au motif que : «Si les statuts d'une société prévoient une répartition des bénéfices égalitaires entre les associés, ils doivent recevoir application dès lors qu'aucune renonciation à percevoir les bénéfices distribuables d'un exercice clos n'a été exprimée en assemblée générale par un associé »
Cet arrêt règle le problème qui est de distribuer les bénéfices selon les clés de répartition que les statuts ne prévoient pas. Dans cette affaire les associés pratiquaient, en effet, contrairement aux statuts et substituaient à la règle de l'égalité qu'ils prônaient celle d'un partage inégalitaire, assis sur l'activité déployée par chacun pour le profit de la société[354].

B- CONTRIBUTION AUX PERTES

164-Les titres sociaux confèrent à l'associé, le cas échéant, l'obligation de contribuer aux pertes sociales dans les conditions prévues pour chaque forme de société.
Le simple manque à gagner et notamment l'absence de rémunération de l'apport constitue une perte. Dans tous les cas comme pour le partage des bénéfices, la contribution aux pertes doit se faire équitablement, c'est à dire proportionnellement aux apports. Ainsi pour la participation aux résultats de l'exploitation, le principe découle-t-il du contrat de société en l'occurrence à l'art 1832 du code civil et celui de l'art4 de l'AUSC. Il

[351] Art. 53 et 546 de l'AUSC.
[352] Art. 143 à 146 de l'AUSC.
[353] Art. 755 de l'AUSC.
[354] Note H. LE NASBASQUE, répartition statutaire des bénéfices et renonciation aux dividendes, Rev. RTD.Com p. 169 n° 01 janvier/mars 2005.

ne saurait donc y avoir contrat de société sans une répartition entre tous les associés des bénéfices ou de l'économie et des pertes. Il est nécessaire de rappeler que toutes les clauses qui dispensent un ou plusieurs associés de toute contribution aux pertes, sont des clauses léonines. Seules sont valables les clauses de dispense partielle. Par conséquent, la contribution des associés aux pertes, ne se fait pas proportionnellement aux apports que lorsque les stipulations du contrat de société n'en disposent autrement[355].

165- La pratique des clauses léonines est fréquente dans les sociétés commerciales ; certains associés tournent la loi en ne participant pas aux pertes. La jurisprudence a cerné la pratique d'une telle clause.

Les clauses léonines sont prohibées qu'elles soient contenues dans les statuts ou dans un acte séparé ; qu'elles engagent la société ou seulement l'un de ses membres, qu'elles soient temporaires ou établies pour une période indéterminée. Mais il y a des limites.

D'abord est licite pour la jurisprudence la clause qui fait dépendre l'attribution de bénéfices d'une condition indépendante de la volonté des autres associés, dans la mesure où la vocation de l'associé aux bénéfices subsiste.

Par ailleurs, la prohibition des clauses léonines ne fait pas obstacle à ce que des associés renoncent totalement ou partiellement aux dividendes auxquels ils ont droit au titre d'un exercice clos, une telle clause s'analysant en un abandon de créance certaine, liquide et exigible.

La prohibition des clauses léonines ne concerne que les conventions entre la société et l'un de ses associés ou entre associés d'une même société. Elle peut être invoquée à l'encontre d'une promesse contractée par un tiers.

Enfin, est également valable pour la Cour de Cassation, la convention de liquidation intervenue après la dissolution, qui modifie la répartition du boni de liquidation telle que prévue dans les statuts et prive ainsi presque entièrement un ou plusieurs associés des bénéfices.

La contribution aux pertes participe à maintenir l'égalité entre les actionnaires même si tel n'est pas toujours le cas. La pratique de la gouvernance d'entreprise dans la zone OHADA résulte des textes en vigueur qui s'inspirent essentiellement dans leurs dispositions de la loi du 24 juillet de 1966 en France.

Ce pays a entrepris depuis plus d'une décennie ce qu'ils ont appelé la modernisation du droit des sociétés, parce que les textes dont il s'agit ne

---

[355] Droit des sociétés et G.I.E OHADA, p. 79.

sont plus adaptés à la réalité d'aujourd'hui. Cette réalité n'est autre chose que l'instauration de plus de démocratie dans les sociétés commerciales, de plus de partage du pouvoir, de plus de pouvoir de contrôle aux actionnaires, de plus de transparence, de plus de considérations pour toutes les parties prenantes. La mondialisation est le dénominateur commun des affaires. Dans ce contexte pouvons-nous dire que les textes de l'OHADA répondent au besoin de la mondialisation ?

CONCLUSION DU CHAPITRE II :

166-Le législateur OHADA ne s'est pas limité seulement à l'édiction des normes régissant la gouvernance des sociétés commerciales, mais il s'est assuré de leur mise en œuvre par l'adoption des principes universellement connus. C'est ainsi que la sécurisation des activités économiques par des règles juridiques claires est une préoccupation constante dans les actes uniformes respectifs. Ces règles devenant un instrument d'intégration de la zone OHADA au commerce mondial par la promotion des investissements furent consacrées par la pratique.

167-Les investisseurs ont le souci de la sauvegarde de leurs droits qu'ils soient économiques ou politiques. C'est pourquoi les actes uniformes mettent fortement l'accent sur la participation à la vie de la société comme moyen de contrôle des dirigeants sociaux.

Nous avons relevé des éléments de la gouvernance dans l'AUSC à savoir la dissociation des fonctions de président et de directeur général, la prise en compte de l'intérêt social, les prérogatives de gouvernement, celles financières des actionnaires, la consécration de leur droit à l'information, mais nous ne pensons pas qu'ils soient suffisants pour répondre au besoin de la démocratisation des sociétés commerciales. Des insuffisances existent qui constituent une limite à celle-ci.

TITRE II : LIMITES DE LA GOUVERNANCE DES SOCIETES ANONYMES DANS L'OHADA.

168-La gouvernance des sociétés anonymes dans la zone O.H.A.D.A. se heurte aux insuffisances relatives aux organes de gestion et celles constatées au niveau des organes de contrôle. En effet, les formes juridiques des sociétés commerciales reflètent la philosophie de l'intégration de l'Afrique dans le commerce mondial. Celle-ci résulte de la démocratisation des pouvoirs dans les sociétés, de la transparence des informations et du contrôle des organes.

Nonobstant des innovations réalisées, des faiblesses persistent d'une part au niveau des organes du management et, d'autre part, au niveau des organes de contrôle.

CHAPITRE I : LES LIMITES RELATIVES AUX ORGANES DU MANAGEMENT.

169-Il existe un pouvoir général d'administration qui est ambigüe et qui n'est même pas contrôlé par l'assemblée des actionnaires du fait du faible rôle des associés dans les assemblées générales.

SECTION I : L'AMBIGUITE DANS LE POUVOIR GENERAL D'ADMINISTRATION

170-Ce pouvoir du conseil d'administration d'une SA résulte de l'art.435 de l'AUSC. Le conseil est, à cet effet, investi des pouvoirs les plus étendus pour agir en toute circonstance au nom de la société. L'art.465 attribue les mêmes prérogatives au Président-directeur général. Nous constatons ici une ambiguïté du partage des responsabilités respectives du conseil et de son président, assurant également la fonction de directeur général.
Il est évident, que la gouvernance des sociétés commerciales ne saurait donner de satisfaction si le contrôle par la dissociation des fonctions de président du conseil d'administration et de directeur général n'est véritablement pas organisé.

PARAGRAPHE I : LE CUMUL DE FONCTION DE PRESIDENT DU CONSEIL ET CELLE DE DIRECTEUR GENERAL

171-La gouvernance des entreprises ou la « la corporate governance » se caractérise d'abord par le souhait unanime de dissocier le pouvoir de direction du pouvoir de contrôle.
La lecture des textes de l'acte uniforme nous enseigne que l'institution du président- directeur général est une première modalité de gestion de la société anonyme avec conseil d'administration. Il assume à la fois les fonctions de président du conseil d'administration et de directeur général de la société.
La question qui se pose est comment concilier l'exercice de son pouvoir de contrôle en tant que président du conseil d'administration et celui d'organe de gestion en tant que directeur général ?

A. CONFUSION DES POUVOIRS ENTRE LES MAINS DU PRESIDENT-DIRECTEUR GENERAL

172-Il faut remarquer que le président-directeur général tient de la loi un pouvoir de direction et de représentation à l'égard des tiers. C'est ce que les juristes ont appelé les pouvoirs les plus étendus du PDG. Ces mêmes pouvoirs sont donnés au conseil d'administration. Or, la question de la dissociation des fonctions de Président et de Directeur Général qui concerne les sociétés anonymes à conseil d'administration, est une des questions clés de la réflexion sur les principes de bonne gouvernance des sociétés, car elle touche l'articulation entre le contrôle de la gestion et la gestion elle-même.

Dans ces conditions, le cumul des fonctions peut être dommageable lorsque le président- directeur général exerce une autorité sans partage sur le conseil. Le contrôle par la dissociation des fonctions de président du conseil d'administration et de directeur général participe à la bonne gouvernance de la société. A cet effet, l'opportunité de dissocier les fonctions de président du conseil d'administration et celles de directeur général vise à instaurer un contre-pouvoir propre à limiter la concentration excessive de l'autorité aux mains d'un acteur unique. L'art.465 de l'AUSC qui est le fondement légal des attributions du président-directeur général ne semble pas être « un instrument qui répond au besoin d'assurer l'équilibre dans la structure d'autorité, de sorte qu'il soit impossible à une seule personne de détenir tout le pouvoir de décision »[356].

173-Mais il faut noter que les rédacteurs de l'acte uniforme ont introduit une flexibilité en permettant aux associés d'une société anonyme la possibilité de choisir entre la SA avec conseil d'administration dirigée par un Président-directeur général et celle dirigée par un président du conseil d'administration et un directeur général[357]. La direction générale de la société est assumée, sous la responsabilité du conseil d'administration, soit par le président du conseil d'administration, soit par une autre personne physique nommée par le conseil d'administration et portant le titre de directeur général. Il revient aux actionnaires et aux dirigeants de chaque société de rechercher la formule d'administration qui convient au mieux aux caractéristiques de leur société.

---

[356] Committee on the Financial Aspects of Corporate Governance, Gee Publishing, London ; proposition N° 1.2 du "Code of Best Practice, 1992.

[357] Art 415 de l'AUSC.

174-Pour faire échec à l'absolutisme des pouvoirs des dirigeants sociaux, la doctrine a tenu à cerner les contours exacts des pouvoirs de ceux-ci. Choisi pour conduire les affaires sociales, le dirigeant a incontestablement le pouvoir d'agir au nom de la société, de conclure des actes juridiques qui l'engageront. Cependant ce pouvoir ne saurait être sans limites, dans la mesure où, notamment, il est fondamentalement exercé pour le compte des associés ou actionnaires. Ces limites ont été classées comme suit : légales, conventionnelles et judiciaires.

175-Les limites légales sont au nombre de quatre :

- les pouvoirs expressément attribués par la loi aux organes sociaux c'est-à-dire aux assemblées d'associés ou d'actionnaires ;
- la seconde limite résulte de l'objet social, fondement de la compétence des dirigeants, il est en même temps une limite apportée à leur pouvoir. C'est pour poursuivre la réalisation de l'objet social que le dirigeant a été choisi par les associés, et qu'il peut donc agir valablement pour le compte de la personne morale[358].
- l'intérêt social. Cette limite est de portée générale, car résultant naturellement de la nature des fonctions de dirigeant[359].
- l'intérêt personnel du dirigeant à l'accomplissement de tel ou tel acte. Il se peut en effet que l'acte projeté par un dirigeant, en sa qualité de représentant de la personne morale, le mette en scène de deux côtés. Dans ces situations, la loi soumet la plupart de ces conventions à un régime protecteur des associés : soit interdiction pure et simple de l'acte, soit, régime spéciale d'autorisation. Parfois de façon exceptionnelle, l'acte échappe à tout contrôle particulier.

176-A côté des limites légales, il y a une place pour les limites supplémentaires, résultant soit des statuts, soit d'aménagements contractuels ultérieurs. Ces limites conventionnelles sont diverses dans la pratique.

- les statuts peuvent prévoir que le dirigeant ne pourra valablement conclure tel acte, normalement relevant de sa compétence, qu'avec l'accord préalable des associés, ou moyennant tel ou tel engagement particulier que devrait prendre l'éventuel cocontractant de la société.
- un contrat de prêt accordé à la société comportera une clause de contre seing, obligeant désormais le dirigeant à obtenir systématiquement

---

358 Paillusseau, la société anonyme, technique d'organisation de l'entreprise, D. 1967, p. 165 ; Chaput, De l'objet des sociétés commerciales, Th. Doct., Clermont- Ferrand, 1973, p. 204.

359 Schapira, l'intérêt social et le fonctionnement de la société anonyme, RTD.com 1971, p. 957 ; Vr infra n° 60.

l'accord du prêteur pour la conclusion d'actes graves, énumérés dans le prêt.

- le dirigeant pourra lui-même consentir une délégation de pouvoirs à telle ou telle personne pour la passation de tel acte.

En ce qui concerne les SA, la jurisprudence considère que ces restrictions ne doivent pas avoir pour effet de bouleverser la répartition des pouvoirs, en retirant en fait au conseil d'administration ou au président leur rôle d'organe de gestion.

177-La limite judiciaire trouve son fondement dans l'arrêt du 19 février 1986 de la cour de cassation française qui a introduit une limite supplémentaire celle de la fraude.

Elle a considéré que lorsque le dirigeant d'une société a, de mauvaise foi, effectué des actes afin de favoriser une autre société dans laquelle il était directement intéressé, la société qu'il représente ne peut exceptionnellement « se voir opposer ces actes passés en fraude de ses droits comme preuve d'une renonciation au bénéfice de ceux-ci »[360].

Malgré ces limites apportées par la doctrine aux pouvoirs des dirigeants sociaux,

l'institution de Président-directeur général s'avère être une limite sérieuse à la transparence voulue par les rédacteurs des actes uniformes de l'OHADA.

Dans l'OHADA, lorsqu'une société ne compte que trois actionnaires au plus, elle ne peut avoir de conseil d'administration. Par conséquent, l'administrateur général est vu comme l'organe d'administration et de direction.

B- L'INSTITUTION D'UN ADMINISTRATEUR GENERAL

178-L'art. 498 de l'AUSC définit en ces termes les attributions de l'administrateur général « L'administrateur général assume, sous sa responsabilité, l'administration et la direction générale de la société. Il la représente dans ses rapports avec les tiers ».Ce second mode d'administration prévu par notre droit communautaire constitue pour nous une exception en droit des sociétés. En effet, la société anonyme est traditionnellement destinée aux sociétés comportant un grand nombre d'associés. Toute sa réglementation est bâtie autour de cette idée[361]. C'est ce qui explique par exemple la nature collectiviste des organes de décision sociale et d'administration de la société.

---

360 Cass. 3e CiV., 19 février 1986, N°84, RTD.CIV 1987, p. 761.

361 Didier P., Droit commercial, t.2, p. 69.

Ainsi, l'ouverture de la société anonyme aux sociétés comportant peu d'actionnaires voire un seul la rapproche de la SARL. Dans les deux cas, il n'y a pas de distinction, à la tête de la société entre une administration et une direction. Ces deux tâches sont cumulativement effectuées par une seule et même personne qui rend compte directement aux associés.
Si l'acte uniforme est clair sur le mode d'administration des sociétés anonymes unipersonnelles, en revanche, il reste incertain en ce qui concerne le régime des décisions sociales. Or, les principes de la gouvernance sont relatifs au processus de prise de décisions sociales et au pouvoir de contrôle des actionnaires. Dès lors, nous nous demandons comment appliquer dans ces conditions les règles relatives à la transparence[362].

179-L'institution de l'administrateur général est une réponse juridique à un phénomène culturel. En Afrique subsaharienne, les sociétés familiales ou de petite taille constituent les poumons de nos économies et de véritables pourvoyeurs d'emplois. Le cumul de fonction des dirigeants sociaux résultant de ce mécanisme juridique est révélateur de cette contradiction : diriger une société et la contrôler sont deux fonctions totalement antinomiques. C'est ce qui nous fait dire que ce palliatif juridique ne constitue pas le meilleur mécanisme pour assurer la transparence selon les principes de la gouvernance des sociétés commerciales.
Qu'en est-il du rôle de l'assemblée des actionnaires ?

PARAGRAPHE II : LE FAIBLE ROLE DE L'ASSEMBLEE DES ACTIONNAIRES.

180-En collectivité, les associés peuvent contrôler les organes de gestion et participer à la prise des décisions importantes relatives à la vie sociale ou à la modification des statuts. Le cadre de cette participation est l'assemblée des actionnaires.
La participation à celle-ci a lieu de deux manières : l'actionnaire en personne ou par l'intermédiaire d'un représentant.

A. LA PARTICIPATION PERSONNELLE DE L'ACTIONNAIRE : (ABSENTEISME)

181-Le fondement des droits individuels des actionnaires ne fait pas l'unanimité.

---

[362] Vr. les articles 134 à 136 ; 525 à 528 ; 538 ; 542 à 545 ; 548 à 550 ; 552 à554 ; 555 à 557 de l'AUSC.

Est-ce le contrat social qui consacre ces droits ou découlent-ils directement de la loi ? L'intérêt est certain puisqu'il est admis que ce sont les statuts qui octroient des droits, ils pourraient les modifier ou même supprimer certains, alors que s'il est reconnu que ces droits sont d'origine légale, les statuts ne sauront, sans violer la loi, restreindre les droits des actionnaires. Ce débat est corollaire de celui de la nature contractuelle ou institutionnelle des sociétés. De nos jours, la conception institutionnelle tend à s'imposer, au vu de l'abondante intervention du législateur dans la réglementation des sociétés[363].

En effet, la loi, par certaines de ses dispositions impératives et même la jurisprudence, a reconnu que l'actionnaire était titulaire de droits irréductibles auxquels les statuts ou la décision d'un organe social ne peuvent pas porter atteinte[364].

182-La société est conçue avec des pouvoirs séparés, chaque organe ayant un rôle précis. L'assemblée générale des actionnaires est l'organe détentrice de la souveraineté, car elle nomme, contrôle et révoque les administrateurs.

La participation à ces assemblées est un droit inaliénable de l'actionnaire[365] et un gage de transparence dans la gestion des sociétés anonymes. Ainsi, les associés doivent, pour l'expression de leurs droits, se regrouper au sein des assemblées. L'article 125 de l'acte uniforme fait de cette formalité une obligation. Le droit de participer à l'assemblée ordinaire découle de ce formalisme.

183-Mais force est de constater qu'en pratique, l'actionnaire n'a ni le temps, ni la capacité de vérifier quoi que ce soit, il ne participe que très rarement aux assemblées, et quand bien même il y irait, il approuverait aveuglement toutes les résolutions préparées par le conseil d'administration[366]. Le phénomène a pris de l'ampleur depuis la dématérialisation des valeurs mobilières dans les sociétés agissant sur un marché réglementé. Ainsi, on a vu apparaître des investisseurs soucieux de réaliser un bénéfice, par un placement ou bien par des valeurs mobilières comme les actions à dividende prioritaire sans droit de vote, qui se désintéressent entièrement de la gestion sociale en confiant la

---

[363] Cependant en France, on assiste à une contractualisation progressive des sociétés, au point où il est impossible de donner une nature unique à des sociétés aussi diverses.

[364] MERLE(P.) : Op Cit., n° 293, p. 331.

[365] MERCADAL (B.), JANIN(P.) : Mémento Pratique Francis Lefebvre : Sociétés commerciales 1995, Edition Francis Lefebvre, 1994, n° 10340.

[366] RIPERT (G.), ROBLOT(R.) par GERMAIN(M.) : Traité de droit commercial, 18eme édition, LGDJ, 2002, n°1555.

gestion de ses droits sociaux à un intermédiaire financier[367]. En effet, rares sont les actionnaires qui ont des connaissances sur le fonctionnement des sociétés qui leur permettent d'exercer utilement leurs droits et, d'autre part, rares sont ceux-là aussi, petits porteurs qui peuvent participer aux assemblées. Ce qui a eu pour conséquence de fausser le jeu de la loi de la majorité qui régit les assemblées d'actionnaires.

184-Ainsi, les décisions de l'assemblée générale ne sont que des opinions d'un groupe, plus ou moins restreint, des actionnaires disposant du contrôle de la société[368].

Ces derniers se comportent en véritables dictateurs surtout en France avec la pratique des mandats en blancs[369].

185-Toutefois, le législateur OHADA a véritablement innové par rapport au droit français qui, dans le but d'éviter la participation aux assemblées des « maîtres chanteurs »[370], a consacré des mandats en blanc. Ce procédé consiste pour l'actionnaire qui n'a pas pu trouver un représentant d'adresser sa formule de procuration sans indication de nom du mandataire à la société, et les dirigeants sont chargés d'exprimer son vote favorable sur les résolutions inscrites à l'ordre du jour et un vote défavorable pour toutes les autres. Ce mécanisme se développe d'autant plus que l'actionnaire ne peut se faire représenter que par un autre actionnaire ou par son conjoint. Des auteurs ont légitimé ce recours aux pouvoirs en blanc, car « on n'arrivera jamais à obtenir le quorum exigé pour la validité des décisions en assemblée générale »[371] sans ces mandats.

---

[367] Les SGI sont autorisées, à titre exclusif, à exercer les activités de négociateur-compensateur de valeurs mobilières cotées pour le compte de tiers.
Elles sont, en conséquence, habilitées à recevoir et détenir des fonds du public dans le cadre de cette activité.
Toutes les cessions sur titres cotés à la Bourse Régionale sont effectuées par l'entremise d'une SGI, sauf cas de dérogation accordée par la Bourse Régionale.
Les SGI sont bénéficiaires du monopole d'exercice de l'activité de teneur de compte de valeurs mobilières.
Toutefois, les émetteurs pourront détenir leurs propres titres pour le compte de tiers.

[368] MERCADAL (B.), JANIN(P.), Op. Cit. n°1710, p. 520.

[369] Ainsi, dans l'espèce, quatre administrateurs qui possédaient en propre 1,5% des voix, disposaient en fait plus de89,5% des voix. Voir DIDIER (P.) : Droit Commercial, Tome 3 : les marchés financiers, PUF, 1995, p. 122.

[370] MERLE (P.) : Op. Cit n°469, p. 531.

[371] PERROUD (J.) : « La condition de l'actionnaire », Mélanges Georges Ripert, Tome 2, P.326 « L'actionnaire qui ne veut prendre aucune peine, qui ne s'astreint pas à surveiller ses intérêts, parce qu'il est toujours prêt à vendre ses titres ne peut prétendre participer à toutes les chances de bénéfices, sans courir le risque que la gestion de l'affaire dont il se désintéresse ne devienne

L'absentéisme de certains actionnaires aux assemblées ne permet pas à celles-ci de jouer pleinement leur rôle. Il conduit à ériger les assemblées d'actionnaires en chambre d'enregistrement. Pour pallier à cette insuffisance les actionnaires peuvent se faire représenter.

B. LA REPRESENTATION DE L'ACTIONNAIRE A L'ASSEMBLEE

186-La représentation est le mécanisme juridique par lequel une personne, le représentant, passe des actes au nom et pour le compte d'une autre, le représenté, et l'acte ainsi accompli « engendre des droits et des obligations non pour la partie agissante, mais pour le représenté, de telle sorte que celui-ci devient créancier ou débiteur du tiers avec lequel le représentant a traité »[372]. La représentation n'est pas envisagée ici au sens politique d'après lequel la collectivité des associés gère la société par le biais de ses représentants, car bien que les dirigeants soient les « mandataires des autres associés[373], ils ne peuvent pas être à proprement parler des représentants puisqu'ils agissent au nom et pour le compte de la future société. Par ailleurs, l'intérêt social qui s'analyse en la recherche de la pérennité des entreprises et dans la rigueur de la gestion est bien différent et supérieur à celui des actionnaires. En conséquence, les actionnaires désignent les dirigeants sociaux, mais ceux-ci agissent plutôt au nom et pour le compte de la société, personne morale. C'est d'ailleurs ce mode de représentation qui la caractérise avant sa naissance juridique.

Les premiers administrateurs agissent en vertu d'un mandat des actionnaires, mais on ne saurait les qualifier de représentants des actionnaires.

187-Il s'agira pour nous de cerner la représentation de l'actionnaire dans l'exercice des droits qui lui sont personnellement reconnus et pour lesquels celui-ci décide de désigner quelqu'un pour agir en son nom en raison d'une indisponibilité ou d'une incapacité.

De quel actionnaire s'agit-il ?

L'actionnaire est le titulaire d'une part du capital d'une société de capitaux, mais est-il pour autant associé ? La doctrine est partagée. Cette remarque de la part des Professeurs RIPERT et ROBLOT dénote cette

---

défectueuse »

[372] CORNU (G.) : Vocabulaire juridique, Association Henri CAPITANT, 2eme édition, Quadrige/ PUF 2001, p. 759.

[373] POUGOUE (P.-G.), ANOUKAHA (F.), NGUEBOU TOUKAM (J.) : Le droit des sociétés commerciales et du groupement économique OHADA. PUA, 1998, n°166, p. 72.

divergence dans la doctrine. Ils écrivent que «le mot associé n'est jamais employé pour désigner les actionnaires, car ce qui les lie à la société,
ce n'est pas le contrat de société, c'est la détention d'un titre négociable »[374]. Pour Philipe MERLE, l'actionnaire est bien un associé : «les droits de l'actionnaire sont (...) multiples, étant liés à sa qualité d'associé ».
Cette définition répond au critère de la pluralité d'associé[375] que sont la vocation aux bénéfices et aux pertes et *l'affectio societatis*. Il convient toutefois, à notre sens, de considérer les nouveaux critères dégagés par M. VIANDIER[376] que sont l'apport et le droit d'intervention dans la vie sociale pour comprendre que l'actionnaire est à la fois un associé à part entière et un associé entièrement à part.

188-La propriété d'une action donne droit à des prérogatives importantes qui constituent les droits individuels de l'actionnaire. Ces prérogatives regroupent le droit de faire partie de la société, le droit de participer et de voter aux assemblées générales, le droit à l'information, le droit d'agir en justice, le droit de participer aux bénéfices, le droit préférentiel de souscription. La doctrine regroupe ces droits sous diverses appellations mais avec un contenu presque identique. Certains auteurs parlent de droit d'intervention dans la vie sociale et d'autres de droits pécuniaires, tandis que MERLE distingue les droits pécuniaires des droits extra pécuniaires. Pour leur part, les professeurs COZIAN et VIANDIER[377] adoptent une classification en droits politiques, droits financiers et droits patrimoniaux. Comme nous avons dit précédemment les actionnaires pour l'exercice de leurs droits aux assemblées peuvent, pour des raisons diverses, se faire représenter.
Ils pourront, ainsi, se faire représenter dans l'exercice de leurs droits politiques.

189-L'acte uniforme de l'OHADA est très imprécis quant aux modalités de la représentation. En effet, le législateur OHADA, en traitant de la représentation des actionnaires et du droit de vote a juste fait mention de la liberté dont dispose l'actionnaire pour designer un

---

374 RIPERT (G.), ROBLOT(R.) : Traité de droit commercial, 16ème édition par GERMAIN (M.), Paris, LGDJ, 1996 N° 1145, p. 826.

375 VIANDIER (A.) : La notion d'associé, thèse, Paris, 1978, n°2, p. 14.

376 ibidem, P.152 et s.

377 COZIAN(M.), VIANDIER (A.), DEBOISSY (F.) : Droit des sociétés 13e édition LITEC 2000, n°820, p. 268.

mandataire de son choix afin de le représenter à l'assemblée. Il faut noter que cette liberté de choix a consacré la pratique des mandats en blanc. Le droit français des sociétés commerciales admet que l'actionnaire, qui ne peut être présent ou qui ne veut pas assister à l'assemblée des actionnaires, puisse envoyer une formule de procuration signée par lui-même et sans indication de mandataire. Ces pouvoirs en blanc posent problème en ce qu'ils permettent aux dirigeants de contrôler les décisions dans les assemblées d'actionnaires, puisqu'ils détiennent le vote attaché aux procurations.

Ces pouvoirs en blanc permettent donc à une minorité de diriger la société, et ce en contradiction totale avec les règles du gouvernement d'entreprise. Mais nous pouvons remarquer qu'à côté de ce mécanisme les techniques classiques ont toujours cours dans la zone OHADA. Celles-ci sont ceux qui visent à assurer la représentation effective de l'actionnaire. Concrètement, l'actionnaire absent est représenté à l'assemblée des actionnaires par un mandataire désigné par lui, par la loi ou par le juge. La représentation conventionnelle trouve son fondement dans l'art. 538 de l'AUSC, qui dispose que l'actionnaire peut se faire représenter par tout mandataire de son choix et qui précise les formalités indispensables pour la validité d'une procuration. Cette procuration doit comporter des mentions obligatoires qui sont :

- Le nom, prénom et le domicile ainsi que le nombre d'actions et le droit de vote du mandant ;
- L'indication de l'assemblée nationale pour laquelle la procuration est donnée ;
- La signature du mandant précédée de la mention « bon pour pouvoir » et la date du mandat.

Les clauses contraires à ces dispositions sont réputées non écrites, c'est-à-dire que pour être valable, la procuration doit contenir toutes ces indications, et les parties ne peuvent convenir des formalités ni plus souples, ni plus rigoureuses. Ce formalisme excessif est souvent vu comme une des lacunes de la représentation conventionnelle.

190-Cette rigidité semble pour nous une des lacunes de l'acte uniforme. En effet, l'AUSC aurait dû assouplir les règles pour faciliter la formation du contrat de représentation et permettre ainsi à ceux qui ne peuvent pas participer aux assemblées de confier facilement la tâche à un mandataire.

Cependant, vue l'importance des indications sur le mandataire pour l'établissement des feuilles de présence[378], on peut penser que la personne qui va effectivement exprimer le vote à la place de l'actionnaire devra porter son nom à l'endroit indiqué pour permettre au contrat de produire tous ses effets.

Le droit OHADA est très prudent à l'égard de la représentation puisque c'est l'actionnaire qui se rapproche de la société pour solliciter un formulaire de représentation, alors qu'il aurait été plus judicieux de joindre une formule de procuration aux documents envoyés à l'actionnaire quelques jours avant l'assemblée.

Dès lors on se pose la question de savoir qui peut représenter l'actionnaire à l'assemblée ?

191-L'Acte Uniforme reprend tacitement le droit français en disposant que l'actionnaire peut se faire représenter par tout mandataire de son choix, c'est-à-dire qu'il peut désigner son conjoint, un autre actionnaire ou un tiers quelconque. On perçoit ici la relativité des modes de représentation aux assemblées générales.

Un conjoint peut donner mandat à l'autre pour le représenter dans l'exercice des pouvoirs que lui accorde le régime matrimonial[379]. La possibilité est largement admise en droit des sociétés commerciales[380]. Depuis la loi du 24 juillet 1867 sur les sociétés, il est acquis que l'actionnaire puisse se faire représenter aux assemblées générales par son conjoint.

Aussi, l'actionnaire peut il se faire représenter par tout autre actionnaire aux assemblées générales. A ce niveau l'actionnaire peut être confronté à des difficultés de se faire représenter par un autre.

La première difficulté peut naître de l'inaptitude de l'actionnaire représentant à accéder à son nom propre à l'assemblée. C'est notamment le cas lorsque les statuts exigent un certain nombre d'actions pour accéder à une assemblée générale ordinaire. La doctrine est partagée sur ce point. Bien que certains aient une opinion contraire[381], il serait utile de reconnaître que la régularité des actes faits par un mandataire s'apprécie eu égard à la capacité du mandant et non du mandataire. D'ailleurs, ce dernier ne fait pas valoir ses propres actions, mais se borne à agir en

---

378 Voir article 532 et 533 de l'AUSC.

379 Malaurie (P.), AYNES (L) : Régimes matrimoniaux, 2eme édition, Paris, CUJAS, 1991, P.87 et s.

380 TCHENDJOU (M.) « le conjoint de l'associé », RTD com. 49(3) juill. sept 1996, n°29, P.422.

381 HEMARD, TERRE, MABILAT : sociétés commerciales, T.2, n° 130 ; cité par MERCADAL (B.), JANIN (P.), Op. Cit. n°1825, P. 556.

qualité de mandataire. Ainsi, on permettrait à un petit porteur qui ne peut accéder à une assemblée générale en son nom propre de représenter les autres actionnaires.
La réelle difficulté pour l'actionnaire est celle de trouver un autre qui accepte de le représenter à l'assemblée. Les actionnaires, anonymes, ne se connaissent généralement pas. La libre transmissibilité des actions permet qu'elles changent de propriétaire au gré des fluctuations du marché ou tout simplement de la volonté de l'actionnaire.
L'actionnariat peut également être dispersé dans tout le pays, et il devient alors très difficile de trouver un actionnaire, encore faut-il qu'il accepte de voter dans le sens voulu par le mandant. En effet, nul ne peut être contraint d'accepter de représenter un autre actionnaire surtout lorsqu'il entend voter différemment sur les questions de l'ordre du jour. C'est ce qui justifie le recours au tiers.
L'art.538 de l'AUSC admet de manière libérale que l'actionnaire puisse se faire représenter par tout mandataire de son choix.
Le recours au tiers apparaît ici comme un pis-aller pour des dirigeants sociaux qui redoutent l'accès des professionnels et des experts aux assemblées.

192-A cette lacune s'ajoute une autre. En effet, l'Acte Uniforme dans l'OHADA ne consacre qu'un seul article à la sanction de l'entrave à la participation d'un actionnaire aux assemblées. L'art.892 dispose qu' «encourent une sanction pénale ceux qui sciemment auront empêché un actionnaire ou un associé de participer à une assemblée générale».
L'entrave à la participation doit s'entendre d'une façon précise. Il peut s'agir de l'entrave à l'accès à une assemblée, tout comme il peut s'agir d'une façon extensive de l'entrave au bon déroulement de l'assemblée.
La doctrine pense que l'art. 892 de l'AUSC serait une incrimination de principe qui permettrait aux législateurs nationaux d'établir la liste des différents comportements blâmables et de prévoir des peines en conséquence[382].
En la matière, la jurisprudence a retenu qu'est considéré comme ayant commis l'infraction d'entrave à la participation, le président du conseil d'administration qui, à la suite d'un décès, se croyant seul propriétaire des actions en litige, empêche le mandataire des héritiers de prendre part

[382] RABANI (A.)Le droit pénal des affaires du Niger : une construction duale entre droit uniforme législation nationale, OHADA D-05-30.

aux délibérations et aux votes de l'assemblée. Dans un tel cas le prévenu ne peut se prévaloir de son erreur pour s'exonérer[383].
L'étude de l'étendue des mécanismes de la représentation est révélatrice de la place que l'AUSC a entendu laisser à la représentation des actionnaires dans l'assemblée générale.
En effet, le formalisme excessif qui prévaut à l'établissement des procurations

ne constitue pas un attrait à la pratique de la représentation.
Par ailleurs, l'imprécision de l'AUSC fait planer un doute sur l'aptitude du représentant à exercer les autres pouvoirs de l'actionnaire. Il s'agit notamment des pouvoirs reconnus aux actionnaires réunissant un certain pourcentage du capital social.
Il faut noter que l'existence d'un seul article sur la protection pénale et le mutisme observé quant à la responsabilité civile suscitent un doute. Les atteintes au droit de vote, qui est la prérogative politique absolue, ne sont pas sanctionnées, ni même l'abus des voix.

193-Le principe de la participation aux assemblées générales, pourtant non contesté et parfaitement clair dans son application, a pourtant été remis en cause par des dispositions statutaires ou des dispositions légales restreignant la possibilité qu'ont les associés de participer aux assemblées générales en subordonnant l'accès aux assemblées à la détention d'un nombre de parts sociales ou d'actions. Heureusement une jurisprudence de la cour de cassation est venue rappeler dans une décision que « tout associé a le droit de participer aux décisions collectives et de voter, et les statuts ne peuvent pas déroger à ces dispositions »[384].
Peut-on dire que l'Acte Uniforme protège efficacement les droits politiques de l'actionnaire représenté ?
Selon les principes de la «corporate governance », la participation à l'assemblée des actionnaires est la preuve que l'actionnaire exerce son droit politique.
Au regard des développements qui précèdent, il semble que l'actionnaire ne peut pas être présent à toutes les assemblées, il pourra se faire représenter. Les insuffisances de la technique de représentations font que l'assemblée des actionnaires a peu d'influence sur la stratégie des sociétés commerciales. En effet, les assemblées se déroulent souvent

---

383 crim.3 octobre 1975, cité par RABANI (A.), Op. Cit, p. 135.
384 crim.3 octobre 1975, cité par RABANI (A.), Opcit, p. 135.

dans un esprit de forte complaisance et favorisent la concentration des pouvoirs entre les mains d'une minorité. Elles constituent inéluctablement une limite à la bonne gouvernance de celles-ci.

CONCLUSION DU CHAPITRE I

194-Les textes de l'OHADA dans l'organisation des organes d'administration ont maintenu la survivance la loi du 24 juillet 1966 dans certaines dispositions. Ce maintien du passé et le désir de tenir compte de la culture africaine avec l'innovation par la notion d'administrateur général n'ont fait que réduire les contre- pouvoirs au sein de la société anonyme entraînant du coup la confusion de ces derniers. Cet état de fait est fortement préjudiciable à la transparence qui semble être le pilier de la gouvernance des sociétés.
En plus des organes d'administration, les sociétés anonymes font l'objet d'une réglementation rigoureuse quant aux organes de contrôle. Le législateur OHADA n'est certainement pas allé au bout de sa reforme.

CHAPITRE II : LES LIMITES RELATIVES AUX ORGANES DE CONTROLE

195-De nos jours une administration efficiente des sociétés anonymes suppose l'existence des contre-pouvoirs qui permettront aux actionnaires de contrôler la gestion quotidienne des dirigeants. Cette transparence dans les gestions ne peut être assurée qu'au travers des organes. Le premier à cet effet est le conseil d'administration. Comme à l'image du droit français, le législateur OHADA a doté le conseil d'administration des pouvoirs les plus étendus. Au même moment, il se trouve que les commissaires aux comptes possèdent également des pouvoirs de contrôle.

SECTION I : LIMITES DU CONTROLE PAR LE CONSEIL D'ADMINISTRATION

196-Les actionnaires, qu'ils soient majoritaires ou minoritaires, veulent savoir comment la société est gérée. Cette volonté est manifeste dans toutes les sociétés, mais c'est dans les sociétés anonymes qu'elle est plus exigeante. Dans ces dernières les dirigeants sont astreints à une obligation de transparence donc de rendre compte. Mais avant le conseil d'administration, le management doit mettre en place une procédure interne de contrôle. Le droit français et le droit OHADA veulent ainsi responsabiliser la direction exécutive de la société.

PARAGRAPHE I : LE CONTROLE INTERNE

197-La loi impose aux sociétés anonymes d'organiser un système chargé de contrôler l'élaboration des comptes. Afin d'assurer l'efficacité de l'encadrement de la gestion des comptes, il est imposé en droit OHADA la mise en place d'un dispositif chargé d'en contrôler le déroulement au plan interne. Cette surveillance est d'autant plus justifiée que le contrôle interne de la production comptable est intimement lié aux rapports des pouvoirs au sein des sociétés anonymes.

A. LA RESPONSABILITE DE LA MISE EN PLACE DU CONTROLE INTERNE INCOMBE A LA DIRECTION GENERALE SOUS LE CONTROLE DU CONSEIL D'ADMINISTRATION

198-La responsabilité de la mise en œuvre du contrôle interne semble échoir au «management », autrement dit à la direction générale. En droit OHADA il est dit à l'art. 69 de l'acte uniforme du 24 mars

2000 portant organisation et harmonisation des comptabilités des entreprises que les procédures de contrôle interne sont déterminées par «l'entreprise […], sous sa responsabilité »[385]. Après analyse de cet article on peut estimer que dans le droit OHADA l'organisation et la supervision du contrôle interne de la production comptable sont de la responsabilité de l'organe dirigeant qui est en charge de la gestion courante de la société. Le directeur général devient ainsi l'organe social qui est responsable de l'établissement des procédures et des moyens mis en œuvre pour les faire fonctionner ou en contrôler l'application. La direction générale doit, à cet égard, encadrer l'élaboration des états financiers par les services de l'entreprise et prévoir également des structures chargées d'en contrôler le déroulement de sorte à s'assurer, à son propre niveau, de la fiabilité des comptes qui seront transmis à tout ayant droit. Afin de permettre la réalisation dudit contrôle, les sociétés doivent tenir un document décrivant les procédures et l'organisation comptables.

199-Les manquements à ces prescriptions doivent être relevés par le conseil d'administration. L'alinéa 2 de l'art.435 de l'AUSC dispose «…, il exerce un contrôle permanent de la gestion assurée, selon le mode de direction retenu, par le président directeur général ou par le directeur général..». En application de cet article, l'une des missions implicites confiée par les actionnaires au conseil d'administration consiste à orienter les actions de la direction générale et à contrôler la mise en œuvre.

Cet encadrement peut être de nature réglementaire. Les pouvoirs de la direction peuvent être limités par les statuts ou sont fixés par le conseil. Ils peuvent être limités en amont par les actionnaires, par les clauses spécifiques insérées dans les statuts de la société.

Il faut souligner que ces limitations sont inopposables aux tiers. Elles peuvent porter sur les investissements et les engagements plafonnés à certains montants ou restreints à certaines natures ; les limitations de désinvestissement par des clauses exigeant une autorisation préalable du conseil pour des cessions ou des apports d'actifs à d'autres sociétés ; des obligations d'obtenir un avis favorable et préalable du conseil pour agir dans certains domaines.

---

[385] Art 69 – L'entreprise détermine, sous sa responsabilité, les procédures nécessaires à la mise en place d'une organisation comptable permettant aussi bien un contrôle interne fiable que le contrôle externe, par l'intermédiaire, le cas échéant, de commissaires aux comptes, de la réalité des opérations et de la qualité des comptes, tout en favorisant la collecte des informations

Le conseil d'administration peut aussi exiger lui-même de la direction générale qu'elle obtienne son autorisation préalable sur certains sujets sensibles comme des opérations sortant de la stratégie fixée par l'entreprise.
Lorsque pour son fonctionnement, le conseil d'administration institue un règlement intérieur c'est pour assurer la transparence et l'encadrement de la direction générale. Il faut noter que l'adoption d'un règlement intérieur n'est pas une obligation légale. Donc elle reste facultative.
Le conseil d'administration peut également contrôler la performance de la direction générale. Une concertation étroite peut être menée entre la direction générale, les actionnaires et le conseil d'administration sur des sujets aussi importants que variés. Il peut s'agir de la fixation des objectifs stratégiques de l'entreprise, définition des plans d'action ; évaluation de la performance de l'entreprise et incidemment de la contribution de la direction générale ; les modalités de rémunération de la direction générale.
A cet effet, le législateur OHADA lui reconnaît un pouvoir de contrôle couvrant tous les aspects de la gestion des affaires sociales[386] ; pouvoir en vertu duquel le conseil est habilité à passer en revue non seulement les conditions de préparation des comptes, mais également les mécanismes du contrôle interne.

200-Toutefois, le conseil d'administration ne doit pas dépasser certaines limites dans sa mission de contrôle, la jurisprudence considérant qu'il n'a pas vocation à « s'immiscer dans la gestion ». En cas de faute ou d'imprudence, une immixtion dans la gestion risquerait d'entraîner une responsabilité accrue du conseil d'administration, qui s'exposerait à un risque aggravé par rapport à sa mission classique de contrôler.
« Cette notion d'immixtion dans la gestion sociale reste malheureusement imprécise. Elle se caractérise par l'exercice d'une activité positive de direction qui implique un contrôle effectif et continu de la marche des affaires. L'étendue de l'intervention du conseil et la fréquence de ses interventions figurent parmi les critères examinés aux fins d'évaluer si le conseil d'administration s'est substitué dans les faits à la direction générale. »[387].

---

386 Art 435, al. 3, 2° AUSC.

387 F. Lenoir, G. Oziel : L'Administrateur de société anonyme en questions, 1er éd. SOFICOM, sept 2004, p.103.

L'inobservation des procédures de contrôle expose le dirigeant social au risque de sanctions.

B. SANCTIONS DU DEFAUT DE CONTROLE

201-Les dirigeants qu'ils soient de la direction générale ou qu'ils soient du conseil d'administration s'exposent à différentes formes de sanctions lorsqu'ils commettent un manquement à leurs obligations de contrôle.

Le pouvoir d'investigation reconnu au conseil d'administration lui permet de vérifier avec sérieux les documents transmis par la direction générale de sorte à s'assurer de l'absence d'irrégularités et du fait que ceux-ci reflètent bien la réalité. En effet, dans la mesure où les comptes sont le plus souvent en fait préparés par le directeur financier, lequel se trouve, dans le cadre de la production comptable, sous l'autorité directe du directeur général, le conseil doit faire preuve de la plus grande vigilance et immédiatement réagir lorsque les irrégularités sont découvertes à l'occasion soit de son propre contrôle soit de celui du commissaire aux comptes[388]. Il peut notamment procéder à des investigations plus poussées ou recourir à une expertise extérieure. Les administrateurs doivent en effet prendre une part active dans l'arrêté des comptes. Ils ne doivent ni avoir une foi aveugle dans les éléments transmis par les dirigeants exécutifs ni se limiter à «quelques questions polies »[389]. Si la preuve est faite des irrégularités soupçonnées, il lui est possible de procéder à la révocation des dirigeants exécutifs en place, à l'information de l'assemblée et à l'exercice éventuel d'une action en responsabilité visant à obtenir réparation du préjudice dont la société aurait alors souffert.

202-Toute négligence ou faute dans la mise en œuvre de ces diligences de la part des administrateurs peut entraîner leur révocation ainsi qu'une mise en jeu de leur responsabilité civile. Celle-ci peut l'être en même temps, le cas échéant, que celle des dirigeants exécutifs. Ils pourront s'exposer à des sanctions pénales[390]. Les actionnaires peuvent

---

[388] (A.) SAKHO, Les attentes en matières de mission légale de commissariat aux comptes, Revue Sénégalaise de Droit des Affaires, n°5-6-7-8/2005-2006, p. 96.

[389] C.A. Paris, 1ère ch., sect. C.O.B., 6 avril 1994, affaire Conso ès qual. c. C.O.B., J.C.P. éd. E, n° 39, 1994, I. 338, pp.451 s. spéc. P. 453, note Le Double

[390] Il a été décidé que constitue l'élément matériel du délit de fausse information la communication effectuée par un dirigeant lors d'une réunion organisée par la presse financière et réitérée lors d'une assemblée générale d'information indéniablement et objectivement fausses. Vr. TGI Paris 10 juin 1994, confirmé par CA Paris 18 déc. 1995, 9e ch.

en effet, à tout le moins lorsque la majorité requise est dégagée en assemblée, décider de la révocation d'un ou de tous les administrateurs[391].
Ils peuvent également, selon qu'ils se prévalent d'un préjudice personnel ou du préjudice subi par la société, rechercher la responsabilité civile des dirigeants en question en intentant une action individuelle ou une action sociale *ut singuli*.
Le fondement juridique de l'action individuelle se cristallise dans les articles 162, 740 et 741 de l'AUSC[392].
En effet, une jurisprudence de la cour d'appel de Bordeaux a retenu la responsabilité civile des administrateurs qu'il suffisait d'une « surveillance attentive et rigoureuse» pour pouvoir déjouer des «artifices (comptable) grossiers ».

203-Le législateur OHADA, à l'instar de son homologue français, réprime les infractions pénales constatées. Des poursuites peuvent être engagées aussi bien contre des administrateurs que des dirigeants

---

A : JCP E 1996 pan. n° 482, pourvoi rejeté par Cass. crim. 15 mai 1997 n° 96-80. 399 : D. 1998 somm. p. 75 obs. y. Reinhard, Rev. sociétés 1998 p. 135 note B. Bouloc.
Par ailleurs, s'est rendu coupable du délit de diffusion d'informations fausses ou trompeuses l'administrateur de société qui a approuvé la publication au Balo d'un tableau d'activité et de résultats consolidés ne faisant pas apparaitre les opérations financières reprochées aux dirigeants. Vr. Cass crim. 29 nov. 2000 n° 99-80.324 (n° 7231 FS-PF) : RJDA 10/01 n° 981, Bull. crim. n° 359, Rev. societies 2001 p. 380 note B. Bouloc, RTD com. 2001 p. 493 obs. N. Rontchevsky.

391 Art 433, al. 2 AUSC « Les administrateurs peuvent être révoqués à tout moment par l'assemblée générale ordinaire ».

392 Art .162- L'action individuelle est l'action en réparation du dommage subi par un tiers ou par un associé, lorsque celui-ci subit un dommage distinct du dommage que pourrait subir la société, du fait de la faute commise individuellement ou collectivement par les dirigeants sociaux dans l'exercice de leurs fonctions.
Cette action est intentée par celui qui subit le dommage.
Art.740- Les administrateurs ou l'administrateur général selon le cas, sont responsables individuellement ou solidairement envers la société ou envers les tiers, soit des infractions aux dispositions législatives ou réglementaires applicables aux sociétés anonymes, soit des violations des dispositions des statuts, soit des fautes commises dans leur gestion.
Si plusieurs administrateurs ont coopéré aux mêmes faits, la juridiction compétente détermine la part contributive de chacun dans la réparation du dommage.
Art. 741- Outre l'action en réparation du préjudice subi personnellement, les actionnaires peuvent, soit individuellement, soit en se groupant, intenter l'action sociale en responsabilité contre les administrateurs ou contre l'administrateur général, selon le cas.
S'ils représentent au moins le vingtième du capital social, les actionnaires peuvent, dans un intérêt commun, charger à leurs frais un ou plusieurs d'entre eux de les représenter pour soutenir, tant en demande qu'en défense, l'action sociale.
Le retrait en cours d'un ou de plusieurs desdits actionnaires, soit qu'ils se soient volontairement désistés, soit qu'ils aient perdu la qualité d'actionnaires, est sans effet sur la poursuite de ladite action en responsabilité.
Les demandeurs sont habilités à poursuivre la réparation de l'entier préjudice subi par la société à laquelle, le cas échéant, les dommages et intérêts sont alloués.

exécutifs pour des comportements ayant un rapport avec l'établissement, la publication ou encore la présentation de l'inventaire et des comptes annuels. Sont notamment sanctionnés : la distribution de dividendes fictifs en l'absence d'inventaire ou au moyen d'un inventaire frauduleux ; le fait de publier ou de présenter aux actionnaires, en vue de dissimuler la véritable situation de la société, des états financiers ne donnant pas pour chaque exercice une image fidèle des opérations de l'exercice, de la situation financière et de celle du patrimoine de la société, à l'expiration de cette période ; ou le fait de s'abstenir de dresser l'inventaire et d'établir les états financiers. Cet arsenal répressif offre aux actionnaires l'opportunité, lorsqu'ils sont victimes de l'un des faits incriminés, de porter plainte en se constituant partie civile afin d'obtenir devant le juge pénal la condamnation des dirigeants visés et de tous leurs complices éventuels, l'octroi de dommages intérêts. Lorsque la société est soumise à une procédure collective, les mêmes dirigeants peuvent faire l'objet d'une condamnation pour banqueroute du fait soit de la tenue irrégulière ou incomplète de la comptabilité[393].

204- Il faut noter le manque de réactivité de ces organes, malgré l'intervention du législateur O.H.A.D.A. au moyen de divers textes tendant à leur donner des pouvoirs de contrôle dans certaines situations. A cet effet, s'agissant du conseil d'administration, il est enclin de soumettre à l'approbation de l'assemblée des actionnaires le bilan social.

205-Ce laxisme est dû au fait que les administrateurs le plus souvent, ne prennent pas la mesure de leur responsabilité et les actionnaires ne mettent pas en mouvement les mécanismes légaux de contrôle que leur offrent les textes des actes uniformes relatifs aux sociétés commerciales et aux groupements d'intérêts économiques. Ils ne sont pas généralement formés pour mieux exercer leur rôle d'administrateur et l'absentéisme qui caractérise les sessions du conseil d'administration les empêche de procéder à une critique objective des dirigeants exécutifs. Dans la pratique, les responsabilités du conseil d'administration sont mal définies et nombre d'actionnaires ne comprennent pas leurs fonctions. Dans les faits les assemblées s'érigent en chambre d'enregistrement sans une réelle emprise sur les dirigeants exécutifs.

206-Ce comportement amorphe des administrateurs découle de deux situations dans la zone O.H.A.DA. D'une part, les sociétés anonymes sont des sociétés familiales et dirigées par un président-

---

[393] Art. 228 al 4 ; art. 231 al5 A.U.P.C, in J.O. O.H.A.D.A., n° 7, 1er juillet 1998, p. I s.

directeur général ou un administrateur général détenteur de toutes les actions. Et d'autre part, on observe le peu d'attrait du marché financier. Ce qui se traduit par la quasi -inexistence de sociétés cotées sur un marché réglementé. Dans les quelques rares sociétés cotées, la quérabilité d'une information donnant l'image fidèle de la société[394] oblige les administrateurs à contrôler les dirigeants exécutifs.

Au fait, le phénomène culturel qui se caractérise par l'absence d'un actionnariat dispersé et donc la concentration du pouvoir exécutif, politique et économique entre les mains de l'actionnaire majoritaire ou unique ne favorise pas l'exercice de contre-pouvoirs dans les sociétés anonymes.

Par ces aléas, le pouvoir de contrôle reconnu aux administrateurs pour une gouvernance avantageuse au profit de toutes les parties prenantes en devient une limite. Car tous les facteurs de sa mise en œuvre n'existent pas.

En plus de pouvoirs de contrôle reconnus aux administrateurs et aux dirigeants exécutifs avec leurs insuffisances, on observe une certaine dépendance des structures de contrôle.

PARAGRAPHE II : DEPENDANCE DES STRUCTURES DE CONTROLE

207-Dans la zone l'OHADA, cette dépendance des structures de contrôle est consécutive à la forme de direction des sociétés anonymes retenue par le législateur. En effet, la prise en compte de la culture n'est pas anodine, on assiste à l'interférence de l'informel dans la production normative. Le Professeur Abdoulaye Sakho l'a démontré en ces termes : «… il y a lieu de tirer les conséquences du dualisme dans nos économies en instaurant une réglementation différenciée selon des seuils à définir. *Il semble qu'inconsciemment on se dirige vers :*

- Une reconnaissance de structures de financement pour le secteur mutualiste (BCEAO) ;
- Une reconnaissance de la société unipersonnelle (OHADA) et
- Une mise en place du Système Minimal de Trésorerie (SYSCOA)
- En définitive, plutôt que de réfléchir à des solutions dans un cadre inadapté, ne faut-il pas s'interroger sur l'élargissement du cadre lui même ? »[395]. On comprend pourquoi le législateur OHADA a introduit

---

394 Règlement général de la BRVM, www.brvm.org

395 A. Sakho, Cours sur : « Politiques de Ressources Publiques pour réduire la pauvreté » Dakar, Centre d'Enseignement à Distance, 27 novembre 2001 – 19 février 2002, inédit.

dans l'environnement économique des affaires la société unipersonnelle. Celle-ci peut revêtir soit la société anonyme, soit la société à responsabilité limitée. Cette innovation a entraîné deux modes de gouvernance : - La gouvernance par le conseil d'administration lorsque le nombre d'actionnaires est supérieur ou égal à trois ;

- La gouvernance par un administrateur général qui cumule les fonctions d'administration et de direction lorsque le nombre d'actionnaires est égal ou inférieur à trois.

Dans la pratique ces types de sociétés sont assimilables aux entreprises familiales de type « petite et moyenne entreprise ». Celles-ci forment le pourvoyeur le plus important de l'économie de cette zone. Pour obtenir des résultats ou atteindre les objectifs, la concentration de la propriété est caractéristique des entreprises familiales. Ceci explique également le statut « multifonction » des dirigeants. En effet, dans la plupart des entreprises, ces derniers sont à la fois propriétaire ou copropriétaire et président de conseil d'administration. Ce cumul confère au propriétaire dirigeant président une certaine légitimité et un pouvoir très fort dans la prise de décision.

A. « AMALGAMATION » DES ORGANES DE GOUVERNANCE

208-L'amalgamation est l'enchevêtrement des organes sociaux dans la plupart des sociétés commerciales en Afrique. Elle est dûe à l'influence du facteur culturel. Ici, la légalité et l'informel s'entremêlent afin de donner un organe de contrôle.

Dans la presque totalité des cas, l'un ou l'autre est soit l'un des cinq principaux actionnaires, soit un membre direct de la famille. On observe à cet égard l'existence des structures avec conseil d'administration le plus souvent avec coexistence dans les faits d'un conseil de famille. Celui-ci supplante la structure formelle et favorise l'influence de la famille dans les activités et la gestion de l'entreprise. Le conseil de famille dans certains cas n'est pas une réunion formelle ; mais un processus de concentrations et d'entente entre les membres de la famille intervenant directement ou indirectement dans la gestion de l'entreprise. Il ressort de ce constat que le conseil d'administration est peu structuré et comprend en majorité les actionnaires familiaux et les dirigeants. Or selon la loi, «le conseil d'administration... contrôle, de façon permanente, la direction »[396]. Dans les petites et moyennes entreprises, les mêmes

---

[396] Art 462 de l'AUSC.

organes exercent les fonctions d'administration et de contrôle. L'application de la loi régissant la gouvernance des sociétés commerciales se heurte ainsi à un phénomène culturel.
Le même problème existe dans les sociétés à capitaux publics. Dans la pratique le directeur général est désigné par le gouvernement et sa nomination est ensuite approuvée par le conseil d'administration.

209-Dans l'exercice de ses missions le conseil d'administration se trouve considérablement affaibli. Selon l'art 435 de l'AUSC, le conseil d'administration adopte les états financiers donc procède à la supervision de la gestion c'est-à-dire du processus des contrôles internes. Nombre de sociétés sont dotées de vérificateurs internes, mais ces derniers rendent compte au directeur général et non au conseil d'administration. Cet état de fait ne permet pas au conseil d'administration d'agir en toute connaissance de cause, de bonne foi, avec diligence et avec toute la vigilance nécessaire, ainsi que dans l'intérêt bien compris de la société et des actionnaires.

210-Ce dysfonctionnement ne permet pas au conseil d'administration d'assumer toutes ses responsabilités suivant les principes de «corporate governance», à savoir assurer l'orientation stratégique de la société, le contrôle effectif de la direction et assumer ses responsabilités vis-à-vis de la société et des actionnaires.
Si les principes de la «corporate governance» visent à donner plus de transparence dans la vie des sociétés, il y a parfois une réalité qui ne permet pas d'atteindre pleinement cette transparence dans l'OHADA. Il s'agit du phénomène culturel. Ainsi les règles qui prévalent à la constitution et au fonctionnement des sociétés commerciales contenues dans l'acte uniforme sont respectées sur la forme. Mais dans la pratique la réalité est toute autre, ce qui constitue une limite à la bonne gouvernance des sociétés anonymes.

B. LE POUVOIR DE NOMINATION DU CONTROLEUR

211-D'autres insuffisances relatives à la gouvernance d'entreprise peuvent être relevées. En effet, l'interprétation de l'art.437 de l'AUSC nous autorise à croire que le conseil d'administration peut créer en son sein divers comités. Il peut ainsi créer un comité d'audit, avec pour mission de contribuer à l'exercice par le conseil d'administration de sa fonction de surveillance de la gestion. Dans la pratique les comités du conseil d'administration sont peu courants et les comités de vérification ne sont pas exigés par la loi.

Même si ces comités devaient exister, comité d'audit, comité de rémunération, comité de nomination, c'est l'actionnaire de contrôle qui, en vertu de la loi du capital et du principe majoritaire, a le pouvoir de nommer les organes de gestion des sociétés. Cette ambivalence des pouvoirs du conseil d'administration est par ailleurs tempérée par la possibilité de révocation ad nutum des administrateurs. Ce pouvoir est malheureusement mis rarement en œuvre par l'assemblée générale des actionnaires.

212-Il est à remarquer que même dans le droit français, l'existence de ces comités n'a pas toujours garanti la transparence tant souhaitée. En effet, l'art. D. 90. al. 2 du décret du 23 mars 1967 autorise le conseil d'administration à créer des comités, à condition qu'ils n'empiètent pas sur le rôle dévolu par la loi au conseil d'administration. Cependant, on remarque que la plupart des conseils ont opté pour la création d'un comité de rémunération et non d'un comité d'audit, de stratégie, de nomination ou autre.

Par ailleurs, il y a peu de transparence en ce qui concerne les membres, le budget de fonctionnement de ces comités. Enfin il faut rappeler que l'existence d'un comité ne garantit ni son efficacité, ni son indépendance[397].

L'affaire VIVENDI UNIVERSAL qui n'est pas un cas isolé, a mis en évidence la défaillance de l'organisation des comités et du conseil d'administration dans le cadre des dispositions du gouvernement d'entreprise. Les travaux des différents comités et du conseil d'administration qui ont comme finalité d'assurer plus de transparence auprès du public et des investisseurs, afin d'améliorer l'image de l'entreprise, n'ont pas permis d'anticiper la situation d'endettement du groupe qui s'est révélée tardivement aux investisseurs entraînant ainsi une chute du titre[398].

Pour assurer plus de transparence dans le contrôle des procédures mises en place au sein de l'entreprise, l'acte uniforme de l'OHADA à l'instar du droit français préconise l'intervention d'un contrôleur légal externe. Il s'agit du commissaire aux comptes.

---

[397] S. L'hélias, Le retour de l'actionnaire- pratique du corporate governance en France, aux Etats-Unis et en Grande-Bretagne,- Edition Gualino éditeur, p. 71 et s.

[398] Le monde du 19 février 2002, propos recueillis par Sophie Fay et Martine Orange.

SECTION II : LES LIMITES DU CONTROLEUR EXTERNE

213-Il convient ici, avant de se pencher sur l'impact de la pluralité des normes comptables sur la gouvernance des sociétés commerciales, de mettre en relief le dualisme qui caractérise les instruments du contrôleur externe.

PARAGRAPHE I : LE CADRE LEGAL DU CONTROLE EXTERNE.

214-Il existe dans la zone O.H.A.D.A trois instruments légaux à la disposition du commissaire aux comptes. Il s'agit entre autres de l'acte uniforme portant organisation et harmonisation des comptabilités des entreprises, du système Comptable ouest africain (SYSCOA), et du code CIMA. Ces instruments seront étudiés successivement.

A. Le SYSTEME COMPTABLE OHADA

215-La réglementation comptable dans les Etats de l'OHADA[399] repose sur l'Acte uniforme portant organisation et harmonisation des comptabilités des entreprises. Sont exclus de son champ d'application les banques, les établissements financiers, les compagnies d'assurance ainsi que les entreprises soumises aux règles de la comptabilité publique[400]. Les Etats membres de l'OHADA ont pris conscience de la nécessité d'une harmonisation des procédures comptable dans leur espace communautaire.

216-Cette décision est relative à l'hétérogénéité des référentiels comptables en vigueur, à la pluralité des bilans et états financiers, à l'obsolescence des normes comptables, à l'insuffisante appréhension du secteur productif. Pour remédier à ces insuffisances, le système comptable OHADA a eu comme ambition d'harmoniser les caractéristiques fondamentales des principes comptables : l'analyse par nature des charges et des produits ; la modélisation rigoureuse des états financiers, l'adoption d'un plan comptable normalisé ; la séparation de la comptabilité générale de la comptabilité analytique de gestion facultative ; l'affirmation des principes comptables fondamentaux ;

---

399 Bénin, Burkina Faso, Cameroun, Centrafrique, Comores, Congo Brazzaville, Côte d'ivoire, Gabon, Guinée Conakry, Guinée Bissau, Guinée Equatoriale, Mali, Niger, Sénégal, Tchad, Togo.

400 A. Sakho, les attentes en matière de mission légale de commissariat aux comptes, Revue sénégalaise de droit des affaires n° 5-6-7-8/2005- 2006, p. 93 et s.

l'élargissement du périmètre du bilan ; la distinction dans le résultat : les activités ordinaires des activités extraordinaires ; l'instauration d'un état annexé ; la finalité d'image fidèle[401].
L'art.14 de l' acte uniforme portant organisation et harmonisation des comptabilités des entreprises (AUOHC) dispose « L'organisation comptable mise en place dans l'entreprise doit satisfaire aux exigences de régularité et de sécurité pour assurer l'authenticité des écritures de façon à ce que la comptabilité puisse servir à la fois d'instrument de mesure des droits et obligations des partenaires de l'entreprise, d'instrument de preuve, d'information des tiers et de gestion». C'est dans ce contexte que certains pays faisant partie de l'OHADA ont mis en place un autre système comptable dénommé système comptable ouest africain.

B. LE SYSTEME COMPTABLE OUEST AFRICAIN(SYSCOA)

217-C'est le règlement n°04/96/CM du 20 décembre 1996 portant adoption d'un référentiel comptable commun au sein de l'UEMOA dénommé système comptable ouest africain (SYSCOA) amendé par le règlement 07/01 du 20 septembre 2001 qui constitue le fondement juridique de cet instrument. Ce référentiel doit permettre à la comptabilité de jouer son rôle dans le développement de l'intégration économique des Etats de l'union Economique et Monétaire Ouest Africain[402]. Ses objectifs sont les suivants :
disposer de données homogènes à partir de pratiques comptables uniformes ; fiabilité de l'information financière ; image fidèle du patrimoine, de la situation financière et du résultat de l'entreprise ; adaptation du modèle des entreprises aux normes internationales ;
mise à disposition de l'entreprise d'un outil moderne de gestion ; pertinence partagée de l'information sur la base des besoins des différents producteurs et utilisateurs de comptes ; alimentation d'une centrale des bilans en informations comptables et financières pertinentes et sûres.

---

[401] NDJANYOU (L.), Portée du système comptable OHADA1 sur la production et la diffusion de l'information financière des entreprises de petite dimension, Revue africaine de l'Intégration, Vol. 2 n° 2, juillet 2008.
[402] In « Le système comptable ouest-africain (Syscoa) : l'intégration économique par la comptabilité », Tertiaire n° 104, novembre-décembre 2002, p. 1.

C. LE CODE DE LA CONFERENCE INTERAFRICAINE DES MARCHES D'ASSURANCE : CODE CIMA

218-Le Code fait obligation aux compagnies d'assurance de transmettre avant le 1er août de l'année suivante les états financiers et le rapport du conseil d'administration aux deux organes de contrôle que sont la Commission Régionale de Contrôle des Assurances (CRCA) et la Direction des assurances du Ministère des Finances du pays membre (Division des assurances de la Direction Nationale du Trésor).

Les états financiers des compagnies d'assurances doivent être certifiés par un commissaire aux comptes. C'est l'assemblée générale des sociétés d'assurances qui nomme pour six exercices un ou plusieurs commissaires aux comptes qui doivent par ailleurs effectuer certaines vérifications spécifiques notamment sur la couverture des engagements, la marge de solvabilité et le niveau des provisions techniques.

En outre, la Commission Régionale de Contrôle des Assurances et le Ministre en charge des assurances dans l'Etat membre peuvent demander que le compte d'exploitation générale, le compte général de pertes et profits et le bilan leur soient communiqués avant d'être soumis à l'assemblée générale au plus tard à la date à laquelle ils doivent être tenus à la disposition des commissaires aux comptes.

219- établissements financiers, les banques sont soumises à des plans comptables spécifiques et doivent suivre les normes établies par les autorités monétaires de l'UEMOA. Les règles de préparation, de présentation et de publication des états financiers annuels ou périodiques (mensuels, trimestriels ou semestriels) sont définies par les autorités monétaires de l'UEMOA notamment dans la Loi Bancaire, le Plan Comptable Bancaire obligatoire depuis 1996, et un « Dispositif prudentiel » établi par le Conseil de Ministres de l'UEMOA en 1999. Pour leur comptabilité les établissements bancaires utilisent le système IFRS/IAS en lieu et place du SYSCOA. Il s'y ajoute que la circulaire n°005-2001/CB/C/CB du 4 janvier 2011 relative à la gouvernance des établissements de crédit de l'organisation monétaire Ouest Africaine adopte la dissociation entre les organes délibérant et les organes de gestion.

Cette pluralité des normes comptables ne peuvent pas rester sans effet sur le contrôle des sociétés anonymes.

PARAGRAPHE II : L'IMPACT DE LA PLURALITE DES NORMES COMPTABLES SUR LA GOUVERNANCE DES SOCIETES ANONYMES.

220-Les sociétés anonymes, qu'elles soient privées ou parapubliques, doivent fournir des informations sur «la santé» financière de l'entreprise.

En effet, le SYSCOA harmonisé avec le Système Comptable de l'OHADA[403] constitue la norme comptable de référence. Le plan SYSCOA s'adresse à tout type d'entreprises, avec un niveau d'exigence de l'information financière variable en fonction de la taille de l'entreprise et du secteur d'activités. Ce texte sur certains points est devenu aujourd'hui importants. Néanmoins, il laisse une place plus grande à l'interprétation, et l'absence de fonctionnement des organes de normalisation a entraîné une application imparfaite du SYSCOA pour les entreprises.

A-NON-CONFORMITE DES NORMES COMPTABLES DE LA ZONE OHADA AVEC LE STANDARD INTERNATIONAL

221-Les différences significatives entre le SYSCOA harmonisé avec le Système Comptable OHADA et les normes IFRS en vigueur, portent principalement sur les points suivants :

A la différence des IFRS[404], le SYSCOA s'attache non seulement au cadre comptable, mais aussi à la nomenclature, la terminologie, à l'organisation de la comptabilité, aux procédures de tenue des livres de comptes et à la forme que ces documents doivent prendre.

Les IFRS ne retiennent pas la méthode de comptabilité de caisse. Cependant compte tenu de l'importance des micros et petites entreprises dans les tissus économiques dans notre zone, le SYSCOA a prévu une comptabilité dite de trésorerie pour celles-ci.

Les différences par rapport aux normes IFRS ne se limitent donc pas à celles que nous avons relevées.

222-D'autres écarts existent encore, résultant de nombreuses mises à jour des normes IFRS effectuées depuis 2001 jusqu'à ce jour notamment les notions d'impôts différés, d'activités ordinaires et d'éléments « hors activités ordinaires ». Le niveau d'information à

[403] Le SYSCOA a été développé le premier et adopté officiellement par l'UEMOA sous la forme du Règlement04/96 du 20 décembre 1996 Relatif au Droit Comptable (amendé par le Règlement 07/01 du 20 septembre 2001). Le SYSCOHADA correspond à l'AU Portant Organisation et Harmonisation des Comptabilités des Entreprises du 22 février 2000.

[404] International Financial Reporting Standard.

fournir en annexe des états financiers est nettement moins pertinent avec le SYSCOA.

223-Les règles comptables applicables aux établissements de crédit annoncées dans la loi bancaire et précisées par les instructions de la Commission de Supervision Bancaire et Financière diffèrent des normes IFRS sur au moins trois aspects significatifs : Elles définissent et déterminent : le cadre légal et réglementaire général, les documents de synthèse et la transmission des documents de synthèse.

En termes de règles d'évaluation des actifs et passifs, les principales différences entre les normes comptables bancaires et les normes IAS portent sur le provisionnement du portefeuille de créances. Les normes comptables bancaires en matière de provisions sur créances sont édictées de façon à éviter les interprétations erronées ou abusives. Elles sont contenues dans l'instruction 2001-01 modifiant l'instruction 94-05 de la BCEAO relative aux règles de provisionnement des risques de contrepartie des établissements de crédit. Cette instruction fait obligation aux établissements de crédit de distinguer deux catégories de créances saines et en souffrance. Ces dernières sont ventilées entre les créances impayées ou immobilisées et les créances douteuses, litigieuses ou contentieuses en fonction du risque de non recouvrement réel et potentiel. Cette instruction est conforme à la norme IAS 39 (« Instruments financiers : Comptabilisation et Evaluation ») qui prescrit une approche consistant à évaluer les pertes sur portefeuille en fonction des prévisions de recouvrement pour chaque créance ou groupe de créances aux caractéristiques similaires.

224- Cependant, l'instruction ne donne pas l'indication précise concernant la modalité pratique d'application de la notion de coût amorti ; en effet, la notion de coût amorti fait référence à la méthode du taux d'intérêt effectif et non linéaire (taux contractuel).

- Les règles de présentation et d'évaluation des instruments financiers suite à la mise à jour et à la publication de nouvelles IFRS y afférentes.
- De la même façon, les règles comptables applicables aux sociétés d'assurances contenues dans la loi sur l'activité d'assurances diffèrent des normes IFRS, notamment sur l'appréciation des provisions réglementées et surtout :
- les provisions couvrant des risques futurs ;
- les provisions pour charges de gestion futures ou pour égalisation ;
- les provisions pour charges correspondant aux primes non acquises.

Dans ces conditions quelle est la valeur que nous devons donner à l'information financière ?

B-PERCEPTION QUANT A LA QUALITE DE L'INFORMATION FINANCIERE

225-Comme indiqué ci-dessus, la demande d'information comptable et financière apparaît encore peu développée dans la zone OHADA. Ceci s'explique en particulier par un secteur privé et un marché de capitaux limités à quelques entreprises et à une activité économique, certes en progression, mais tout aussi réduite. Les banques semblent éprouver de grandes difficultés à obtenir des états financiers audités de la part des entreprises sollicitant un prêt. La présentation de bilans retraités en fonction des destinataires (banques ou administration fiscale) et des besoins de l'entreprise (emprunts bancaires) est déplorée par les banques qui ont du mal à obtenir des informations fiables.

La prédominance des règles fiscales sur les règles comptables apparaît comme un frein majeur au respect des règles comptables et à la transparence financière. De nombreuses entreprises sont souvent conduites à appliquer les règles fiscales bien souvent au détriment des normes comptables, pour éviter tout risque de redressement en cas de contrôle fiscal.

D'autres entreprises ne voient aucune incitation à se formaliser et préfèrent rester dans le secteur dit « informel ». Elles subissent une imposition forfaitaire (non basée sur des informations comptables et financières) et ne produisent ainsi aucune information comptable. L'absence de connexion entre l'imposition fiscale des petites entreprises et la production d'états financiers issus d'une comptabilité régulière est de nature à favoriser le maintien des entreprises dans le secteur informel et entraîne une concurrence déloyale avec le secteur formel.

226-Tout en reconnaissant les progrès importants apportés par le SYSCOA et le Système comptable OHADA, nombre de professionnels et d'observateurs mettent en avant les difficultés de leur mise en œuvre. Parmi les principales difficultés mentionnées, sont signalés en particulier :

- un manque de doctrine sur l'application comptable ;
- l'absence de mise en place de mesures d'accompagnement prévues telles que le fonctionnement des organes de normalisation et la création de guichets uniques pour recueillir les informations financières ;
- la lourdeur dans la présentation des liasses des états financiers et le manque de lisibilité dans la finalité de certains documents de l'état annexé ;
- l'exclusion des banques et établissements financiers de la nouvelle dynamique comptable ;

- l'incompréhension de certaines dispositions du SYSCOA non mises en vigueur ;
- le fait que le Système comptable OHADA ne soit pas suffisamment perçu comme un outil de gestion de l'entreprise dynamique.

227-Les utilisateurs des états financiers dénoncent la qualité relativement faible des états financiers et l'existence de bilans multiples en fonction des besoins. Ils déplorent l'absence de rigueur de certains membres de la profession comptable qui apposent leurs signatures sur des liasses présentant manifestement des incohérences.

L'audit légal des états financiers (« commissariat aux comptes ») est obligatoire pour toutes les sociétés anonymes, les sociétés à responsabilité limitée dépassant une certaine taille, les banques et les compagnies d'assurance, ce qui est conforme à la pratique internationale pour les pays à tradition de droit écrit. Les groupements d'intérêt économique (GIE), qui sont nombreux dans nos pays et dont la taille peut être significative, ne sont pas soumis à une telle obligation. Toutefois, le principal problème semble être le non-respect par un grand nombre d'entreprises de l'obligation de présenter des comptes audités.

Les petites et moyennes entreprises (PME) bénéficient de dispositions leur permettant d'appliquer des règles plus simples, en particulier en matière comptable avec les systèmes dits allégé et «minimal de trésorerie». Ces entreprises ont d'ailleurs la possibilité de s'affilier à un Centre de Gestion Agréé (CGA) qui leur fournit une assistance comptable. Néanmoins, de l'avis général peu d'entreprises ont adopté le système minimal de trésorerie et les seuls CGA constitué à ce jour n'enregistrent pas d'adhésions massives.

228-Les textes de l'OHADA prévoient le dépôt par les entreprises de leurs états financiers annuels au greffe du Tribunal, mais ce système ne fonctionne pas faute de moyens adéquats. Les registres de commerce et de crédit mobilier qui sont censés centraliser toutes les informations sur les entreprises ne sont même pas informatisés dans certains pays. Cette situation ne permet pas de requérir le dépôt au greffe du bilan annuel de toutes les personnes morales. Au total, le niveau global de transparence financière dans le secteur privé est particulièrement faible, et les créanciers disposent de très peu d'information sur la situation financière de leurs clients. La BCEAO a institué une centrale des bilans à l'usage exclusif de banques[405].

---

[405] Rosc comptabilité et audit Mali mai 2009.

On relève des limites à l'efficacité de l'action du commissaire aux comptes.
Le commissaire aux comptes n'a pas à apprécier ni l'opportunité d'acte de gestion ni la gestion de la société, son rôle de vérification ne portera pas sur la conformité à l'intérêt social, mais sur le strict respect de l'égalité entre associés. A ce sujet le professeur Abdoulaye SAKHO a écrit «(...), il s'agit là aussi d'une limite aux pouvoirs du commissaire aux comptes qui peut se contenter d'une simple vérification formelle du respect des prérogatives des associés : accès aux assemblées, vote, droit aux dividendes sans jamais se préoccuper des irrégularités quelconques commises dans la gestion de la société »[406].

229-Il est évident que malgré les efforts du législateur OHADA les systèmes comptables mis en place dans la zone présentent des insuffisances.
Au nombre de ces insuffisances, il y à le fait que le droit comptable OHADA est un outil dépassé. Le principal constat après plus d'une décennie de fonctionnement du cadre comptable OHADAest celui de son absence d'évolution. Les normes sont restées identiques et les lacunes apparues au fil des ans n'ont pas trouvé remède. Ainsi, l'absence de normes sectorielles se fait cruellement sentir. Alors que les économies de la région sont fortement spécialisées (agro-industries, mines, pétrole...), l'OHADA n'a produit aucune norme comptable sur ces sujets et les professionnels comptables doivent se référer à d'autres normes lorsqu'elles existent.
Les institutions OHADA manquent par ailleurs de réactivité ou réagissent tardivement et c'est le lieu de rappeler leur silence assourdissant lors de la crise financière de 2008 alors que certains opérateurs économiques de la zone ont été sérieusement touchés[407].
De plus, la question de la non-application ou de la mauvaise application de certaines normes n'a pas été traitée. Citons par exemple les normes relatives à la consolidation[408] ou celle sur le personnel extérieur ou l'état annexé. Nous avons également l'existence des normes de l'OCDE pour l'approfondissement de la gouvernance des sociétés commerciales.

---

[406] (A.) SAKHO, les groupes de sociétés en Afrique : Droit, pouvoir et dépendance économique, Karthala-Cres 2010, P.184.
[407] Jules Roger Feudjo, harmonisation des normes africaines (OHADA) et internationales (ias/ifrs) : une urgence ou une exigence?, *La Revue des Sciences de Gestion* 2010/5 - n°245-246 pages 149 à 158.
[408] Lire Nicolas Balesme et Stéphane Klutsch, « Consolidation et combinaison des comptes : la pratique au Gabon », Revue française de comptabilité, n° 365, avril 2004.

Celles-ci permettent mieux la diffusion de l'information financière et cultivent donc la transparence dans la gestion de la société. Or il se trouve que les normes comptables qui y sont contenues sont différentes des normes SYSCOA.

230-La question se pose dès lors de savoir si les systèmes comptables qui sont en vigueur dans l'espace OHADA donnent l'image fidèle de la situation financière de l'entreprise ? Ou permettent-ils la transparence en fournissant des informations fiables aux associés, aux banques, à des préteurs, aux administrations financières et économiques, aux commissaires aux comptes, aux organismes de sécurité sociale, aux partenaires de l'entreprise et aux travailleurs ?

L a réponse est négative. La certification faite par le commissaire aux comptes qui est un professionnel atteste que les comptes sont « réguliers et sincères et donnent une image fidèle du résultat des opérations de l'exercice écoulé, ainsi que de la situation financière et du patrimoine de la société à la fin de cet exercice »[409]. Elle constitue une présomption de régularité de la gestion et l'absence d'abus de biens sociaux. Ainsi, tout manquement à cette règle est sanctionné par le marché. Il en résulte qu'il existe un coût lié à la manipulation de l'image fidèle de l'entreprise vis-à-vis des partenaires :

- Avec les salariés, il y a possibilité de retard ou remise en cause des procédures de négociation collective ; perte de confiance dans les annonces entrepreneuriales et absence de dynamique organisationnelle dans le débat social.
- Avec les prêteurs, un renchérissement du coût du crédit ; absence de risque dans le financement des entreprises innovantes ;
- Avec l'Etat, un coût élevé de recherche de la fraude fiscale, pénale et un manque à gagner sur le plan fiscal
- Avec les associés, le plus souvent recours au vote de défiance ; baisse du cours de l'action, perte de crédibilité des dirigeants, fragilisation de la société et risque de raids financiers.
- Avec les tiers, coût d'externalité négative lié à l'absence d'entrée de nouveaux associés.

Comme on le voit l'établissement et la publication de documents comptables fiables et sincères constituent le socle de la vie économique de la société, une sorte de « règle du jeu » qui cimente la confiance nécessaire d'entrer en relation à tout moment avec les acteurs précités.

---

[409] Art. 710. AUSC.

231-A défaut, quand la confiance disparaît, les dommages pour la société peuvent être majeurs, et les mandataires sociaux en sont logiquement tenus pour responsables.
C'est pourquoi les fautes commises dans le processus d'établissement et de publication des comptes annuels constituent les motifs les plus courants de mise en jeu de la responsabilité de la direction générale. Deux types de responsabilités peuvent ainsi être mis en jeu : pénale et civile.

232-S'agissant de la responsabilité pénale, les mandataires sociaux peuvent être poursuivis individuellement ou collectivement.
Les actions pénales qui ont vocation à sanctionner une faute, quelle que soit l'importance du préjudice visent d'abord les personnes individuellement.
En matière comptable et financière, les sanctions pénales ne sont pas prévues par les textes de l'OHADA. Sur ce point, il appartient aux Etats parties de prévoir ces sanctions pénales dans leurs législations internes.
Les personnes visées sont, entre autres, le président, les administrateurs ou les directeurs généraux d'une société anonyme en cas de répartition de dividendes fictifs en l'absence d'inventaire, ou au moyen d'inventaire frauduleux, la publication ou la présentation aux actionnaires, même en l'absence de toute distribution de dividendes, des comptes annuels ne donnant pas, pour chaque exercice, une image fidèle du résultat des opérations, de la situation financière ou du patrimoine, en vue de dissimuler la véritable situation de la société à l'expiration de cette période.
On trouve également une multitude d'infractions relatives au droit à l'information comptable des actionnaires, notamment la carence de convocation de l'assemblée générale ordinaire dans le délai légal après la clôture de l'exercice ; l'omission de soumettre à l'approbation de ladite assemblée les comptes annuels et les rapports de gestion ; le défaut de communication systématique aux actionnaires des documents comptables inclus dans la liste des informations exigées par la loi.

233-D'autre part, les actions en responsabilité civile visant à réparer un préjudice peuvent être exercées contre le conseil d'administration. Elles peuvent être engagées concomitamment au pénal. Elles visent le conseil, organe collégial, et chacun des administrateurs à titre personnel, s'il est possible de prouver leur comportement fautif.
En matière comptable et financière, le conseil d'administration est tenu responsable de tous les documents sociaux publiés par l'entreprise. Ces documents sont utilisés par des tiers y compris les actionnaires, pour

prendre des décisions. S'ils sont erronés, les tiers, ou la société elle-même pourront subir un préjudice dont ils feront naturellement porter la responsabilité à la direction générale. Mais le conseil sera également mis en cause puisqu'il n'a pas su garantir la transparence vis-à-vis des actionnaires par un niveau d'information suffisant et de qualité.
Dans le cas d'une cessation de paiement, les juges examineront le respect de ces règles.
La mise en cause du conseil pour faute de gestion par défaut de surveillance sera assez aisée.
En cas d'agissement frauduleux, le risque sera maximum, tant en responsabilité civile que pénale.

234-Enfin, la responsabilité du commissaire aux comptes est clairement distincte de celle des mandataires sociaux. Il ne saurait être tenu responsable de toute irrégularité qui serait commise dans la société dont il certifie les comptes. Ainsi, le commissaire aux comptes n'est pas civilement responsable des infractions commises par les mandataires sociaux, sauf si, en ayant eu connaissance de cela, il n'a pas tenu informés les actionnaires dans son rapport général à l'assemblée générale.
Sa responsabilité peut aussi être mise en jeu dans trois cas.
i. Sur le plan civil, sa responsabilité peut être engagée lorsqu'il commet une faute dans l'exercice de sa mission, et que cette faute occasionne un préjudice à la société ou à un tiers. Il doit exister un lien de causalité direct entre la faute éventuellement commise et le préjudice invoqué.
ii. Sa responsabilité peut être recherchée sur le plan pénal. Outre les infractions de droit commun, sa responsabilité peut être recherchée sur le fondement de certaines infractions spécifiques à la profession. Il est par exemple tenu responsable de l'absence de révélation de faits délictueux au Procureur de la république ; de la violation du secret professionnel ; du non respect des règles d'incompatibilités, de l'exercice illégale de la profession[410].
iii. Sa responsabilité disciplinaire peut aussi être recherchée en cas d'infraction aux lois ou règlements, négligence grave, fait contraire à la probité ou à l'honneur, etc. Les sanctions sont graduelles : avertissement, réprimande, suspension d'exercice ou radiation définitive.

---

410 François L., Gabriel O., L'administrateur des sociétés anonymes en questions, 1ère éd, SOFICOM, p. 190.

CONCLUSION DU CHAPITRE II :

235-L'AUSC a certainement innové en matière de contrôle de gestion. Mais lorsque le formel et l'informel se côtoient et que les seconds constituent le pouvoir économique réel, de sérieux problèmes se posent. Ce constat ressort au niveau du contrôle interne. En effet, si le dirigeant est l'administrateur général, il va de soit que la transparence voulue ne soit pas totale et que les mécanismes mis à sa disposition ne soient pas utilisés.

236-Sur le plan du contrôle externe le commissaire aux comptes dans la plupart des cas utilise le SYSCOA qui constitue une avancée en la matière, mais jusque là n'est pas conforme au standard de l'OCDE en matière de diffusion de l'information comptable.

CONCLUSION DE LA PREMIERE PARTIE :

237-Le législateur OHADA pour consolider l'intégration économique de la zone a, par des techniques juridiques, apporté des innovations au droit des sociétés commerciales.

Il a adopté des principes relatifs à la gouvernance des sociétés commerciales et singulièrement la société anonyme. Ces principes relèvent de la « corporate governance ». Ainsi il a procédé à la détermination des pouvoirs propres et collectifs des dirigeants sociaux et fixé le champ d'intervention de chacun d'eux. Et pour favoriser la protection des associés, la notion d'intérêt social a été érigée comme un moyen efficace de contrôle de gestion. Grâce à cette notion le principe de l'obligation de loyauté fait peser sur le dirigeant social des responsabilités. Parmi elles nous avons l'obligation d'information et celle de conseil.

238-Les actes uniformes se révèlent être le garant de la transparence. Ils favorisent ainsi l'exercice des droits des actionnaires au moyen de leurs droits de participation à la vie de la société, aux bénéfices et aux pertes.

239-Cet effort ne doit pas fait perdre de vue des insuffisances dans la gouvernance des sociétés anonymes dans la zone OHADA. Il a été constaté que souvent, dans le fonctionnement des organes d'administration, le PDG détient d'énormes pouvoirs et que l'institution d'un administrateur général n'a rien arrangé.

Les mécanismes de contrôle mis en place tant interne qu'externe se révéleront insuffisants par rapport aux normes internationalement admises. La multiplication des outils de contrôle ne permet pas l'uniformisation des productions comptables. En tout état de cause, le SYSCOA ne doit pas être une panacée, tout système comptable doit être en mesure de rendre compte de la performance réalisée au-delà des traditionnelles obligations légales s'il veut fournir des informations capables d'assurer une évaluation économique satisfaisante de l'entreprise. Pour ce faire, la pratique comptable doit évoluer vers une comptabilité des flux de fonds surtout pour les entreprises qui nourrissent l'ambition de recourir au marché financier et aussi pour permettre au SYSCOA de remplir pleinement le rôle que ses initiateurs attendent de lui : uniformisation des pratiques comptables et évolution vers les normes internationales.

Il ressort de ces insuffisances que la gouvernance des sociétés anonymes dans la zone OHADA doit évoluer vers des pratiques harmonisées afin de faire des principes de la « corporate governance » une opportunité pour nos entreprises.

DEUXIEME PARTIE

VERS DES PRATIQUES HARMONISEES DE GOUVERNANCE DES SOCIETES ANONYMES DANS LA ZONE OHADA

240-En Afrique, assurer la direction d'une société commerciale est inséparable du droit de propriété. En effet, l'actionnariat, en Afrique, est concentré. Cette situation se traduit par l'existence d'un nombre considérable de sociétés anonymes ne comportant pas d'actionnaires dispersés, et ceci influence la méthode de gouvernance des sociétés commerciales.
Dans ces conditions, la problématique de la convergence de la pratique du gouvernement d'entreprise dans la zone OHADA vers les modèles Shareholder et Stakeholder (littéralement , les « Stakeholders » sont les « porteurs d'intérêts » dont les entreprises doivent tenir compte, au-delà des actionnaires « Shareholders »)[411] est posée.
Dans la première partie nous avons démontré que l'examen de la pratique actuelle de gouvernance des sociétés anonymes dans l'OHADA révèle l'existence des éléments de la gouvernance des entreprises dans les dispositions des actes uniformes mais que des insuffisances persistent ; et qu'il est opportun de les actualiser.
C'est ce processus qui doit aboutir à la convergence de la pratique des sociétés anonymes vers des normes OCDE[412] pour assurer la compétitivité de nos entreprises. Et pour cela l'institution des normes de gouvernance d'une part, et d'autre part la mise en place d'un code de conduite à l'échelle OHADA s'avère nécessaire.

[411] F.G. Trébulle, Stakeholders Theory et droit des sociétés, semaines juridiques, sept. 2006, p. 1.
[412] OCDE, Principes de gouvernement d'entreprise de l'OCDE, 2004.

TITRE I : DES NORMES DE GOUVERNANCE DES SOCIETES ANONYMES DE LA ZONE OHADA

241-La zone OHADA, par le dynamisme du monde des affaires et les potentialités économiques que recèle son sous sol, s'intègre dans le commerce mondial.

Cette intégration se réalise d'abord par une possibilité de convergence vers les modèles plus structurés ensuite par l'adoption des mécanismes universellement reconnus afin d'attirer plus d'investisseurs.

En effet, la littérature des recherches nous a révélé que les éléments de gouvernance qui existent dans les textes de l'OHADA sont insuffisants et qu'il faut corriger cet état de fait. C'est pourquoi il nous a paru opportun de proposer des normes sous la forme d'un code de gouvernance[413] à l'échelle OHADA en tenant compte de la structure de l'économie c'est-à-dire les types d'entreprise qui y opèrent et la culture entrepreneuriale,

où les économies nationales tendent à être dominées par de grandes entreprises, détenues par des familles, l'État et/ou des sociétés étrangères, dont les titres ne s'échangent guère sur les places boursières locales et où une pléiade de petites entreprises assure souvent une part significative de l'emploi et de la production[414].

L'existence d'un code n'est pas une fin en soi encore faudrait-il que les textes juridiques qui sous tendent la sécurisation de toute activité économique soient d'actualité. C'est pourquoi nous nous proposons dans un second chapitre d'actualiser certaines dispositions de l'AUSC pour corriger les insuffisances constatées ça et là.

[413] Code AFEP- MEDEF ; vr également celui de l'ISA (institut sénégalais des administrateurs).

[414] Charles Oman, Daniel Blume, La gouvernance d'entreprise : un défi pour le développement, www.oecd.org/dev /reperes, Repères n°3.

CHAPITRE I : LES DOMAINES A PRECISER

242-L'amélioration de la gouvernance dans la zone OHADA passe nécessairement par la façon dont est organisée l'administration des sociétés anonymes et l'exercice des pouvoirs. Ce sont ces deux domaines que le code doit prendre en compte.

SECTION I : L'ADMINISTRATION DES SOCIETES ANONYMES

243- Le rôle des acteurs impliqués dans le gouvernement d'une entreprise doit être circonscrit soigneusement, de manière que chacun sache ce qu'on attend de lui : diriger, surveiller ou légitimer. Une grande partie de la confusion actuelle vient du fait que les responsabilités des parties prenantes au gouvernement de l'entreprise se chevauchent.

Une clarification s'impose donc pour distinguer les devoirs et les attentes envers chacun ; elle évite l'empiètement des compétences et la dilution finale des responsabilités[415].

Les propositions qui seront faites ici tiennent compte de la possibilité de l'existence d'un règlement intérieur adapté au fonctionnement des organes d'administration de chaque type de société de taille petite ou grande. Elles seront faites uniquement sur des aspects qui souffrent cruellement d'une carence sinon d'absence de gouvernance.

Ainsi nos propositions seront relatives au renforcement de la séparation des organes sociaux et à l'accroissement des cas de mise en jeu de leur responsabilité.

PARAGRAPHE I : LA SEPARATION RENFORCEE DES ORGANES SOCIAUX

244-L'administrateur d'une société anonyme est un dirigeant, membre d'un organe collégial[416] qu'est le conseil d'administration. Pris isolément, aucun administrateur n'a de pouvoir de gestion dans la société, il en résulte que les pouvoirs appartiennent au seul organe collégial et non aux individus (personnes physiques ou morales) qui composent le conseil d'administration.

---

[415] Pierre-Yves Gomez, Professeur de stratégie EMLYON Business School Directeur de l'IFGE-Institut Français de Gouvernement des Entreprises, Rapport au conseil d'administration de MiddleNext, Mars 2009.

[416] Le conseil d'administration est un collège qui délibère sur les principales décisions de l'activité sociale ; il oriente, approuve ou censure l'action de la direction générale, et il prépare les décisions des assemblées d'actionnaires.

D'une manière précise, il faut considérer que l'administrateur est titulaire d'un mandat qui l'oblige à participer aux réunions du conseil mais qu'il ne dispose d'aucun pouvoir individuel sur la gestion sociale car les pouvoirs d'administration appartiennent au seul conseil d'administration, organe collégial.

245-Selon l'art. 435 de l'AUSC « le conseil d'administration pour l'exercice de ses fonctions est investi des pouvoirs les plus étendus qu'il exerce dans la limite de l'objet social et sous réserve de ceux expressément attribués aux assemblées générales d'actionnaires ». Cette définition légale, applicable également à la direction générale (art. 465 de l'AUSC), a le mérite de la concision, et permet au conseil d'adapter au mieux la répartition des compétences.

Néanmoins, elle peut aussi être source de confusion entre les pouvoirs du président directeur général et ceux du conseil. En pratique, on constate en effet dans certains cas que les pouvoir propres de direction du président directeur général absorbent la majeure partie des attributions du conseil. Ce dernier se limite alors à entériner les décisions du président directeur général et à discuter les grandes orientations de la société. Ainsi, dès 1963, Monsieur François Bloch- Lainé avait rédigé un chapitre particulièrement prémonitoire, intitulé « Pour un gouvernement de l' entreprise » dans son livre « Pour une réforme de l' entreprise » où il dénonçait le risque de dérive de managers livrés à eux-mêmes et la passivité des conseils d'administration dans des termes qu'il conviendrait encore de citer : « Comme le chœur des vieillards dans la tragédie antique, ils assistent, muets, aux actes décisifs ; ils ne se mettent en mouvement que pour louer ou pour gémir, après l'événement qui donne raison ou tort aux protagonistes. La fiction d'une absente présence est commode au théâtre où tout est fiction »[417]. Il résulte de ce qui précède pour l'amélioration de la gouvernance dans la zone OHADA de la nécessité de la mise en place d'un conseil présidé par un président non exécutif et de la nécessité d'améliorer davantage l'autonomie du directeur général.

A. CONSEIL D'ADMINISTRATION DIRIGE PAR UN PRESIDENT NON EXECUTIF

246-S'agissant de l'organisation du pouvoir il faut regretter le fait que l'Acte Uniforme soit la transposition de la loi française[418] sur les

---

[417] FR. BLOCH-LAINE, "*Pour une réforme de l'entreprise*", Seuil, Politique, 1963.

[418] Jurisprudence Motte Civ 4/6/1946 JCP 47 11 3548, note BASTIAN ; De la villa des

sociétés commerciales du 24/7/1966. La formule de l'article 435 de l'AUSC est la même que celle de l'article 465 qui donne les mêmes pouvoirs au Président-Directeur Général. De la lecture combinée de ces textes, il résulte une pluralité de dirigeants sociaux qui, loin de restreindre la compétence de chacun, conduit au contraire à un cumul de pouvoirs. Dans les sociétés anonymes où le conseil d'administration et le Président se trouvent concurremment investis de très larges pouvoirs de gestion, et où les éventuels directeurs généraux désignés par le conseil disposent, à l'égard des tiers, des pouvoirs exacts du président.

247-L'ouverture de la société anonyme aux sociétés comportant peu d'actionnaires, voire un seul la rapproche de la société à responsabilité limitée. Dans les deux cas, il n'y a pas de distinction, à la tête de la société, entre une administration et une direction. Ces deux tâches sont cumulativement effectuées par une seule et même personne qui rend compte directement aux associés. Ce mode d'administration prévu par les textes de l'OHADA ne permet pas une différenciation de pouvoirs conforme aux règles de la gouvernance prônées par ceux de l'OCDE.

Pour converger vers les principes de l'OCDE, il s'avère que dans la zone OHADA, l'administration des sociétés anonymes doit non seulement tenir compte de l'actionnariat mais s'adapter aux exigences de la bonne gouvernance.

248-Une des formules proposées pour cette adaptation passe par l'institution d'un conseil d'administration dirigé par un président non exécutif[419].

L'institution d'un président non exécutif va consacrer la séparation des fonctions de président du conseil d'administration et celle de directeur général.

Cette dissociation de fonction entraîne une dissociation des pouvoirs. En effet, dans la proposition, un président non exécutif est un président qui aura comme prérogatives le seul management du conseil. Par

---

sources (COM 29/11979 JCP 91 ed. G, IV, p77), du journal de doullens (Com. 12/1/1988 JCP 88 ed. E, I, 15240).

[419] L'acte uniforme n'a pas introduit le binôme (Directoire + Conseil de Surveillance) et le statut d'administrateurs indépendants. Même si cette structure et ce mécanisme semblent très peu usités dans les entreprises en Afrique, il aurait été plus rationnel de prévoir l'évolution de l'environnement économique vers un contexte plus ouvert et plus préalable aux investisseurs financiers surtout étrangers qui auraient une préférence pour cette structure et ce mécanisme très prisés de gouvernance.

mimétisme du droit français[420], le président du conseil d'administration aura trois grandes prérogatives :

1. Il représente le conseil d'administration, organise et dirige les travaux de celui-ci.

Concrètement, cela signifie que le président :

- fixe l'ordre du jour des conseils et les dates de convocation,
- coordonne le travail du conseil et de ses comités spécialisés,
- dirige les séances, circulation de la parole, etc.,
- veille à la confidentialité de la délibération du conseil,
- coordonne le travail du conseil avec les autres organes de gestion et de contrôle (direction générale, commissaire aux comptes, salariés…)
- rend compte aux assemblées générales des travaux du conseil.

2. Il veille au bon fonctionnement des organes de la société que sont le conseil d'administration, la direction générale, l'assemblée générale, le commissariat aux comptes. Le président est le garant du bon fonctionnement de ces différents organes de gestion et de contrôle. Il devra donc veiller très attentivement au respect des formalités légales, telles que les convocations aux assemblées, et au respect des formalités de publication des décisions prises par les organes sociaux. Il veillera également au respect des règles relatives aux conventions réglementées et devra répondre aux questions posées par les actionnaires.

3. Il s'assure que les administrateurs sont en mesure de remplir leur mission. Le président doit donc s'assurer que les administrateurs sont suffisamment disponibles et compétents et doit surtout veiller à ce qu'ils disposent de toutes les informations nécessaires pour remplir efficacement leur mission.

Un président qui n'aura pas respecté ces exigences pourrait donc voir sa responsabilité civile mise en cause.

249-Dans un arrêt[421] la cour de cassation a aussi consacré la notion de « faute séparable des fonctions sociales ». Ce faisant, la cour de cassation permet que les dirigeants sociaux engagent leur patrimoine personnel lorsque leur responsabilité pénale ou civile est établie. On voit que c'est dans un souci d'indemnisation des victimes que la cour de cassation a étendu le domaine de responsabilité des dirigeants sociaux

---

[420] Art. 106 de la loi NRE « Le président du conseil d'administration représente le conseil d'administration. Il organise et dirige les travaux de celui-ci, dont il rend compte à l'assemblée générale. Il veille au bon fonctionnement des organes de la société et s'assure, en particulier, que les administrateurs sont en mesure de remplir leur mission ».

[421] Cour de cassation, chambre Commerciale, 28 septembre 2010, n°09-66255.

et ainsi les recours des victimes subissant un préjudice conséquemment à leurs fautes pénales.

250-En recentrant le rôle du dirigeant sur la mission d'élaborer et d'assumer la stratégie, on clarifie sa responsabilité particulière par rapport aux autres acteurs de la gouvernance. Cette clarification implique une séparation nette entre le pouvoir de direction et le pouvoir de surveillance exercé par le conseil d'administration. La question est mal posée, néanmoins, si on se contente de se demander « doit-on séparer les fonctions de directeur Général et de Président du Conseil d'administration?». Par définition, la fonction de Direction et la fonction de surveillance sont différentes ce qui est acté par la loi, en l'occurrence la loi NRE[422]. La question est donc plutôt celle-ci : «ces deux fonctions différentes peuvent-elles être exercées par une même personne ?», ce qui implique une concentration des deux pouvoirs.

251-Pour des raisons de clarté, il est préférable que ces fonctions différentes soient exercées par des personnes différentes, pour bien marquer leurs spécificités. Le Directeur Général élabore et assume la stratégie. Le Président du Conseil d'administration contrôle que l'activité du dirigeant s'exerce sans dérives susceptibles de remettre en question la performance durable. S'il est important que le dirigeant soit investi d'une latitude entrepreneuriale large pour élaborer et conduire la stratégie, il y a nécessité, en corollaire, qu'il ne soit pas son propre surveillant. Plus ces missions sont délimitées, plus leur séparation relève du bon sens. Loin d'affaiblir la fonction du dirigeant, elle la fortifie, au contraire, en marquant bien sa responsabilité propre sur laquelle les autres acteurs ne doivent pas empiéter : nous proposons à cet effet la généralisation dans l'espace OHADA de la forme duale. Néanmoins, le réalisme impose de constater que la séparation formelle des fonctions apporte parfois plus de lourdeurs que de réels avantages.

252-Cette raison est souvent avancée par certaines entreprises pour concentrer les fonctions en une même personne. Elle reste néanmoins peu satisfaisante dans l'esprit d'une gouvernance raisonnable[423]. Aussi, pour pallier le coût et la complication que peuvent

---

422 Article 225-51-1 stipule «la direction générale de la société est assumée, sous sa responsabilité, soit par le président du conseil d'administration, soit par une autre personne physique nommée par le conseil d'administration et portant le titre de directeur général. Dans les conditions définies par les statuts, le conseil d'Administration choisit entre les deux modalités d'exercice de la direction générale visées au premier alinéa. Les actionnaires et les tiers sont informés de ce choix dans les conditions définies par décret pris en conseil d'Etat ».

423 Pierre-Yves Gomez, Opcit, Rapport au conseil d'administration de MiddleNext, Mars 2009, p. 17.

produire cette séparation, on peut imaginer, notamment dans les entreprises de petite taille, des systèmes de contrôle spécifiques comme, par exemple, un comité stratégique entièrement composé de personnalités extérieures devant lequel le dirigeant puisse, régulièrement, expliquer ses choix. Chaque entreprise peut trouver, ainsi, le système qui convient le mieux à sa configuration, en sauvegardant ce principe de bon sens : le pouvoir d'un dirigeant est d'autant plus légitime et donc source de confiance que le contrôle d'éventuelles dérives de ce pouvoir est assigné à d'autres personnes que lui-même.

253-L'adoption de cette formule se justifie eu égard à la lecture des dispositions générales consacrées à l'administration et à la direction de la société anonyme de l'acte uniforme[424]. La formule de l'art.415 de l'AUSC qui laisse entendre que la société anonyme avec conseil d'administration est dirigée soit par un président-directeur général, soit par un président du conseil d'administration et un directeur général n'est pas non plus satisfaisante. Car elle ne réalise pas une séparation nette entre la fonction de direction et de contrôle. Or pour une gouvernance raisonnable il faut une indépendance complète du président du conseil d'administration. C'est pourquoi nous avons souhaité la reconnaissance d'un président non exécutif qui peut ne jouer aucun rôle dans la gestion quotidienne de l'entreprise. Mais corrélativement il peut proposer au conseil d'administration des sanctions à l'encontre du dirigeant fautif.

254-C'est l'adhésion à l'idée, qui s'était développée dans les années 70 aux USA, que le conseil doit surveiller ceux qui gèrent la société[425]. Il faut donc distinguer ces organes sociaux : ceux qui gèrent et ceux qui ne gèrent pas, mais qui doivent surveiller les premiers[426]. Cette mission de contrôle sera principalement exercée auprès de la direction générale[427]. Ce rééquilibrage, des pouvoirs des organes sociaux

---

[424] ART.414 de l'AUSC « Le mode d'administration de chaque société anonyme est déterminé de manière non équivoque par les statuts qui choisissent entre :

- La société anonyme avec conseil d'administration ;
- La société anonyme avec administrateur général.

La société anonyme peut, en cours de vie sociale, changer à tout moment son mode d'administration et de direction.

La décision est prise par l'assemblée générale extraordinaire qui modifie les statuts en conséquence.

Ces modifications sont publiées au registre du commerce et du crédit mobilier ».

[425] American Bar Association : http : //www.Abanet.org/

[426] A. TUNC, " Le gouvernement des sociétés anonymes, le mouvement de réforme aux Etats-Unis et au Royaume-Uni" Revue internationale de droit comparé, janvier-mars 1994, n. 1, p. 59.

[427] J. MESTRE- D. VELARDOCCHIO "Loi N.R.E : réformes du droit des sociétés commerciales" Supplément-Revue Lamy Droit des affaires, juillet 2001, n. 40, p. 49.

des sociétés anonymes dans l 'espace OHADA au moyen d'un texte, permet également l'application des règles du gouvernement d'entreprise aussi bien aux sociétés agissant sur un marché réglementé qu'aux sociétés familiales englobant les PME.

255-Cette dissociation effective va permettre au conseil d'administration d'exercer totalement toutes ses prérogatives en application de l'article 437 de l'AUSC. Il peut, en effet, décider la création de comités chargés d'étudier des questions déterminées. La création de comités ne pose pas de problème juridique particulier dans la mesure où elle est prévue par l'art 437 et permet de spécialiser les administrateurs sur des sujets envers lesquels ils ont une compétence reconnue. Il ressort que dans la pratique la création des comités spécialisés n'est pas obligatoire et que leur composition relève de la seule compétence du conseil d'administration. Les comités jouent un rôle consultatif et le conseil d'administration est responsable de leurs activités.

Pour un mandat réussi, le président non exécutif doit :

- s'informer sérieusement avant d'accepter son mandat ;
- connaître et respecter le cadre légal, les codes et les statuts ;
- se préoccuper prioritairement de l'intérêt de la société ;
- chercher constamment à prendre position en toute indépendance ;
- former un collège avec les autres administrateurs ;
- vouloir être correctement informé, à temps et complètement ;
- traiter en toutes circonstances les informations confidentielles avec la plus grande discrétion ;
- se porter garant de sa propre expertise et de sa réputation personnelle ;
- s'impliquer pleinement dans l'exercice de son mandat.
- veiller au remplacement chaque année d'un administrateur, afin d'éviter que la collégialité du conseil n'aboutisse à la passivité.

C'est pourquoi nous insistons sur le fait que le président non exécutif doit être choisi selon un large éventail de critères : compétence, qualification professionnelle, expérience,
qualités personnelles, indépendance[428] pour lui permettre d'exercer au mieux sa mission de contrôle de la direction.

Cette séparation nette de la présidence du conseil d'administration d'avec la gestion quotidienne doit se faire parallèlement avec l'amélioration de l'autonomie de la direction de l'entreprise.

---

[428] Livre vert, le cadre de la gouvernance d'entreprise dans l'UE, Commission européenne, Bruxelles, le 5.4.2011, p. 5.

B. AUTONOMIE AMELIOREE DU DIRECTEUR

256-Le directeur général est appelé à jouer de nombreux rôles dans le cadre de ses fonctions. Il est l'expert qui fournit ses conseils en gestion, en finance, en programmation, en marketing ; il est le jongleur qui joue avec de multiples dossiers simultanément ; il est l'horloger qui réactive la machine après chaque assemblée générale.

Ses fonctions l'amènent à assumer le passé, à gérer le présent et à préparer l'avenir. Il est celui qui est le mieux placé pour assurer la continuité d'un président à l'autre. Ce qui fait que le conseil d'administration est pratiquement tributaire du directeur général pour prendre les bonnes décisions parce que c'est ce dernier qui est au carrefour de toutes les informations circulant dans la société.

Compte tenu de ce qui précède, le directeur général dans une société anonyme doit avoir une large autonomie dans la conduite des affaires quotidiennes.

Il est courant de constater que tant qu'il est en poste, le directeur général obtient 51% des votes de confiance psychologique de ses administrateurs. Mais que survienne un petit évènement qui déplaise aux administrateurs, il peut très rapidement se retrouver avec seulement 49% du vote de confiance des administrateurs et il se trouve au chômage.

Que doit-il donc faire pour conserver les 51% des votes dont il a besoin pour rester en poste ?

257-Selon l'art 487 alinéa 1 de l'AUSC le directeur général assure la direction générale. Il la représente dans ses rapports avec les tiers. Il met en œuvre le plan stratégique de l'entreprise ainsi que les résolutions et politiques définies par le conseil.

Ainsi pour conserver les 51% des votes dont il a besoin, le directeur général doit assurer la responsabilité de l'embauche des employés, la détermination de leur rémunération, de l'évaluation de leur rendement, du développement de leur leadership et de la planification de leur relève, sous réserve de l'approbation du conseil quand il s'agit de cadres dirigeants.

Il doit veiller à ce que l'entreprise recrute du personnel compétent, talentueux et motivé et assurer le développement de leur compétence et les maintenir en fonction ;

S'assurer que les politiques du conseil, au sujet des normes de droit, de comptabilité, d'éthique, de moralité, de sûreté, de sécurité et d'environnement sont respectées, et conjointement avec le responsable de la fonction juridique, que l'entreprise se conforme en tous points aux lois et règlements en vigueur ;

Favoriser une culture d'entreprise qui fait largement place aux pratiques éthiques, à l'intégrité individuelle et au sens des responsabilités sociales.

258-A titre de premier dirigeant, le directeur général doit assumer la responsabilité d'élaboration et de l'application de la stratégie et des politiques de l'entreprise, et au besoin de leur communication aux principales parties prenantes ;

Favoriser un plan d'entreprise à recommander au conseil ;

S'assurer que les ressources de la société sont utilisées efficacement ;

Favoriser la réalisation des objectifs stratégiques retenus dans ce qui porte sur la croissance à court et à long terme, et sur la rentabilité ;

Surveiller les tendances dans le monde des affaires en général, et dans le domaine d'activité de l'entreprise.

Le directeur général doit en outre :

- Diriger les activités commerciales et les affaires internes de l'entreprise ;
- Etablir et contrôler la structure organisationnelle, le plan d'entreprise et les budgets, de façon à réaliser les objectifs approuvés par le conseil ;
- Assurer la responsabilité de l'exploitation de l'entreprise au jour le jour, y compris la gestion des immobilisations et la gestion financière, ainsi que les acquisitions et les investissements, le tout conformément au cadre stratégique de l'entreprise ;
- Prendre toutes les mesures raisonnables pour déterminer, évaluer et gérer les risques que l'entreprise encourt dans l'exercice de ses activités ;

259-La direction des ressources humaines, en collaboration avec le directeur général, élabore chaque année les objectifs généraux de l'entreprise et les objectifs individuels, que le directeur général doit atteindre.

Il les soumet pour étude et approbation au conseil. Chaque année, le directeur général est évalué en fonction de ses objectifs et de tout autre critère jugé pertinent.

Les modalités d'évaluation doivent être précises.

260-Ces principes de la gouvernance lorsqu'ils sont appliqués procurent au directeur général une réelle autonomie en rapport avec les objectifs stratégiques de l'entreprise. Il en résulte d'un autre côté une responsabilité accrue en cas de violation de ces mêmes principes.

Ainsi, peuvent selon les circonstances de l'espèce, se retourner contre le dirigeant :

- La société contrainte d'exécuter une convention signée sans les pouvoirs nécessaires ;
- Le cocontractant auquel la société aura pu opposer la nullité de l'acte litigieux.

La nature des actions dirigées contre le dirigeant dépend, en premier lieu, du fait de savoir si l'acte entaché de défaut de pouvoir peut, malgré ce vice, être rendu opposable à la société[429].

Le renforcement de cette autonomie du directeur général peut être puisé dans le facteur culturel propre à l'Afrique.

C. CONSEIL DE FAMILLE LEGALISE

261-Selon l'OCDE, l'adoption de la gouvernance d'entreprise doit se faire en tenant compte de la culture des populations. La proposition faite ici tient compte de cette suggestion pour rendre plus souple la réception des principes de la « corporate governance » dans de nombreuses PME [430] de la zone. Nous savons qu'en Afrique la communauté prime sur l'individu et c'est donc à juste titre que l'africain raisonne par clan, tribus, groupes ethniques [431] . Cette vision communautaire qui caractérise l'africain a des répercutions évidentes sur ses prises de décisions quand il s'agira de choisir par exemple des hommes en entreprise. La vision communautaire bien que décriée demeure à notre sens une vision sensée et humaine au détriment de l'individualisme égoïste et déshumanisant. Car la décision relative au choix des hommes fut- il ceux de sa communauté ne pose pas de problème majeur à la gouvernance d'entreprise quand on sait que la majorité des entreprises dans la zone OHADA sont familiales. Celles-ci se caractérisent par :

- Le contrôle du capital et de la gestion par une seule personne ou par une seule famille ;
- La participation active de la famille à la gestion ;
- Le souci de transmettre l'entreprise aux générations futures ;
- La parenté entre la direction et le capital de l'entreprise.

262-Ces différentes caractéristiques nous permettent de définir l'entreprise familiale comme celle dans laquelle les droits résiduels de contrôle et de créance sont détenus partiellement ou totalement soit par une seule personne ou une seule famille, soit par deux ou plusieurs

---

[429] F. François, E. DE Frondeville, A. Marlange, Dirigeant de société : Statut juridique, social et fiscal, 2è éd. Delmas, 2009, p. 276.

[430] M. BAUER (1993), « Les patrons des PME entre le pouvoir, l'entreprise et la famille », Inter Editions Coll. L'Entreprise, Paris, p. 72.

[431] A. SAKHO, Le viatique de l'investissement en fonds propres, le soleil n° spécial Banques/ Assurances1998.op.cit.

personnes physiques apparentées et qui s'activent effectivement dans la gestion et la surveillance[432].

A y regarder de près, il semble que le législateur OHADA a tenu compte de cette réalité culturelle. L'acte uniforme portant droit des sociétés a introduit dans l'environnement économique des affaires une nouvelle forme de société : la société unipersonnelle qu'elle revête la forme de société anonyme (SA) ou de société à responsabilité limitée (SARL).

Cette innovation a entraîné deux modes de gouvernance.

- La gouvernance par le conseil d'administration lorsque le nombre d'actionnaires est supérieur ou égal à trois ;
- La gouvernance par un administrateur général qui cumule les fonctions d'administration et de direction lorsque le nombre d'actionnaires est inférieur ou égal à trois[433].

263-Mais les contingences culturelles qui caractérisent certains modèles locaux et déterminent la nature des obligations des parties et parfois le protocole d'exécution des contrats ne peuvent vaciller facilement. « Il est important de ne pas analyser les institutions de gouvernance indépendamment de la culture dans laquelle elles s'inscrivent »[434]. Cette remarque est d'autant plus pertinente qu'on observe dans de nombreuses entreprises familiales de la zone OHADA que, l'organe de gouvernance est un conseil de famille[435]. En effet, même dans les entreprises ayant un conseil d'administration, il existe très souvent un organe familial qui supplante la structure formelle et favorise l'influence de la famille dans les activités de la gestion de l'entreprise[436]. Le système de gouvernance d'entreprise d'un pays recouvre les règles formelles et informelles, les pratiques acceptées et les mécanismes d'application et de sanction, privés comme publics. C'est pourquoi, la recommandation est faite ici qu'il faille intégrer dans le cadre législatif

---

432 La famille et les liens de consanguinités constituent ainsi l'épine dorsale de l'entreprise. Les liens viscéraux qui déterminent la structuration du capital et l'organisation du pouvoir réel constituent l'un des leviers de l'exploit de cette entité.

433 Art 416 de l'AUSC.

434 N. Meisel, «Un autre regard sur la gouvernance d'entreprise», problèmes économiques 2005, n°2, p. 14.

435 J Tchankan. P., «L'entreprise familiales au Cameroun» Cahier de recherche du Creff 2005, n°2000-05.

436 Le conseil de famille dans certains cas n'est pas une réunion formelle ; mais un processus de concertations et d'entente entre les membres de la famille intervenant directement ou indirectement dans la gestion de l'entreprise.

de l'OHADA, prescrivant les modes de gouvernance et de direction des sociétés commerciales, le conseil de famille en le structurant davantage.

264-Cette légalisation du conseil de famille aura comme avantage l'application correcte et complète des dispositions de l'acte uniforme dans certaines catégories d'entreprises et pour permettre la convergence de la gouvernance des entreprises dites familiales avec son cadre législatif.

Avec cette intégration le législateur ira au bout de sa logique de prise en compte du facteur culturel. En fait, l'entreprise familiale en Afrique est un réseau intégrant les fournisseurs, les clients, les salariés et les bailleurs de fonds[437]. Le développement de ce réseau affectif, ethnico-familial ou religieux facilite le contrôle des dirigeants et des salariés et limite dans le temps et dans l'espace leurs intentions malveillantes. Ce système de contrôle mutuel (formel et informel) au sein de l'entreprise et dans les réseaux octroie une parcelle du pouvoir à chaque partie prenante. Ce qui peut expliquer la prise en compte de leur intérêt dans certaines entreprises.

265-La légalisation du conseil de famille peut se justifier dans la zone OHADA dès lors que les mécanismes d'application volontaire sont d'une efficacité réduite dans un contexte de faiblesse généralisée des institutions, et de faiblesse des capacités de surveillance par des tiers en particulier [438]. Et quand on sait que les règles de gouvernement d'entreprise ne s'exportent pas. Ce qui s'exporte, c'est le rêve qu'elles comportent : le rêve que chacun, minoritaire, petit ou marginal peut y participer[439]. Une des raisons essentielles tient à des tissus économiques et sociaux très différents selon les pays.

Il est manifeste qu'une structure d'actionnariat différente conduira à des règles de gouvernement d'entreprise distinctes. Il suffit de se reporter à la définition des modèles de gouvernement d'entreprise pour s'en convaincre : selon que l'actionnariat est concentré ou au contraire dispersé, la protection des actionnaires est plus ou moins assurée[440].

---

[437] J Tchankan. P., op.cit.

[438] Vr. infra n° 27.

[439] Vr. H. Muir-Watt, «Le prestige du modèle américain» *supra*

[440] K. Hopt et al, Corporate Governance and Director's liabilities. Legal, Economic and Sociological analyses in corporate governance, Berlin, de Gruyter, 1985 ; K. Hopt et al, Institutional Investors and Corporate Governance, Berlin, de Gruyter, 1994 ; J. Fanto, Corporate Governance in American and French Law, Montchrestien, 1997 ; et les études du NBER sur le gouvernememt d'entreprise.

Ces innovations de la gouvernance des sociétés commerciales de la zone OHADA doivent s'accompagner d'un accroissement correspondant de la possibilité de mettre en jeu la responsabilité des organes sociaux.

PARAGRAPHE II : ACCROISSEMENT DES CAS DE RESPONSABILITE DES ORGANES SOCIAUX

266-Le mot « responsable » a un double sens en français[441] : je suis responsable lorsque je décide, lorsque je participe à des décisions. Et puis je suis responsable parce que je dois rendre compte des décisions que je prends et je suis prêt à en assumer les conséquences. Les administrateurs, comme beaucoup d'autres et notamment les dirigeants se posent deux questions : quelles sont les missions qui me sont imparties ?

Quelles sont les décisions auxquelles je participe ?

De ces interrogations découlent les raisons de la mise en jeu des responsabilités civiles et pénales des organes sociaux.

A. LES RAISONS DE LA MISE EN JEU DE LA RESPONSABILITE CIVILE DES ORGANES SOCIAUX

267-Le non-respect par certains organes sociaux des obligations auxquelles ils sont tenus en matière d'information sociale permet aux actionnaires de rechercher leur responsabilité au civil. Il s'agit des représentants légaux c'est-à-dire les personnes ayant légalement le pouvoir d'engager la société[442]. En droit OHADA les dirigeants sociaux peuvent voir le juge saisi mettre en jeu leur responsabilité civile. Tout particulièrement, lorsque c'est le juge civil qui est saisi d'une demande émanant d'un ou de plusieurs actionnaires l'engagement de la responsabilité civile se fera sur la base du droit commun de la responsabilité civile laquelle disposition oblige toute personne à réparer les conséquences dommageables de ses actes[443]. Cette responsabilité civile pourra également être recherchée en justice par les détenteurs du capital social sur le fondement des dispositions spécifiques de l'AUSC. Les dirigeants des sociétés anonymes peuvent voir leur

---

[441] Daniel Lebègue, président de l'institut français des administrateurs, colloque du CREDA 12 mai 2009, p. 37.

[442] André Akam Akam « La responsabilité civile des dirigeants sociaux en droit Ohada », *Revue internationale de droit économique* 2/2007 (t. XXI, 2), p. 211-243.

[443] Cf. art.1382 et 1383 C. civ. en droit français, ainsi que les dispositions équivalentes dans le droit civil des différents Etats membres de l'OHADA. Vr. également les arts. 125 du Régime Général des Obligations au Mali et l'art. 118 du Code des Obligations Civiles et Commerciales du Sénégal.

responsabilité mise en jeu au civil en cas, soit de violation des dispositions législatives et réglementaire applicables à ces sociétés, soit de violation des statuts, soit de faute de gestion. Selon qu'ils se prévalent d'un préjudice personnel ou du dommage subi par la société, les actionnaires pourront obtenir cette mise en jeu en exerçant en justice une action individuelle[444] ou une action sociale *ut singuli*[445].

Aux administrateurs[446], on reproche le plus souvent leur absentéisme et leur indifférence à la marche des affaires ; une de leur mission consiste à surveiller les actions du président.

S'ils ne tirent pas à temps la sonnette d'alarme, ils peuvent être rendus responsables des dommages causés à la société.

268- Quant aux présidents et directeurs généraux, contrairement aux administrateurs qui pèchent par abstention, eux pèchent à la fois par abstention (absence de comptabilité, insuffisance de surveillance des employés…) et par action (lancement d'opérations aventureuses, actes de concurrence déloyale…) le plus souvent, leur responsabilité est recherchée lorsque la société a dû déposer son bilan. On observera que le fait que le président ait obtenu une relaxe à l'occasion de poursuites

---

[444] Vr. art.162, 740 et 741 de l'AUSC. A propos de ce type d'action , il importe de relever que la jurisprudence française considère que les actionnaires qui demandent la réparation de leur propre préjudice, et non celui de la société, exercent « l'action des tiers » contre les administrateurs et doivent donc, pour établir le bien fondé de leur action, démontrer, ainsi que l'exige une jurisprudence constante (Cass.com. : 28 avril 1998, affaire Vergnet S.N.C.S.O.G.E.A et alii, Bull. Joly sociétés, n° 7, 1998,pp.808-811, note Le Cannu, J.C.P. éd. E, n° 31, 1998, p. 1258-1259, note Guyon, Rev. Sociétés, 1998, pp.767 s., note Saintourens ; 9 mai 2001, affaire Renaud c. S.A.R.L. Pilkington France, Dr. sociétés, n° 7, 2001, §.118, p. 19-20, note Lucas, Bull. Joly sociétés, 2001, pp.1020 s., note Barbiéri, Dr. et patrim. N° 100, 2002, pp. 98 s., obs. Poracchia ; 18 déc. 2001, affaire Alain Moinier c. Banque populaire de Lorraine, J.C.P. éd. E, 2002, n°22, p.899, obs. Viandier et Caussain, Dr. sociétés, n° 4, 2002 , §.68, p.25-26, note Vidal, que ces derniers ont commis des fautes « séparables » ou «détachables» de leurs fonctions : Versailles, 17 janvier 2002 , affaire Lehning Laboratoires c. Berreti et alii, Petites Affiches, n° 127, 2003, pp. 8 s., note Mercier, Dr. et patrim., n) 104, 2002, pp.. 96 s., obs.Porrachia ; et trib.Com. Paris. 2ème ch., 25 nov. 2003, affaire L. et alii c. S.A.S.C. Finance, Bull. Joly sociétés, n° 3, 2004, pp. 376 s., notr Saintourens. Et c'est le cas a-t-il été précisé dans un arrêt de la chambre commerciale abondamment commenté, lorsque le dirigeant commet intentionnellement une faute d'une particulière gravité incompatible avec l'exercice normale des fonctions sociales : Cass. Com. , 20 mai 2003, affaire Mme Seusse c. Sté d'application de techniques de l'industrie (S.A.T.I.), Rec. Dalloz, 2003, A.J. ;1502 ? obs. Lienhard ; J.C.P. éd.E, 2003, n° 32-35, p.3131, obs. Caussain, Deboioissy et Wicker ; Bull.Joly sociétés, n°7, 2003, pp. 786 S., note Le Nabasque ; Rev. Sociétés, n°3, 2003, pp. 479 s., obs.Barbiéri, ; Rev. trim.dr. com., 2003, 523 s., obs. Chazal et Reinhard ; Dr. et patrim., n° 120, 2003 ; pp. 91-93, obs.Porrachia ; Gaz. Pal. , 2004, I. jur., pp.482 s., note Clément.)

[445] Art. 163, 167, 740 et 741 de l'AUSC.

[446] (J.J) Caussain, Le gouvernement d'entreprise- Le pouvoir rendu aux actionnaires : CREDA Litec 2005, p 65.

pour abus de biens ne fait pas obstacle à sa condamnation civile pour manquement à son « mandat social» Cette responsabilité est individuelle (faute imputable à un seul dirigeant) ou solidaire (faute imputable à plusieurs dirigeants)[447].

En cas de solidarité, la société peut poursuivre celui des dirigeants ayant coopéré au fait fautif. La réparation effectuée, il appartiendra à celui qui a payé de se retourner contre ses coresponsables, la part contributive[448] de chacun étant égale, sauf décision contraire du tribunal qui peut répartir les dommages et intérêts en fonction de la gravité de la faute commise.

La répartition de la réparation n'est pas opposable aux tiers. Elle ne produit effet qu'entre les intéressés dans le contexte d'une action en répétition du surplus payé par l'un d'eux au cas où la victime se serait adressée à lui pour le versement de l'intégralité de la somme[449]. Compte tenu de la solidarité, le débiteur solvens ne peut en effet opposer au créancier les bénéfices de discussion et de division. En outre l'insolvabilité de l'un des dirigeants se repartit entre les autres par parts égales.

269-Par ailleurs exceptionnellement les dirigeants sociaux engagent leur responsabilité civile envers les tiers.

La responsabilité d'une personne morale peut être recherchée dans les mêmes conditions qu'une personne physique à raison des dommages qu'elle cause aux tiers (responsabilité contractuelle pour mauvaise exécution ou défaut d'exécution d'un contrat passé au nom de la société ; responsabilité délictuelle pour fait dommageable imputable à la société ne trouvant pas sa source dans l'inexécution d'un contrat)[450]. Les tiers qui s'estiment lésés doivent se retourner contre la société et non contre le dirigeant personnellement. La société constitue un écran mettant les dirigeants à l'abri des attaques des tiers ; leur irresponsabilité ne cède qu'en cas de faute détachable de l'exercice de leurs fonctions. Cette transposition et la quasi irresponsabilité à laquelle elle abouti, n'est sans doute pas justifiée dans la mesure où la gestion des personnes morales de droit privé n'est pas soumise aux contraintes de service public. Ainsi, la responsabilité civile de la société est engagée par les agissements de

---

447 Jacqueline LOHOUES-OBLE Agrégée des Facultés de Droit – Jurisconsulte de la CRCA (CIMA) Séminaire organisé par La FANAF 06 – 07 novembre 2008, GOLF HÔTEL - Abidjan 53.

448 Cass. 1ère Civ. 9 oct. 1985 ; Bull.civ.I, n°255.

449 C. civ. Art.1214.

450 Art. 162 AUSC ; art.1382 c.civ.

son dirigeant qui, en tant qu'organe social et pendant le temps où il était salarié d'une autre société, a démarché des clients pour le compte de sa société[451].

Aussi en cas de violation des règles relatives à l'information, les dirigeants verront leur responsabilité engagée par les créanciers desdites informations. Dans la doctrine africaine[452], il est considéré que tout actionnaire qui a subi un préjudice du fait soit du caractère faux ou insuffisant des informations fournies aux publics par les dirigeants sociaux, soit de la non- divulgation des données ou renseignements qui doivent obligatoirement l'être, soit enfin du non- respect des règles relatives aux modalités (procédés, délais) de cette divulgation, est en droit d'agir en responsabilité contre les dirigeants sociaux.

270-Les organes dirigeants d'une société peuvent voir leur responsabilité engagée s'ils ne satisfont pas aux obligations fiscales et autres engagements dus à l'Etat. Il s'agit notamment des droits d'enregistrements relatifs aux opérations ayant pour objet les actions, les cessions d'actions etc., et les impôts divers dont ils doivent s'acquitter et qui peuvent diverger selon les Etats.

En outre, les lois de finances des Etats peuvent étendre la responsabilité pécuniaire des dirigeants sociaux et les rendre solidaires du paiement de la pénalité afférente aux distributions et rémunérations occultes par exemple. Les tribunaux peuvent également les déclarer responsables des impositions et majorations dont la société est redevable, en cas de manœuvres frauduleuses ou d'inobservation grave et répétée des obligations fiscales[453]. Il faut aussi indiquer que lorsqu'une société anonyme acquiert d'un dirigeant un bien au dessus de sa valeur réelle par exemple, l'avantage ainsi consenti est réintégré dans les résultats imposables de la société et il est considéré comme

---

451 cass. Com., 4 mai 1999, Bull. Joly 1999 p. 1222.

452 Cf. entre autres : Fénéon (A.) ; La mésentente entre associés dans les sociétés anonymes O.H.A.D. ; Kane Ebanga (P.F.) Organisation et fonctionnement des sociétés anonymes du Cameroun dans l'économie moderne. Essai de thèse, p.95-96 ; Lecerf (M.), O.H.A.D.A. : La nouvelle réglementation de la diminution des capitaux propres (De la perte des_ du capital social à la perte de la moitié du capital), in Afrique : Harmonisation du droit des affaires O.H.A.D.A.,.J.F.E./C.F.C.E., n°2, 1998, pp. 333s., spéc.p. 338 ; Meissonnier(G.), Droit des sociétés en Afrique, p. 382-383 ?n°378 , p.433, n° 442 ; Mouloul (A), Le régime juridique des sociétés commerciales dans Mémento de droit des sociétés commerciales et du groupement d'intérêt économique O.H.A.D.A. (préf .M. Jean Paillusseau), p. 94, n°321, - De même , voy in Common Law et droit des sociétés commerciales d'Afrique et d' Haïti. : Deballe (M.), Les sociétés commerciales en République centraficaine, pp. 165 s. spéc. P. 193, et Ba (I.). Le droit des sociétés commerciales au Sénégal, pp. 395 s. spéc. p. 415.

453 Cass. com. 19 novembre 1991 n° 1434 ; RJF 2/92 n° 259.

une distribution de bénéfices. Il en est de même quand une société cède un de ses biens à un dirigeant à un prix anormalement bas ou cède des actions à ses actionnaires pour un prix minoré. Il existe donc un impératif fiscal d'un juste prix.

271-Cette responsabilité peut être aggravée en cas de redressement ou de liquidation judiciaire[454]. Lorsque la société est l'objet d'une procédure de redressement ou de liquidation judiciaire, il est normal que l'on recherche si la débâcle financière n'est pas due à la négligence, voire à la filouterie des dirigeants. Dans l'affirmative, ils encourent différentes sanctions : pécuniaire, personnelle ou pénale[455]. En cas de faute de gestion[456] ayant contribué à l'insuffisance d'actif[457], la juridiction compétente peut, à la requête du syndic ou même d'office décider que les dettes de la personne morale seront supportées en tout ou partie, avec ou sans solidarité, par tous les dirigeants ou certains d'entre eux. Ils doivent pour cela établir conformément au droit commun de la responsabilité le dommage résultant de l'insuffisance d'actif, la faute et le lien de causalité entre la faute et le dommage. On observe ici une extension des procédures collectives aux dirigeants[458]. Il s'agit des dirigeants qui se sont comportés comme les véritables maîtres de l'affaire,

---

454 Cf. Acte Uniforme portant organisation des procédures collectives d'apurement du passif.

455 Art. 183 AUPC : Action en comblement du passif.

456 Cass.com. 19 décembre 1995, n° 2230 D, Delcour c/ Martin ès qual. En effet le président du conseil d'administration d'une SA s'est contenté de rechercher les palliatifs à une situation de trésorerie de plus en plus obérée et n'a pris aucune mesure propre à faire face à la situation de la société en n'allégeant pas ses charges d'exploitation au regard d'une chute importante de son chiffre d'affaires, aggravant ainsi une situation déficitaire, tandis qu'à la même époque il a effectué de nouveaux investissements inadaptés aux besoins des activités de la société.

457 P. Le Cannu, La responsabilité civile des dirigeants de personne morale après la loi de sauvegarde : Rev. soc. 2005, p. 743.- Ph. Roussel Galle, Responsabilités et sanctions des débiteurs après la loi de sauvegarde des entreprises du 26 juillet 2005 : JCPE 2005, n° 42, 1512- Th. Montéran, Les sanctions pécuniaires et personnelles dans la loi du 26 juillet 2005 ; Gaz. Pal. 9-10 sept. 2005, p. 37. – D. Gibirila, Les responsabilités et les sanctions dans la loi des sauvegarde des entreprises : Defrénois 2006, p. 989.- J.-P. Legros, la loi du 26 juillet 2006- Le sort des membres et dirigeants des personnes morales : Dr. sociétés janv. 2006, p. 2- C. Regnaut- Moutier, Le dirigeants de société : Rev. proc. Coll. 2006, p. 159- I. Parachkévova, La nouvelle responsabilité des dirigeants dans les procédures collectives : révolution ou évolution ? Peitites affiches 19 déc. 2006, n° 252, p. 4- F. Vauvillé, Le nouveau titre V des responsabilités et des sanctions : Rev. proc. Coll. 2006, p.345.- N. Patureau, Obligations et responsabilités du dirigeant dans la loi de sauvegarde des entreprises : petites affiches 17 févr. 2006, n° 35, p. 111. – Th. Montéran, La réforme des responsabilités et sanctions : Gaz.proc. coll ., n° spéc. 8-10 mars 2009, p. 57. – L. Camensuli- Feuillard, L'irresponsabilité du dirigeant à l'égard de l'associé, du créncier et de la société débitrice en difficulté : Bull. Joly 2008, p. 66.

458 Art 189 à 193 AUPC.

il est donc normal qu'ils répondent sur leurs patrimoines personnels lorsque la société est en état de cessation de paiements.
La procédure[459] applicable en la matière est différente de celle qui est ouverte contre la société personne morale.

272-Au delà de la responsabilité civile, une responsabilité administrative peut être recherchée à la suite d'un manquement à certaines procédures. Mais avant la responsabilité disciplinaire du commissaire aux comptes, prévue par les normes internes à la profession et spécialement le code des devoirs professionnels, peut être recherchée. Il n'est pas à écartée non plus la possibilité de la mise en jeu de la responsabilité professionnelle du commissaire aux comptes. Elle suppose que toute faute commise dans l'exercice de sa profession et qui cause à la société un dommage ou à un tiers, engage la responsabilité délictuelle du commissaire aux comptes par la seule référence aux diligences qui s'imposent à tout commissaire (art. 717 de l'AUSC)[460]. La responsabilité administrative des sociétés peut aussi être recherchée. C'est le cas lorsque la société fait appel public à l'épargne ou exerce ses activités sur un marché réglementé. En effet, les textes régissant les marchés financiers dans la zone OHADA offrent aux actionnaires une opportunité de saisir d'une plainte le C.R.E.P.M.F. (Conseil régional de l'épargne publique et des marchés financiers), la.O.S.U.M.A.F.(Commission de surveillance des marchés financiers) ou la C.M.F (conseil des marchés financiers) afin de faire sanctionner tout dirigeant qui se rendrait coupable d'une diffusion d'informations mensongères. Le C.R.E.P.M.F a, en effet, le pouvoir de prononcer une sanction pécuniaire à l'encontre de « toute personne qui, agissant seule ou de concert avec d'autres, aura retiré un avantage quelconque, défini notamment comme un gain matériel ou une perte évitée, à partir [....] d'une prorogation de fausses informations [....] (ou) d'une atteinte à l'information du public »[461] ; l'atteinte à la bonne information du public étant définie comme « la communication d'une information inexacte, imprécise ou trompeuse ou sa dissémination faite sciemment »[462]. Il en est de même de la .O.S.U.M.A.F., dans la mesure où il est prévu qu'elle

---

[459] Art. 196 et s. AUPC : Faillite personnelle ou interdiction de diriger une entreprise (art. 329 al.6 et 7 code CIMA).
[460] A. SAKHO, Les attentes en matière de mission légale de commissariat aux comptes, op.cit.
[461] Art. 32 (c) et (e) de l'annexe portant composition, organisation, fonctionnement et attribution du C.R.E.P.M.F.
[462] Art.16 1 du Règlement général relatif à l'organisation, au fonctionnement et au contrôle du marché financier régional de l'U.E M.O.A.

peut sanctionner d'une amende non seulement « [....] le fait pour toute personne de répondre sciemment dans le public, de quelque manière que ce soit, des informations fausses ou trompeuses sur les perspectives ou la situation d'un émetteur dont les titres sont négociés à la bourse régionale ou sur les perspectives d'évolution d'un instrument financier admis sur ce même marché, de nature à agir sur les cours »[463] ; mais également «toute atteinte à la bonne information du public par la communication d'une information inexacte ou imprécise »[464]. La diffusion d'une fausse information par un dirigeant pourra également être sanctionnée lorsque cette diffusion matérialise une manipulation du marché, une manipulation de cours ou encore une manœuvre entravant le fonctionnement régulier du marché et trompant les investisseurs[465].

273-S'agissant des sociétés d'assurance l'article 312 du code CIMA prévoit une kyrielle de sanctions administratives qui peuvent être appliquées aux dirigeants des entreprises d'assurances par la Commission Régionale de Contrôle des Assurances, lorsqu'elle constate à l'encontre d'une société soumise à son contrôle une infraction à la règlementation des assurances. Ces sanctions peuvent être des mesures de sauvetage, qui vont de l'avertissement[466], au blâme[467], à la réduction

---

[463] Art.290, al. 1er P. – Règlement général.O.S.U.M.A.F.-Adde art. 64 (ii) du Règlement n° 06/03 C.E.M.A.C.-U.M.A.C. du 11 novembre 2003 portant organisation, fonctionnement et surveillance du marché financier de l'Afrique centrale.

[464] Idem al.2.

[465] Art.32 (a) de l'Annexe portant composition, organisation, fonctionnement et attributions du C.R.E.P.M.F.

[466] Décision n° 00001/ D/CIMA/CRCA/PDT/20005 portant avertissement au président du Conseil d'administration de la société » Intercontinental Life Insurance Company » ILICO. En l'espèce, la situation financière de la société ILICO au 31 décembre 2003 laisse apparaître une insuffisance de couverture des engagements réglementés d'un milliard quatre cent vingt sept millions (1.427.000.000) de francs CFA, ce qui est de nature à mettre en péril l'exécution des engagements contractés envers les assurés et bénéficiaires de contrats. Et la société n'a pu restaurer depuis plus de deux années, le niveau minimum de trésorerie, elle n'a respecté aucune injonction de la CRCA prise au cours de sa session de décembre 2004 à Libreville ; ces divers manquements constituent une infraction aux articles 321-1 et 335 du code des assurances. La Commission a alors décidé d'infliger au Président de conseil d'administration un avertissement. *(in* Bulletin Officiel de la CIMA, 2° Edition p. 39).

[467] le blâme est la sanction qui est prononcée lorsque, la Commission ayant constaté par exemple, une insuffisance de couverture des engagements réglementés d'un montant très élevé (4.858.OOO.000 de F CFA pour AXA Assurances Gabon) et fait des injonctions aux dirigeants de produire un plan de redressement, ces derniers ne donnent pas de suite, et qu'invités pour audition aux sessions ordinaires de la CRCA, ils ne défèrent pas à la convocation. Ils contreviennent ainsi aux dispositions des articles 321-1 et 335 du code des assurances et peuvent être sanctionnés par un blâme. C'est la sanction qui a été infligée au Président du conseil d'administration de la société « AXA Assurances Gabon (Décision n° 0014/D/CIMA/CRCA/PDT/2001 du 20 décembre 2001, in Bull. Off. 6° édition p. 37.

des pouvoirs des dirigeants par la limitation ou l'interdiction de tout ou partie des opérations, à la mise à l'écart provisoire des organes dirigeants de la gestion de l'entreprise, par l'institution de l'administration provisoire. Mais, il peut s'agir d'une sanction extrême ; c'est à dire le retrait de tous les agréments qui est suivi de la liquidation, qui est une procédure judiciaire.
Il peut enfin arriver que le juge pénal soit saisi pour se prononcer sur le comportement des dirigeants sociaux.

B. LES RAISONS DE LA MISE EN JEU DE LA RESPONSABILITE PENALE DES DIRIGEANTS

274-La mise en jeu de la responsabilité pénale des dirigeants sociaux peut être exercée lorsque : ils n'auront pas, pour chaque exercice social, dressé l'inventaire et établi les états financiers annuels ainsi que, le cas échéant, le rapport de gestion et le bilan social[468] ; ils auront sciemment donné ou confirmé des indications inexactes dans les rapports présentés à l'assemblée générale appelée à décider la suppression du droit préférentiel de souscription[469] ; ils auront procédé à une distribution de dividendes fictifs en l'absence d'inventaire ou au moyen d'un inventaire frauduleux[470] ; ils auront sciemment établi et communiqué des états financiers sociaux ou de groupe infidèles[471] ; la sociétés dont ils sont les mandataires sociaux aura émis des valeurs mobilières offertes au public sans qu'une notice ne soit insérée dans un journal habilité à recevoir les annonces légales, préalablement à toute mesure de publicité, ou sans que les prospectus, circulaires, affiches et autres annonces dans les journaux ne produisent les mentions qui sont requises[472].

275-La responsabilité pénale des dirigeants pourra également être retenue lorsque, la société étant soumise à une procédure collective, il apparaît qu'ils se sont rendus coupables de l'un des manquements aux obligations auxquelles ils sont astreints en matière d'information, manquements qui sont constitutifs de l'infraction de banqueroute[473]. Ce

---

[468] Art.111 AU.-compt.
[469] Art 895 AUSC.
[470] Art. 889 AUSC.
[471] Art. 890 AUSC., et art. 111 AU.-compt.
[472] Art 905, al. 1er AUSC.
[473] C. Robaczewski, « La non- réforme des sanctions pénales dans la loi de sauvegarde des entreprises », Gaz. Pal. 2005, doctr. 3027. – J. – H. Robert, « Banqueroute et autres infractions : commentaire des dispositions pénales de la loi n° 2005- 845 du 26 juillet 2005 », Dr. pénal 2005, étude 15 ; Cah. Dr. Entr. 2006, n°1, 34. – P. Gioanni, « La cessation des paiements dans

sera en l'occurrence le cas s'il s'avérait que les dirigeants visés à l'article 230 de l'AUPC ont tenu ou fait tenir ou laissé tenir irrégulièrement ou incomplètement la comptabilité conforme aux règles comptables et aux usages reconnus de la profession eu égard à l'importance de l'entreprise ; que lesdits dirigeants ont frauduleusement soustrait les livres de la société, détourné ou dissimulé une partie de son actif, reconnu celle-ci débitrice de sommes qu'elle ne devait pas, soit dans les écritures soit par des actes publics ou des engagements sous seing privé, soit dans le bilan ; qu'ils ont de mauvaise foi, à l'occasion d'une procédure de règlement préventif, présenté ou fait présenter un compte de résultat ou un bilan ou un état des créances et des dettes ou un état actif et passif des privilèges et de sûretés inexact et incomplet[474].

276-Compte tenu de certaines prérogatives reconnues aux Etats - partie dans la poursuite de certaines infractions à l'interne il existe la possibilité de la mise en jeu de la responsabilité pénale des dirigeants sociaux. Ces infractions peuvent avoir comme support l'un des documents sociaux. Tel est le cas du faux en écriture et de la diffamation[475]. D'autre part en vertu du règlement des différents marchés financiers de la zone OHADA les actionnaires des sociétés qui font appel public à l'épargne dans le cadre de la BRVM, et de la BVMAC ont la possibilité de faire condamner les dirigeants en cas de fausses informations.

277-Il faut cependant noter que la liste des infractions énumérées est loin d'être exhaustive, puisque n'y figurent pas certaines infractions liées à l'évolution contemporaine du droit des affaires, tels les délits boursiers, le délit d'initié, les délits relatifs aux valeurs mobilières, etc. Ce qui sous entend qu'il est reconnu aux Etats partie la possibilité de maintenir ou de créer d'autres incriminations dans la mesure où elles ne sont pas contraires aux dispositions de l'acte uniforme.

278- En outre, il y a lieu de préciser que le législateur OHADA n'a envisagé que les incriminations laissant le soin à chaque Etat partie le choix des peines applicables conformément aux dispositions de l'article 5 al. 2 du Traité. Seules les règles relatives à la prescription[476]

l'infraction de banqueroute », D. 1994, chron. 53.- A. Dekeuuwer, « Cessation des paiements, détournements d'actif et pouvoirs du juge pénal en matière de banqueroute », PCP E 1995, I, n° 420.

474 Art. 233, 2,1°. AUPC.

475 Vr. art. 36, al. 1er de l'annexe portant organisation, composition, fonctionnement et attribution du CREPMF.

476 Art. 164, 727, 743 AUSC.

ont été prévues. En revanche, le législateur CIMA a généralement prévu les sanctions applicables aux incriminations[477] qu'il a déterminées même si relativement à la banqueroute, il a simplement indiqué que les dirigeants seront punis des peines de la banqueroute simple, ou de la banqueroute frauduleuse, sans indiquer le quantum de la peine. C'est encore là un renvoi implicite aux législations nationales en la matière.

279-Pour conclure, on voit que le risque de mise en cause de la responsabilité des dirigeants d'une société anonyme est multiforme. Ce qui constitue pour les actionnaires et les autres parties prenantes un arsenal juridique capable de les protéger contre les agissements de nature à porter atteinte aux droits individuels et collectifs et de mettre en danger le développement durable de la société.

Face à ce risque contentieux croissant nous devons renforcer certains pouvoirs des dirigeants sociaux dans la zone OHADA.

SECTION II : LE RENFORCEMENT DES POUVOIRS DES DIRIGEANTS SOCIAUX

280-Ici, il s'agira de faire des propositions tendant au renforcement des pouvoirs de contrôle du conseil d'administration d'un côté et de l'autre les conditions de délégation des pouvoirs inhérents à l'exercice de la fonction de direction. Ces propositions participent à l'accroissement de la responsabilité des dirigeants sociaux.

PARAGRAPHE I : LES POUVOIRS DE CONTROLE DU CONSEIL D'ADMINISTRATION

Les pouvoirs de contrôle du conseil d'administration peuvent être renforcés en améliorant le droit de communication des documents et en instituant la présence personnelle des cadres dirigeants devant le conseil d'administration.

A-DROIT DE COMMUNICATION DES DOCUMENTS

281-Pour être efficace dans sa mission de contrôle, le conseil d'administration est destinataire d'un certain nombre de documents qui servent à l'aider dans la prise des décisions. Dans la zone OHADA ce droit de communication trouve son fondement dans l'alinéa 3 de l'article 480 de l'AUSC ainsi libellé «A toute époque de l'année, le président du conseil d'administration opère les vérifications qu'il juge opportunes et peut se faire communiquer tous les documents qu'il estime utiles à

---

[477] Art. 333, 333-1, 333-3 Code CIMA.

l'accomplissement de sa mission». Par analogie nous pouvons dire que tous les membres du conseil d'administration ont droit à la même prérogative. En tout cas l'AUSC ne le mentionne pas clairement.

282-Ce droit de communication a été renforcé en droit français par sa prise en compte dans la loi NRE à la suite de l'arrêt Cointreau[478] que nous reproduisons ici intégralement au regard de son importance capitale pour la théorie du gouvernement d'entreprise.

« *Attendu, selon l'arrêt attaqué, que Mme X..., épouse Y..., qui était administrateur et associée des sociétés Nordatec et Chaussures Marco dont son époux était le président, a été révoquée de ses fonctions d'administrateur aux termes de décisions prises par les assemblées générales ordinaires du 22 juin 1995 qui ont fait suite aux conseils d'administration de ces sociétés tenus le 29 mai 1995 ; que Mme Y... a assigné ces deux sociétés en annulation de ces délibérations soutenant qu'elle avait été dans l'impossibilité d'exercer son droit à information et avait été révoquée de ses fonctions abusivement par une assemblée générale convoquée irrégulièrement ;*

Sur le deuxième moyen, pris en ses trois branches :

Attendu que Mme Y... fait grief à l'arrêt d'avoir rejeté ses demandes, alors, selon le moyen :

1 / que la cour d'appel ne pouvait, sans se contredire, considérer à la fois, d'une part, que la demande de documents formée par son conseil dans le cadre de la procédure de divorce ne pouvait être considérée comme une demande de communication de documents en application des dispositions de la loi du 24 juillet 1966 et, d'autre part, qu'elle avait valablement reçu, le 1er juin 1995, avant même la convocation des assemblées générales, par la voie de son conseil, et en réponse à la demande ainsi formulée, communication de documents permettant de considérer que son droit à information d'actionnaire avant toute tenue d'assemblée générale ordinaire avait été respecté par les sociétés Chaussures Marco et Nordatec ; qu'en statuant par de tels motifs, contradictoires, la cour d'appel a abouti à priver sa décision de tout motif, violant ainsi les dispositions de l'article 455 du nouveau Code de procédure civile ;

2 / qu'à compter de la convocation de l'assemblée, tout actionnaire a droit à avoir accès aux documents sociaux visés notamment par les articles 168 de la loi de 1966 et 133 et 135 du décret de 1967 ; qu'en décidant qu'elle avait eu accès de façon satisfaisante aux informations

[478] C. cass. Chambre commerciale, audience publique du 8 oct. 2002, n° de pourvoi : 99-11421.

qu'elle était en droit d'obtenir en qualité d'actionnaire tout en constatant que seulement une partie de celles-ci avait été transmise par courriers émanant du conseil du président du conseil d'administration et à destination de son conseil les 31 mai et fer juin 1995, dès avant la convocation de l'assemblée générale le 2 juin 1995, d'où il résulte que les renseignements ainsi transmis ne pouvaient avoir pour objet de satisfaire à l'obligation d'information des actionnaires avant toute assemblée générale pesant sur les sociétés anonymes, la cour d'appel de Rouen n'a pas donné de base légale à sa décision au regard des articles 168 de la loi n° 66-537 du 24 juillet 1966, 133, 135, 138 et 139 du décret n° 67-236 du 23 mars 1967 ;

3 / qu'à compter de la convocation de l'assemblée et jusqu'au cinquième jour inclusivement avant la réunion, tout actionnaire titulaire de titres nominatifs peut demander à la société de lui envoyer à l'adresse indiquée, les documents et renseignements visés aux articles 133 et 135 du décret du 23 mars 1967, la société étant tenue de procéder à cet envoi avant la réunion et à ses frais ; que les actions des sociétés anonymes sont en principe nominatives sauf appel public à l'épargne ; qu'en estimant que les sociétés Chaussures Marco et Nordatec n'étaient pas tenues de lui adresser personnellement les documents dont elle avait demandé communication, sans toutefois relever le caractère de titre au porteur des actions détenues et tout en constatant qu'elle avait été nominativement convoquée aux assemblées, la cour d'appel a violé les articles 94 de la loi n° 81-1160 du 30 décembre 1981, 168 de la loi n° 66-537 du 24 juillet 1966, 135 et 138 du décret n° 67-236 du 23 mars 1967 par défaut d'application et 139 du même décret par fausse application ;

Mais attendu, en premier lieu, que l'arrêt retient que Mme Y... n'a pas démontré que l'accès aux documents et renseignements énumérés par les articles 168 de la loi du 24 juillet 1966 et 135 du décret du 23 mars 1967 lui a été refusé ; que l'arrêt retient encore qu'elle a reçu le 1er juin 1995, par la voie de son conseil, communication desdits documents avec la précision que les bilans et comptes de résultats pouvaient être consultés au greffe du tribunal de commerce ; que la cour d'appel a justement déduit de ces constatations que le droit à information de Mme Y... en sa qualité d'actionnaire avait été respecté ;

Mais attendu, en second lieu, que Mme Y... n'a ni soutenu ni allégué devant les juges du fond qu'elle aurait été titulaire de titres nominatifs ; que cette critique, nouvelle et, mélangée de fait et de droit, est irrecevable ;

D'où il suit que le deuxième moyen, irrecevable en sa troisième branche, n'est pas fondé pour le surplus ;
Sur le troisième moyen, pris en ses trois branches :
Attendu que Mme Y... fait grief à l'arrêt d'avoir rejeté sa demande concernant sa révocation d'administrateur, alors, selon le moyen :

1 / que la révocation de l'administrateur d'une société anonyme, qui peut être décidée à tout moment, sans préavis ni précision de motifs, par l'assemblée générale des actionnaires, engage la responsabilité délictuelle de la société si elle revêt un caractère abusif eu égard aux circonstances dans lesquelles elle est intervenue ; qu'est nécessairement abusive la révocation d'un administrateur décidée par un époux, demandeur à l'instance en divorce pendante et détenant, directement ou par l'intermédiaire d'une société, plus de 90 % du capital des sociétés dans le conseil d'administration desquelles siégeait l'administrateur révoqué ; que la cour d'appel ne pouvait donc refuser de reconnaître le caractère abusif et prémédité de sa révocation ni constater que la décision était nécessairement collective sans priver sa décision de base légale au regard des articles 90, 155 et 174 de la loi du 24 juillet 1966 ensemble l'article 1382 du Code civil ;

2 / que la révocation de l'administrateur d'une société anonyme, qui peut être décidée à tout moment, sans préavis ni précision de motifs, par l'assemblée générale des actionnaires, engage la responsabilité délictuelle de la société si elle revêt un caractère abusif eu égard aux circonstances dans lesquelles elle est intervenue ; que la cour d'appel, qui a constaté que sa révocation était intervenue au cours d'une réunion de l'assemblée générale des actionnaires à laquelle elle n'était pas présente, au cours de laquelle elle n'avait donc pu présenter ses observations sur la mesure envisagée, pour laquelle elle n'avait pas reçu l'information préalable demandée et prévue par les textes, et qu'elle n'en avait été informée que tardivement bien qu'ayant été présente dans les locaux des sociétés concernées dès le lendemain de la tenue des assemblées, ne pouvait refuser de constater le caractère abusif de la procédure de révocation ; que ce faisant, la cour d'appel a violé les articles 90 de la loi du 24 juillet 1966 et 1382 du Code civil ;

3 / que le respect des droits de la défense et du contradictoire doit être observé en toutes circonstances ; que la révocabilité ad nutum des membres du conseil d'administration par l'assemblée générale des actionnaires ne permet pas de déroger à cette règle ; qu'en décidant que sa révocation avait pu valablement intervenir hors de sa présence,

la cour d'appel de Rouen a violé le principe susvisé, ensemble l'article 90 de la loi du 24 juillet 1966 ;
Mais attendu que l'arrêt retient que Mme Y... a été régulièrement convoquée aux assemblées générales ordinaires des actionnaires, mais ne s'y est pas rendue ; qu'il retient encore que Mme Y... ne rapporte pas davantage la preuve d'une préméditation alléguée, ni d'une autre circonstance de nature à rendre sa révocation fautive ; qu'en l'état de ces constatations et appréciations souveraines, la cour d'appel qui a légalement justifié sa décision, a pu statuer comme elle a fait ; que le moyen n'est fondé en aucune de ses branches ;
Mais sur le premier moyen :
Vu l'article 98, 113 et 244 de la loi n° 66-537 du 24 juillet 1966 ;
Attendu que Mme Y... a introduit, en sa qualité d'administrateur des sociétés Nordatec et Chaussures Marco, une demande tendant à l'annulation des délibérations des conseils d'administration de ces deux sociétés du 29 mai 1995 aux motifs qu'elle n'avait pas été en mesure de remplir sa mission d'administrateur n'ayant pas eu préalablement aux délibérations, communication par le président du conseil d'administration des documents et éléments nécessaires à l'approbation des comptes de l'exercice 1994 ;
Attendu que pour rejeter cette demande, la cour d'appel a énoncé qu'il est admis que le président du conseil d'administration doit fournir « en conseil » toutes les informations nécessaires à une délibération éclairée de ses membres sur les questions débattues en séance et que les éléments comptables relatifs à l'exercice 1994 avaient été communiqués aux administrateurs présents ; que, régulièrement convoquée, Mme Y... avait refusé de se rendre à la réunion du conseil et qu'elle n'a pas valablement adressé, préalablement à cette réunion, de demande de communication de documents au président du conseil d'administration ;
Attendu qu'en statuant par de tels motifs, impropres à déterminer si Mme Y... avait, à l'initiative du président du conseil d'administration, reçu l'information préalable à laquelle elle a droit, soit par envoi, soit par une mise à disposition, la cour d'appel a violé les textes susvisés ;
PAR CES MOTIFS :
CASSE ET ANNULE, mais seulement en ce qu'il a rejeté les demandes de Mme Y... tendant à l'annulation des délibérations des conseils d'administration des sociétés Nordatec et Chaussures Marco du 29 mai 1995, l'arrêt rendu le 26 novembre 1998, entre les parties, par la cour d'appel de Rouen.»

283-Cette jurisprudence vient de consacrer l'accès à l'information des administrateurs. Ainsi les sociétés doivent-elles fournir à leurs administrateurs l'information utile à tout moment de la vie de la société entre les séances du conseil, si l'importance ou l'urgence de l'information l'exigent. Cette information permanente doit comprendre également toute information pertinente, y compris critique, concernant la société, notamment articles de presse et rapports d'analyse financière.

284-Inversement, les administrateurs ont le devoir de demander l'information utile dont ils estiment avoir besoin pour accomplir leur mission. Ainsi, si un administrateur considère qu'il n'a pas été mis en situation de délibérer en toute connaissance de cause, il a le devoir de le dire au conseil et d'exiger l'information indispensable. Cette exigence du droit à l'information donne une force à la collégialité du conseil : la confrontation des idées est essentielle, même si l'administrateur mal informé est minoritaire et ne peut imposer son avis au conseil[479].

Ce droit de communication peut être renforcé, en vue de l'adoption d'un code de gouvernance pour la zone OHADA, par la presence personnelle des cadres de la direction.

B. PRESENCE PERSONNELLE DES CADRES DE LA DIRECTION DEVANT LE CONSEIL.

285-Dans le cadre de sa mission de contrôle les administrateurs doivent recevoir toutes les informations nécessaires à l'accomplissement de leur tâche. Pour ce faire, la jurisprudence Cointreau, comme nous venons de le constater ci-dessus, donne plus de prérogatives aux administrateurs individuellement. Nous suggérons à cet effet la présence personnelle des cadres de la direction devant le conseil à savoir le directeur général, le directeur général adjoint, le directeur commercial, le directeur des ressources humaines, le directeur financier afin de donner au conseil d'administration toutes les informations relatives à la gestion quotidienne de la société d'une part, et, d'autre part, permettre l'amélioration de la surveillance des dirigeants sociaux et de la fiabilité de l'information que ces derniers doivent porter à la connaissance de l'actionnariat d'une société anonyme dans la zone OHADA.

286-Aussi, le caractère portable de l'information au collège du conseil d'administration devient-il plus prégnant quant on sait que le législateur OHADA n'édicte qu'un nombre réduit de règles relatives à la

---

[479] P. LE CANNU, B. DONDERO, Droit des sociétés, 3e éd. Montchrestien, p. 495.

vérification par les contrôleurs légaux des comptes des informations dont les sociétés qui font appel public à l'épargne doivent assurer la diffusion. En octroyant cette prérogative aux administrateurs, le conseil va aider le commissaire aux comptes dans son devoir d'assurer le respect de l'égalité entre les détenteurs du capital social. Ainsi, la fiabilité de l'information communiquée ou publiée et l'égalité d'accès à l'information entre les actionnaires sont mises en œuvre « au plus grand profit d'actionnaires qui n'en ont pas les moyens »[480].

287-Cette présence personnelle des cadres dirigeants va permettre d'une part, aux administrateurs de communiquer aux actionnaires les informations leur permettant de se prononcer en connaissance de cause sur les résultats et les opérations de la société[481]. D'autre part, elle va réduire cette asymétrie informationnelle en faveur des dirigeants.

Les contraintes réglementaires sont une opportunité pour les dirigeants sociaux d'optimiser leur traitement des flux d'information et leur circuit de validation. De fait, la bonne gouvernance d'une entreprise repose en grande partie sur son système d'information qui doit faire preuve de la plus grande fiabilité et transparence[482].

288-La répression de la diffusion d'informations inexactes, imprécises ou trompeuses est un moyen dissuasif obligeant les dirigeants à se soumettre à cette exigence de la transparence[483].

Nous pouvons conclure que cette approche privilégie le contrôle interne exercé par les administrateurs et permet de donner aux actionnaires une information complète. Et c'est dans cette perspective qu'il faut améliorer la délégation des pouvoirs dans les sociétés anonymes.

---

[480] Scholastique (F.), Le devoir de diligence des administrateurs de sociétés. Droit français et anglais, thèse, p. 293, n°561. Voy dans le même sens : Lohoues-Oble (J.), L'apparition d'un droit international des affaires en Afrique, spéc. n° 52.

[481] Issa- Sayegh (J.), Pougoué (P.-G) et Sawadogo (F.M.), OHADA . Traité et Actes uniformes commentés et annotés (coord.), op. cit ., p. 529 ; Mestre (J.) et Velardocchio (D.), Lamy sociétés commerciales, n° 3762.

[482] En effet, les actionnaires majoritaires qui contrôlent la direction sociale ou qui exercent eux même des mandats sociaux au sein de la société tireront le plus de profit, par la force des choses, de l'asymétrie d'informations existant de facto à leur avantage par rapport aux actionnaires minoritaires ou non dirigeants.

[483] Kalieu (Y.) et Keuffi (D.E.), L'émergence des marchés financiers dans l'espace OHADA, p.39 ; spéc. p. 43, 47-49.J-H DAVID "Le fonctionnement en France du conseil d'administration" Les petites affiches, 27 sept. 1995, n. 116, p. 15.

PARAGRAPHE II : AMELIORER LES CONDITIONS DE DELEGATION DES POUVOIRS

289-Les actionnaires, au travers de l'assemblée générale, donnent mandat aux administrateurs et à la direction générale de gérer, au mieux la société, dans l'intérêt de toutes les parties prenantes.
La délégation de pouvoir qui est un mécanisme juridique, sert d'outil de gestion des risques liés à l'exercice de ce pouvoir dans une entreprise. C'est pourquoi, il importe de préciser les pouvoirs à déléguer avant de circonscrire ses effets.

A. PRECISION DES POUVOIRS A DELEGUER

290- Le rôle et le fonctionnement du conseil d'administration des sociétés non cotées comme c'est le cas dans la zone OHADA soulèvent souvent des problèmes notamment par rapport aux actionnaires minoritaires, s'ils existent. La loi et la jurisprudence ont hiérarchisé la répartition des pouvoirs entre assemblée générale et conseil d'administration[484]. C'est l'assemblée générale des actionnaires qui est souveraine. Elle nomme le conseil d'administration et lui délègue les pouvoirs de gestion. C'est l'assemblée des actionnaires aussi qui autorise les opérations lourdes concernant la vie de la société[485]. En fait, dans la pratique, le pouvoir est délégué au conseil (e.x. résolutions concernant les émissions des titres divers) en raison des délais de convocation, des coûts etc... Par ailleurs comment expliquer des points souvent techniques, dont l'objet doit revêtir une certaine confidentialité, à plusieurs personnes, parfois peu au fait des réalités de l'entreprise. La contrepartie de cette délégation de pouvoir, c'est l'obligation dans laquelle doit se trouver le conseil d'administration et son président d'assurer une transparence parfaite de l'information des actionnaires. Cette information des actionnaires doit être complète, claire et rapide.

291-A partir du moment où le conseil d'administration bénéficie d'une très forte délégation de pouvoir de l'assemblée, il apparaît comme le véritable organe de contrôle de la société. S'agissant de la mission du conseil, la loi, mais surtout la jurisprudence ont acté le principe selon lequel le conseil et les administrateurs doivent agir dans l'intérêt de la personne morale dont ils sont les mandataires sociaux [486] . "Les administrateurs, en effet, sont censés représenter l'ensemble des

---

[484] J-H DAVID "Le fonctionnement en France du conseil d'administration" Les petites affiches, 27 sept. 1995, n. 116, p. 15.
[485] Y. GUYON "Droit des affaires" Tome 1, 11e éd. Economica, p. 287 et s.
[486] J-H DAVID, art. précité.

actionnaires et non pas être les mandataires de groupes d'actionnaires à l'intérieur de la société"[487].

292-Mais la question qui se pose de manière assez rigoureuse est la suivante : est-ce que le conseil représente effectivement tous les actionnaires de la société? Dans la grande majorité des entreprises qui ne sont pas cotées en bourse, on observe un nombre restreint d'actionnaires et les sociétés dont l'actionnariat consiste à deux, trois ou quatre actionnaires seulement ne constituent pas un phénomène rare dans le monde des entreprises en Afrique. Assez souvent dans ces sociétés, l'actionnaire majoritaire ou le groupe majoritaire détiennent une fraction du capital qui leur permet en fait de nommer quasiment tous les administrateurs et cela constitue la règle bien sûr dans les entreprises familiales où le groupe familiale nomme la quasi totalité des administrateurs et des dirigeants. C'est à dire que le principal actionnaire, le conseil d'administration et les dirigeants sont pratiquement confondus. Cette situation de fait n'est pas de nature à faciliter l'identification de la personne responsable. C'est pour cela qu'il s'avère nécessaire de limiter la délégation des pouvoirs.

B. CIRCONSCRIRE LES EFFETS DE LA DELEGATION DES POUVOIRS

293-Les effets de la délégation de pouvoir ont été consacrés de longue date par la jurisprudence[488] surtout en matière de droit du travail. La délégation de pouvoirs, lorsqu'elle sera valablement mise en place, constituera dès lors une cause d'exonération de la responsabilité pénale du dirigeant, qui sera ainsi transférée au délégataire. La responsabilité est en effet le corollaire du pouvoir.

Le dirigeant auquel sera imputé une infraction à la réglementation dans son entreprise pourra, dans ces conditions, être exonéré de sa responsabilité pénale de chef d'entreprise, dès lors qu'il prouvera que la réalisation de l'infraction poursuivie relevait des pouvoirs du délégué, mais également qu'il n'a pas lui-même participé à la commission de l'infraction[489].

294-Ainsi en vue d'atténuer les effets, la jurisprudence a circonscrit les conditions de validité de la délégation des pouvoirs.

---

487 C.O.B, Rapport annuel 1993, p. 58.

488 Crim. 28 juin 1902, D. 1903, I, p.285 ; Crim. 21 janv. 1911, Bull. crim., n° 54.

489 Crim. 19 sept. 2007, n° 06-85.003, Bull. crim., n° 217 AJDA 2008, 111.

Le délégataire est traditionnellement un préposé de l'entreprise donc lié au chef d'entreprise par un lien de subordination. La délégation est en ce moment considérée comme une modalité d'exécution du contrat de travail[490].
Certaines décisions sont toutefois venues reconnaitre, au sein d'un groupe de sociétés[491], la possibilité pour le dirigeant du groupe, de déléguer l'obligation de sécurité pour chacune des sociétés du groupe à un salarié investi des pouvoirs nécessaires.
Ainsi, la Cour de cassation a considéré que : «rien n'interdit au chef d'un groupe de société qui est, en outre, le chef de l'entreprise exécutant les travaux, de déléguer ses pouvoirs en matière d'hygiène et de sécurité au dirigeant d'une autre société du groupe sur lequel il exerce son autorité hiérarchique »[492].
En l'occurrence les juges ont estimé que l'ingénieur délégué avait les compétences, l'autorité et les moyens nécessaires pour exercer effectivement les pouvoirs qui lui avaient été délégués.

295-En revanche, la jurisprudence semble extrêmement réservée à reconnaître qu'un chef d'entreprise puisse déléguer ses pouvoirs à une personne qui ne serait pas préposé de l'entreprise ou du groupe.
Un dirigeant, poursuivi du fait de la méconnaissance des règles d'hygiène et de sécurité sur un chantier, faisait valoir que sa société, maître de l'ouvrage avait délégué ses pouvoirs en matière d'hygiène et de sécurité au bureau d'étude de l'entrepreneur principal. La chambre criminelle de la cour de cassation a approuvé la cour d'appel d'avoir écarté cette argumentation, au motif que «les documents contractuels incombant audit bureau ainsi qu'à l'entreprise pilote et aux divers entrepreneurs, ne peuvent avoir pour effet de transférer à des personnes autres que ses dirigeants sociaux ou ses salariés la responsabilité qui pèse sur le maître de l'ouvrage »[493]
De même, par arrêt du 24 septembre 1998, la chambre criminelle de la cour de cassation a considéré que le chef d'entreprise ne peut valablement décharger sur son expert-comptable de la responsabilité qui lui incombe personnellement de respecter les obligations fiscales et comptables des personnes morales[494].

---

490 Crim, 21 déc. 1982, n°82-03.24.
491 A. SAKHO, thèse, op.cit.
492 Crim. 26 mai 1994, n° 93-83.180, D. 1995,110, note Reinhard ; Bull. Joly 1994, p. 978, note A. Arseguel.
493 Crim. 12déc. 1989, n° 89-81.074, Bull. crim., n°477 ; JCP 1990, IV, p. 102.
494 Crim. 24 spt. 1998, n°97-81.803, NPT, LPA 11 mai 1999, p. 13, note j.-F. Barbiéri.

296-Il a aussi été jugé que le chef d'entreprise ne pouvait déléguer ses pouvoirs, au titre d'un même travail, à plusieurs personnes. La chambre criminelle a considéré que : « Si le chef d'entreprise a la faculté de déléguer la direction d'un chantier à un préposé investi par lui et pourvu de la compétence, de l'autorité et des moyens nécessaires pour veiller efficacement à l'observation des dispositions en vigueur, il ne peut, en revanche, déléguer ses pouvoirs à plusieurs personnes pour l'exécution d'un même travail, un tel cumul étant de nature à restreindre l'autorité et à entraver les initiatives de chacun des prétendus délégataires »[495].

Cette solution paraît être d'un parfait bon sens. En cas de délégation de pouvoirs à plusieurs personnes, pour une même tâche, le chef d'entreprise ne pourra pas, si une infraction pénale lui est reprochée au titre de la tâche déléguée, s'exonérer de sa responsabilité pénale, en arguant de cette double délégation de pouvoirs. En effet, à défaut d'être valable, une telle délégation de pouvoirs sera dépourvue d'effet.

297-Cette étude resterait incomplète si on ne fait pas référence aux aspects civils de la délégation des pouvoirs. Il s'agit de la délégation du pouvoir social d'engager la société à l'égard des tiers. Les statuts peuvent, en effet, dans les limites posées par la loi, prévoir des conditions de validité aux délégations de pouvoirs qui seraient opérées à l'initiative des dirigeants. Ils peuvent interdire toute délégation, hormis celles qui sont prévues par la loi ou, au contraire, en prévoir la possibilité.

298-Tous les représentants légaux des sociétés commerciales peuvent en principe déléguer une partie des pouvoirs qui leur appartiennent[496]. Quant au délégataire, il ne doit pas nécessairement s'agir d'un mandataire social ; il s'agira très souvent d'un préposé de la société, voire d'un associé ou encore d'un tiers[497]. Mais la délégation, pour être valable, doit toujours être limitée. Un dirigeant ne saurait déléguer l'ensemble de ses pouvoirs. En d'autres termes, la délégation de

---

[495] Crim. 23 nov. 2004, n° 04-81.601, Bull. crim., n° 295 ; D. 2005, 317. Voir égal. CA Paris, 11e ch . corr., 11 mai 2007, juris-Data n° 2007-336450.

[496] Com. 22 janv. 2008, n°6-20.379, Bull. civ. IV, n°9 ; D. 2008, 413 ; Bull. Joly, p.419 : le directoire (investi des pouvoirs les plus étendus pour agir en toute circonstance au nom de la société) peut nommer un préposé pour déclarer les créances.

[497] Civ. 2e , 22 oct. 1997, n° 94-13.225, Bull. civ. II, n° 258 ; D. 1998, 391 ; JCP N 1998, n°6, p. 207 ; Gaz. Pal. 1998, n° 32-34, pan. 24 : le gérant d'une SARL a le pouvoir de donner à un tiers une délégation spéciale e en vue d'exercer au nom de la société une action en justice déterminée.

pouvoirs, qui ne doit pas être générale, mais avoir un objet précis, doit viser un domaine précis d'intervention[498].

299-Le délégataire tient ainsi son mandat de représentation non pas du délégant, mais de la société elle-même. La société se trouve engagée à l'égard des tiers qui seront, sauf abus de pouvoirs du délégataire, bien fondés à se prévaloir, à l'égard de la société, du mandat apparent pour échapper aux effets des limitations de pouvoirs auxquelles a pu être soumis le délégataire.

300-Le dirigeant peut engager sa responsabilité civile à l'égard de la société au titre des fautes qu'il commet à son préjudice, en raison de la délégation qu'il a opérée, que ce soit quant au choix du délégataire, de ses attributions, ou encore du fait qu'il n'a pas surveillé son action[499].

301-La durée de la délégation peut être expressément fixée. A défaut, il peut y être mis fin à tout moment[500].

En tout état de cause la délégation de pouvoirs peut survivre en l'absence de révocation[501] et du départ du dirigeant délégant[502].

Cette position de la jurisprudence française est transposable en droit OHADA, et sa prise en compte peut constituer un bouclier pour les dirigeants des sociétés anonymes.

CONCLUSION DU CHAPITRE I

302-En définitive, les améliorations ici proposées permettront d'abord de prendre en compte l'aspect culturel. Ainsi selon les recommandations de l'OCDE l'adoption des principes de la « corporate governance »[503] doit tenir compte de la culture du lieu de réception. L'érection du conseil de famille comme un organe consultatif corrige le

---

498 Com. 22 déc. 1976, JCP 1976, IV, p. 51 ; Com. 3 juin 1997, n° 94-12.450, Bull. civ. IV, n°167 ; D. 2000, 73 : la délégation de pouvoir accordée pour déclarer des créances ne permet pas le délégataire de représenter le délégant pour former une requête en revendication.

499 Com. 6 févr. 1962, Bull. civ. IV, n°80.

500 Soc. 22 juill. 1986, n°83-45.418 (La chambre sociale de la Cour de cassation a toutefois considéré que, lorsqu'à l'occasion d'un arrêt maladie de plusieurs mois de son directeur général, également directeur commercial, une SA a retiré à celui-ci la procuration dont il disposait sur les comptes de la société dans deux banques, ce retrait a constitué une modification d'un élément substantiel du contrat de travail de l'intéressé, qui entraînait la rupture de son contrat de travail).

501 Com. 15 mars 2005, n°03-13.032, Bull. civ. IV, n°64 ; D. 2005, 957 ; Bull. Joly 2005. P. 972. : La cour de cassation est venue préciser qu'une « société reste engagée par la délégation de pouvoirs faite par un président du conseil d'administration au nom et pour le compte de la société, et non en son nom personnel, à un préposé de celle-ci, malgré le changement de président du conseil d'administration, tant que cette délégation n'a pas été révoquée ».

502 Soc. 13 mai 2008 ; n°07-40.002, NP.

503 Cf. Principes de gouvernement d'entreprise de l'O.C.D.E., 2004, point V.C, pp.22, 60-61.

décalage qui existe entre la pratique dans les PME et le droit positif. La pratique ayant toujours prouvé que la famille joue un rôle considérable dans l'orientation stratégique et la gestion quotidienne de la plupart des entreprises de la zone OHADA.

303-L'originalité dans nos propositions permet aussi le renforcement du droit de communication et d'information de l'administrateur par le biais du droit de demander la présence personnelle, si nécessaire, d'un cadre de la direction devant le conseil afin d'aider une prise de décision dans le but du développement durable de l'entreprise.

Enfin l'étude de la délégation de pouvoir des actionnaires par la théorie de l'agence aux organes sociaux aboutit à la nécessité d'atténuer ses effets au moyen d'une jurisprudence bien fournie en droit français.

Il est évident que, pour rendre opérationnelles les propositions faites ici, l'actualisation de certaines dispositions de l'AUSC s'impose.

CHAPITRE II : ACTUALISATION DES DISPOSITIONS DE L'AUSC

304-Les actes uniformes de l'OHADA ont eu pour mérite d'accélérer l'harmonisation des législations sur le droit des affaires et favoriser l'intégration économique de l'espace par la sécurisation des investissements. Cette harmonisation a été favorisée par la création d'un espace juridique commun, par la promulgation d'Actes Uniformes applicables dans tous les Etats Parties au traité et par la création d'un espace judiciaire commun, par l'institution d'une Cour commune de justice et d'arbitrage.

305-Cette réforme doit, de nos jours, intégrer les nouvelles exigences des marchés consécutives aux scandales financiers et aux crises économiques à répétition qui secouent le monde actuellement. En effet, la mondialisation recommande une exigence accrue de la transparence dans les affaires due à l'interdépendance des économies. Elle doit aussi intégrer l'idée que les concepts juridiques soient adaptés à la culture entrepreneuriale de l'espace OHADA avant l'exigence d'une convergence vers une gouvernance universelle des entreprises.

SECTION I : ADAPTATION DES CONCEPTS JURIDIQUES A LA CULTURE ENTREPRENEURIALE AFRICAINE.

PARAGRAPHE I : MODALITES D'ADAPTATION DES CONCEPTS

306-La forte médiatisation des débats nés des scandales financiers dans les pays occidentaux, asiatiques et latino-américains[504] est entrain de modifier la conception que les africains ont de l'entreprise. Il s'y ajoute des scandales financiers souvent répertoriés dans les faillites et décadences de grandes entreprises nationales[505]. Ces facteurs sont la cause d'une impérieuse nécessité de la bonne gouvernance des entreprises en Afrique.

Mais pour une meilleure réception de la « corporate governance », une prise en compte de la réalité s'avère nécessaire.

---

504 Cf affaires Polly Peck ; BCCI ; Maxwell, Enron, Vivendi.

505 A. SAKHO,la gouvernance et contrôle interne dans les entités d'intérêt public, conférence pour le compte de l'ISA sur la gouvernance, 1er Avril 2005, op.cit.

A. UNE APPLICATION NON SELECTIVE A TOUTES LES S.A. COTEES OU PAS.

307-L'amélioration des pratiques de la gouvernance des sociétés commerciales s'est imposée au législateur OHADA comme une nécessité dans un contexte d'intégration économique [506] . Des instruments juridiques ont été élaborés pour l'atteinte de cet objectif.

Ainsi le dispositif juridique de l'AUSC a prévu des droits allant de la participation des actionnaires aux assemblées générales à leur droit de contrôle sur certains actes des dirigeants de leur entreprise. Par exemple les actionnaires peuvent demander : l'inscription d'une question qu'ils jugent important à l'ordre du jour pour des actionnaires s'ils détiennent entre 0,5 et 5% du capital ; une expertise de gestion auprès du tribunal compétent de leur siège social s'ils détiennent au moins 20% du capital social ; des explications à la direction sur tout fait qui serait de nature à compromettre la continuité de l'exploitation et recevoir de réponse écrite et ce deux fois par exercice ;

l'obtention de documents sociaux à savoir les états financiers de synthèse, le rapport de gestion, les projets de résolutions, le rapport général et le rapport spécial du commissaire aux comptes quinze jours avant la tenue d'une assemblée générale ordinaire.

Les actionnaires peuvent contrôler les conventions passées entre la société et les dirigeants ou les administrateurs. Ces exigences concernent d'abord les entreprises cotées dont le capital est dilué dans le public.

308-La forte réglementation de l'OHADA dans ce dernier cas témoigne de l'intérêt pour le sujet mais elle a pu aussi conduire à une certaine confusion quant aux questions de fond, les problématiques propres à chaque catégorie d'entreprise (cotée ou non, patrimoniale ou non, etc.) semblent si différentes que l'on conclut, parfois, que le souci de gouvernance a essentiellement porté sur les entreprises cotées parce qu'elles sont les plus concernées par la question - ce qui est évidemment inexact.

309-Bien gouverner est aussi décisif que bien manager et cela est valable pour toute entreprise. Après avoir pris en compte la sociologie des entreprises en Afrique et les nombreux textes régissant leur mode de fonctionnement, il nous est apparu que la communauté des affaires a besoin de retrouver les fondations de la gouvernance

[506] J. Issa Sayegh, L'OHADA, instrument d'intégration juridique en Afrique, www. Ohada.com ; vr l'article sur, L'harmonisation du droit des affaires en Afrique regard sous l'angle de la théorie générale du droit, Rev. d'actualité juridique www. Juriscope.org.

d'entreprise. Celles-ci permettraient de donner un langage commun à ceux qui se préoccupent de gouvernance et de recadrer les problèmes spécifiques qu'elle pose à chaque type d'entreprises. Il est couramment avancé que les réformes récentes de gouvernance ont été pensées dans les pays anglo-saxons, en Europe, et conduites à partir des grandes entreprises cotées dont le capital est dilué dans le public et selon une vision idéologique très partiale des mécanismes économiques. En considérant comme universels les problèmes spécifiques que soulèvent ces entreprises, on aurait alors imposé aux autres entreprises de lourds et inutiles dispositifs. Il est un fait que certaines réglementations, par exemple sur la publication massive d'informations ou sur la composition pointilleuse des conseils d'administration, sont inadaptées lorsque l'entreprise est de taille modeste voire moyenne, ou que le dirigeant possède une part très significative du capital. C'est le cas dans l'espace OHADA où l'essentiel des entreprises sont des PME et surtout familiales

malgré l'attaque que subit l'environnement des affaires en Afrique avec l'arrivée massive due à la «mondialisation» et à la «marchéisation» des modèles occidentaux de gouvernement des entreprises. Il existe ainsi une asymétrie entre la rhétorique officielle et la pratique quotidienne pour paraphraser Joseph-Marie Zambo Belinga[507] de l'Université Yaoundé 1. Mais, est ce qu'on peut ignorer le fait qu'à coté du monde des grandes sociétés cotées en Bourse, il existe un nombre considérable des sociétés non cotées, économiquement très importantes qui, d'une part, comptent de nombreux actionnaires, alors que la présence des actionnaires minoritaires dans ces sociétés est toujours une question d'actualité, et d'autre part, emploient un grand nombre de personnes, elles ont un chiffre d'affaires de plusieurs centaines de millions ou de plusieurs milliards de francs et leurs fonds propres sont substantiels.

310-Le rôle important de ces sociétés sur le plan économique est évident. Il conviendrait encore de noter que selon les données européennes, une entreprise vit en moyenne 40 ans avant d'entrer en Bourse[508]. La manière donc dont elles sont dirigées et contrôlées ne peut être bien-sûr sans intérêt à l'heure actuelle. Par mimétisme du droit

---

[507] Corruption, communautarisme, quête de notabilité et ethos social au Cameroun : une asymétrie entre la rhétorique officielle et les pratiques au quotidien, colloque intitulé «Le comparatisme à la croisée des chemins. Autour de l'œuvre de Jean-François Ménard. Néo-patrimonialisme, corruption, gouvernance locale, échange et éthique politique » organisé les 29, 30 et 31 mars 2007 par le CEAN, Bordeaux.

[508] R. ZAFFT " Le gouvernement d'entreprise : une affaire de famille" L'Observateur, n. 234, Octobre 2002, p. 18.

français, le législateur OHADA doit faire sienne les dispositions de la loi relative aux nouvelles régulations économiques du 15 mai 2001. Celle-ci constitue en fait la première transposition des principes du gouvernement d'entreprise en droit français, malgré le fait qu'elle ait été premièrement rédigée, implicitement ou ouvertement, pour s'appliquer aux sociétés dont les titres sont négociés sur un marché réglementé. Elle ne fait aucune distinction entre sociétés cotées et sociétés non cotées mais, tout à l' opposé, il s'agit d'un texte dont les dispositions, fortement inspirées des principes de la « Corporate Governance », s'appliquent, sauf quelques exceptions, à toutes les sociétés anonymes, cotées ou non cotées[509].

311-L'abandon d'être une société cotée à la bourse permettra d'une part la prise en compte de la sociologie des entreprises de la zone OHADA, et, d'autre part la gouvernance des sociétés anonymes convergera vers des pratiques harmonisées.

Un des outils de celle-ci est l'adoption des règles comptables IAS et IFRS.

B- APPLICATION DES REGLES COMPTABLES IFRS A TOUT TYPE DE SOCIETE

312-Un aperçu sur la notion de la normalisation comptable s'avère indispensable pour appréhender les raisons de l'application des normes IAS/IFRS à tout type de société dans la zone OHADA.

Que sont les normes IAS/IFRS ? Ce sont des normes comptables internationales.

IFRS[510], complément des normes IAS[511], sont des normes comptables internationales élaborées par l'IASB[512], au lendemain des scandales financiers[513]. Il s'agissait avant tout de rétablir la confiance en instaurant

---

[509] A. COURET, "Régulation financière, sociétés cotées et sociétés non cotées", Les petites affiches, 3 juin 2002, n. 110, p. 29.

[510] International Financial Reporting Standard.

[511] International Accounting Standard.

[512] International Accounting Standards Board (IASB), un organisme privé indépendant basé à Londres créé en 1973 par les instituts comptables de dix pays.

[513] Voir L'affaire Enron est particulièrement significative des effets d'une dérèglementation sans contrôle et des excès que peut engendrer le marché. Enron, société US du secteur de l'énergie, est à l'origine du plus grand scandale financier des 20 dernières années.

Fondée en 1985 par Kenneth Lay, rejoint par la suite par Jeffrey Skilling, Enron est devenue en termes de capitalisation boursière la 7ème entreprise US. Encensée par la presse et les analystes financiers comme nouveau modèle d'entreprise, sa valeur boursière ne cessait de croître (90% en un an). La revue Fortune l'avait ainsi élue 6 ans de suite comme l'entreprise la plus innovatrice.

En fait de modèle économique, l'entreprise gonflait artificiellement ses profits tout en

fiabilité, transparence et lisibilité des comptes. Ces normes rigoureuses peuvent sembler contraignantes, d'autant qu'elles bousculent les pratiques comptables traditionnelles.

313-La norme, c'est la règle ; les principes et les formulations à respecter[514]. Une norme comptable, en référence aux principes de base, peut édicter une ou plusieurs règles de comptabilisation.

Plus la fonction comptable s'élargit, plus la norme se diversifie[515]. C'est donc un fait établi que la comptabilité n'est pas uniforme dans le monde[516]. La normalisation est un processus dynamique. Elle évolue avec l'environnement national, continental et mondial des sociétés. C'est une émanation de la puissance économique de chaque État, de chaque groupe d'États ou d'organisations professionnelles [517]. «Normaliser c'est établir des règles communes afin d'harmoniser et d'améliorer les pratiques comptables» [518]. La normalisation internationale désigne au sens large, un référentiel comptable dont le champ d'application couvre l'espace territorial de plusieurs États à

---

masquant ses déficits en utilisant une multitude de sociétés écrans et en falsifiant ses comptes. Le but était, ni plus ni moins, de gonfler la valeur boursière.

En bon prédateur, Enron a aussi pleinement profité de la dérèglementation de l'énergie en Californie, exploitant à fond chacune des failles et n'hésitant pas à recourir aux arrêts intempestifs, afin de faire grimper le prix du KW/h.

L'éclatement de la bulle a précipité non seulement l'entreprise Enron mais aussi le cabinet d'audit Arthur Andersen, complice. Plus d'une tonne de documents compromettants ont été détruits par le cabinet d'audit de renommée mondiale quasi séculaire.

Avec la faillite d'Enron, 20.000 personnes de l'entreprise perdirent leur emploi et plusieurs centaines de millions de dollars constituant l'essentiel de fonds de pension, donc la retraite de milliers d'américains partirent en fumée.

Jeffrey Skilling purge une peine de 24 ans et Ken Lay est mort d'une attaque cardiaque peu après le verdict.

Pour mémoire, le slogan d'Enron était Ask Why? Faut croire que bien peu de personne n'ont réellement suivi ce conseil en posant la question à Enron : Pourquoi de tels bénéfices? D'où viennent-ils ?

Cette affaire et le procès qui s'en suivit sont hautement instructifs. Ils sont d'ailleurs à l'origine de nouvelles lois et règles comptables afin de mieux encadrer dirigeants et audits et d'assurer une meilleure transparence des comptes, comme la loi Sarbanes Oxley, les nouvelles règles comptables IAS IFRS.

[514] Ndjanyou, Portée du système comptable OHADA sur la production et la diffusion de l'information financière des entreprises de petite dimension, Revue africaine de l'intégration Vol.2, juillet 2008.

[515] J.G. Dégos, « Les enjeux de la normalisation internationale », (document inédit) 2000.

[516] S. Evraert et Yuan Ding, 2002 « Les enseignements d'une comparaison de la comptabilité sociale des entreprises en Chine et en France », *Cahier de Recherche du CRECCI,* n° 2002-01.

[517] Dans le système de l'Europe continentale, la normalisation des pratiques comptables relève de la puissance de l'État. Tandis que dans le système anglo-saxon, elle relève de la puissance des organisations professionnelles.

[518] P Lassègue, Lexique de comptabilité, 4e édition, Dalloz. 1998.

l'intérieur d'un même continent ou dans plusieurs continents. Qu'elle soit nationale, continentale ou mondiale, la normalisation comptable consiste à adopter des principes, des règles, des lois, des formulations, des procédures, des méthodes, des modèles et des présentations à respecter dans l'enregistrement et le traitement comptable des opérations, dans la confection et la présentation des documents comptables et financiers de synthèse.

314-On peut distinguer à cet effet, deux types de normalisation : la normalisation de fond et la normalisation de forme.

- La normalisation de fond est à notre avis la première phase du processus de normalisation [519]. Elle porte sur l'adoption des principes, des procédures, des conventions et des formulations comptables. Elle doit être assise sur une source de pensée et en conformité avec l'esprit sur lequel chaque État fonde son développement économique et social. A ce sujet, elle peut être influencée par les Pouvoirs publics qui, en édictant les lois et les règlements généraux, leur donnent un caractère hiérarchique. Elles peuvent aussi subir l'influence des organismes professionnels à travers leur puissance et leurs habitudes séculaires, et celle des normes internationales et des pays les plus puissants qui offrent des unités de mesure communes aux sociétés les plus grandes et à celles désireuses d'opérer sur les marchés internationaux.
- La normalisation de forme est intimement liée à la première. Elle porte sur la fixation et l'adoption des modèles et des structures de présentation des états comptables et financiers, de leur contenu, de l'emplacement de chaque information, sur la définition des concepts et la classification des comptes. L'adoption d'une norme est donc le résultat d'une large concertation entre les intérêts contradictoires des acteurs hiérarchisés, la position de chaque acteur dépendant de son pouvoir réel dans la profession. Les normes internationales sont dans le contexte actuel une référence concédée à la fois par l'hégémonie et la puissance économique des grands pays industrialisés.

315-Le débat sur la normalisation comptable internationale et sur l'arrimage des comptabilités nationales ou régionales est d'actualité à l'échelle continentale et mondiale. La normalisation OHADA est-elle de nature à limiter les difficultés d'accès des entreprises de son espace territorial aux marchés internationaux ? Ou alors à faciliter l'accueil des

---

[519] J.-G. Dégos parle ici de deux degrés de normalisation : le premier qui est une normalisation de forme et le second qui est une normalisation de fond et de contenu.

entreprises et des investisseurs étrangers dans ses différents pays membres?

316-Ces questionnements nous amènent à nous interroger sur sa pertinence et sur l'impératif d'une harmonisation intégrale entre le référentiel comptable de l'OHADA et les IAS/IFRS comme facteur d'attractivité pour les entreprises et les économies des pays membres. Ici, se pose d'une part, la problématique de la convenance des normes internationales aux pays en voie de développement en général et en Afrique en particulier, et d'autre part, le problème de l'harmonisation des normes comptables africaines (en particulier les normes OHADA) aux normes internationales. L'évidence à cette problématique demeure qu'aucun pays du monde ne peut échapper à la logique de l'interconnexion des marchés[520]. Par ailleurs, les grandes entreprises en Afrique, dans leurs différentes options stratégiques de croissance, ont ou auront des besoins à exprimer auprès des investisseurs sur les grandes places financières du monde.
Elles devront donc servir à ces derniers des documents comptables et des informations financières intégrés. Elles ne peuvent y parvenir, avec efficacité, qu'en épousant le langage et la philosophie comptable habituels desdits investisseurs. Les normes internationales relatives aux PME pourraient mieux convenir aux entreprises en Afrique, même si ces entreprises ne sont pas toutes des PME. Certains experts semblent considérer qu'« adopter purement et simplement les normes de l'IASB comme référence (…) est l'hypothèse la plus crédible à moyen terme, surtout avec la perspective de l'Union africaine »[521].

317-L'intégration financière internationale étant devenue inéluctable, même si pour les PME le droit comptable OHADA offre plus davantage, la convergence vers ces normes internationales nous parait nécessaire. Il nous semble que la réforme du droit comptable OHADA devient urgente et indispensable pour asseoir sa crédibilité.
Pour parvenir à cette réforme certaines dispositions de l'AUSC doivent être visitées afin de proposer leur relecture.

---

[520] Feudjo Jules Roger, « Harmonisation des normes africaines (OHADA) et internationales (IAS/IFRS) : une urgence ou une exigence ? », *La Revue des Sciences de Gestion*, 2010/5 n°245-246, p. 149-158.

[521] Dominique Baer et Gael Yanno, Rapport d'information relatif aux enjeux des nouvelles normes comptables, Assemblée nationale, mars 2009.

PARAGRAPHE II : L'ACTE UNIFORME SUR LES SOCIETES COMMERCIALES ET DU GIE REVISITE

318-Nous savons que certains actes uniformes font l'objet des travaux de révisions. Elles ne pourront pas être prises en considération dans cette étude faute de publication. Notre analyse se fera au triple plan à savoir :

- le pouvoir exécutif : les dirigeants ;
- le pouvoir de surveillance : les administrateurs ;
- le pouvoir souverain : les actionnaires.

Ces trois composantes constituent les éléments clés des acteurs de la gouvernance de la société anonyme. Il s'est avéré que la littérature nous révèle ça et là des insuffisances dans certaines dispositions de l'AUSC et ou l'absence complète d'une prise en charge de certains aspects devenus, aujourd'hui, incontournables. Dans ce contexte, il devient indispensable de mettre à jour certaines de ces dispositions afin d'assurer la performance du contrôle légal.

A. MISE A JOUR DE CERTAINES DISPOSITIONS DE L'AUSC.

319-Il s'agit, ici, de proposer une mise à jour des dispositions qui contiennent des insuffisances relatives à la gouvernance dans l'AUSC.

1) Séparation des pouvoirs

S'agissant du pouvoir exécutif dans le droit OHADA, il repose à la fois sur le principe de la dualité et celui moniste, l'un avec un Président du conseil d'administration et directeur général, l'autre avec un Président directeur général ou avec un administrateur général.

Le conseil d'administration administre la SA en étant doté des pouvoirs les plus étendus pour agir au nom de la société[522]. Le nombre des administrateurs doit être de trois au minimum et de douze au maximum[523].

Le principe est celui de la collégialité pour les délibérations et les prises de décision.

Le conseil d'administration est présidé par un Président qui est également le DG ; en tant que Président, il assure le bon fonctionnement du conseil d'administration et en tant que DG, il assure, en permanence, le bon fonctionnement de la société, dirige et représente celle-ci dans ses rapports avec les tiers[524]. Les statuts peuvent prévoir la dichotomie

---

[522] Vr Articles 416 et 435 AUSC.

[523] Vr article 416 AUSC.

[524] Vr article 465 AUSC.

des fonctions de Président du CA et de DG qui seront alors exercées par deux personnes différentes. L'administrateur général dans les petites SA (nombre d'associés égal ou inférieur à trois), peut être désigné comme administrateur unique qui assume, à lui seul, les fonctions d'un CA et d'un DG[525]. Le principe de la collégialité disparaît au profit de celui de la concentration des pouvoirs du CA et du PDG entre les mains d'un seul organe.

On est proche de la situation du gérant des sociétés de personnes et des SARL.

320-Au regard de ce qui précède et pour éviter toute confusion de pouvoirs, il conviendrait d'instaurer une véritable séparation des pouvoirs dans les sociétés anonymes. La raison est que les attributions du président constituent une source de conflits d'intérêts puisque ce dernier préside un organe, le conseil d'administration, qui est chargé de le nommer, de le contrôler, et éventuellement de le révoquer ; d'où la proposition visant à séparer la direction du contrôle[526].

321-Il s'avère également indispensable d'introduire une disposition pour marquer la distinction entre le président du conseil d'administration non exécutif et le directeur général. La séparation des fonctions de président du conseil et de directeur général s'impose dès lors comme la solution permettant d'instaurer un véritable équilibre des pouvoirs.

322-Par ailleurs pour un meilleur fonctionnement du pouvoir de surveillance en l'occurrence le conseil d'administration, on doit préciser les types de comités à créer au lieu de laisser l'initiative au conseil d'administration comme le préconise l'AUSC. Afin d'assurer le bon fonctionnement du conseil, ce dernier doit être obligatoirement assisté de comités spécialisés : comité d'audit ou des comptes, comité de nomination, comité de rémunération, conseil de famille. Les membres de ces comités pourront être des administrateurs indépendants. Est indépendant l'administrateur qui n'entretient aucune relation, de quelque nature que ce soit, avec la société et son groupe qui puisse compromettre sa liberté de jugement[527]. D'après Estelle Scholastique, Professeur à l'université de Paris Sud (Paris XI) «Les voies de l'indépendance sont doubles. D'une part, l'administrateur indépendant doit faire preuve d'indépendance intellectuelle. Cette qualité est à rapprocher de

---

525 Vr article 498 AUSC.

526 F. Bloch-Lainé, Pour une réforme de l'entreprise, Seuil, 1963.

527 J. Jacques Caussain, Les règles du jeu et le jeu des règles : La gouvernance imposée, www.creda. ccip.fr

l'impartialité et de l'objectivité attendue d'un juge et du non-conformisme manifesté par un libre esprit. Ces vertus pourraient être atteintes par des formations ad hoc, permettant de multiplier les viviers de recrutement des administrateurs. D'autre part, l'administrateur indépendant doit être doté de moyens matériels : un statut plus précis, un droit d'information plus important, un code de gouvernement d'entreprise plus légitime, une autorité assurant la police de la profession.

323-Quant aux fins de l'indépendance, l'administrateur indépendant a un rôle à jouer en matière de conflit d'intérêt et d'information financière[528]. Il ne saurait toutefois garantir le succès de

---

[528] Vr le code AFEP-MEDEF : Un administrateur est indépendant lorsqu'il n'entretient aucune relation de quelque nature que ce soit avec la société, son groupe ou sa direction, qui puisse compromettre l'exercice de sa liberté de jugement. Ainsi, par administrateur indépendant, il faut entendre, non pas seulement administrateur non-exécutif c'est-à-dire n'exerçant pas de fonctions de direction de la société ou de son groupe, mais encore dépourvu de lien d'intérêt particulier (actionnaire significatif, salarié, autre) avec ceux-ci.

Même si la qualité du conseil d'administration ne saurait se résumer en un pourcentage d'administrateurs indépendants, les administrateurs devant être avant tout compétents, actifs, présents et impliqués, il est important d'avoir au sein du conseil d'administration une proportion significative d'administrateurs indépendants qui non seulement répond à une attente du marché, mais également est de nature à améliorer la qualité des délibérations.

La part des administrateurs indépendants doit être de la moitié des membres du conseil dans les sociétés au capital dispersé et dépourvues d'actionnaires de contrôle. Dans les sociétés contrôlées, la part des administrateurs indépendants doit être d'au moins un tiers.

La qualification d'administrateur indépendant doit être débattue par le comité des nominations et revue chaque année par le conseil d'administration avant la publication du rapport annuel.

Il appartient au conseil d'administration, sur proposition du comité des nominations, d'examiner au cas par cas la situation de chacun de ses membres au regard des critères énoncés ci-dessous, puis de porter à la connaissance des actionnaires dans le rapport annuel et à l'assemblée générale lors de l'élection des administrateurs les conclusions de son examen de telle sorte que l'identification des administrateurs indépendants ne soit pas le fait de la seule direction de la société mais du conseil lui-même.

Le conseil d'administration peut estimer qu'un administrateur, bien que remplissant les critères ci-dessous, ne doit pas être qualifié d'indépendant compte tenu de sa situation particulière ou de celle de la société, eu égard à son actionnariat ou pour tout autre motif. Inversement, le conseil peut estimer qu'un administrateur ne remplissant pas les critères ci-dessous est cependant indépendant.

Les critères que doivent examiner le comité et le conseil afin de qualifier un administrateur d'indépendant et de prévenir les risques de conflit d'intérêts entre l'administrateur et la direction, la société ou son groupe, sont les suivants :

- Ne pas être salarié ou mandataire social de la société, salarié ou administrateur de sa société mère ou d'une société qu'elle consolide et ne pas l'avoir été au cours des cinq années précédentes.
- Ne pas être mandataire social d'une société dans laquelle la société détient directement ou indirectement un mandat d'administrateur ou dans laquelle un salarié désigné en tant que tel ou un mandataire social de la société (actuel ou l'ayant été depuis moins de cinq ans) détient un mandat d'administrateur.
- Ne pas être client, fournisseur, banquier d'affaire, banquier de financement : significatif

la gestion sociale. Enfin, son rôle ne peut être précisé sans réfléchir aux finalités de cette gestion et à la hiérarchie existant entre l'intérêt social et l'intérêt de l'actionnaire »[529]. Il faut dire que cette indépendance est indissociable de la compétence de l'administrateur. Il n'est pas excessif de dire qu' «un administrateur indépendant sans compétence est ectoplasmique, un administrateur compétent sans indépendance, muet »[530]. Rien d'étonnant qu'il soit difficile de recruter des administrateurs coiffés de la double couronne de l'indépendance et de la compétence, car cette dernière s'acquiert fréquemment avec l'expérience dans le secteur économique.

2) Fonctionnement du conseil d'administration

324- Dans le cadre du fonctionnement du conseil d'administration, les dispositions relatives au vote des administrateurs doivent être actualisées par la prise en compte des votes électroniques et la participation des administrateurs absents au moyen de la visioconférence. Pour plus de convergence vers les recommandations de l'OCDE, nous suggérons l'insertion d'un nouvel alinéa à l'article 453 de l'AUSC. L'adoption de ces nouvelles technologies d'information va rendre plus transparente la prise des décisions et la participation de chacun plus effective. Ainsi, les administrateurs qui participent à la réunion du conseil par les moyens de visioconférenceréglementaires sont réputés présents pour le calcul des quorums et de la majorité. Les

---

de la société ou de son groupe, ou pour lequel la société ou son groupe représente une part significative de l'activité.

- Ne pas avoir de lien familial proche avec un mandataire social.
- Ne pas avoir été auditeur de l'entreprise au cours des cinq années précédentes.
- Ne pas être administrateur de l'entreprise depuis plus de douze ans.

S'agissant des administrateurs représentant des actionnaires importants de la société ou de sa société mère, ils peuvent être considérés comme indépendants dès lors qu'ils ne participent pas au contrôle de la société. Au-delà d'un seuil de 10 % en capital ou en droits de vote, il convient que le conseil, sur rapport du comité des nominations, s'interroge systématiquement sur la qualification d'indépendant en tenant compte de la composition du capital de la société et de l'existence d'un conflit d'intérêts potentiel.

Ou être lié directement ou indirectement.

A titre de règle pratique, la perte de la qualité d'administrateur indépendant au titre de ce critère ne devrait intervenir qu'à l'expiration du mandat au cours duquel il aurait dépassé la durée de 12 ans.

[529] Cahiers de droit de l'entreprise n°5, septembre 2005, p.34.

[530] Eric Pichet, Le gouvernement d'entreprise dans les grandes sociétés cotées : De la convergence des pratiques à l'émergence de principes de bonne gouvernance, les éd. du siècle, p.371.

délibérations du conseil s'en trouveraient améliorés et la transparence garantie dans les sociétés anonymes de la zone OHADA.

325- Un nouvel article doit être inséré pour obliger les administrateurs à assurer un traitement équitable de tous les actionnaires, y compris les actionnaires minoritaires et étrangers et un autre relatif à l'obligation d'information du conseil d'administration envers les actionnaires. En effet, puisque les dirigeants doivent gérer la société en prenant particulièrement en compte l'intérêt des actionnaires, ils doivent être sensibilisés sur les risques de l'activité sociale, lesquels risques peuvent avoir une incidence sur la situation financière de l'entreprise[531] et avoir pleinement conscience du rôle des sociétés dans le domaine social et en matière d'environnement ; les créanciers de l'information sociale disposant au travers du rapport de gestion d'un moyen de contrôle[532].

326-La communication de cette information permet aux actionnaires de contrôler la prise en compte des conséquences sociales et environnementales de l'activité sociale par les entreprises de l'espace OHADA[533].

---

[531] Thieffry (P), Responsabilité environnementale des entreprises : les projets européens se précisent, in Petites Affiches, n°38, 2003, pp.4 s. spéc. p. 15.

[532] Rolland (B.), Toutes les sociétés doivent rendre des comptes environnementaux !, In Dr. sociétés, n° 11, 2003, pp.4 s.

[533] Dans le droit français, au titre d'informations sociales, l'article R. 225-104 C. com. (anc. 148-2 D. 1967) dispose que le rapport principal du conseil d'administration renseigne sur : l'effectif total, les embauches en distinguant les contrats à durée déterminée et les contrats à durée indéterminée et en analysant les difficultés éventuelles de recrutement , les licenciements et leurs motifs, les heures supplémentaires, la main d'œuvre extérieure à la société ; le cas échéant, les informations relatives aux plans de réduction des effectifs et de sauvegarde de l'emploi, aux efforts de reclassement, aux réembauches et aux mesures de reclassement ; l'organisation du temps de travail, la durée de celui-ci pour les salariés à temps plein et ceux à temps partiel, l'absentéisme et ses motifs : les rémunérations et leur évolution, l'application des dispositions du titre IV du livre IV du code de travail, l'égalité professionnelle entre les femmes et les hommes ; les relations professionnelles et le bilan des accords collectifs ; les conditions d'hygiène et de sécurité ; la formation ; l'emploi et l'insertion des travailleurs handicapés ; les œuvres sociales et l'importance de la sous-traitance.
Il doit également exposer la manière dont la société prend en compte l'impact territorial de ses activités en matière d'emploi et de développement régional ; décrire, le cas échéant, les relations entretenues par la société avec les associations d'insertion, les établissements d'enseignement, les associations de défense de l'environnement, les associations de consommateurs et les populations riveraines ; et indiquer l'importance de la sous-traitance, la manière dont la société promeut auprès de ses sous-traitants et s'assure du respect par ses filiales des dispositions des conventions fondamentales de l'organisation internationale du travail, ainsi que la manière dont les filiales étrangères de l'entreprise prennent en compte l'impact de leurs activités sur le développement régional et les populations locales.
Quant aux informations relatives à l'environnement, données en fonction de la nature de l'activité sociale, elles portent sur les conséquences de ladite activité sur celui-ci. Aux termes

L'acte uniforme a également passé sous silence les intérêts des autres parties prenantes[534]
à savoir les rapports des sociétés avec leurs employés (en ce qui concerne l'actionnariat salarié), clients et fournisseurs, l'Etat et les collectivités locales[535]. L'insertion d'un nouvel article qui va prendre en compte cette problématique participe à la clarification de la responsabilité sociale et sociétale des entreprises.

327-La responsabilité liée aux informations environnementales contenues dans le rapport est directement supportée par celui qui est à l'origine de leur diffusion, président du conseil d'administration, directeur général, voire administrateur[536].

---

de l'article R. 225-105 C. com. (anc. Art. 148-3 D. 1967), elles ont trait : à la consommation de ressources en eau, matières premières et énergie avec, le cas échéant les mesures prises pour améliorer l'efficacité énergétique et le recours aux énergies renouvelables, les conditions d'utilisation des sols, les rejets dans l'air, l'eau et le sol affectant gravement l'environnement, les nuisances sonores ou olfactives et les déchets, aux mesures prise pour limiter les atteintes à l'équilibre biologique, aux milieux naturels, aux espèces animales et végétales protégées ; aux démarches d'évaluation ou de certification entreprises en matière d'environnement ; aux mesures prises, le cas échéant, pour assurer la conformité de l'activité de la société aux dispositions législatives et réglementaires applicables en cette matière ; aux dépenses engagées pour prévenir les conséquences de l'activité sur l'environnement ; à l'existence au sein de la société de services internes de gestion de l'environnement , à la formation et à l'information des salariés pour celui-ci, aux moyens consacrés à la réduction des risques pour l'environnement ainsi que l'organisation mise place pour faire face aux accidents de pollution ayant des conséquences au -delà des établissements de la société. Dans le domaine environnemental, le rapport de gestion doit également informer les actionnaires du montant des provisions et garanties pour risque en matière d'environnement, sauf si cette information est de nature à causer un préjudice sérieux à la société dans un litige en cours ; du montant des indemnités versées au cours de l'exercice en exécution d'une décision judiciaire en matière d'environnement et les actions menées en réparation des dommages causés celui-ci ; enfin de tous les éléments sur les objectifs que la société assigne à ses filiales à l'étranger.

[534] M. Anglietta / A. Ribérioux, Dérives du capitalisme financier, : "(Dans l'entreprise) la création de richesses opère par la réunion de capitaux humains, financiers et physiques,… L'incertitude radicale qui pèse sur le déroulement temporel de cette combinaison de ressources, ainsi que la difficulté de mettre en mouvement une action collective plaident pour un exercice du pouvoir favorisant l'engagement des différentes parties prenantes… L'instabilité des marchés de capitaux, de son coté, vient étayer cette conclusion… La manière dont les dirigeants de Wordcom, Enron, etc. ont su tiré parti de la confiance aveugle des marchés pour capter de la valeur, en dépit des dispositifs visant à les en empêcher, en témoigne… La présence de blocs de contrôle est précisément un moyen de limiter l'instabilité liée aux marchés de capitaux".

[535] Vr les encycliques Laboren exercens (1981) et Centesimus annus (1991) du Pape Jean Paul II « L'entreprise ne peut être considérée seulement comme une « société de capital » ; elle est en même temps une « société de personne » dans laquelle entrent de différentes manières et avec des responsabilités spécifiques ceux qui fournissent le capital nécessaire à son activité et ceux qui y collaborent par leur travail ».

[536] F. Guy Trébulle, L'Environnement en droit des affaires, mélanges Guyon, p. 1045

328-S'agissant du pouvoir souverain, c'est l'article 125 de l'AUSC qui le confère à tout associé en ces termes « sauf disposition contraire du présent Acte uniforme, tout associé a droit de participer aux décisions collectives. Toute clause statutaire contraire est réputée non écrite ». Cette participation s'effectue en vue de la désignation et du contrôle de l'activité des acteurs en charge du pouvoir de surveillance, les « administrateurs ».

C'est le droit à l'information résultant de l'article 525 de l'Acte uniforme qui permet aux actionnaires de la SA de veiller sur les décisions du conseil d'administration. Pour une information complète, il faut permettre aux actionnaires de faire un choix au mieux de leurs intérêts. Ainsi ils doivent pouvoir se retirer de l'entreprise s'ils le jugent nécessaire.

Pour cela, ils doivent être loyalement informés de la situation. Un nouvel alinéa pourrait être ajouté à l'art. 525 pour obliger le conseil d'administration à communiquer sur les risques prévisibles liés aux choix stratégiques et plus particulièrement ceux qui pourraient remettre en cause la durabilité de la performance. C'est sur eux qu'une communication d'information doit insister pour qu'ils puissent être évalués en toute connaissance des enjeux et leur permettre de décider de rester ou non dans l'entreprise.

329-Par ailleurs un nouvel article serait nécessaire pour renforcer la légitimité du vote des actionnaires. La convocation à ce vote et les informations sur l'objet du vote doivent être envoyées suffisamment à l'avance et dans un souci de clarté quant aux enjeux sur lesquels il faut se prononcer. L'alinéa 2 de ce nouvel article doit préciser les procédures d'invalidation de vote qui doit être possible si un nombre suffisant d'actionnaires estime que les résolutions mises au vote ne permettent pas d'exercer leur fonction souveraine, pour deux raisons :

1) le niveau d'information est insuffisant,
2) il n'y a pas de choix faute d'alternative. Plutôt donc que de favoriser les procédures collectives (class actions)[537] destinées à réclamer des dommages après une défaillance, on encouragerait ainsi la mobilisation des actionnaires pour éviter une éventuelle défaillance.

Ces innovations vont concourir à l'amélioration de l'administration de la SA et partant de son contrôle.

---

[537] Vr. également le recours collectif.

B. PERFORMANCE DU CONTROLE LEGAL DECLAREE

330-L'un des pouvoirs des actionnaires est le contrôle des activités du conseil d'administration à travers une procédure interne mise en place à cet effet. La bonne gouvernance des entreprises impose une transparence utile au contrôle actionnarial. Il se trouve que dans la zone OHADA aucune publicité n'est prévue sur les marchés financiers en matière d'opérations réalisées par les dirigeants et leurs proches sur les titres de la société, de pactes d'actionnaires[538] ou d'informations privilégiées. Ainsi pour diminuer l'asymétrie d'informations et remédier à la disparité entre les places financières existant dans la zone OHADA il est souhaitable d'insérer un article sur le principe dit de l'information équivalente. Prévu par les directives européennes et transposable en droit OHADA, ce principe postulera l'obligation pour tout émetteur d'assurer dans quelque pays que ce soit de la zone OHADA, dont il sollicite le public une information aussi complète que celle qu'il donne à l'étranger[539]. La consécration d'une telle règle permettrait de garantir aux actionnaires –épargnants des sociétés appelant publiquement à l'épargne dans la zone OHADA, un pouvoir de contrôle équivalent.
Contribue également au renforcement du contre- pouvoir des actionnaires, l'information que les dirigeants doivent rendre publique à l'occasion de la réalisation de certaines opérations financières.

331-Ce dispositif complètera les obligations en matière de comptabilité, de présentation de comptes et de contrôle légal (audit externe) des comptes des entreprises qui sont fixées par deux Actes Uniformes de l'OHADA[540]**.** Ces textes prévoient en particulier que toute entreprise de droit commercial (entreprise privée ou para-publique), d'économie mixte, ou coopérative, mette en place une comptabilité destinée à l'information des tiers comme à son propre usage. Des états financiers annuels doivent être établis dans les quatre mois qui suivent la clôture de l'exercice. Doivent en outre être mis à la disposition des actionnaires, 15 jours avant l'assemblée générale ordinaire, (laquelle se tient au plus tard six mois après la date de clôture) les documents sociaux suivants : l'inventaire, les états financiers de synthèse, le rapport de gestion et, s'il existe, le rapport du commissaire aux comptes.

---

538 Les principes de gouvernement d'entreprise de l'OCDE plaident pour une large transparence des pactes d'actionnaires.

539 Sur la réception dudit principe en droit français, vr. L'article 7 du Règlement C.O.B n° 90-02 ; et pour des commentaires sur son application par la C.O.B., cf. Bull. C.O.B., 1992, p.106.

540 Acte uniforme du 24 mars 2000 portant organisation et harmonisation des comptabilités des entreprises, J.O. OHADA n°10, p.1 et s.

332-En cas de conflit d'intérêt lors des opérations ordinaires dans les circonstances normales, un nouvel alinéa pourra être inséré à l'article 439 de l'AUSC pour exiger explicitement que le conseil d'administration soumette au vote toutes les transactions présentant des conflits d'intérêt. S'agissant des conventions réglementées, il est souhaitable de modifier les paragraphes 2 et 3 de l'article 440 de l'AUSC afin d'apporter des changements au rôle du commissaire aux comptes (CAC) : le CAC doit soumettre un rapport spécial au Conseil d'administration, avant l'approbation du Conseil, et non avant l'approbation des actionnaires.

Cette modification serait conforme au droit français sur cette question. Car pour avoir une sécurité raisonnable des levés de fonds, il faut obligatoirement que l'investisseur dispose d'une information crédible et fiable sur la santé financière et la rentabilité de l'entreprise qui l'intéresse.

333-La transparence dans les SA de la zone OHADA est organisée par l'article 269 de l'AUSC qui dispose que « les sociétés anonymes sont tenues de déposer au greffe du tribunal (…), dans le mois qui suit leur approbation par l'assemblée générale des actionnaires, les états financiers de synthèse ». En effet, les SA sont tenues légalement de déposer leurs états financiers annuels auprès du greffe du tribunal ; mais dans la pratique, cette obligation est actuellement inopérante. Fort, heureusement, dans le cadre de la révision des actes uniformes décidée lors du sommet du Québec en 2008[541] les travaux préparatoires ont opté pour la publicité et la diffusion des informations des registres sous forme électronique l'article 97 «Dans les conditions prévues par le présent.

Acte uniforme et par l'Acte uniforme portant organisation des sûretés, toute personne peut obtenir sous forme électronique les informations figurant sur les formulaires déposés au Registre du Commerce et du Crédit Mobilier.

334-Elle peut obtenir en outre communication des extraits ou copies de tout ou partie des documents publiés au Registre du Commerce et du Crédit Mobilier en application du présent Acte uniforme, de l'Acte uniforme relatif au droit des sociétés commerciales et du groupement d'intérêt économique et de l'Acte uniforme portant organisation et harmonisation des comptabilités des entreprises »[542]. Ainsi toute personne intéressée peut obtenir, en application de la législation, la communication des informations contenues dans les dossiers déposés aux Registres et Fichiers. Mais puisque les dossiers seront, aussi

---

[541] Traité réformateur du 17 octobre 2008 signé à Québec.

[542] Th. PIETTE-COUDOL, avr. 2011,p.13

rapidement que possible, passés sous forme électronique, les informations lui seront délivrées sans difficulté sous cette même forme. Il en résultera une économie de papier pour les greffes (ou pour l'organe compétent dans l'Etat Partie en charge du RCCM) et une plus grande praticité et rapidité pour le demandeur, surtout s'il peut disposer d'un équipement électronique de réception (ordinateur, cyberboutique, smartphone, etc.).

335- En définitive, ces différentes modifications renforcent la transparence, consolident le droit de contrôle des actionnaires et le pouvoir du CAC et permettent une amélioration de l'accès des actionnaires–épargnants et le public à l'information diffusée à l'occasion d'une opération d'appel à l'épargne.

Cette modernisation de l'AUSC envisagée constitue un prélude de la convergence vers une gouvernance universelle des entreprises de la zone OHADA.

SECTION II : LA CONVERGENCE VERS UNE GOUVERNANCE UNIVERSELLE DES ENTREPRISES

336-De 2007 à nos jours une crise financière [543] s'est durablement installée dans les pays développés. Cette situation a eu une répercussion sur la gouvernance des sociétés commerciales, et les apporteurs de capitaux sont devenus de plus en plus exigeants sur le management de l'entreprise. Aujourd'hui, le choix d'une économie libérale semble être partagé par la plupart des pays, y compris ceux de la zone OHADA. Cette mondialisation de l'économie exige un standard international dans la façon de diriger une entreprise quel que soit le lieu où elle exerce ses activités. Les acteurs de la gouvernance des entreprises dans la zone OHADA sont désormais tenus des mêmes obligations que ceux des grandes entreprises multinationales. C'est pourquoi, des obligations spécifiques seront mises en exergue pour faciliter cette convergence.

[543] La crise financière dite des subprimes, 2007-2008. En effet, la crise bancaire liée aux crédits subprimes a été le fait déclencheur d'une crise financière et économique majeure. Il est clair, pour tout observateur, que cette crise mondiale implique des dimensions éthiques parfois explicites, souvent implicites, car liées aux modes de fonctionnement du système économique et financier pris globalement.

PARAGRAPHE I : LES OBLIGATIONS SPECIFIQUES DES ACTEURS DE LA GOUVERNANCE

Ici, il ne sera pas question des obligations traditionnelles des acteurs de la gouvernance, mais des obligations spécifiques qui vont compléter les premières.

A. LES OBLIGATIONS SPECIFIQUES DES ADMINISTRATEURS

337-Qu'ils soient des administrateurs exécutifs ou indépendants, leurs obligations courent dès lors qu'ils sont déclarés candidats à ce poste. Ce sont en général, dans la zone OHADA, les organes de l'entreprise qui font la démarche pour recruter l'administrateur s'il n'est pas actionnaire.

1)-Candidat administrateur

338-L'obligation spécifique primordiale qui pèse sur le futur administrateur est qu'il doit s'informer sérieusement avant d'accepter un mandat.

La décision d'accepter un nouveau mandat d'administrateur exécutif ou non ne se prend pas à la légère. Avant d'accepter un mandat, l'intéressé doit s'informer de manière approfondie.

Le candidat, administrateur étudie l'information générale [544] et financière de l'entreprise via les différents canaux disponibles au grand public.

Le candidat, administrateur se renseigne auprès du président sur l'information non-publique concernant l'entreprise et sur la vision qu'il a de ses forces, de ses faiblesses, de ses opportunités et de ses menaces.

Le candidat, administrateur est dans tous les cas tenu à la confidentialité et à la discrétion concernant l'information non-publique qui lui est confiée lors de cette phase précontractuelle.

Le candidat, administrateur demande que lui soit communiqué le profil d'administrateur et sonde les raisons précises pour lesquelles il est sollicité. Il a également le droit de connaître les tâches qu'on attend qu'il remplisse. Il s'interroge sur sa capacité à répondre aux besoins concrets de l'entreprise.

Le candidat, administrateur s'informe sur la gestion du risque et sur les conditions précises de l'assurance responsabilité[545] des administrateurs

---

[544] R.M. Borges, Le droit d'information individuel des administrateurs de société anonyme, Bull. Joly 1997, p.347.

[545] Vr. V.J. Kullmann, Amendes pénales et amendes administratives infligées au dirigeant : pour une assurance raisonnée, JCPE, 2009, 1226. – A. Constantin, De quelques aspects de

qui devrait exister. Il demande un exemplaire des statuts et des éventuels codes et chartes internes.
Avant d'accepter un nouveau mandat, le candidat, administrateur qui a une responsabilité de gestion active dans une autre entreprise ou d'autres mandats d'administrateur consulte d'abord son président sur la question.
Le candidat, administrateur négocie avec le président un accord clair sur les modalités de l'exercice de son mandat, et en particulier sa durée minimale, le fonctionnement du conseil, l'accès à l'information et la rémunération. Il s'assure que la direction et le conseil d'administration sont bien disposés à une ouverture totale envers toutes les catégories d'administrateurs même indépendants.
Le candidat, administrateur exige une rémunération en rapport raisonnable avec sa valeur ajoutée pour l'entreprise. Ce revenu est de préférence fixe et totalement indépendant des performances de l'entreprise même. Les critères suivants peuvent par exemple être pris en compte : la position et la taille de l'entreprise, l'investissement en temps que requiert l'exercice du mandat et le coût d'opportunité du mandat, la complexité et le niveau de risque liés au secteur d'activité, la participation à des comités et les missions complémentaires spécifiques.
Le candidat, administrateur a tout intérêt à accepter son mandat par écrit. Il peut de la sorte motiver sa décision et acter certains accords passés.

339-Avant de prendre fonction, l'administrateur doit prendre connaissance et respecter le cadre légal, les codes et les statuts.
Le fonctionnement et les compétences du conseil d'administration[546], de même que le mandat d'administrateur dans une société sont régis par une série de dispositions légales, réglementaires et statutaires que l'administrateur doit connaître s'il veut pouvoir les appliquer, les contrôler et les respecter. Il se procure les exemplaires utiles des statuts et règlements.
L'administrateur s'en tient à la législation en vigueur, aussi bien au sens formel que matériel. Il veille à connaître et comprendre ses principaux droits, obligations et responsabilités juridiques. Il importe de savoir ce qui est permis et ce qui ne l'est pas.

---

l'assurance de responsabilité civile des dirigeants sociaux ; RJDA 2003, p.595 ; C. Freyria, L'assurance de responsabilité du management, D. 1995, chr. p. 120. , J. Monnet, Assurances de Responsabilité-Dirigeants sociaux : J-CI. Sociétés, Fasc. 132-15.- Dossier ANSA, n° 04-005- M. Pinto, L'assurance responsabilité civile des mandataires sociaux, mémoire Magistère Juriste d'affaires, Paris II, ss. Dir. M. Germain, mai 2007.

546 M. Jeantin et A. Viandier ; Trib. com. Nanterre 12 déc. 1989 (aff. Régie Renault), Gaz. Pal. 1990, I, p. 171.

L'administrateur veille à connaître et comprendre les statuts de l'entreprise, de même que les éventuels codes et chartes de déontologie et les procédures en vigueur[547]. Il doit en effet agir dans les limites des compétences attribuées selon les statuts ou règlements internes au conseil d'administration.
Dans les sociétés cotées en bourse, l'administrateur doit être particulièrement vigilant vis-à-vis de l'information (interne) privilégiée dont il dispose. L'administrateur connaît ses obligations légales pour ce qui est des transactions avec les moyens financiers de la société. L'administrateur souscrit aux normes déontologiques ou éthiques de la charte de l'entreprise et soutient leur application au sein du conseil d'administration.

2)- L'exercice de fonction

340-Dans l'exercice de ses fonctions, l'administrateur doit se préoccuper prioritairement de l'intérêt de la société[548].
Dans une optique à long terme, l'administrateur défend avant tout la continuité et l'intérêt de la société tel que défini par le conseil d'administration.
L'administrateur s'efforce de traiter de manière égale tous les actionnaires sans distinction et veille à ce que les intérêts légitimes de tous les collaborateurs et des autres stakeholders soient respectés.
L'administrateur évite toute confusion d'intérêts possible là où une opposition existerait entre son intérêt personnel et celui de l'entreprise.
L'administrateur veille au respect des procédures pour éviter ou résoudre les conflits d'intérêt. Lorsque cela s'avère pertinent, il communique à temps ses intérêts propres aux autres administrateurs.
L'administrateur veille à ce que le contrôle interne soit adéquatement organisé et que toutes les transactions effectuées dans l'intérêt de l'entreprise soient correctement justifiées et restent disponibles pour un contrôle interne et externe.
L'administrateur témoin d'une décision de gestion allant à l'encontre de l'intérêt de la société peut et doit le faire inscrire au procès-verbal. De

---

[547] Les devoirs de l'administrateur demeurent souvent implicites. Afin de lever toute ambiguïté, le rapport Viénot, dans le cadre du gouvernement d'entreprise, a souhaité que les sociétés cotées établissent une charte de l'administrateur dans laquelle serait formulée la déontologie essentielle.

[548] J.-J. Caussain, Le gouvernement d'entreprise, le pouvoir rendu aux actionnaires ; CREDA et Litec, 2005.

même, si une telle décision porte sur un domaine dans lequel il n'est pas compétent, il peut insister sur ce fait.
L'administrateur sait que la démission[549] est le moyen ultime de protester de façon conséquente contre une décision ou une question « intenable » qui, selon sa conviction personnelle, va à l'encontre de l'intérêt de la société.
L'administrateur sait et accepte que l'intérêt de la société implique aussi que le renouvellement des mandats d'administrateur ne peut en aucun cas être un automatisme.

3)- L'administrateur indépendant

341-Lorsqu'il a été recruté en tant qu'administrateur indépendant[550], il doit chercher constamment à prendre position en toute indépendance l'« indépendance » de l'administrateur est avant tout un état d'esprit. C'est-à-dire que l'administrateur est tenu de ne pas se laisser influencer, dans ses analyses, ses jugements et ses décisions, par des intérêts personnels (financiers), par d'éventuelles relations avec certains actionnaires ou par la pression externe exercée par certains stakeholders.
C'est sur la base d'un jugement indépendant et critique que l'administrateur doit déterminer sa vision de la stratégie, des résultats, des nominations-clés et des moyens de l'entreprise.
L'administrateur veille à comprendre les critères d'indépendance des codes ainsi que la définition et les procédures légales concernant les administrateurs indépendants. Il est également conscient de ce que le respect de ces définitions de l'indépendance ne constitue pas en soi la garantie d'un état d'esprit d'indépendance.
L'administrateur sait qu'une certaine indépendance financière peut favoriser l'indépendance d'esprit. Mais l'indépendance financière n'est ni une condition suffisante ni une condition nécessaire à une attitude indépendante.
Si nécessaire, l'administrateur peut faire preuve, de sa propre initiative, d'une transparence complète par rapport aux relations personnelles, privilégiées, familiales ou d'affaires qu'il entretiendrait avec les autres actionnaires, membres de la direction, collaborateurs haut placés ou autres partenaires d'affaires de la société. De la sorte, le conseil

---

[549] A. Reygrobellet, La gouvernance des sociétés anonymes en Europe, l'exemple du régime de la responsabilité des dirigeants, Colloque du CREDA 12 mai 2009, p.17.
[550] C. Malecki, Actes pratiques sociétés ; mai-déc. 2004. P. 3.

d'administration sera en mesure de juger correctement de son indépendance.

L'administrateur refuse tout cadeau ou avantage en nature, autre que les indemnités et avantages fixés contractuellement, que lui offrirait la société ou l'une de ses filiales sous peine de compromettre son indépendance.

4)- La collégialité

342-L'administrateur doit former un collège avec les autres administrateurs.

L'administrateur sait qu'une bonne collégialité[551], une grande confiance, un respect mutuel et une collaboration bienveillante entre les administrateurs sont cruciaux pour le bon fonctionnement du conseil d'administration. Le nouvel administrateur fait au plus vite connaissance avec les autres administrateurs et les personnages-clés de l'entreprise.

L'administrateur acquiert la crédibilité nécessaire en collaborant toujours de manière intègre et constructive avec les autres administrateurs. Une interaction stimulante facilite la réalisation des tâches communes.

L'administrateur partage si nécessaire son expérience, ses relations et son réseau avec le conseil d'administration et avec la direction de l'entreprise.

L'administrateur soutient le président dans sa mission de veiller à la bonne composition, au bon fonctionnement et à l'efficacité du comité de direction. S'il est le seul administrateur indépendant, il va régulièrement signaler au conseil d'administration qu'il aurait tout intérêt à faire appel à d'autres.

L'administrateur doit toujours être en mesure de formuler des critiques. Le respect pour ses collègues administrateurs ou les amitiés réciproques ne l'empêchent pas d'exprimer son propre avis. Il ne doit jamais hésiter non plus à poser les questions qu'il veut poser.

L'administrateur est, sauf dans des cas d'injustice fondamentale, toujours prêt à assumer la responsabilité collégiale et à aider loyalement à la mise en œuvre des décisions prises.

Vis-à-vis de l'extérieur, les administrateurs ont la volonté de défendre « en bloc » toute décision (même celles prises : majorité contre minorité).

---

[551] Les nouvelles obligations des dirigeants envers les actionnaires, in Sécurité financière et droit des affaires après la loi sur la sécurité financière, 2ème journée Christian Galvada : Colloque organisé par CREDA de l'Université Panthéon – Sorbonne le 2 octobre 2003, p.782.

L'administrateur s'abstient d'accepter un mandat dans une autre société s'il apparaît clairement que les deux sociétés entretiennent un rapport de concurrence tel qu'il lui serait impossible de se montrer loyal vis-à-vis de chacune d'entre elles.

L'administrateur qui envisage à la fin d'un mandat de ne pas se porter candidat à sa réélection doit donner à temps au conseil d'administration l'opportunité de pourvoir à son remplacement.

5)- Information

343-L'administrateur qui ne participe pas à la direction de l'entreprise doit être correctement informé, à temps et complètement.

Un administrateur non exécutif a par définition un différentiel d'information par rapport aux autres administrateurs qui est structurel. Les administrateurs exécutifs, le management, ainsi que lui-même doivent mettre tout en œuvre pour réduire ce fossé.

Le nouvel administrateur va dès le début s'intéresser à l'évolution du secteur dans lequel l'entreprise est active. Il doit en effet acquérir une intuition « saine » sur les affaires et sur le marché pour avoir une contribution bénéfique et efficace.

L'administrateur prend aussi l'initiative de s'informer régulièrement sur le cours des affaires au sein de l'entreprise. Il doit également être au courant des compétences de la direction. Pour cela, il utilise les canaux appropriés prévus et créés à cet effet. Dans sa recherche d'information, il évite de se mêler directement des affaires opérationnelles. Si besoin, il fait appel au président pour obtenir l'information souhaitée. L'administrateur ne s'attache pas qu'aux faits et aux chiffres. Il s'intéresse aussi aux matières plus délicates ou plus sensibles et à leurs signaux éventuels.

L'administrateur utilise activement son droit d'interpellation pendant les réunions du conseil d'administration et de comités. L'administrateur demande qu'une politique claire soit fixée en ce qui concerne son «droit d'investigation ». Il demande si possible qu'une procédure écrite soit fixée par rapport à son droit d'engager des experts externes aux frais de la société.

L'administrateur demande, le cas échéant avec insistance, à disposer suffisamment tôt de la documentation nécessaire pour préparer sérieusement les dossiers et les décisions du conseil. Il a également le droit de demander de l'information sur le fond ou de l'information sur des faits antérieurs à son entrée en fonction, pour autant que cette information soit pertinente pour pouvoir juger de dossiers actuels.

S'il ne dispose pas en temps utile d'une documentation de qualité, l'administrateur n'hésite pas à le faire acter dans le rapport. Il refuse de donner son approbation s'il se retrouve devant le fait accompli ; c'est en effet sa responsabilité d'administrateur qui est en jeu.
L'administrateur qui, malgré des efforts répétés, trouve qu'il reçoit trop peu d'informations peut remettre sa démission. Cela prouve, en effet, qu'il n'y a pas d'ouverture ou qu'on ne lui fait pas confiance.

344-L'administrateur doit traiter en toutes circonstances les informations confidentielles avec la plus grande discrétion.
L'administrateur traitera comme telle l'information confidentielle ou supposée confidentielle relative à l'entreprise et il ne l'utilisera que dans le cadre de son mandat.
L'administrateur insiste pour que les responsabilités liées à la politique de communication externe soient clairement déterminées. Il revient au conseil d'administration de définir le cadre d'une communication active, avec un transfert d'information vers les divers actionnaires et stakeholders.
L'administrateur s'en tient toujours entièrement aux accords spécifiques qui seraient pris au sein du conseil d'administration à propos de la communication. Le conseil est responsable de la diffusion simultanée de l'information vers tous les actionnaires.
L'administrateur n'interfère jamais avec les informations diffusées par le conseil d'administration.
L'administrateur veille à toujours adopter une attitude discrète vis-à-vis d'une information délicate, qu'elle se rapporte à l'entreprise, à une personne ou à une différence d'opinion au sein du conseil d'administration.
L'administrateur ne va jamais, à moins que le conseil ne l'y autorise, communiquer à des tiers lui-même l'information qu'il a reçue, même à quelques actionnaires individuels ou de contrôle qui la lui demanderaient. L'administrateur est tenu à la discrétion même après la fin de son mandat.

6-) Compétence ou qualité de l'administrateur

345-L'administrateur doit se porter garant de sa propre expertise et de sa réputation personnelle.
Un administrateur doit toujours disposer des compétences nécessaires et d'une connaissance suffisante du secteur et de l'entreprise. Il en est personnellement responsable.

L'administrateur juge lui-même de la concordance de ses compétences avec les qualifications que l'entreprise en mutation peut requérir de ses administrateurs. Il doit continuer à se former suffisamment aux divers domaines. Il doit, également, être ouvert à une évaluation régulière.
Si un administrateur se trouve confronté pendant une discussion avec une problématique dans laquelle son expertise est connue, il doit formuler son point de vue ou son avis très clairement.
L'administrateur évite de décider trop rapidement ou trop intuitivement.
L'expertise ou l'expérience spécialisée ne le dispensent en aucun cas de l'obligation de bien se documenter et de bien réfléchir avant chaque décision.
L'administrateur adopte en toutes circonstances une attitude intègre et garantit sa réputation personnelle.

346-L'administrateur doit s'impliquer pleinement dans l'exercice de son mandat.
Un administrateur s'implique loyalement en préparant chaque réunion sur la base des pièces envoyées et en participant activement aux débats.
L'administrateur veille à être suffisamment présent et disponible et en particulier en période de crise. Cela signifie entre autres qu'il ne peut accepter trop de mandats, compte tenu de ses autres activités.
L'administrateur est conscient de sa responsabilité, en particulier lorsqu'il s'agit de prendre des décisions risquées. Il va évaluer au mieux l'étendue et l'influence des risques, en bon père de famille.
L'administrateur s'acquitte au mieux de son rôle de « caisse de résonnance stratégique » de la direction.
L'administrateur consacre suffisamment d'attention aux aspects humains de sa mission.
Il fait usage de sa «connaissance de l'homme» et de ses talents de diplomate afin d'aborder aussi de manière appropriée les dossiers difficiles ou délicats.
L'administrateur s'acquitte au mieux de sa fonction de contrôle.
L'administrateur s'implique pleinement dans les divers comités dont il fait partie.
L'administrateur est suffisamment disponible pour pouvoir intervenir en temps de crise ou en cas de nécessité.
L'exécution correcte des seules obligations des administrateurs n'est pas suffisante pour assurer une bonne gouvernance des entreprises ; il faut en plus que les dirigeants exécutent les leurs.

B. LES OBLIGATIONS SPECIFIQUES DES DIRIGEANTS EXECUTIFS

347-La personne morale a une personnalité juridique différente de celle des actionnaires et des dirigeants. Les dirigeants gèrent le patrimoine de la société dans l'optique de la satisfaction de l'intérêt social[552]. Quel que soit cet intérêt, celui des actionnaires, ou celui de l'entreprise, ou celui de l'être moral, les dirigeants ne peuvent rien décider qui avantage certains actionnaires et en lèse d'autres. Les actionnaires ne participent pas à la gestion, laquelle ne relève ni de leurs pouvoirs ni souvent de leurs compétences et ils n'accèdent pas à l'information sur les actes de gestion, dont ils ne connaissent que la synthèse annuelle par le bilan, le compte de résultat et l'annexe. De ces prérogatives découlent les obligations spécifiques des dirigeants. L'une de ces obligations est la coopération entre les organes.

348-La direction et le conseil d'administration doivent travailler en étroite coopération dans l'intérêt de l'entreprise, sur la base de la confiance mutuelle qui résulte notamment du respect des obligations de transparence, d'information et de confidentialité.

Le respect de ces principes est une obligation essentielle vis-à-vis de l'entreprise et de ses organes.

349-La direction, en fonction de l'objet et de l'objectif de l'entreprise, coordonne l'orientation stratégique de l'entreprise avec le conseil d'administration et discute régulièrement avec ce dernier de l'état d'avancement de la mise en œuvre de la stratégie adoptée.

La direction informe régulièrement, rapidement et exhaustivement le conseil d'administration de toutes les questions essentielles pour l'entreprise en termes de planification, d'évolution des affaires, de situation en matière de risques, de gestion des risques et de respect des dispositions applicables, ainsi que de toutes les modifications majeures du contexte économique qui revêtent une importance pour l'entreprise. Elle signale les écarts de l'évolution des affaires par rapport aux plans et objectifs fixés, en en indiquant les raisons.

---

[552] J-P. BERTREL "La position de la doctrine sur l'intérêt social" Droit et patrimoine, avril 1997, p. 42, A.PIROVANO " La boussole de la société. Intérêt commun, intérêt social, intérêt de l'entreprise ?" Recueil DALLOZ 1997, 24e cahier, chron. P. A-24, D. SCHMIDT "De l'intérêt social" JCP- La semaine juridique, éd. E, 1995, I, n. 488, D. SCHMIDT "De l' intérêt commun des associés" JCP- La semaine juridique, éd. G, 1994, I, n. 3793, Rapport du CNPF-AFEP "Le conseil d'administration des sociétés cotées" Éditions techniques professionnelles, Paris, 1995., I. VEZINET "La position des juges sur l'intérêt social" Droit et patrimoine, avril 1997, p.50, P. BEZARD "Intérêt social : il faut déterminer avec précision la portée de l' intervention du juge" Droit et patrimoine, avril 1997, p. 53.

Les dirigeants sont tenus de fournir, au titre de l'information financière, une information historique exacte et sincère et une information immédiate de tout fait significatif nouveau lorsque les titres de l'entreprise sont échangés sur un marché réglementé.

350-Tout manquement à ces obligations est susceptible de provoquer la mise en œuvre successivement de la responsabilité des dirigeants à l'égard des tiers, puis à l'égard de la société elle-même. L'AUSC est insuffisant dans ses dispositions relativement à l'assurance des responsabilités encourues par les dirigeants. Ainsi, chacun sait qu'envers les tiers la responsabilité personnelle du dirigeant ne peut être retenue que s'il a commis une faute séparable de ses fonctions[553].

La cour de cassation a eu à préciser les contours de cette faute pour la 1ère fois dans un arrêt du 20 mai 2003[554]. Il y a faute séparable « lorsque le dirigeant commet intentionnellement une faute d'une particulière gravité, incompatible avec l'exercice normal des fonctions sociales ».

351- C'est à la lecture de cette jurisprudence, que l'on suggère l'adoption par le législateur OHADA d'un texte sur l'assurance des administrateurs. Il convient de noter que les dirigeants sociaux ne seront garantis par la responsabilité civile des mandataires sociaux (RCMS) qu'au titre d'une faute commise dans l'exercice de leurs fonctions et non dans leur vie extra- professionnelle.

Envers la société, cette couverture nous semble importante et nécessaire :

- non seulement l'hypothèse d'une action contributoire de la société envers le dirigeant fautif, lorsque sa faute est non détachable des fonctions et que la société a dû assumer les conséquences de cette responsabilité à l'égard des tiers (préjudice indirect de la société) ;
- mais également lorsque la faute du dirigeant cause directement un préjudice à la société, par exemple s'il a violé des dispositions statutaires limitant ses pouvoirs, et qui sont inopposables aux tiers.

En cas de responsabilité envers la société, la faute détachable n'a bien évidemment pas à être démontrée.

352-A l'égard des associés la situation est particulière, pas seulement parce qu'il est parfois conceptuellement délicat de savoir si l'actionnaire doit être considéré comme un membre de la société ou

---

553 Vr. PH. Merle, Droit commercial, sociétés commerciales, Dalloz, 12e éd., 2008, n° 437-1. – F. Descorps- Declère, Pour une réhabilitation de la responsabilité civile des dirigeants sociaux, RDT com., 2003, p. 25. – J. Abras, Responsabilité extracontractuelle des dirigeants sociaux. L'existence d'une faute séparable des fonctions entendue restrictivement : présent offert aux dirigeants ou nécessité ? JCP E 2008, 1912.

554 Cass. com., 20 mai 2003, Sati, Bull. civ. IV, n° 84.

comme un tiers[555]. C'est qu'en effet, la jurisprudence encadre strictement la responsabilité des dirigeants à l'égard des associés, en posant qu'ils ne peuvent obtenir réparation que d'un préjudice qui leur est personnel et donc distinct de celui de la société, et les juges ont une conception du préjudice personnel de l'associé assez restrictive qui exclut, par exemple, la réparation d'une dépréciation de la valeur des titres dues à une mauvaise gestion des dirigeants.
On pourrait dès lors en conclure que, si les contrats d'assurances (RCMS) couvrent la plupart du temps les actions en responsabilité engagées par les associés pour obtenir réparation d'un dommage qu'ils ont subi personnellement, ce risque de responsabilité semble assez faible.

353-Il serait néanmoins imprudent de conclure à l'inutilité de l'assurance RCMS dans ce cas, pour au moins deux raisons : d'une part, parce qu'en cas de préjudice non personnel, la demande en réparation doit alors prendre la voie de l'action sociale, ce qui nous ramène à la question précédemment examinée du jeu de l'assurance en cas de responsabilité du dirigeant à l'égard de la société. D'autre part, parce qu'il existe en réalité de nombreuses situations importantes où le préjudice est nécessairement personnel à l'associé, qu'il s'agisse par exemple de l'atteinte aux droits propres de celui-ci (droit de vote, droit à l'information ou aux dividendes), du comportement déloyal du dirigeant à son égard, ou de dommages causés aux investisseurs à la suite de fautes commises en matière d'information financière[556].

354-L'utilité de l'assurance RCMS n'est pas à écarter en cas de procédure collective. Il s'agit, d'une part, de l'action en comblement de passif, qui permet de condamner les dirigeants dont les fautes de gestion ont contribué à une insuffisance d'actif à compenser celle-ci, et d'autre part de l'obligation aux dettes sociales, qui n'est possible qu'en cas de liquidation judiciaire et qui sanctionne des transgressions graves des normes de comportement applicables aux dirigeants, telles que des détournements d'actifs.
L'identification des obligations spécifiques des actionnaires va finaliser la convergence de la gouvernance des sociétés anonymes vers des standards internationaux.

---

[555] F. Danos, La réparation du préjudice individuel de l'actionnaire, RJDA 2008, p. 471.- D. Cholet, La distinction des parties et des tiers appliquées aux associés, D. 2004, 1141.- G. –A. Likillimba, Le préjudice individuel et/ou collectif en droit des groupements, RTD com. 2009, p. 1.
[556] V. Magnier, information boursière et préjudice des investisseurs, D. 2008, p. 558.

C-LES OBLIGATIONS SPECIFIQUES DES ACTIONNAIRES.

355-L'implication de l'actionnaire dans la vie sociale de l'entreprise commence par le droit (ou, selon certains, le devoir) de participer directement, ou par le biais d'un mandataire, aux assemblées[557]. Les actionnaires, qui composent l'assemblée des actionnaires, sont un des piliers de la « corporate governance ».

Il n'est pas illogique que le groupe des actionnaires soit un des centres d'intérêt de la gouvernance des entreprises, puisque la société anonyme est conçue comme une démocratie dans laquelle le pouvoir appartient aux actionnaires réunis en assemblée générale. Cette représentativité, dans la pratique, est fausse puisque, dans les petites structures comme les SA constituées d'une seule ou de trois personnes, une immense majorité des actionnaires se désintéressent de la vie sociale. Ce désintéressement se traduit par deux faits simples : l'absentéisme aux assemblées générales et l'utilisation des pouvoirs en blanc ce qui ne permet pas le contrôle de l'activité des administrateurs. La suppression des restrictions à l'accès des assemblées d'actionnaires réglementé par l'article 548 de l'AUSC[558] serait une solution pour promouvoir la participation des actionnaires aux assemblées.

356-Pour pouvoir jouer leur rôle de contre pouvoir, les actionnaires, en plus de leurs droits (droit à l'information) ont des obligations spécifiques.

En effet, ils doivent recueillir une information ciblée mais claire sur les risques stratégiques majeurs, effectuer un choix entre des candidats aux postes de mandataires sociaux. Ils sont encouragés à voter lors des consultations d'actionnaires et à exiger une gestion prévisionnelle de l'actionnariat. Ces préoccupations concernent tous les types d'entreprises à différents moments de leur histoire. La crise contemporaine nous enseigne qu'il est nécessaire que la gouvernance d'entreprise se réapproprie la question de « l'actionnariat » pour fonder une gouvernance raisonnable génératrice de confiance.

L'information sur les procédures de contrôle interne, qui est une innovation de la loi de la sécurité financière du 1er août 2003 en France, peut servir de tremplin pour les sociétés anonymes de la zone OHADA. En effet, elle favorise la transparence du fonctionnement de la société et permet une meilleure information des actionnaires qui pourront mieux

---

557 Sophie L'hélias opcit. P.84

558 L'art.548 l'AUSC limite l'accès aux assemblées générales ordinaires aux actionnaires possédant un nombre minimum d'actions fixé par les statuts, égal ou inférieur à dix.

appréhender les « évolutions et les éventuels progrès en matière de contrôle, d'audit ou de gestion des risques ». De fait, le président du conseil d'administration est débiteur de cette obligation[559], il doit mettre en place un système de contrôle interne et atteste de son efficacité dans le rapport annuel.

357-Toujours dans le but de favoriser une plus grande participation des actionnaires aux assemblées générales ordinaires et éviter que toutes les résolutions soient prises ou présentées par les fonds d'investissement des avantages fiscaux pourront être alloués à ceux qui sont réguliers.

En France, un projet de loi fut adopté dans ce sens, exonérant totalement les plus-values de cession des actions nominatives au bout de huit ans qui devrait aussi apaiser les entreprises, en leur permettant de mieux connaître et de fidéliser leurs actionnaires[560].

Cette situation résulte d'une réalité des assemblées générales ordinaires. Seule une minorité d'actionnaires se rend et vote en assemblée générale, rendez-vous annuel de l'entreprise. Principale cause invoquée : l'information, peu exploitable, transmise aux porteurs [561] . Cette participation à l'assemblée permet à l'actionnaire de poser des questions et de déposer des résolutions.

358-Les obligations spécifiques, qu'elles soient celles des administrateurs des dirigeants ou des actionnaires lorsqu'elles seront mieux mises en œuvre par l'adoption d'un code de gouvernance unique pour les sociétés anonymes de la zone OHADA, vont améliorer la qualité de la direction desdites sociétés.

PARAGRAPHE II : LA FINALITE DE LA CONVERGENCE

359-Le monde contemporain subit, depuis l'été 2007, une crise sévère qui s'est propagée à l'ensemble du système financier mondial[562]. Cette crise pose encore une fois de plus la problématique du dispositif central régissant le fonctionnement du système capitaliste, à travers les relations entre les responsables des sociétés d'une part et l'ensemble des

[559] Art.404 du Sarbanes – Oxley Act.

[560] Les Echos N°19529 du 27 Octobre 2005, P. 33

[561] « Il y a de grandes carences dans le rapport fait aux actionnaires, le plan comptable devrait être expliqué et les résolutions "traduites" dans un langage moins technique pour voter sciemment lors des assemblées », note Colette Neuville, présidente de l'Association de défense des actionnaires minoritaires (Adam).

[562] R. Pérez, La gouvernance de l'entreprise, Coll. Repères, éd. La Découverte, p. 3.

parties concernées par le fonctionnement desdites sociétés d'autre part : les actionnaires et les autres parties prenantes.

La société anonyme dans la zone OHADA n'est pas isolée et dans une perspective de convergence vers un standard de gouvernance internationale, doit être régie par des textes qui vont améliorer la transparence dans sa gestion et assurer sa performance.

A- LA TRANSPARENCE DANS LA GESTION ASSUREE

360-L'économie mondiale qui a été ébranlée par des crises successives qui ont touché les grandes firmes a brusquement découvert la nécessité d'une réforme de certains principes fondamentaux du capitalisme, comme ceux relatifs au contrôle de la gestion et de la transparence de l'information. Lorsque nous proposons un code de gouvernance pour la société anonyme de la zone OHADA, c'est sans doute pour permettre à cette forme de société d'attirer plus d'investisseurs sur les marchés financiers de la zone d'une part et, d'autre part, permettre à ces milliers de PME pourvoyeuses d'emplois de se développer et de résister à la concurrence.

En effet, l'alignement de la gestion des sociétés anonymes sur le standard international doit assurer la transparence tant recherchée. D'abord sur le plan comptable, l'adaptation de la comptabilité aux nouvelles normes financières internationales IFRS et IAS avec la convergence du SYSCOHADA devient une exigence. Il fait peu de doute que les normes IFRS vont progressivement s'imposer pour les sociétés cotées (Abidjan, Libreville, Douala), ne serait ce que par besoin de comparaison à l'international. Il est donc peu probable que les investisseurs se satisfassent de la coexistence de plusieurs référentiels comptables en matière boursière, en particulier lorsque le mouvement de convergence IFRS / US Gaap sera achevé[563].

361-Ainsi une obligation spécifique d'information est mise à la charge de toute société ayant procédé à une émission, par appel public à l'épargne sur le marché financier sous- régional, d'actions ou d'obligations. Dans le premier cas, elle doit « publier sans délai toute modification des droits attachés aux différentes catégories d'actions »[564]. Dans le second cas, une telle entité est tenue de « publier dans les

---

[563] Stéphane KLUTSCH, Yves Parfait NGUEMA : Quel avenir pour le droit comptable OHADA ?, R.F.C. 432 Mai 2010.

[564] Cf. art. 1er, al. 2 (h) de l'instruction C.R.E.P.M.F. n° 29/2001 du 27 mars 2001 relative aux informations à diffuser faisant appel public à l'épargne sur le marché financier de l'U.E.M.O.A.

meilleurs délais tout fait nouveau, important, survenu dans son secteur d'activité et de nature à affecter sa solvabilité de façon significative »[565] et « d'informer le public de toutes modifications de droits des titulaires de titres résultant, notamment, d'une modification des conditions de l'émission et des nouvelles émissions d'emprunt et des garanties dont elles seraient le cas échéant assorties »[566].

362-De même, en matière de franchissement de seuils, il est fait obligation à toute personne ou entité qui, à un moment ou à un autre, parvient à détenir seule ou de concert, une certaine fraction du capital ou des droits de vote d'une entreprise cotée à la B.V.M.A.C. (dans le sens de la hausse ou de la baisse : 5%, 10%, 20%, 33,33%, 50%, et 66,67%), de « déclarer le montant de sa participation aux tiers »[567]. Le déclarant doit fournir une information portant « sur le nombre de titres précédemment détenus par lui et leur nature ; le nombre de titre détenus après le franchissement du seuil ; l'indication qu'il agit seul ou de concert ; les objectifs qu'il a l'intention de poursuivre au cours des douze mois à venir concernant la société dont les titres sont détenus »[568]. Ces différentes données « sont portées à la connaissance du public sous la forme d'un communiqué de presse dont l'auteur s'assure de la diffusion effective et intégrale à ses frais »[569].

363-La loi de la sécurité financière du 1er août 2003 en France dans ses dispositions relatives à l'information sur les procédures de contrôle interne qui augmente la transparence pour les actionnaires pourra être transposée en droit OHADA. De fait la confiance entre dirigeants et actionnaires s'en trouverait renforcée.

Pour faciliter l'accès du public aux informations sur un marché réglementé, les entreprises et la BRVM devront recourir d'une manière accrue aux sites web pour la communication des informations aux intervenants.

La modification de l'art.440 de l'AUSC, dans le sens d'une obligation faite aux membres du conseil d'administration se trouvant dans une situation de conflits à divulguer tous les éléments essentiels relatifs à

---

[565] Idem, art. 2(b).

[566] Idem, art. 2(d).

[567] Cf. art. 72 P. –Régl.gén.-C.O.S.U.M.A.F

[568] Cf. art. 73 P.- règlement.- C.O.SU.M.A.F.,- Le défaut de déclaration d'un franchissement de seuil à la hausse ou à la baisse entraine la privation pour un an des droits de vote attachés aux actions ayant entrainé ledit franchissement. A la différence du droit U.E.M.O.A., la sanction pas l'ensemble des titres détenus par le défaillant.

[569] Cf. art.75 P.-Règl.gén. –.O.S.U.M.A.F., le communiqué devra être transmis à l'autorité de tutelle du marché sous-régional de l'Afrique centrale préalablement à sa publication.

l'opération, participe au renforcement de la transparence dans l'administration de la société anonyme. Ces mesures pourront s'appliquer subséquemment aux sociétés anonymes n'intervenant pas sur un marché réglementé.

Ces différentes reformes contribueront certainement à l'instauration d'une culture de transparence au sein de nos entreprises synonyme de performance retrouvée.

B. LA PERFORMANCE DES ENTREPRISES

364-Une bonne gouvernance d'entreprise est un indicateur de la performance, car elle permet la création des valeurs boursières[570]même si le marché financier est embryonnaire dans la zone OHADA.

La 1ère performance retrouvée est relative au niveau de l'efficacité de l'organisation, il est aisé de se rendre compte, ne serait-ce que théoriquement, des bienfaits d'une culture de la transparence pour une société, puisque, bien qu'il soit admis que l'objectif premier d'une organisation demeure la maximisation de la richesse de ses actionnaires, il devient progressivement non moins évident que, si maximisation de la valeur il y a, elle doit passer par le respect des intérêts de toutes les parties impliquées dans l'organisation. Ces intérêts doivent non seulement être assurés, mais aussi harmonisés. En effet, une organisation est susceptible de créer plus de richesse, pour elle-même et pour l'ensemble des parties prenantes, par une stratégie éthique et transparente qui lui fera mériter une réputation d'intégrité. En tant que mandataires des actionnaires et mandants des dirigeants, les membres du conseil d'administration jouent un rôle crucial et déterminant dans la transparence de l'organisation[571]. Pour ce faire, ils doivent eux –mêmes être transparents, et cela se reflète, en premier lieu, dans leurs propres critères de sélection[572].

---

570 R. Pérez, La gouvernance de l'entreprise, Collection Repère, éd. La Découverte, p.54.

571 CA Paris 29 mars 2002 n° 01-9596, 3è ch. C, Charpentier c/ Souchon ès qual.

572 Vr. Principes de gouvernement d'entreprise de l'OCDE 2004, p.68 : Les principes encouragent une participation active des actionnaires à la désignation des candidats et à l'élection des administrateurs. Le conseil d'administration a un rôle essentiel à jouer à cet égard en veillant au respect de cette dimension et des autres aspects du processus de désignation et d'élection des administrateurs. Premièrement, dans les faits, les procédures de nomination peuvent parfois différer selon les pays. C'est au conseil d'administration ou au comité de nomination que revient la responsabilité particulière de s'assurer que les procédures établies sont transparentes et respectées. Deuxièmement, le conseil d'administration apporte une contribution fondamentale à la recherche de candidats aux postes d'administrateurs possédant les connaissances, les compétences et les qualifications nécessaires pour compléter

A titre d'exemple, un conseil transparent peut faire en sorte que la séparation de la gestion et du capital, porteuse du germe de conflits destructeurs, n'aboutisse au scepticisme des clients, fournisseurs et autres intervenants. Il devient ainsi créateur de valeur pour les actionnaires.

365-La seconde performance retrouvée se situe au niveau du marché financier[573], l'impact positif de la transparence sur l'allocation des ressources aussi bien que sur l'efficacité économique générale ne fait pas de doute, puisqu'une gouvernance financière transparente oriente le capital vers les investisseurs les plus productifs. Efficacité et croissance ne peuvent donc qu'en résulter.

366-La troisième performance retrouvée se situe au niveau purement social. La transparence permet aux individus honnêtes d'être confortés dans leur honnêteté, et ceux qui le sont moins de réfléchir sérieusement avant de transformer leur fonction en entreprise individuelle et personnelle, dont le seul objectif est la maximisation de leur propre utilité, au prix même d'actes frauduleux.

CONCLUSION DU CHAPITRE II

367-Plusieurs facteurs se conjuguent pour permettre la convergence vers une pratique harmonisée de la pratique de la gouvernance des sociétés anonymes dans la zone OHADA.
Ainsi après la réception des principes de la « corporate governance » édictés par l'OCDE, nous avons suggéré la mise en place d'un code de gouvernement d'entreprise unique pour la zone OHADA dans lequel le facteur culturel fait la spécificité dudit code. En effet, les PME, au même titre que les sociétés faisant appel public à l'épargne sont invitées à s'inscrire dans la logique de la transparence selon les principes du gouvernement d'entreprise.

368-Cette convergence nécessitera la relecture de certaines dispositions de l'AUSC afin de renforcer le rôle des acteurs de cette gouvernance au travers des obligations spécifiques.
Avec la mondialisation du marché pourquoi ne pas faire l'expérience de la promotion des administrateurs indépendants dans la zone quant on sait que d'innombrables études et rapports ont été publiés à ce sujet et

---

celles des administrateurs en fonction et accroître par là même sa valeur ajoutée potentielle pour la société. Dans plusieurs pays, des voix s'élèvent pour demander que la procédure de recherche de candidats aux postes d'administrateurs s'effectue de manière ouverte.

[573] L'organe de contrôle du marché financier est le CREPMF (conseil régional de l'épargne publique et des marchés financiers), qui a pour mission d'assurer la protection des investisseurs dans la zone de l'UEMOA.

concourent tous à reconnaître que la professionnalisation du métier d'administrateur est une condition suffisante de la maximisation de la valeur de l'action de l'entreprise.

La prise en compte des parties prenantes dans cette relecture et la responsabilité sociale de l'entreprise participent également à la prise en compte de cet autre facteur qu'est l'éthique.

TITRE II : L'OPPORTUNITE D'UN CODE DE BONNE CONDUITE A L'ECHELLE OHADA

369-Les scandales[574] qui ont ébranlé l'économie mondiale ne cessent de susciter des réflexions sur l'organisation des entreprises et la manière dont elles sont gérées par les managers. Or l'entreprise est considérée comme un « nœud de contrats[575] » entre parties prenantes[576] : dirigeants, actionnaires, salariés, clients et fournisseurs. Plusieurs rapports et recommandations ont été produits pour favoriser une gouvernance raisonnable des entreprises. Ainsi, des codes de gouvernance, des codes de bonne conduite et d'éthique ont été adoptés par des sociétés qui agissent sur un marché règlementé afin de rendre plus transparente leur gestion. Pour restaurer un climat de confiance, les sociétés, et notamment les sociétés cotées, se doivent de soigner tout particulièrement leur réputation : c'est une préoccupation fondamentale. C'est en cela qu'il est très important pour les sociétés d'édicter des codes de bonne conduite.

370-La société anonyme de la zone OHADA, qu'elle agisse ou non sur un marché règlementé, est invitée à souscrire aux principes de la bonne gouvernance. Car avec la mondialisation de la finance[577] les marchés sont interconnectés et la sanction est immédiate. C'est pourquoi nous proposons un code de bonne conduite dans l'espace OHADA pour permettre à la société anonyme d'amorcer sa mutation dans le cadre d'une gouvernance transparente. L'adoption et l'application d'un code de bonne conduite renvoient directement à la notion de gouvernance d'entreprise. Le terme équivalent « gouvernement d'entreprise » renvoie à l'ensemble des "mécanismes qui ont pour effet de délimiter les pouvoirs et d'influencer les décisions des dirigeants, autrement dit, qui gouvernent leur conduite et délimitent leur espace discrétionnaire "[578]. Le code sera structuré autour des règles régissant d'une part l'administration et celles relatives aux activités de la société anonyme.

---

[574] Ces scandales ont pour nom Enron, Anderson, Worldcom, Parmalat, Xerox, la crise boursière en 2002, la crise dite des subprimes, 2007-2008.

[575] V. P. Didier, Théorie économique et droit des sociétés in Etudes à la Mémoire d'A. Sayag 2005, p.227

[576] Vr. les travaux de Michael C. Jensen et William H. Meckling, A Theory of the firm : governance, residual claims and organizational Forms, Harvard University Press, 2003.

[577] L'interconnexion des places financières, la dématérialisation des opération les concernant, les capacité sans cesse accrues de traitement de l'information ont autorisé la mise en place du processus permanents d'arbitrages entre les différents produits d'épargne- investissement, les différents véhicules qui les proposent et les différentes places qui les cotent.

[578] Lyvie GUERET-TALON, Professeur, Groupe CERAM - Sophia Antipolis 2011 ; Vr. A. SAKHO, la bonne gouvernance d'entreprise, inédit.

CHAPITRE I : LES REGLES REGISSANT L'ADMINISTRATION DE LA SOCIETE ANONYME

371-Aucun code ni aucune politique ne peut prévoir chaque situation ou prévoir des réponses à chaque question pouvant se présenter. En conséquence, ce code a pour objet d'aider chaque administrateur, dirigeant ou salarié à se focaliser sur les facteurs de risque déontologique et de lui offrir des pistes de solution pour reconnaître et résoudre les problèmes. En effet, pour nous, c'est l'application des normes d'intégrité et la promotion des valeurs de la société qui sont les 1ers éléments pour restaurer la confiance de l'entreprise.

SECTION I : APPLICATION DES NORMES D'INTEGRITE (POUR LE SYSTEME DIRIGEANT ET LES SALARIES)

L'application des normes d'intégrité passe par une conduite honnête et éthique[579] des dirigeants et par le respect des lois, des règles et règlementations. Par cette phrase, le juge Kéba Mbaye nous indiquait la voie à emprunter. « Commençons par y adopter l'éthique comme règle de comportement, comme s'il s'agissait d'un principe général de conduite obligatoire pour tous sans exception »[580]

PARAGRAPHE I : CONDUITE HONNETE ET ETHIQUE

372- Le comportement est l'un des éléments constitutifs de la gouvernance d'entreprise. Il sera analysé ici en suivant le triptyque (administrateurs, dirigeants exécutifs, salariés). En effet, les administrateurs, les dirigeants et les salariés doivent s'efforcer de traiter de manière honnête, éthique et équitable avec les actionnaires et toutes les autres parties prenantes. Et pour cela ils doivent éviter tout conflit d'intérêt et veiller à une utilisation appropriée des actifs de la société.

A - CONFLITS D'INTERETS

373-Les administrateurs, dirigeants exécutifs (le directeur général, son adjoint et les directeurs des différents départements centraux qui assurent la gestion quotidienne de l'entreprise) et salariés doivent agir dans le meilleur intérêt de la société. Ils doivent s'abstenir de se livrer à

[579] Max Weber « Toute activité orientée selon l'éthique peut être subordonnée à deux maximes totalement différentes et irréductiblement opposées : l'éthique de responsabilité ou l'éthique de conviction ».

[580] Kéba Mbaye, L'éthique, aujourd'hui, Leçon inaugurale donnée à l'Université Cheikh Anta Diop de Dakar le 14 décembre 2005. Vr. www.**seneweb.com**/news/Societe/

toute activité ou d'avoir un intérêt personnel constituant un conflit d'intérêts. Il y a conflit d'intérêts[581] lorsque l'intérêt personnel de l'administrateur, du dirigeant exécutif ou du salarié fait obstacle aux intérêts de la société. Il peut y avoir conflit d'intérêt chaque fois qu'un administrateur, qu'un dirigeant ou qu'un salarié agit ou a un intérêt qui l'empêche de remplir ses fonctions et ses responsabilités de manière honnête, objective et efficace.

374-Ainsi aucun administrateur, dirigeant exécutif ou salarié ne peut exécuter des prestations en qualité de consultant, d'administrateur, de dirigeant exécutif ou de salarié, de conseiller ou en toute autre qualité pour un concurrent[582] de la société, ni avoir des intérêts financiers chez

---

[581] Les conventions passées avec la société révèlent bien souvent l'existence de conflits d'intérêts qui peuvent être préjudiciables à la société. Il suffit sur ce point d'évoquer la pratique qui consiste pour nombre de dirigeants, arrivant à « l'âge de la retraite », à se faire payer par la société une retraite ou un complément de retraite. Dans cette situation, il existe un risque bien réel de collusion entre les administrateurs restants et celui qui cesse ses fonctions, dont l'objet est d'octroyer un complément de retraite indu, au détriment de la personne morale. Pour prévenir ce genre de situation, et afin d'éviter plus généralement une utilisation de la société à des fins personnelles, le législateur français, dans la loi du 24 juillet 1966, avait crée une distinction entre des conventions interdites (se faire prêter de l'argent par la société, par exemple), des conventions courantes conclues à des conditions normales (non soumises à un quelconque contrôle) et des conventions réglementées devant faire l'objet d'une procédure spécifique.

La loi du 15 mai 2001 a élargi le domaine d'application du système mis en place précédemment. Concrètement, les modifications ont trait aux conventions réglementées et aux conventions courantes conclues à des conditions normales.

-En matière de conventions réglementées et de conventions courantes conclues à des conditions normales, le champ d'application de la réglementation applicable à ces conventions a été étendu aux actionnaires détenant plus de 5% des droits de vote ainsi qu'aux conventions passées entre la société et le dirigeant d'une autre entreprise ;

- En matière de conventions courantes conclues à des conditions normales, le législateur a imposé une obligation d'information à la charge de l'intéressé (dirigeant ou actionnaire) à propos desdites conventions au bénéfice du conseil d'administration et des actionnaires.

Une autre modification a été opérée par la loi du 1er août 2003. Le seuil de 5% a été relevé à 10% et l'obligation d'information en matière de convention courantes conclues à des conditions normales ne s'applique plus aux conventions qui « en raison de leur objet ou de leurs implications financières, ne sont significatives pour aucune des parties ». Si l'intention de simplifier la mission du conseil d'administration est effectivement compréhensible, il n'en reste pas moins que le législateur n'a pas pris la peine de définir la notion de « significatives », ce qui risque d'être source d'un contentieux entre d'une part l'intéressé et d'autre part les actionnaires minoritaires. Il reviendra donc au juge de préciser les contours de la notion.

Le système mis en place permet néanmoins de prévenir les conflits d'intérêts, thème important du gouvernement d'entreprise que le législateur OHADA a repris en son compte dans les articles 438 à 450 de l'AUSC.

[582] Vr. Arrêt, Cour de Cassation, Chambre Commerciale 15 mars 2011 n°10-13824. Attendu selon l'arrêt attaqué, que, depuis 1995, M. X... a été salarié de la société Hervé Balladur international (la société HBI), spécialisée dans l'organisation des transports internationaux à Marseille ; que le 13 février 2004, eu égard à ses bons et loyaux services et à son implication

personnelle dans cette société, il a bénéficié de la part de son actionnaire principal, la société HB consult, de l'attribution de quarante actions de la société HBI au prix symbolique d'un euro ; que cette cession et ses conditions ont été formalisées dans un pacte d'actionnaires, signé le 13 février 2004 et contenant une clause de non-concurrence envers la société HBI ; que le 4 octobre 2005, M. X... a démissionné de son emploi, pour entrer au service de l'agence marseillaise de la société Coquelle Gourdin, société concurrente de son ancien employeur ; que soutenant que son ancien salarié démarchait systématiquement leur clientèle en proposant des conditions plus avantageuses et que plusieurs de leurs clients s'étaient détournés pour s'adresser à la société Coquelle Gourdin, les sociétés HBI et HB consult ont fait assigner M. X... ainsi que la société Coquelle Gourdin en réparation ;

Sur le moyen unique, pris en sa première branche :

Vu le principe fondamental de libre exercice d'une activité professionnelle, ensemble l'article 1131 du code civil ;

Attendu que lorsqu'elle a pour effet d'entraver la liberté de se rétablir d'un salarié, actionnaire ou associé de la société qui l'emploie, la clause de non-concurrence signée par lui, n'est licite que si elle est indispensable à la protection des intérêts légitimes de l'entreprise, limitée dans le temps et dans l'espace, qu'elle tient compte des spécificités de l'emploi du salarié et comporte l'obligation pour la société de verser à ce dernier une contrepartie financière, ces conditions étant cumulatives ;

Attendu que pour condamner in solidum M. X... et la société Coquelle Gourdin à payer à la société HBI une certaine somme à titre de dommages-intérêts pour avoir violé la clause de non-concurrence inscrite dans le pacte d'actionnaires du 13 février 2004, l'arrêt retient que la validité d'une clause de non-concurrence insérée dans un pacte d'actionnaires n'est pas subordonnée à l'existence d'une contrepartie financière ;

Attendu qu'en statuant ainsi la cour d'appel a violé le principe et le texte susvisés ;

Sur le moyen, pris en sa deuxième branche :

Vu l'article 1134 du code civil ;

Attendu que pour statuer comme elle a fait, la cour d'appel retient aussi qu'au demeurant le droit d'entrée de M. X... dans le capital de la société HBI a été symbolique et constituerait la contrepartie financière ;

Attendu qu'en statuant ainsi, alors que les termes du pacte d'actionnaires, relevés par l'arrêt, précisaient que l'attribution des actions à M. X... était réalisée en contrepartie de ses "bons et loyaux services", de son "'implication personnelle" et de l'activité déployée par lui, dans l'activité et le développement de la société HBI ", la cour d'appel a dénaturé les termes de cette convention et violé le texte susvisé ;

Sur le moyen, pris en sa troisième branche :

Vu le principe fondamental de libre exercice d'une activité professionnelle, ensemble l'article 1131 du code civil ;

Attendu que pour statuer comme il fait, l'arrêt retient que la clause de non-concurrence est justifiée par un motif légitime, qu'elle est proportionnée et n'apporte pas une restriction trop importante à la liberté du travail de M. X... lequel peut continuer à exercer dans le secteur professionnel qui est le sien, mais doit seulement ne pas démarcher la seule clientèle de la société HBI ;

Attendu qu'en se déterminant ainsi, sans rechercher, comme elle y était invitée, si la clause était limitée géographiquement, la cour d'appel a privé sa décision de base légale ;

Et sur le moyen, pris en sa quatrième branche :

Vu l'article 1134 du code civil ;

Attendu que pour statuer comme il fait, l'arrêt retient, enfin, que la clause qui est limitée, pour la période postérieure à l'actionnariat de M. X..., à ne pas démarcher la clientèle de la société HBI est valide en ce qu'elle est justifiée par un motif légitime, qu'elle est proportionnée et n'apporte pas une restriction trop importante à la liberté du travail de M. X... lequel peut continuer à exercer dans le secteur professionnel qui est le sien, mais doit seulement ne pas démarcher la seule clientèle de la société HBI ;

Attendu qu'en statuant ainsi, alors que les termes du pacte d'actionnaires précisaient que M. X...

un concurrent de la société, à l'exception des prestations exécutées à la demande de la société.
Aucun administrateur, dirigeant exécutif ou salarié de la société ne doit utiliser sa fonction au sein de la société pour influencer une transaction avec un fournisseur ou un client chez lequel il a des intérêts personnels.
Aucun administrateur, dirigeant exécutif ou salarié, ni aucun membre de sa famille ne peut bénéficier d'avantages personnels indus du fait de sa fonction au sein de la société.
Aucun administrateur, dirigeant exécutif ou salarié ne peut détenir d'intérêts financiers chez un concurrent de la société à moins que ces intérêts ne soient inferieurs par exemple à un pour cent (1%) des actions en circulation de ce concurrent.

375-Il est de la responsabilité de chaque administrateur, dirigeant exécutif et salarié de divulguer toute transaction ou relation pouvant vraisemblablement donner lieu à un conflit d'intérêts[583] au président du conseil d'administration qui aura la responsabilité de déterminer si une telle transaction ou relation constitue un conflit d'intérêts.

376-Même si le droit OHADA ne traite pas du délit d'initié[584], il s'avère nécessaire d'interdire les comportements tendant à la commission de cette infraction par la transposition du droit français. Il est interdit, en vertu de la loi française, aux administrateurs, dirigeants ou salariés qui sont en possession

s'interdisait de participer ou de s'intéresser directement ou indirectement, à quelque titre que ce soit, à des activités de même nature que celles exploitées et développées par la société HBI et, en outre, pour la période post-contractuelle, à ne pas démarcher activement les clients de cette société, la cour d'appel a dénaturé les termes de cette convention et violé le texte susvisé

[583] En France, depuis la loi NRE (loi n° 420-2001, 15 mai 2001), une procédure d'information est obligatoire :

- L'intéressé qui conclurait une convention libre est tenu d'en informer le président du conseil d'administration,
- Le président doit fournir au conseil d'administration et au commissaire aux comptes la liste et l'objet de l'ensemble des conventions libres,
- Enfin, les actionnaires peuvent consulter cette liste parmi les documents obligatoirement tenus à leur disposition, à compter de la convocation de l'assemblée générale.

Néanmoins, depuis la loi de Sécurité Financière (loi n° 2003-706, 1er août 2003), sont désormais exclues de cette procédure d'information les conventions libres qui, en raison de leur objet ou de leurs implications financières, ne sont significatives pour aucune des parties.

[584] Le délit d'initié ou délit d'usage d'informations privilégiées réside dans l'utilisation fautive en bourse par diverses personnes, directement ou par personne interposée, d'informations confidentielles dont elles ont eu connaissance à titre professionnel, avant le public.

d'informations privilégiées[585] et non publiques au sujet de la société ou d'autres sociétés de négocier des titres de la société ou de telles autres sociétés et de communiquer de telles informations à d'autres personnes susceptibles de négocier des titres sur la base de ces informations.

Cette situation aura pour conséquence de causer un préjudice personnel direct aux actionnaires de la société dont les titres en ont fait l'objet. Ceux-ci sont donc admis à se constituer partie civile devant le juge d'instruction en vue de demander réparation de ce préjudice[586].

Un autre principe d'éthique se trouve être la protection et l'utilisation appropriée des actifs sociaux de la société.

B - PROTECTION ET UTILISATION APPROPRIEE DES ACTIFS SOCIAUX

377-Les administrateurs, dirigeants exécutifs et salariés doivent chercher à protéger les actifs de la société et à assurer leur utilisation efficace. Les vols, la négligence et le gaspillage ont un impact direct sur la performance financière de la société.

Les administrateurs, dirigeants exécutifs et salariés doivent utiliser les actifs et les services de la société uniquement à des fins commerciales légitimes, et non pas pour un profit personnel[587] ou pour le profit personnel de qui que ce soit d'autre.

378-Les administrateurs, dirigeants exécutifs et salariés doivent faire promouvoir les intérêts légitimes de la société lorsque l'occasion se présente. Ils ne doivent pas tirer profit d'opportunités personnelles qui se présentent par le biais de leur fonction au sein de la société ou de l'utilisation de biens ou d'informations[588] de la société.

---

585 Sur la notion d'informations privilégiées, J.-M Bardy, L'utilisation d'une information privilégiée : RD bancaire et bourse décembre 1990, p.222,- E.Gaillard, Le droit français des délits d'initiés : JCP G 1991, I, 3516- J.F. Renucci, Le délit d'initié ; PUF, Que sais je ? 1995- F. Baillet, Les délits et manquements d'initiés : état de la réglementation : Gaz. Pal. 2006, 2, doctr. P.2847.

586 Cass. crim. 11 décembre 2002 n°01-85.176 (n° 7399 FS-PF), Géniteau : RJDA5/03 n°504

587 Cass.crim. 5 mai 2004 n°03-82.535 (n°2774F.D) : Dr. sociétés 2004, comm. N° 157 obs. R. Salomon.

588 A. Midowski, Le délit d'initié et ses dangers

- Sur la notion d'informations privilégiées, J.-M Bardy L'utilisation d'une information privilégiée : RD bancaire et bourse décembre 1990, p.222,- E.Gaillard, Le droit français des délits d'initiés : JCP G 1991, I, 3516- J.F. Renucci, Le délit d'initié ; PUF, Que sais je ? 1995- F. Baillet, Les délits et manquements d'initiés : état de la réglementation : Gaz. Pal. 2006, 2, doctr. P.2847.
- Cass. crim. 11 décembre 2002 n°01-85.176 (n° 7399 FS-PF), Géniteau : RJDA5/03

L'utilisation des fonds ou des actifs de la société pour offrir des cadeaux, des gratifications ou d'autres faveurs à des salariés , à des tiers ou des fonctionnaires doit être interdite, sauf dans la mesure où de tels cadeaux son conformes aux lois applicables, sont d'une valeur symbolique et sont approuvés par le supérieur hiérarchique responsable, et dans la mesure où ils ne sont pas offerts en contrepartie ou dans l'attente d'une décision de la part de la personne qui les reçoit.

379-Les administrateurs, dirigeants exécutifs et salariés s'interdisent ou interdisent à tout membre de leur famille immédiate d'accepter tous cadeaux, gratifications ou autres faveurs d'un quelconque client ou fournisseur ou d'une quelconque autre personne faisant des affaires ou cherchant à faire des affaires avec la société, à part des objets d'une valeur symbolique qui ont été approuvés par le supérieur hiérarchique responsable.

Tout cadeau qui n'est pas d'une valeur symbolique doit être retourné sans délai et signalé au supérieur hiérarchique responsable. S'il est difficile de retourner l'objet sans délai, il doit être remis à la société afin que l'on puisse en faire don à une œuvre caritative ou en disposer d'une autre manière appropriée, à la seule discrétion de la société.

380-Ils doivent également faire preuve de bon sens et de modération dans les invitations professionnelles faites au nom de la société. Les administrateurs, dirigeants et salariés doivent offrir des invitations professionnelles à quiconque faisant des affaires avec la société ou accepter des invitations de quiconque faisant des affaires avec la société uniquement si ces invitations sont peu fréquentes, modestes et destinées à atteindre des objectifs commerciaux légitimes.

381-Les contributions politiques faites avec les fonds de la société directement ou indirectement à un candidat politique ou à des organismes politiques doivent être interdites. Toutefois, si ces contributions deviennent obligatoires compte tenu des circonstances, elles doivent être versées uniquement après avoir été approuvées au préalable par le directeur général. Par ailleurs, aucun administrateur, dirigeant ou salarié ne peut utiliser les biens ou locaux de la société pour des activités politiques.

Aucune personne agissant au nom de la société ne peut utiliser des pots-de-vin, des dessous-de-table illicites ou autres pratiques illégales ou

---

n°504

- Cass.crim. 5 mai 2004 n°03-82.535 (n°2774F.D) : Dr. sociétés 2004, comm. N° 157 obs. R. Salomon. pour les dirigeants et directeurs de société : Petites affiches 20 novembre 1996 n° 140 p. 11.

malhonnête pour exercer des activités de la société [589]. Les administrateurs, dirigeants exécutifs et salariés sont tenus de respecter rigoureusement l'ensemble des normes déontologiques et les lois applicables dans chaque pays de l'OHADA dans lequel la société exerce son activité. Toute utilisation des fonds et actifs de la société doit être documentée conformément aux politiques et directives comptables.

PARAGRAPHE II : RESPECT DES LOIS, REGLES ET REGLEMENTATIONS

382-La littérature-chercheur nous enseigne que pendant longtemps on n'a considéré la gouvernance de l'entreprise qu'en termes

[589] La corruption au sens large englobe une gamme variée des malversations économiques et financières. Les législations nationales, régionales et internationales, encadrant la lutte contre la corruption, incriminent également les délits connexes, le trafic d'influence, le blanchiment d'argent, les infractions comptables. La transposition des conventions en droit interne s'est avérée fastidieuse et la persistance des actes de corruption ont incité des ONG à multiplier les instruments de lutte contre la corruption.
Outre les incitations financières attribuées aux pays et aux entreprises qui affichent une transparence financière, les instruments internationaux précités ont permis de renforcer la lutte anti-corruption, non seulement en amont par l'incrimination d'actes de corruption, mais en intégrant le principe de la responsabilité pénale des personnes morales . Toutefois, alors que la responsabilité environnementale des sociétés mères pour leur filiale est reconnue, en matière de corruption, il faut que la faute soit imputable à la société mère afin d'engager la responsabilité de celle-ci pour les infractions commises par sa filiale à l'étranger. Les victimes peuvent dès lors poursuivre la société mère pour complicité des actes commises par la filiale. En ce cas, elles doivent rapporter la preuve de la complicité de la société mère d'une infraction commise à l'étranger par sa filiale.
En aval, d'autres textes, tels que le programme de conformité de l'OCDE, la Convention anti-corruption de l'OCDE et la Recommandation révisée soulignent que les Etats et les entreprises doivent prévenir et détecter le risque de corruption. Les entreprises devraient ainsi, informer, notamment au travers de codes de déontologie ou d'éthique, les collaborateurs et les salariés sur les pratiques et les méfaits de la corruption, et organiser un contrôle interne pour détecter les faits et actes litigieux. Par ailleurs, la Convention et la recommandation prévoient un processus de surveillance sous la forme d'un suivi et d'une évaluation mutuelle dont la publication des résultats pays par pays.
L'OCDE a créé un groupe de travail sur la corruption dans les transactions d'affaires internationales.
Au niveau des entreprises, l'intégration d'un programme de conformité, « *Corporate Compliance Programme* » devrait permettre à une entreprise d'atténuer les éventuelles sanctions prises à son égard, en application des lois nationales anti-corruption. Après sa condamnation en 2007, l'entreprise Siemens à mis en place un programme de conformité pour lutter contre la corruption qui repose sur trois piliers, « prévenir », « détecter » et « répondre ».
Il est à noter que le rapport américain de la transposition et de la mise en œuvre de la Convention de l'OCDE sur la corruption des agents publics étranger dans les transactions d'affaires internationales nous indique le recours croissants aux actions civiles en matière de corruption, telles les actions pour paiements irréguliers ou les actions des actionnaires pour faute de gestion liée à la corruption.

de respect de normes légales et d'adhésion à des règles et procédures internes dans leur forme plutôt que dans leur esprit.
Il est apparu, aujourd'hui à la suite de la persistance de la crise économique mondiale et des réactions législatives qui en ont suivi, que le respect des normes dans leur esprit est devenu est une exigence de la « corporate governance ».

A. RESPECT DES PROCEDURES DE VOTE DANS LES ASSEMBLEES

383-Les administrateurs, dirigeants exécutifs et salariés doivent faire du respect des procédures de vote et de toutes les autres règles une priorité lors des assemblées.
Ainsi, l'assemblée générale annuelle d'une société anonyme est soumise à un formalisme précis afin, notamment, de protéger les associés minoritaires. Les actionnaires minoritaires doivent être protégés contre les pratiques oppressives[590]. Il serait bon d'introduire dans la zone OHADA « les class actions » comme aux Etats-Unis, car elles engendrent un accroissement de la responsabilité des dirigeants et administrateurs. En tant que dirigeant, vous devez respecter ces règles, sous peine de sanctions. C'est l'occasion pour les actionnaires de faire entendre leur voix. C'est aussi le moment où les dirigeants doivent faire approuver les comptes annuels et le rapport de gestion[591]. Pour que les décisions prises en assemblée générale (AG) ne souffrent d'aucune contestation, des règles précises doivent être suivies.
Les associés et les actionnaires ont le droit d'être informés[592] sur les comptes de la société. Le conseil d'administration doit adresser aux actionnaires avant l'assemblée générale plusieurs documents concernant l'exercice écoulé : comptes annuels, rapport de gestion, texte des résolutions proposées, rapport du commissaire aux comptes. Ces documents d'information sont en principe mis à la disposition des actionnaires au siège social de la société. Le respect de ce droit ne doit pas être que formel. Les administrateurs, les dirigeants exécutifs, les salariés assument une responsabilité dans l'effectivité du respect de cette procédure.

---

[590] International Corporate Governance Network (ICGN), Statement on Global Corporate Governance Principes, 8 juillet 2005.
[591] Art. 710 de l'AUSC.
[592] L'AUSC dispose au bénéfice de l'actionnaire qu'en ce qui concerne les assemblées d'actionnaires autres que l'assemblée générale ordinaire annuelle, « le droit de prendre connaissance porte sur ….sur le rapport du conseil d'administration » (Art. 525, al.3).

384-Les administrateurs, les dirigeants exécutifs, les salariés doivent garantir le respect des droits des minoritaires singulièrement leur droit à demander en justice l'inscription à l'ordre du jour de l'assemblée de projets de résolution, voire exiger la désignation d'un expert chargé de procéder à une expertise de gestion[593]. Cette procédure est organisée par les articles 159 et 160 de l'AUSC. Un ou plusieurs associés représentant au moins 20% du capital social peuvent, soit individuellement, soit en se groupant sous quelque forme que ce soit demander en justice (au président de la juridiction compétente du siège social, dit le texte) la désignation d'un ou de plusieurs experts chargés de présenter un rapport sur une ou plusieurs opérations de gestion qui leur paraissent douteuses ou contestables. Le juge détermine l'étendue de la mission et les pouvoirs du ou des experts. Les honoraires de l'expertise sont à la charge de la société. Le rapport est adressé au(x) demandeur(s) et aux organes de gestion, d'administration et de direction. Il faut signaler que l'expertise de gestion ne peut être refusée au motif que cette mesure serait de nature à nuire à la confiance que la société doit inspirer à ses clients et à ses fournisseurs ; dès lors que l'acte de gestion incriminé est susceptible de porter atteinte à l'intérêt social, l'expertise est justifiée.

385- Les administrateurs, les dirigeants exécutifs, les salariés ont l'obligation d'assurer la liberté de décision des AG. En effet, les AG ont souvent à statuer sur la question, le cas échéant, de la distribution des dividendes. Sur ce point, la majorité de l'assemblée est libre de sa décision et d'apprécier la part des bénéfices à distribuer. Si elle décide d'en mettre en réserve une partie, les actionnaires minoritaires ne peuvent que se plier à cette décision, sauf à invoquer un abus de majorité devant les tribunaux[594].

386-Les administrateurs, les dirigeants exécutifs, les salariés doivent faire respecter le principe de la représentation et la procédure de vote. A noter qu'un actionnaire a le droit de se faire représenter en assemblée générale[595] par un mandataire désigné par lui et chargé de voter en son nom. Dans les SA, un actionnaire peut se faire représenter par un autre actionnaire ou par son propre conjoint, ou toute autre personne étrangère à la société. La répartition des voix doit être respectée. Chaque actionnaire a le droit de participer aux décisions et

---

593 C.A. Paris, 14ème ch. A, 26 mars 2003, Rev. jur. dr. aff., n° 841, 2003, p. 743.

594 Cass. com., 6 juin 1990 : Bull. Joly Sociétés 1990, p. 782 ; D. 1992, jurispr. P. 56 ; Rev. s ociétés 1990, p. 606.

595 Vr. Art. 538 de l 'AUSC.

dispose d'un nombre de voix égal à celui des parts qu'il possède. Les décisions sont prises à la majorité des voix dont disposent les actionnaires, avec un quorum minimum égal à un quart des actions ou sans quorum à la deuxième consultation si ce minimum n'a pas été atteint.

387-Il est recommandé à tous les administrateurs, dirigeants exécutifs, et salariés d'instituer la possibilité de voter par correspondance ou même à distance par des moyens faisant appel aux technologies modernes avant la tenue de l'assemblée générale. Cette faculté encouragera davantage les actionnaires, qu'ils soient institutionnels ou non, à s'impliquer dans le contrôle de la gestion de la société.

La bonne mesure de la performance de l'entreprise ne peut être satisfaisante qu'après la mise en œuvre d'un mécanisme complet de contrôle interne.

B. RESPECT DES PROCEDURES DE CONTROLE INTERNE

388-Une des recommandations des principes de bonne gouvernance de l'OCDE est le respect des procédures de contrôle interne. Le contrôle interne se définit comme : « un dispositif de la société, défini et mis en œuvre sous sa responsabilité. Il comprend un ensemble de moyens, de comportements, de procédures et d'actions adaptés aux caractéristiques propres de chaque société qui :

contribue à la maîtrise de ses activités, à l'efficacité de ses opérations et à l'utilisation efficiente de ses ressources, et

doit lui permettre de prendre en compte de manière appropriée les risques significatifs, qu'ils soient opérationnels, financiers ou de conformité »[596].

389-En droit comparé cette procédure est une innovation de la loi de sécurité financière du 1er août 2003. Désormais aux termes de l'article L. 225-37 al.6 du code de commerce français, le président du conseil d'administration « rend compte, dans un rapport joint au rapport annuel, des conditions de préparation et d'organisation des travaux du conseil d'administration ainsi que des procédures de contrôle interne mise en place dans la société ». Une transposition de cet article dans le

---

[596] Vr recommandation AM F ; Les définitions du contrôle interne sont nombreuses et ont eu le plus souvent comme auteurs des organisations professionnelles de comptables. Il en est ainsi de la définition du contrôle interne donnée en 1977 par le Conseil de l'Ordre des Experts Comptables : « le contrôle interne est l'ensemble des sécurités contribuant à la maîtrise de l'entreprise. Il a pour but d'un côté d'assurer la protection, la sauvegarde du patrimoine et la qualité de l'information, de l'autre l'application des instructions de la Direction et de favoriser l'amélioration des performances. Il se manifeste par l'organisation, les méthodes et les procédures de chacune des activités de l'entreprise, pour maintenir la pérennité de celle-ci ».

droit OHADA sécuriserait davantage les investisseurs. Si les recommandations qui vont suivre sont adoptées, l'éthique relative aux règles de contrôle interne convergerait vers les standards internationaux.

390-Ainsi, les administrateurs, les dirigeants exécutifs et les salariés qui sont directement intéressés par le niveau de contrôle interne de l'entreprise doivent notamment s'assurer que les procédures internes garantissent la significativité et l'honnêteté des comptes sociaux. De plus en plus souvent les constatations faites sont reportées à l'Assemblée Générale des actionnaires. Le Comité d'audit ou le conseil d'administration a le devoir d'initier et de suivre les missions d'audit. À ce titre, il a pour mission de demander le renforcement des procédures de contrôle interne.

391- Les administrateurs, les dirigeants exécutifs et les salariés doivent à cet effet encourager la création de service d'audit interne[597]. L'audit interne doit évaluer et contribuer à l'amélioration des processus de gestion du risque. À l'issue de l'audit, les résultats doivent être communiqués de manière exacte, objective, claire, concise, constructive, complète et en temps opportun[598]. Suite à ces résultats, la direction doit consentir à prendre les mesures susceptibles d'améliorer les contrôles et le service d'audit, mettre en place un processus de suivi pour surveiller et s'assurer que ces mesures prises par la direction ont été efficacement mises en œuvre.
Lorsque le service d'audit pense que la direction a pris un certain niveau de risque résiduel qui pourrait ne pas être acceptable par la société, il devrait en discuter avec la direction. Si la question n'est pas résolue, le service d'audit et la direction générale devraient porter cette affaire à la connaissance du comité d'audit ou du conseil d'administration à des fins de résolution.

392-Les procédures de contrôle interne concernent en premier lieu les informations comptables, financières et de gestion, mais également en second lieu les informations environnementales, sociales, l'indépendance et le comportement des dirigeants, le comportement des actionnaires, les procédures de règlement des conflits d'intérêts, la prévention des abus, de sécurité s'il y a lieu[599].

---

[597] Sarbanes/Oxley : The Public Company Accounting Reform and Investor Protection Act, juillet 2002.

[598] L'INSTITUT DES AUDITEURS INTERNES, LES NORMES DE L'AUDIT INTERNE : LES RAISONS DE LEUR IMPORTANCE, site web : www.theiia.org/guidance.

[599] Vr. recommandations, dont le MEDEF et l'AFEP (17 décembre 2003), l'AMF (Rev. AMF, mars 2004, n°1, p. 39), le CNCC (Avis technique du 23 mars 2004).

393-Dans le cadre de l'exécution de son obligation légale à savoir la production d'un rapport sur la gestion de la société, le Commissaire aux comptes doit, s'assurer de l'existence et de l'efficacité des procédures de contrôle interne. A cet effet, il doit évaluer le rapport de la direction générale sur l'ensemble des procédures de l'entreprise.
La direction juridique doit s'assurer que tous les contrats signés avec les clients, les fournisseurs et les salariés sont conformes aux règles contractuelles se trouvant dans la charte juridique de l'entreprise. Elle doit veiller à l'application des lois et règlements auxquels la société est soumise. Les lois et les règlements en vigueur fixent des normes de comportement que la société intègre à ses objectifs de conformité. Compte tenu du grand nombre de domaines existants (droit des sociétés, droit commercial, environnement, social, etc.), il est nécessaire que la société dispose d'une organisation lui permettant de :

- connaître les diverses règles qui lui sont applicables ;
- être en mesure d'être informée en temps utile des modifications qui leur sont apportées (veille juridique) ;
- transcrire ces règles dans les procédures internes ;
- informer et former les collaborateurs sur celles des règles qui les concernent.

394-Il ressort de ce qui précède que les procédures de contrôle interne recouvrent en partie la gestion des risques dans l'entreprise. Dès lors, chaque société doit procéder à une analyse des risques pouvant survenir et mettre en œuvre des mécanismes internes afin de les prévenir, voir de les traiter en cas de survenance de ceux-ci. Le contrôle interne a pour objectif de renforcer et de systématiser les dispositifs de contrôle permettant de s'assurer que les opérations courantes de l'entreprise se déroulent normalement et qu'il s'effectue de manière permanente[600].

395-Le respect de ces procédures de contrôle interne revêt une importance capitale[601]. Comme on le voit toutes les unités de l'entreprise sont concernées par le contrôle interne. Il s'agit de l'affaire de tous. Mais la responsabilité des administrateurs sera plus facile à mettre en œuvre dès lors que les procédures n'auront pas été mises en place ou en cas d'absence d'évaluation interne. Les administrateurs, les dirigeants exécutifs et les salariés doivent œuvrer de concert afin d'optimiser le respect des procédures de contrôle interne. C'est pourquoi il est admis

---

[600] J. Lacombe, Régularité et sincérité des comptes et image fidèle de l'entreprise : la quadrature du cercle ? in Etudes dédiées àRoblot, L.G.D.J. 1984, p. 311.

[601] Ph. Merle, Droit commercial : Sociétés commerciales, Précis Dalloz, 6ème éd. p. 540.

que la « corporate governance » serait synonyme de mise en place de règles, de procédures de contrôle de l'action des dirigeants afin de protéger les actionnaires[602]. Cette démarche constitue un comportement éthique, qui va accroître la confiance des parties prenantes dans la gestion de la société, et en même temps une promotion de valeurs pour la société.

SECTION II : PROMOTION DE VALEURS POUR LA SOCIETE

396- Il est admis depuis longtemps que, dans les sociétés où l'actionnariat est dispersé, il arrive que les actionnaires ne détiennent pas une participation suffisante au capital de la société alors que les relations entre les actionnaires et les dirigeants sont assimilées à des relations entre un mandant et un agent mandataire[603]. On considère que les actionnaires n'ont pas accès à toutes les informations pour s'assurer que les dirigeants mènent les affaires dans le strict respect des intérêts du premier. Aussi, les actionnaires peuvent penser que les dirigeants sont susceptibles de profiter de la situation d'autant qu'il n'y a aucun contrat qui les lie aux actionnaires et ce à la différence des employés, clients, fournisseurs et créanciers tous liés par des contrats : contrats de travail, contrats commerciaux, etc. Cette possibilité d'asymétrie d'informations corroborée par des scandales financiers à répétition qui ont fait apparaître l'insuffisance du contrôle du conseil d'administration sur l'action des dirigeants, ainsi que la nécessité impérieuse d'une amélioration du fonctionnement de cet organe[604] milite en faveur de la promotion de valeurs comme la transparence et la loyauté pour la société anonyme de la zone OHADA.

PARAGRAPHE I : LA TRANSPARENCE

397-« La transparence, assurait Jean-Jacques Rousseau, est la vertu des belles âmes où règne la limpidité »[605]. Elle est le premier principe fondateur de la gouvernance d'entreprise. Chaque acteur de l'entreprise a droit à une information complète et à jour.

---

[602] C. Baron, La gouvernance : débats autour d'un concept polysémique, Droit et sociétés 2003/2, n° 54, p. 329.

[603] Vr. La théorie de l'agence développée dans les années 70 par des économistes américains ultralibéraux, cette théorie entendait notamment redonner le pouvoir aux actionnaires, près de cinquante ans après A. Berle et G. Means. Ici, les relations entre les actionnaires et les dirigeants sont assimilées à des relations entre le principal (mandant) et un agent (mandataire).

[604] J. J. Caussain op.cit. p. 7 et s.

[605] Cité par Jean-Denis BREDIN, Remarques sur la transparence, Colloque de l'Association Droit et Commerce, La transparence : Rev. jur. com., numéro spécial, nov. 1993, p. 175.

Cette exigence est dû au fait que les actionnaires sont généralement dans un rapport d'incertitude d'information incomplète vis-à-vis des dirigeants. Dans ce climat de suspicion on se posait la question suivante « comment redonner confiance aux actionnaires, aux investisseurs ? ». Pour éviter de nouveaux scandales comme Enron[606], on a renforcé le pouvoir des actionnaires avec à plus de transparence de la part des entreprises : diffusion des comptes financiers, information sur les salaires des dirigeants, informations sur les conséquences sociales et environnementales des activités de l'entreprise. La production des rapports devient une exigence et le Conseil d'administration est considéré comme le « garant de la transparence ». Le Conseil d'administration est supposé assumer le rôle d'une instance de contrôle au service de tous les actionnaires. Le code de bonne conduite que nous suggérons fait de la fidélisation des contenus des rapports et de l'utilisation des nouvelles technologies des moyens par lesquels passe la transparence.

A. FIDELITE DES RAPPORTS ET COMMUNICATIONS AU PUBLIC

398- La transparence engendre des obligations[607] et pour cette raison, le conseil d'administration et la direction générale de la société

---

[606] Cf. L'affaire Enron : En fait de modèle économique, l'entreprise gonflait artificiellement ses profits tout en masquant ses déficits en utilisant une multitude de sociétés écrans et en falsifiant ses comptes. Le but était, ni plus ni moins, de gonfler la valeur boursière.
En bon prédateur, Enron a aussi pleinement profité de la dérèglementation de l'énergie en Californie, exploitant à fond chacune des failles et n'hésitant pas à recourir aux arrêts intempestifs, afin de faire grimper le prix du KW/h.
L'éclatement de la bulle a précipité non seulement l'entreprise Enron mais aussi le cabinet d'audit Arthur Andersen, complice. Plus d'une tonne de documents compromettants ont été détruits par le cabinet d'audit de renommée mondiale quasi séculaire.
Avec la faillite d'Enron, 20.000 personnes de l'entreprise perdirent leur emploi et plusieurs centaines de millions de dollars constituant l'essentiel de fonds de pension, donc la retraite de milliers d'américains partirent en fumée.
Jeffrey Skilling purge une peine de 24 ans et Ken Lay est mort d'une attaque cardiaque peu après le verdict.
Pour mémoire, le slogan de Enron était Ask Why ? Faut croire que bien peu de personne n'ont réellement suivi ce conseil en posant la question à Enron : Pourquoi de tels bénéfices ? D'où viennent-ils ?
Cette affaire et le procès qui s'en suivit sont hautement instructifs. Ils sont d'ailleurs à l'origine de nouvelles lois et règles comptables afin de mieux encadrer dirigeants et audits et d'assurer une meilleure transparence des comptes, comme la loi Sarbanes Oxley, les nouvelles règles comptables IAS IFRS.

[607] C. Malecki, Informations sociales et environnementales : De nouvelles responsabilités pour les sociétés cotées ? : D. 2003, p.818.

anonyme doivent prendre toute initiative qui la renforcerait. La mise en œuvre de la transparence va se décliner en des règles de conduite dans un code d'éthique. Pour ce faire, les administrateurs, les dirigeants exécutifs et les salariés doivent exiger la fidélité des rapports communiqués au public par le respect des normes relatives à la communication d'informations[608]. La première norme de transparence est fondée sur la libre circulation de l'information. Les processus et l'information sont directement accessibles aux personnes intéressées et une quantité suffisante d'information est fournie pour les comprendre et les suivre. Il s'agit en principe de conférer aux états financiers toutes les caractéristiques nécessaires à assurer la transparence, la régularité et la sincérité. Les administrateurs seront ainsi bien armés pour procéder au contrôle de la direction générale de la société et les actionnaires voteront en connaissance de cause. En outre, les administrateurs, les dirigeants exécutifs, les salariés doivent faire en sorte que l'information financière publiée traduise la situation précise de l'entité concernée et notamment au niveau de sa situation financière, de sa performance et de ses perspectives futures.

399- Ce n'est pas seulement le contenu du rapport financier qui importe, mais encore faut-il que les normes de comptabilité et de vérification des comptes soient rigoureusement respectées. Il appartiendra au conseil d'administration et à la direction de prendre des dispositions favorisant l'application des normes de comptabilité et de vérification de compte. Le premier censeur du respect des normes de comptabilité est le commissaire aux comptes dans l'espace OHADA. L'acte uniforme OHADA définit clairement que le contrôle des sociétés commerciales est exercé par le CAC. Celui-ci a comme mission essentielle d'exprimer une opinion sur les états financiers. « Le CAC certifie que les états financiers sont réguliers, et sincères et donnent une image fidèle du résultat des opérations de l'exercice écoulé, ainsi que de la situation financière et du patrimoine de la société à la fin de l'exercice

608 Les premières actions annoncées contre BP, notamment par le New York State Common Retirement Fund, rejoint par d'autres fonds de pension, reposent sur une remise en cause de l'information des investisseurs sur les procédures de sécurité et de capacité du groupe à faire face à un évènement qui n'était peut être pas imprévisible. Il est symptomatique à propos de BP, que la dégradation de la note de la société par Vigeo, le 22 juin 2010, se soit accompagnée de l'évocation, par l'agence de notation, d'informations « sur la faiblesse des diligences et des doutes sur la sincérité de la communication de l'entreprise au sujet de la sécurité de ses installations off-shores et des volumes de fuites de pétrole » et de l'expression de la faiblesse du niveau d'assurance de l'agence « quant à la capacité de l'entreprise à préserver son capital réputationnel, son efficience opérationnelle, sa sécurité juridique et son capital humain ».

» [609]. De même, les informations financières que l'entreprise a l'obligation de publier de façon annuelle ou semestrielle, doivent être revêtues d'une attestation du CAC. C'est l'Acte Uniforme relative aux comptabilités des entreprises qui oblige la sincérité et la fiabilité des informations communiquées au public en ces termes « les responsables des comptes mettent en place et en œuvre des procédures de contrôle interne indispensables à la connaissance qu'ils doivent normalement avoir de la réalité et de l'importance des évènements, opérations et situations liées à l'activité de l'entreprise ;
Les informations nécessaires sont présentées et communiquées clairement sans intention de dissimuler la réalité derrière l'apparence » [610]. Le législateur s'intéresse non seulement aux informations susceptibles d'être présentées au public, mais aussi à l'intention qui doit être libre de tout calcul conduisant à l'opacité , à l'obscurité ou simplement à ce qui n'est pas discernable par le public.

400-Pour ce faire, les administrateurs, les dirigeants exécutifs, les salariés doivent garantir l'assurance d'une vérification indépendante à tout moment. Ce travail est l'œuvre des auditeurs dans le but d'accroître la transparence au sein de l'entreprise. On peut définir l'audit légal comme étant un ensemble de travaux menés conformément à des normes par un professionnel compétent et indépendant, et conduisant à exprimer une opinion motivée sur la régularité et la sincérité des états financiers d'une entreprise, par référence à un système comptable bien déterminé[611]. La certification par un auditeur indépendant va donner une assurance sur les informations communiquées par les dirigeants : il s'agit des informations à caractère financier et relatives au contrôle interne et qui vont garantir la transparence des relations directes ou indirectes qui existent entre les organes de l'entreprise : dirigeants, administrateurs, actionnaires. Dans le prolongement de cette idée, des auteurs ont soutenu que « Le monde moderne tend à faire de l'indiscrétion une vertu et les revendications se multiplient ici et là pour que l'État, les entreprises, les administrations deviennent totalement transparents aux regards extérieurs.

---

[609] Art. 710 de l'AUSC.

[610] Art. 6 de l'Acte Uniforme relative aux comptabilités des entreprises.

[611] Guy DJONGOUE, Fiabilité de l'information comptable et Gouvernance d'entreprise : une analyse de l'audit légal dans les entreprises camerounaises, communication faite lors du Colloque International : La Gouvernance : Quelles pratiques promouvoir pour le développement économique de l'Afrique Lille, 3 Novembre 2007 – Université Catholique de Lille – France.

Sur tous les fronts, l'intimité bat en retraite et cède le pas à l'information »[612].

401-Il s'en suit donc que l'audit des états financiers constitue « un garant de l'image fidèle des comptes annuels » et renforce par là, la confiance dans les marchés financiers.
En certifiant l'information publiée, les auditeurs engagent leur responsabilité[613] et, par là même, contribuent à renforcer la confiance de ses utilisateurs.

402- Les administrateurs, les dirigeants exécutifs et les salariés doivent exiger des contrôleurs une diligence particulière. Les vérificateurs externes doivent être responsabilisés. C'est leur indépendance qui confère une crédibilité à leurs rapports. La direction de la société est invitée à être réactive lorsque le commissaire aux comptes commet une faute dans l'exercice de sa mission, et que cette faute occasionne un préjudice à la société ou à un tiers.

403-Les administrateurs, les dirigeants exécutifs, les salariés sont invités à assurer une communication équitable et opportune de l'information. La transparence dans la gestion et l'équité dans la répartition des richesses obligent en effet, les dirigeants à adopter un tel comportement afin d'assurer l'égalité des actionnaires et permettre à toutes les autres parties prenantes de se faire une idée[614] sur la performance et la durabilité de l'entreprise.

404-Pour plus de transparence, les administrateurs, les dirigeants exécutifs, les salariés doivent mener des enquêtes sur tous les conflits d'intérêts. Dans ce processus, le rôle du commissaire aux comptes est déterminant. : ce rôle est en effet d'établir un rapport spécial sur les conventions réglementées. Il s'agit des conventions nouvelles conclues au cours de l'exercice et celles conclues au cours d'exercices antérieurs et continuant à produire des effets. La direction doit veiller par ailleurs que les contenus de ces différents rapports communiqués au public

---

612 VIANDIER, LAUZAINGHEIN : Droit comptable, Précis Dalloz, 2e édition, p. 298.

613 Cass. com., 6 mai 2002 : Dr. sociétés juill. 2002, n° 276, p. 21 ; Bull. CNCC sept. 2002, p.337. Il ressort de ces arrêts que constitue une faute de nature à justifier le relèvement le fait de n'accomplir aucune diligence jusqu'à l'assemblée générale devant statuer sur les comptes de l'exercice, alors même qu'il n'y a aucun litige sur le paiement des honoraires et que le commissaire n'a pas été empêché d'exercer sa mission , de ne pas s'être rendu à la convocation de l'assemblée générale, puis d'avoir accompli des diligences insuffisante après avoir été payé et d'avoir déposé son rapport en retard.

614 Cass.com. 12 février 2008, n°06-20.212 (n° 231 F-PB), Comité central d'entreprise de la banque des Antilles françaises.

reflètent la situation financière réelle de l'entreprise et doit faire de la promotion de l'information électronique une exigence.

B. PROMOTION DE L'INFORMATION ELECTRONIQUE

405-Les nouvelles technologies prennent de plus en plus une place considérable dans la gouvernance des entreprises. Les administrateurs sont pressés de toute part afin d'instaurer dans l'entreprise un comportement éthique par plus de transparence dans la communication des informations financières et non financières. Au 21ème siècle, l'information électronique constitue une révolution technologique qui s'impose aux dirigeants sociaux. Les sociétés anonymes dans l'espace OHADA ne peuvent ne pas prendre en compte cette évolution. Il appartient dès lors aux dirigeants sociaux de s'approprier cette forme de communication en rendant l'information portable. Les entreprises de la zone OHADA doivent pouvoir compter sur un système qui garantit tout à la fois la fiabilité et la pertinence des informations transmises, de même que la rapidité de leur collecte ; mais aussi – bien sûr – l'instantanéité de leur diffusion en tout point de la planète, ce que le « Big Bang » des nouvelles technologies a rendu possible.

En effet, les administrateurs, les dirigeants exécutifs et les salariés doivent encourager toutes les structures de l'entreprise à communiquer par les nouvelles technologies.

406-Pour plus de célérité dans le traitement des questions liées à la procédure d'alerte, les dirigeants sociaux doivent utiliser l'outil électronique pour porter l'information aux parties prenantes. La loi ne définit pas précisément la nature des faits concernés. Néanmoins en France, la doctrine élaborée par la Compagnie Nationale des Commissaires aux comptes fournit des critères permettant de mieux cerner leur nature[615].

Les facteurs de nature à pouvoir affecter la capacité de l'entreprise à poursuivre son activité sont divers. Il peut s'agir de difficultés d'ordre financier les plus fréquentes, mais aussi de problèmes d'ordre commercial, technique, social, réglementaire, voire politique.

Lorsque l'information sera portée aux parties prenantes, des solutions seront vite apportées à ces difficultés et on réduit en même temps le coût d'accès à l'information disponible. « Etre capable de réagir rapidement

---

615 CNCC-Normes 2507-Continuité de l'exploitation- Commentaire n° 07, p.18 et s.

représente un avantage très important du point de vue de l'évolution. Il est souvent plus pertinent de trouver rapidement une option acceptable que de rechercher une solution idéale tout en prenant son temps car un organisme qui perdrait son temps à rechercher la solution optimale à un problème serait une proie facile pour un prédateur moins perfectionné mais plus rapide »[616].

407-Dans le cadre de la promotion de l'information électronique, les administrateurs, les dirigeants exécutifs, les salariés doivent imposer l'utilisation des TIC par la convocation électronique des actionnaires ; la demande électronique d'inscription de projets de résolution à l'ordre du jour ; l'exercice du droit de communication des actionnaires ; la participation aux assemblées d'actionnaires par visioconférence ou par des moyens de télécommunication permettant leur identification ; le vote par des moyens électroniques de communication, par le biais de l'utilisation de formulaires électroniques de vote à distance ; la publication de toutes les informations pertinentes pour leurs actionnaires sur leur site Internet.

408-Les administrateurs, les dirigeants exécutifs et les salariés doivent, en tout temps, faire preuve de bon jugement et de bon sens, se conduire conformément à l'éthique et de manière licite et professionnelle, et se conformer à l'ensemble des politiques et procédures applicables de la société en matière de sécurité et d'utilisation au moment d'accéder et d'utiliser les technologies de l'information fournies par la société, ainsi qu'à leur contenu et au courrier électronique.

409-Il est de la responsabilité des dirigeants sociaux de faire en sorte que les systèmes informatiques sur lesquels s'appuient ces systèmes d'information soient protégés efficacement tant au niveau de leur sécurité physique que logique afin d'assurer la conservation des informations stockées. Leur continuité d'exploitation doit être assurée au moyen de procédures de secours. Les informations relatives aux analyses, à la programmation et à l'exécution des traitements doivent faire l'objet d'une documentation.

En plus de la promotion de l'utilisation des nouvelles technologies comme moyen de communication, la loyauté est une autre valeur de société qu'il convient de promouvoir.

---

[616] KOCH Christof, A la recherche de la conscience, une enquête neurobiologique, éd. Odile JACOB, 2006. p. 97.

PARAGRAPHE II : LA LOYAUTE

410-Ici, la loyauté[617] ne doit pas être confondue avec le devoir de loyauté. La loyauté est un comportement, une vertu que doit avoir un dirigeant social ou toute autre partie prenante d'une organisation. En revanche le devoir de loyauté est une obligation qui incombe au dirigeant social et de ce fait il doit agir en toute connaissance de cause et de bonne foi[618].

Cette différence étant faite nous prônons dans le cadre du code de bonne conduite la loyauté des administrateurs, des dirigeants exécutifs et des salariés au travers d'une obligation d'information et d'une obligation de diligence.

A. OBLIGATION D'INFORMATION

« Il faut un minimum de confort pour pratiquer la vertu »[619]

411-L'obligation d'information consiste en la révélation de tout fait significatif susceptible de compromettre la continuité et la pérennité de l'entreprise. Il est du devoir du conseil d'administration de mettre en place un cadre de collecte d'informations révélées en vu de leur traitement.

Les administrateurs, les dirigeants exécutifs et les salariés doivent exclure tout versement d'indemnités de départ à un dirigeant mandataire social s'il quitte à son initiative la société pour exercer de nouvelles fonctions ou change de fonctions à l'intérieur d'un groupe. Il convient par ailleurs d'éviter tout gonflement artificiel de sa rémunération dans la période préalable au départ.

Les administrateurs, les dirigeants exécutifs et les salariés doivent en cas de conflit d'intérêts survenant après l'obtention de leur mandat, informer le conseil, s'abstenir de voter ou de participer aux délibérations, et, le cas échéant, démissionner.

412-Les administrateurs, les dirigeants exécutifs et les salariés doivent prévoir un accès confidentiel pour les dénonciateurs susceptibles

---

617 Micro Robert, dictionnaire du français primordial, éd. Le Robert 1979. P. 624.

618 Vr. PLANIOL (M.), RIPERT (G.), Traité pratique de droit civil français, 2ème édition par ESMEIN (P.), Paris LGDJ, 1952, tome VI, p. 509. Ici la prise en compte de la bonne foi se manifeste quant à l'exécution du contrat « Le créancier et le débiteur d'une obligation contractuelle sont donc tenus de respecter le rapport juridique qui les unit en agissant de bonne foi l'un envers l'autre. L'existence de la situation contractuelle leur crée en quelque sorte des devoirs particuliers. Ils ont sans doute des intérêts opposés, mais la loi commune qu'ils se sont donnée leur impose une conduite morale, et le juge ne manquera jamais d'apprécier cette conduite ».

619 Adage de la gestion de patrimoine.

de mettre en évidence des comportements contraires à l'éthique ou des transactions abusives. L'alerte recueillie doit être vérifiée[620].

413-Les administrateurs, les dirigeants exécutifs et les salariés doivent s'abstenir de tout acte de concurrence à l'encontre de la société. En application de la jurisprudence, le dirigeant en fonction est tenu d'un devoir absolu de loyauté et de fidélité envers la société et les autres associés[621].

414-Les administrateurs, les dirigeants exécutifs et les salariés s'interdisent d'utiliser pour leur profit personnel ou pour le profit de quiconque les informations privilégiées auxquelles ils ont accès. En particulier, lorsqu'ils détiennent sur la société où ils exercent leur mandat d'administrateur de dirigeant exécutif ou de salarié des informations non rendues publiques, ils s'interdisent de les utiliser pour effectuer ou faire effectuer par un tiers des opérations sur les titres de celle-ci[622].

415-Les administrateurs, les dirigeants exécutifs et les salariés s'interdisent d'agir sur les informations financières pour éviter de les manipuler d'une part dans une perspective de présenter des performance sans cesse améliorées et, d'autre part, éviter de camoufler d'éventuelles difficultés[623].

416-Les administrateurs, les dirigeants exécutifs et les salariés doivent assurer leur entière collaboration dans le cadre des demandes de renseignement provenant des commissaires aux comptes et des auditeurs internes.

Malgré cette loyauté de la part des administrateurs, des dirigeants exécutifs, des salariés, l'éthique leur impose une obligation de diligence.

B. OBLIGATION DE DILIGENCE

417-Cette phrase résume ce que doit être l'obligation pour un administrateur dans une société anonyme : « Un administrateur a l'obligation d'exercer ses fonctions de bonne foi, de la façon qu'il peut considérer raisonnablement être la meilleure pour promouvoir la société, et avec le soin attendu d'une personne normalement prudente dans l'exercice d'une telle mission et dans des circonstances identiques »[624].

---

620 UNESCO, Bonnes pratiques en matière d'information sur la GE : Lignes directrices, Genève ; 21-23 novembre2005, p. 13.

621 Arrêt de principe : Cass. Com. 11 février 1964, Bull. civ. III, n° 67.

622 Cass. crim. 26 octobre 1995 n°94-83.780 (n° 5097 P-F) : RJDA 1/96 n°73, RBDA 23/95 p. 4, Rev. sociétés 1996 p. 326 note B. Bouloc.

623 Cf. Affaires Worldcom, Xerox…

624 A. Tunc, Principles of Corporate Governance : RD aff. Int. 1995, p. 957 ; American Bar Association, Section of Business Law, Corporate directors guide book, 2004.

418-A la lecture de ce principe on ne peut s'empêcher de penser à ce standard juridique de la « gestion en bon père de famille ». Et c'est au nom de ce principe qu'une obligation de diligence incombe désormais aux dirigeants sociaux. Dans ce sillage le code de bonne conduite que nous proposons invite les administrateurs, les dirigeants exécutifs, les salariés à prendre leurs temps et éviter des décisions prises à la hâte, surtout lorsque la question est d'ordre stratégique. Ils doivent étudier sérieusement l'information qui leur est communiquée en vue de prendre une décision.

419-Les administrateurs sont appelés à vérifier que le compte rendu de la réunion du conseil est complet et reflète correctement les débats. Car la responsabilité collégiale du conseil d'administration est susceptible d'être engagée par les actionnaires.

Ils doivent de ce fait prendre connaissance de l'ensemble de la documentation juridique (éventuellement des documents transitoires qui balisent la négociation) lorsqu'ils doivent approuver une transaction.

420-Dans ce processus les administrateurs, les dirigeants exécutifs et les salariés doivent être avant tout objectifs, d'où l'absence de prise en compte de leur intérêt personnel dans le processus de prise de décision.

Ils doivent en outre être diligents, c'est-à-dire mettre en œuvre les moyens, y compris en recourant à des experts, pour aboutir à la meilleure décision.

421-L'application des bonnes procédures n'exclut pas la vigilance des administrateurs, des dirigeants exécutifs et des salariés. Ils doivent être attentifs, disait Carol XUEREF[625] en ces termes « A force d'augmenter la quantité d'informations à diffuser, de mettre en place des contrôles internes, des reporting, des codes de bonne conduite, des départements de conformité ou de compliance, les dirigeants pourraient, de bonne foi, imaginer qu'ils ont fait leur devoir, rempli leurs obligations, et qu'ils bénéficient donc d'un bouclier grâce à la gouvernance. Toutefois, et ainsi épuisés par la masse des informations préparées et présentées, par le nombre de procédures, ils oublient, quelquefois, de contrôler leur bonne application. Le bouclier est troué ».

[625] Directeur des affaires juridiques et du Développement Groupe, ESSILOR International, Membre du collège de l'Autorité de la concurrence, Ancien Président du Cercle Montesquieu, Communication faite lors du Colloque du CREDA 12 mai 2009 : Gouvernance dans les sociétés anonymes : Un bouclier pour les dirigeants ? p. 31. http ://www.creda.ccip.fr

422-Enfin, dernière règle, qui résulte des précédentes : la décision doit être considérée par les administrateurs, les dirigeants exécutifs et les salariés comme la meilleure pour les intérêts de la société.
Il me semble plus important d'être diligent, attentif, compétent, engagé dans ses responsabilités que de dire, « moi je me porte garant de ne jamais faire d'erreur majeure ».

CONCLUSION DU CHAPITRE I :

423-Nous pensons que, pour une entreprise et ses administrateurs, ses dirigeants exécutifs et ses salariés qui seraient mis en cause devant des juges, il est tout de même mieux d'avoir de bonnes pratiques de gouvernance que de mauvaises pratiques de gouvernance. Il est mieux d'être aussi transparent que possible, de donner aux actionnaires une information aussi fiable que possible, d'avoir des processus de décision aussi collégiaux que possible. Et il est bien, dans l'entreprise en général, que les responsables aient un sens élevé de l'éthique, de leurs devoirs et des risques de conflits d'intérêts. C'est à cette condition que la pratique de gouvernance dans les sociétés anonymes de la zone OHADA convergera vers la pratique universelle et attirera davantage les investisseurs.
Au delà des règles régissant l'administration de la société anonyme, le code de bonne conduite va intégrer celles régissant ses activités.

CHAPITRE II : LES REGLES REGISSANT LES ACTIVITES DE LA SOCIETE ANONYME

424- Les différents codes de bonne conduite qui existent à ce jour, ont essentiellement mis l'accent sur l'administration de la société. Il se trouve aujourd'hui que de plus en plus les parties prenantes s'intéressent aux activités de la société, car une bonne image de la société auprès du public augmente sa valeur actionnariale. C'est pourquoi nous avons mené une réflexion sur la permanente mise à niveau des parties prenantes, il s'agit de leur formation d'une part, et la responsabilité sociétale de la société anonyme d'autre part.

SECTION I : LA PERMANENTE MISE A NIVEAU DES PARTIES PRENANTES (FORMATION)

425-Une des missions majeures de l'entreprise est d'assurer la formation des dirigeants sociaux et les salariés sur ses activités. Ces actions de formation sont relatives à l'économie et à la gestion de l'entreprise. Elles ont notamment pour objet la compréhension par les dirigeants sociaux, les salariés, du fonctionnement et des enjeux de l'entreprise.

PARAGRAPHE I : LA FORMATION DES ADMINISTRATEURS

426-La formation des administrateurs, des dirigeants exécutifs et des salariés sur les activités doit faire partie de l'éthique de l'entreprise pour leur permettre de jouer pleinement le rôle qui leur revient. Les entreprises sont en effet confrontées à des risques multiformes et leur maîtrise est de la responsabilité des dirigeants sociaux.
Une entreprise est par essence risquée et il n'est en aucun cas possible d'annihiler intégralement toutes les sources de risque. C'est pourquoi, l'identification jouera un rôle stratégique dans la gestion des risques et permettra à l'entreprise de faire face aux facteurs qui peuvent empêcher la réalisation de ses objectifs et par conséquent sa performance.

A. IDENTIFICATION DES RISQUES

427-L'identification des risques inhérents à l'activité de l'entreprise doit être une priorité dans les modules de formation des dirigeants sociaux. L'objet de la formation est d'essayer de savoir quels sont les différents types de risques liés à l'activité de l'entreprise et quels sont les outils qu'on peut mobiliser pour les identifier. Car il faut retenir que les risques les plus significatifs sont d'ordres opérationnels, financiers ou de conformité.

428-L'administrateur doit être disponible pour l'entreprise. Cette fonction implique des déplacements et des horaires irréguliers, car il peut être consulté à tout moment.
L'administrateur doit s'impliquer dans tous les services ayant trait à l'entreprise : commercial, comptable, gestion du personnel, concurrence, etc. C'est pourquoi l'administrateur doit posséder de solides notions en gestion des entreprises, management, comptabilité, mais aussi en ressources humaines.

429-Ainsi l'entreprise doit s'engager à informer et à former les nouveaux administrateurs et dirigeants exécutifs sur les risques financiers qu'elle encourt au travers de l'analyse du rapport du commissaire aux comptes, particulièrement ceux relatifs au risque de liquidité et de solvabilité. Cela permettra à ses nouveaux administrateurs, dirigeants exécutifs, de prendre des décisions stratégiques dans l'intérêt de la société.

430-L'entreprise doit faire le développement de ses ressources humaines une priorité. Elle doit s'engager à révéler les risques ressources humaines aux nouveaux administrateurs, dirigeants exécutifs. Ces risques peuvent être de compétences, d'harcèlement et de stress[626]. Certaines parties prenantes sont particulièrement attentives à la façon dont sont traités ces risques ressources humaines.

431-L'entreprise doit traiter les risques marketing liés au risque d'image, et au risque de marché. La formation des dirigeants sociaux à l'identification de tels risques, surtout lorsqu'ils sont environnementaux, permettra de mieux traiter la question au sein du conseil d'administration.
L'identification des risques juridiques ou risques de conformité engage plus le conseil d'administration. De ce fait les nouveaux administrateurs doivent être initiés aux risques liés à l'exercice de leur fonction c'est-à-dire de responsabilité civile ou pénale ou d'évolution de règlements. Cette identification va prévenir les difficultés liées au comportement

---

[626] TGI Paris, 31ème ch. Correctionnelle, 25 oct. 2002. Dans cette affaire, une salariée avait fait citer le président du Conseil d'administration de la société qui l'employait pour harcèlement moral. Cadre de direction dans cette société, elle estimait avoir été l'objet « d'agissements répétés de harcèlement moral » et faisait notamment valoir un déménagement de son bureau de l'étage stratégique de la direction, son exclusion des réunions de travail et des comportements humiliants, vexatoires ou dégradants de la part du président du conseil.

global des administrateurs et favorisera une vigilance sur le formalisme juridique au sein de l'entreprise.

432-L'entreprise se doit de prévenir les risques opérationnels tels que le risque de matières premières par exemple. Les administrateurs, les dirigeants exécutifs doivent être formés sur les risques liés aux modes et aux sources d'approvisionnement de l'entreprise en matières premières. L'acquisition d'une telle connaissance va consolider la réactivité du conseil d'administration.

433-L'outil informatique est devenu en ce 21ème siècle un instrument majeur de la gestion de l'entreprise[627]. La connaissance de cet outil ne doit pas être l'apanage des seuls spécialistes. L'entreprise se doit, à cet effet, de renforcer la capacité des membres du conseil d'administration et les dirigeants exécutifs à la détection des risques informatiques. Ces risques peuvent être de malveillance et de fraude, ou de risque d'incident ou de virus.

434-Les risques organisationnels sont les plus courants. C'est pourquoi l'entreprise doit former les administrateurs, les dirigeants exécutifs sur le risque d'organigramme et de responsabilité et le risque de délégation et mandats. La maîtrise de ces risques permettra d'éviter les dysfonctionnements de l'appareil dirigeant.

L'identification de ces différents risques passera nécessairement par la localisation de leurs sources, c'est-à-dire l'activité génératrice la connaissance des causes l'évaluation des conséquences et la connaissance des différents scénari[628]

La formation des administrateurs ne doit pas se limiter à l'identification des risques il faut qu'ils apprennent aussi à justifier leurs choix.

B. PRINCIPE : « COMPLY OR EXPLAIN » SIGNIFIANT « RESPECTE LA REGLE OU EXPLIQUE POURQUOI TU Y DEROGES ».

435-Dans le cadre de la gouvernance d'entreprise, on se doit d'expliquer aux nouveaux administrateurs l'existence du principe « comply or explain » [629]. En la matière, c'est un mécanisme

[627] L'informatisation est la deuxième révolution technologique des 20 dernières années. Elle a surtout permis de gagner en rapidité dans la transmission de l'information, des reportings en particulier. Rappelons que l'ordinateur personnel d'IBM a vu le jour en 1981.

[628] Amina NADJI doctorante, Les risques liés à l'activité de l'entreprise : quels outils pour les identifier ? (CRIISEA, Centre de Recherche sur l'Industrie, les Institutions, et les Systèmes Economiques d'Amiens, France)

[629] Sarbanes- Oxley Act du 30 juillet 2002.

d'autorégulation qui a ses fondements dans la « directive européenne sur le gouvernement d'entreprise » du 14 juin 2006, transposée en France par la loi du 3 juillet 2008. Elle a créé l'obligation pour les sociétés cotées d'indiquer le code de gouvernement d'entreprise auquel elles se réfèrent et d'expliquer, le cas échéant, les dispositions qu'elles n'appliquent pas.

436-La conciliation de la « soft law »[630] avec les normes légales applicables, ainsi que l'application du principe « appliquer ou expliquer » (« comply or explain »), permettent d'adapter les principes du gouvernement d'entreprise aux spécificités de chaque société, quelque ce soit leur nature (sociétés par action cotées et non cotées, mutuelles, associations et fondations,..), leur taille ou leur actionnariat.
Comment ce principe « Comply or Explain » s'applique-il à travers le monde?

437-L'autorégulation « Soft Law » est privilégiée par l'ensemble des pays européens : au Royaume-Uni la soft law fait office de droit, au point que la non-application d'une disposition du « Combined Code » par une société est susceptible de recours auprès des autorités boursières.
Aux Etats-Unis en revanche, où la culture juridique est différente, les abus ont entraîné le vote de la loi Sarbanes-Oxley qui fut aussi à l'origine du renforcement de la transparence[631] dans les sociétés faisant appel public à l'épargne et agissant sur un marché réglementé.
En Europe continentale, le recours à la loi est plus répandu qu'au Royaume-Uni, mais les sociétés se réfèrent pour l'essentiel aux codes de gouvernement d'entreprise en vigueur.
En France, l'essentielle des règles applicables aux sociétés relève du code AFEP-MEDEF[632], et un code de gouvernance adapté aux entreprises cotées moyennes et petites a été publié en 2009.
La vie des entreprises justifie plutôt l'adoption de quelques grands principes plus que des dogmes, et a fortiori une législation trop rigide.

---

[630] Ce droit « mou » est consacré dans de nombreux pays européens soit dans le cadre des codes, le FSA en Angleterre, soit dans des pratiques de place.

[631] La section 301 de la loi Sarbanes- Oxley demande par exemple à la SEC d'adopter des règles permettant au comité d'audit d'être en charge du recrutement, de la fixation des honoraires et de la supervision des auditeurs externes. Elle permet même au comité d'audit d'engager ses propres experts financiers ou d'expliquer pourquoi il n'a pas jugé bon d'en prendre. Elle demande surtout que les sociétés cotées disposent d'un comité d'audit composé exclusivement d'administrateurs indépendants.

[632] Principes de gouvernement d'entreprise résultant de la consolidation du rapport de l'AFEP et du MEDEF d'octobre 2003 et de leurs recommandations de janvier 2007 et d'octobre 2008 sur la rémunération des dirigeants mandataires sociaux des sociétés cotées.

438-Le principe « Comply or Explain » est le meilleur levier de progrès en favorisant le dialogue entre émetteurs et actionnaires, en facilitant l'identification et l'échange des bonnes pratiques, en privilégiant les questions de fond plutôt qu'une gouvernance formelle.

439-L'application de ce principe est encore peu connue dans les pays de l'OHADA : les sociétés devront veiller à la qualité de la communication et des explications sur le non respect des dispositions des codes de bonne conduite dont sont créanciers les actionnaires, mais aussi aux autres parties prenantes. Et les autorités des marchés financiers de la zone doivent promouvoir le principe « appliquer ou expliquer ».

440-L'autorégulation a néanmoins des limites et le recours à la loi peut parfois s'avérer nécessaire : par exemple en matière de droit de la propriété ou en matière d'informations financières destinée au marché pour les sociétés cotées, mais également lorsque les recommandations des codes de gouvernance ne sont pas suivies d'effets : c'est le cas aujourd'hui en France en ce qui concerne la diversité dans les conseils avec l'introduction de quotas de femmes[633], et en Europe avec la directive sur les droits des actionnaires[634].

Le vote de la rémunération des dirigeants en assemblée générale, qui se généralise (Allemagne, Suisse, Pays-Bas, Etats-Unis…) fait également débat : s'agit-il d'une prérogative du Conseil ou des actionnaires ? Force est de constater qu'en dépit des pressions des investisseurs, la lisibilité des critères de performance et de la part réservée aux dirigeants dans les plans de stock-options et d'actions gratuites reste encore insuffisante. Autant dire que les administrateurs des sociétés anonymes dans la zone OHADA doivent rester vigilants pour éviter des difficultés déjà vécues par les grands pays capitalistes.

A présent qu'en est-il de la formation des dirigeants exécutifs ?

PARAGRAPHE II : LA FORMATION DES DIRIGEANTS EXECUTIFS

441-On ne reviendra pas assez sur l'importance de la permanente mise à niveau des dirigeants sociaux. Au delà des administrateurs, les dirigeants exécutifs sont en permanence sollicités pour donner des

---

633 Loi n° 2011-103 du 27 janvier 2011 relative à la représentation équilibrée des femmes et des hommes au sein des conseils d'administration et de surveillance et à l'égalité professionnelle.

634 Directive 2007/36/CE du Parlement européen et du Conseil du 11 juillet 2007 concernant l'exercice de certains droits des actionnaires de sociétés cotées, Journal officiel n° L 184 du 14/07/2007 p. 0017 – 0024.

explications ou produire des rapports sur la vie de la société. Pour mieux faire face à cette sollicitation croissante, leur formation continue sera un palliatif à leur carence surtout qu'ils sont débiteurs soit d'informations, soit de performance.

A. DEBITEURS D'INFORMATIONS

442-Dans les sociétés anonymes, les dirigeants exécutifs sont ceux là même qui sont chargés de la gestion quotidienne de la société. A cet effet, ils ont d'énormes prérogatives et engagent la société par leurs actes dans la limite de l'objet social et dans les conditions et limites fixées par l'acte uniforme[635]. C'est ce rôle primordial qui les fait débiteurs d'informations financières vis-à-vis non seulement du conseil d'administration mais aussi des actionnaires et des pouvoirs publics. Par conséquent l'entreprise doit s'engager à former les nouveaux dirigeants dans la présentation des documents financiers et la façon de les communiquer. L'effet induit de la formation sera l'amélioration de la collaboration entre le conseil et la direction, chaque organe jouant effectivement son rôle.

D'autre part, le fisc va de moins en moins réclamer le redressement du bilan comptable[636] et les actionnaires seront mieux renseignés sur la société.

443-Les informations sur l'organisation du travail et le respect de l'environnement prennent de l'importance par l'émergence des principes de la « corporate governance » et dans ce cadre les dirigeants exécutifs sont débiteurs de ces informations. C'est pourquoi il est du devoir de l'entreprise de faire en sorte que tous les dirigeants exécutifs maîtrisent mieux ces paramètres afin de soigner l'image de la société auprès du public et des associations de défense de l'environnement.

444-Une des obligations des dirigeants exécutifs est de rendre viable la société afin de résister à la concurrence. Ils ne pourront le faire que lorsqu'ils possèdent une connaissance avérée du marché et de ses contraintes. Il appartient à l'entreprise de former ses dirigeants exécutifs à la technique de connaissance du marché et de développement de nouveaux produits. Leur aptitude à fournir au conseil d'administration

---

635 Art. 122 de l'AUSC.

636 Pour avoir tenu une comptabilité incomplète ou irrégulière en violant l'obligation d'enregistrement comptable des mouvements affectant le patrimoine de l'entreprise. Vr. Cass. crim., 31 oct. 2007, affaires Abd. El Illah X., Rev. societies, n° 1, 2008, p. 165 s. note Matsopoulou.

des informations sûres sur le marché aide à la prise d'une bonne décision stratégique.

445- La capacité des dirigeants exécutifs à fournir de bonnes informations sur la clientèle permet au service marketing de développer de nouvelles politiques de ventes afin d'augmenter ou de maintenir la clientèle. Et c'est l'entreprise qui doit faire en sorte que les dirigeants assimilent l'importance de la satisfaction de la clientèle et que sans elle aucune croissance n'est possible.

446- Les informations sur le respect de l'éthique sont obligatoires de nos jours.

Certains investisseurs tiennent à l'existence d'un code de bonne conduite mais aussi de son applicabilité. L'entreprise dans l'espace OHADA se doit de faire de l'émergence d'un code de bonne conduite une réalité, mais aussi son application une exigence et cela passe par la formation et la sensibilisation des dirigeants exécutifs quant à la valeur ajoutée dont l'entreprise va bénéficier.

447-L'entreprise doit mettre à disposition de manière permanente des informations sur les lois et règlements dans un contexte d'effervescence législative. C'est pourquoi le service juridique doit faire un travail de veille juridique en formant les dirigeants exécutifs sur la nécessité du respect des textes de lois et règlements et leur faire comprendre les conséquences de leur violation par la mise en jeu de leur responsabilité qui peut être individuelle ou collective pénale ou civile. Les personnes visées peuvent être des dirigeants sociaux ou la personne morale[637].

Qu'ils soient dirigeants sociaux, actionnaires, salariés ou autres parties prenantes, la réclamation de la performance de l'entreprise est permanente. Et les dirigeants exécutifs sont les premiers débiteurs de cette performance.

B. DEBITEURS DE LA PERFORMANCE

448-L'entreprise a pour fonction la production et la distribution des biens et services en vue de la satisfaction de sa clientèle. Dans l'atteinte de ces objectifs, les directeurs exécutifs doivent jouer un rôle non négligeable. Et pour cette raison ils sont régulièrement interpellés sur les résultats de l'entreprise qui du reste doit satisfaire aux critères de la performance. Seule la formation continue va leur permettre d'être dotés des connaissances sur les mécanismes d'évaluation de la performance de l'entreprise d'une part, et d'être informés qu'ils sont

[637] Vr. Article du professeur ISSA-SAYEGH Joseph, op.cit.

débiteurs de cette performance vis-à-vis non seulement des actionnaires mais aussi de toutes les parties prenantes d'autre part.

449-L'entreprise doit à cet effet permettre aux directeurs exécutifs de maîtriser les éléments constitutifs de cette performance donc de l'efficacité. Ainsi, les directeurs exécutifs seront formés sur les modules relatifs à l'analyse des indicateurs de performance qui peuvent être aussi :

i. quantitatifs : la marge bénéficiaire, la part de marché, le résultat, le volume de stock, la notoriété, le nombre de journée de formation, le nombre de journée d'absence ;

ii. que qualitatifs : le climat social dans l'entreprise, le degré de satisfaction de la clientèle, le positionnement de l'entreprise aux yeux de la cible[638].

449-Les dirigeants exécutifs doivent aussi apprendre que l'application des normes de qualité et celle de la satisfaction du consommateur font parties de la performance[639].

Il est du devoir de l'entreprise de faire comprendre aux dirigeants exécutifs que l'efficacité commerciale permet l'atteinte des objectifs de l'organisation et que le résultat seul ne suffit pas : ce sont les moyens mis en œuvre et leurs impacts qui permettent d'avoir une meilleure vue d'ensemble[640]. Ce faisant ils sont débiteurs de cette obligation.

Même en France, les débats sur le développement ou encore la responsabilité sociétale de l'entreprise institutionnalisée dans le cadre de la loi sur la NRE[641] de 2001, attestent que la formation continue des dirigeants exécutifs doit demeurer une priorité pour l'entreprise.

L'entreprise doit assumer une autre responsabilité dans le cadre de ses activités et de ses relations avec les différentes parties prenantes. Autrement dit, sa responsabilité sociétale.

---

[638] J. CORE, R. HOLTHAUSEN , D. LARCKER, Corporate governance, CEO compensation and firm performance, Journal of financial Economics, n° 51, p. 371-406, 1999.

[639] Mesure de la satisfaction client : pratiques et besoins actuels des entreprises– Revue française de marketing May2004, p.197 ; Reichhled, Learning from customers defection- Harvard Business Review mars-avril 1996, p. 7-21.

[640] Voir article : La performance globale de l'entreprise et son pilotage : quelques réflexions Christophe Germain, Audencia Nantes – école de management, et Stéphane Trébucq, Université Montesquieu Bordeaux IV.

[641] http ://www.legifrance.gouv.fr/WAspad/UnTexteDeJorf?numjo=ECOX0000021L.

SECTION II : RESPONSABILITE SOCIETALE DE LA SOCIETE ANONYME

450-Les Etats en développement et particulièrement les Etats africains présentent pour les entreprises des conditions attractives[642] dans le cadre du développement de leurs activités ou de leurs investissements. Les ressources naturelles y sont nombreuses, la main d'œuvre y est bon marché, les conditions d'investissement et de développement d'activités peu contraignantes. Par ailleurs, l'ouverture de l'Afrique aux investissements étrangers reste encore aujourd'hui un instrument essentiel de développement du tissu économique local[643]. Dans ce contexte, la responsabilisation des entreprises dans tous les domaines de leurs activités devient un enjeu majeur de développement. Il était donc urgent que la règle de droit prenne en compte les aspects environnementaux des activités de l'entreprise en Afrique[644].

---

[642] Le Code des Investissements, actuellement en vigueur au Mali, a été institué par La Loi n° 91-048/AN-RM du 26 février 1991. Il a été modifié par la Loi n° 05-050 du 19 août 2005. Voir les avantages accordés : Les entreprises qui sont agréées au Code des Investissements bénéficient des avantages douaniers et fiscaux ci-après :
a) en cas de création d'activité nouvelle :
- exonération, pendant la durée de la réalisation des investissements fixée à trois (3) ans, des droits et taxes à l'importation sur les matériels, machines, outillages, pièces de rechange et matériaux de construction nécessaires à la réalisation du programme agréé ; cette durée est la même pour les régimes A et B.
- exonération, de l'impôt sur les sociétés et de l'impôt sur les bénéfices industriels et commerciaux et ainsi que la contribution des patentes ; la durée de cette exonération est de huit (8) ans pour le régime B et cinq (5) ans pour le régime A.
b) en cas de développement d'activité existante :
- exonération, pendant un (1) an, des droits et taxes à l'importation sur les matériels, machines, outillages, pièces de rechange et matériaux de construction nécessaires à la réalisation du programme agréé ; cette durée est la même pour les régimes A et B. Les entreprises agréées au régime dit des zones franches bénéficient, pendant une durée de trente (30) ans, de l'exonération totale de tous droits et taxes liés à l'exercice de leurs activités.
Toutefois, ces entreprises sont autorisées à vendre 20% de leur production sur le marché local en s'acquittant des droits et taxes normalement dus.
Les entreprises valorisant les matières premières locales bénéficient, en plus des avantages prévus aux Régimes A et B, de l'exonération pendant quatre (4) exercices supplémentaires, de l'impôt sur les sociétés et de l'impôt sur les bénéfices industriels et commerciaux et ainsi que la contribution des patentes. La durée supplémentaire sera de six (6) ans pour les entreprises installées dans les zones géographiques en dehors de Bamako.
Les entreprises développant l'innovation technologique bénéficient d'une déduction de 5% du montant de la contribution forfaitaire à la charge des employeurs normalement due au titre des salaires versés aux employés de nationalité malienne.

[643] J. LOHOUES-OBLE, « L'apparition d'un droit international des affaires en Afrique », *Revue internationale de droit comparé*, 1999, p. 543. À ce propos, le Professeur Gérard Farjat parle de « refondation sociale », voir G. FARJAT, « Les pouvoirs privés économiques », in Mélanges offerts à Philippe Kahn, Litec, Paris, 2000, p. 622.

[644] J. Paillusseau, le droit de l'OHADA - un droit très important et original in la semaine

451-La responsabilité sociale[645] des entreprises (RSE) désignait initialement une aspiration à caractère politique répondant à la volonté générale des sociétés contemporaines de mobiliser les instruments d'organisation et de gestion des entreprises pour préserver l'environnement et améliorer la condition humaine[646]. La RSE est donc une modalité de la gestion d'entreprise dont la finalité est de conduire les entreprises à se développer économiquement tout en ayant une attitude responsable vis-à-vis des parties prenantes[647]. La recherche de profit ne doit pas se faire au détriment de l'environnement et du social. Il s'agit de dépasser le seul cadre économique pour traduire les attentes dont l'entreprise est l'objet de la part de tous ceux qui la côtoient : « elle doit à la fois satisfaire des besoins de nature économique,

i. soit assurer la prospérité matérielle de ses membres, des parties prenantes et de la Société, satisfaire des besoins de nature psychologique,
ii. soit permettre aux individus qui la composent de satisfaire leurs besoins supérieurs, comme la réalisation de soi, et satisfaire des besoins de nature sociologique,
iii. soit participer à la vie des différents groupes sociaux qui sont en relation directe et indirecte avec elle »[648]

---

juridique ; JCP, édition spéciale n° 44 du 28 octobre 2004.

[645] Selon la commission européenne « le concept de responsabilité sociale des entreprises signifie essentiellement que celles-ci décident de leur propre initiative de contribuer à améliorer la société et de rendre plus propre l'environnement »

[646] La Déclaration de principe tripartite sur les entreprises multinationales et la politique sociale » de 2006 ; « La chaîne d'approvisionnement et les principes de l'OCDE » accompagnée du Guide OCDE sur le devoir de diligence pour des chaînes d'approvisionnement responsables en minerais provenant de zones de conflit ou à haut risque, Editions OCDE de 2011. Les « Principes pour l'investissement Responsable », est mis en place par le programme des Nations Unies pour l'Environnement Initiative Financière, le Pacte mondial des Nations-Unis et par des investisseurs mondiaux.

[647] FREEMAN (R. E.), Strategic Management : A stakeholder approach, Boston, Pitman, 1984. Freeman définit les parties prenantes « stakeholders » en anglais, comme un individu ou groupe d'individus qui peut affecter ou être affecté par la réalisation des objectifs organisationnels. Le groupe d'étude de la norme ISO 26000 a regroupé les parties prenantes en six catégories : gouvernement, industrie, travailleurs, consommateurs, ONG, SSRO (service, support, research and others) (voir : http ://www.iso.org).
L'AFNOR, les définit dans sa norme SD 21000 (2003) comme tout « individu ou groupe pouvant affecter ou être affecté, directement ou indirectement, dans le court terme comme dans le long terme, par les stratégies, les actions, les messages (et leurs conséquences), que l'entreprise met en œuvre pour atteindre ses objectifs » (AFNOR, 2003).

[648] F. Leroy, Introduction, in la Responsabilité sociale des entreprises, Mél. R. Pérez, Ems éd., 2005, p. 20.

452-La RSE en tant que vecteur du concept de développement durable repose ainsi sur la défense des droits de l'Homme, la préservation de l'environnement, la protection des droits sociaux fondamentaux, le respect de l'hygiène et de la sécurité et la lutte contre la corruption.
Cette notion de RSE, qui a été internationalement consacrée le 13 septembre 2010 par l'adoption de la norme ISO 26000 intitulée « Lignes directrices relatives à la responsabilité sociale », relève avant tout d'un « droit mou » : elle ne peut pas engager directement la responsabilité juridique de l'entreprise, car elle s'affirme essentiellement dans une démarche volontaire. Cependant, par le biais de références accrues à des obligations résultant de normes internationales [649] ou de lois en vigueur [650], la RSE a acquis progressivement une force contraignante dont les procédures contentieuses engagées au niveau national, régional et international assurent la consécration. C'est dans le cadre de ce mouvement universel que le droit OHADA doit chercher sa place. La valorisation des droits sociaux et la protection de l'environnement de l'entreprise au moyen d'un code de conduite pour les sociétés anonymes de la zone OHADA s'imposent désormais comme une obligation.

PARAGRAPHE I : VALORISATION DES DROITS SOCIAUX

453-Le conseil d'administration et la direction de la société anonyme doivent tout mettre en œuvre afin de promouvoir les droits sociaux par la prise en compte des intérêts des paries prenantes et une meilleure protection des actionnaires.

A. ANCRAGE DU CONCEPT DES PARTIES PRENANTES

454-Une des insuffisances de l'AUSC est l'absence de dispositions relatives à la responsabilité sociétale de l'entreprise. En effet, en droit OHADA, il n'existe pas de vision globale de la RSE[651]

---

649 Règlement (UE) N° 345/2011 de la Commission du 7 avril 2011 interdisant la pêche de la dorade rose dans les eaux UE et internationales des zones VI, VII et VIII par les navires battant pavillon de la France.

650 La loi n°2001-420 du 15 mai 2001 relative aux nouvelles régulations économiques en France précise la manière dont les entreprises sont tenues de communiquer sur leur politique sociale et environnementale ; Loi n° 2010-788 du 12 juillet 2010 portant engagement national pour l'environnement (ci-après Loi « Grenelle II »). Loi n°2003-706 du 1er août 2003 relative à la sécurité financière en France. Loi Sarbanes Oxley Act de 2002 aux Etats-Unis.

651 « La responsabilité sociétale de l'entreprise en Afrique : au-delà de l'OHADA... » Colloque annuel du Master Recherche de droit de l'entreprise-2ème édition, Institut Droit

comme dans l'Union Européenne ou aux Etats-Unis. Cette notion constitue pourtant un enjeu de développement en Afrique et se mêle aux notions de développement durable ou encore de bonne gouvernance[652].

Il ne serait pas superflu de donner un aperçu sur la théorie des stakeholders en droit des sociétés[653] pour permettre la meilleure prise en compte de ces parties prenantes dans le code de bonne conduite envisagé.

Pendant longtemps on a pu appréhender la société comme une réalité juridique relativement fermée. Schématiquement, dans la mesure où il s'agit d'évoquer une personne morale sujet de droit, on pouvait considérer que les relations externes de cette personne avaient vocation à être régies par les différentes règles applicables à ces relations (droit administratif, droit du travail, droit de la responsabilité et, plus récemment, droit de la concurrence, droit de la consommation…) tandis que les relations internes à la société avaient vocation à être régies par le droit des sociétés dans une logique centrée sur les thématiques des relations entre associés et de l'organisation de la direction et de la représentation des sociétés. Dans cette perspective, la réalité apparaissait nettement duale : interne et externe et il ne semblait pas opportun de développer des approches intermédiaires sources de complexité. A l'opposé, la vie de la personne morale est subordonnée à une multitude d'influences, d'interactions. Il est indéniable qu'elle ne peut se développer, être pérenne, réaliser son objet social que dans la mesure où elle passe des contrats avec ses fournisseurs et ses clients, se développe dans une atmosphère de concurrence saine, ne subit pas de contraintes administratives excessives etc. Il faut observer que la personnalité morale, précisément, en ce qu'elle consacre l'existence d'un sujet de droit autonome, règle juridiquement l'essentiel des difficultés liées à cette multiplicité. Pour autant elle ne les évince pas toutes. Ainsi est apparue la nécessité d'assurer la protection des tiers face à des éléments purement internes, tels l'objet de la société, le pouvoir de ses organes… et le droit des sociétés lui-même s'est intéressé aux questions touchant à la situation de certains tiers, étrangers au contrat de société

Dauphine, 8 juin 2010.

[652] Citons par exemple le « Code de gouvernance des entreprises » du Sénégal, projet du 5 mars 2011. Ce texte après avoir définit la notion de bonne gouvernance des entreprises, organise le gouvernement des entreprises en s'inspirant de l'AUSC et des principes de l'OCDE en matière de gouvernance d'entreprise.

[653] F.G. Trébulle-Stakehoders Theory et droit des sociétés, Bulletin Joly sociétés déc. 2006, p. 30.

mais ayant une position particulière par rapport à la personne morale : certains prêteurs (les obligataires et, plus largement, les titulaires de valeurs mobilières ne donnant pas accès au capital ou n'y donnant accès qu'à terme) ou les salariés apparaissent comme de véritables sujets du droit des sociétés[654].

455-Si l'on veut préciser l'impact juridique de la Stakeholders Theory, il faut tenir compte du fait que les différentes personnes concernées sont dans des positions juridiquement très différentes les unes des autres[655]. Chaque catégorie de Stakeholders se trouve dans un rapport juridique, existant ou potentiel, avec la société qui n'est pas sans conséquences.

456-Le professeur, François Guy Trébulle,[656] a pu en identifier dix, en excluant volontairement l'environnement lui-même ou les générations futures[657], dont certains auteurs suggèrent qu'ils devraient être envisagés[658] mais qui, n'étant pas personnifiés, ne sont perçus qu'en tant qu'intérêts défendus par des Stakeholders identifiables[659].

- Les associés, ont à l'évidence des intérêts dans la société, c'est même là le cœur de leur définition[660]. On peut opérer une sous distinction qui dissocie les associés majoritaires contrôlant la société, et les minoritaires, qui acceptent la règle de la majorité mais dont les intérêts sont préservés.
- Les dirigeants de la société appartiennent à une catégorie à part dans la mesure où ils peuvent se rattacher à celle des associés et à celle des salariés[661].

Indépendamment de cette appartenance qui implique des intérêts spécifiques, leur position fait qu'ils sont au cœur de la détermination de l'intérêt de la société elle-même.

---

654 Vr. Le salarié, sujet de droit des sociétés : Bull. Joly, juill. 2005, n°spécial ; particulièrement C. Regnaut-Moutier, Propos introductifs, p. 3.

655 G. Farjat, Les « sujets » de l'entreprise, in Mélanges Cl. Champaud, p. 317.

656 François Guy Trébulle, agrégé des Facultés de droit, professeur à l'université Paris Descartes.

657 R. Jeurissen et G. Keijzer, Les générations futures et l'éthique des affaires, in Tous responsables, dir. J. Igalens, éd. d'organisation, 2004, p.39.

658 J. Ballet et D. Bazin, Prendre au sérieux les enjeux environnementaux : l'ambiguïté de l'approche par les parties prenantes : Vertigo, Vol 5, n° 2, septembre 2004 : http ://www.vertigo.uquam.ca/pdf/vertigovol5no2.pdf

659 J. Paillusseau, Les fondements du droit moderne des sociétés : JCP G 1984.1.3148, n°56

660 Art. 1832 code civ. et l'Art. 4 de l'AUSC

661 G. Armand, Réflexions sur le statut des dirigeants sociaux salariés dans les deux types de sociétés anonymes, J.C.P. éd. C.I., 1981, II 13649 ; J. Burgard, Mandat social et contrat de travail, Rev. jurisp. Com. 1983, p.1 ; E. du Pontavice, Le cumul d'un contrat de travail avec la qualité d'organe de la société, Journ. Notaires 1971, 1001.

- Les salariés constituent le groupe de Stakeholders le plus important numériquement et, là encore, le constat qu'ils influencent l'entreprise et sont influencés par elle est unanimement partagé. Le véhicule de leur intérêt est alors leur contrat de travail et se trouve imbriqué dans le double réseau, collectif et individuel, bien traduit par le droit social[662].

Au titre des créanciers, il convient de distinguer deux catégories : les investisseurs et les fournisseurs de crédit. Les investisseurs, titulaires de titres d'emprunt impliquant une relation institutionnalisée avec la société, que le droit des sociétés connaît et organise, sont évidemment intéressés à la bonne gestion de la société, au moins tant qu'ils ne sont pas remboursés. La conduite des affaires sociales est déterminante pour eux et, dans la mesure où leur intervention est nécessaire au financement de l'activité, il est impossible de ne pas leur accorder une place particulière. L'intérêt des fournisseurs de crédit est plus distendu dans la mesure où leur lien à la société n'est généralement pas institutionnalisé, en dehors de quelques hypothèses spécifiques notamment formalisées par des contrats cadres. Il faut remarquer que leur intervention est bien réelle et que le droit des procédures collectives illustre parfaitement le fait qu'une entreprise ne peut exister si ses fournisseurs ne lui accordent pas un minimum de confiance.

- Pour ce qui concerne des clients, point n'est besoin d'épiloguer : cela a été dit avec talent et relève de l'évidence. Une société ne peut réaliser son objet social sans clients[663], quelque soit l'activité poursuivie. Toutefois, on peut relever que leur intérêt le plus fort réside dans la prestation attendue davantage que dans la structure elle-même. Est-ce à dire qu'ils n'ont pas d'intérêt pour la société et sa gestion ? Certainement pas.

  L'image de l'entreprise, son respect d'une certaine éthique, l'adhésion à sa démarche globale sont désormais déterminants dans la conclusion d'un grand nombre de contrats, dans l'obtention de marchés (le cas des marchés publics est, de ce point de vue, particulièrement significatif).

- L'Etat[664], et dans une moindre mesure, les collectivités locales figurent également au nombre de ceux qui interagissent avec la société : que ce

---

[662] B. Teyssié, L'entreprise et le droit du travail : Arch. Philo. Dr., n°41, 1997, p.355

[663] J. Paillusseau, Qu'est-ce que l'entreprise ? in L'entreprise : nouveaux apports, Economica, 1987, p .12, n°11 ; L'efficacité des entreprises et la légitimité du pouvoir : Petites affiches, 19 juin 1996, n°74, p. 17.

[664] T. Breton, ministre de l'économie, qui, lors de la discussion du projet de loi relatif aux OPA au Sénat, le 21 févr. 2006, a déclaré à propos du porjet d'OPA de Mittal Steel sur Arcelor : « L'État français est en effet un stakeholder, c'est-à-dire une partie prenante, non-actionnaire, qui a un intérêt dans le développement économique d'une grande entreprise. Quelles sont ces parties

soit au titre de l'édiction de règles particulières dont le coût est supporté par la personne morale ou par le seul constat de l'incidence des politiques en matière de fiscalité ou d'emploi, l'Etat ne peut être considéré comme étranger au développement des sociétés. A cette catégorie, de Stakeholders, il y a lieu de rattacher les instances professionnelles auxquelles appartient la société : les règles qu'elles élaborent, les négociations qu'elles conduisent, ont un impact avéré sur la société qui s'y rattache

- Une place à part doit être faite aux autres membres d'un groupe de sociétés (sociétés mères, sœurs etc.). Lorsque la société appartient à un groupe, on sait l'importance de cette situation sur son fonctionnement même, au titre des règles de consolidation comptable, mais bien évidemment surtout, à celui des conséquences de l'identification d'un intérêt du groupe qui peut avoir des conséquences évidentes sur l'intérêt social des membres.
- Les marchés, bien que non personnifiés, réunissent également un ensemble de personnes intéressées par la gestion de certaines sociétés faisant appel à l'épargne publique. Là encore, un grand nombre de règles existent, traduisant la force de ces intérêts qui se difractent entre les diverses structures et les différents acteurs qui concourent à leur fonctionnement. La non personnification n'est ici pas rédhibitoire à leur identification dans la mesure où il existe des institutions personnifiées qui relaient ces intérêts, au premier rang desquelles figure l'Autorité des Marchés Financiers (A.M.F) en France ou le C.R.E.P.M.F., la C.O.S.U.M.A.F et la C.M.F dans l'espace OHADA. On peut rattacher aux marchés les concurrents de la société dont les intérêts sont consacrés par le droit de la concurrence.
- Les associations et organisations non gouvernementales, nationales ou étrangères [665], qui prennent une part croissante dans la sphère économique[666], notamment lorsqu'elles sont investies par un agrément

prenantes non-actionnaires ? Ce sont les salariés, les syndicats, les fournisseurs, les clients, les collectivités locales et aussi, parfois, lorsqu'un intérêt majeur est en jeu, les États ».

665 On les rencontre parfois sous l'expression de « Communautés » mais seules celles qui sont dotées de la personnalité nous semblent pouvoir être prises en compte dans un cadre juridique.

666 C. Ducouloux-Favard, Les déviances de la gestion dans nos grandes entreprises D. 1996, Chr., p. 190 soulignait déjà que « l'opinion publique () n'est plus aussi indifférente qu'autrefois au fonctionnement des sociétés qui font le tissu économique du pays ou d'une région ». Pour une illustration aux marges du droit social v. D. Boissard, La médiatisation des conflits du travail, de Danone au … harcèlement moral : Dr. social, 2003, p.615 ; avec lui on constatera que les modalités de la conflictualité – pas seulement sociale – sont désormais bouleversées c'est très largement que « l'entreprise est désormais confrontée à un contre-pouvoir et à une

d'une mission particulière (associations de défense des consommateurs, des investisseurs ou de l'environnement) jouent, singulièrement dans le cas des sociétés multinationales, un rôle essentiel illustré par de nombreuses affaires[667] récentes et dont les conséquences peuvent être considérables.

- A côté des associations figurent les individus qui souffrent des conséquences de l'activité de l'entreprise, notamment les voisins de ses installations[668], et qui, par leurs actions en justice peuvent remettre en cause parfois sa pérennité même.

L'ensemble des victimes, réelles ou supposées, de la société sont incontestablement des *Stakeholders*, indépendamment de leur réunion dans une structure associative qui relaye parfois leurs prétentions.

457-Avec ces développements, nous nous rendons compte de l'importance pour les entreprises d'être attentives à la présence de ces parties prenantes. C'est dans cette perspective que les acteurs de la société doivent chercher à valoriser les droits sociaux.

Les administrateurs, dirigeants exécutifs et salariés doivent promouvoir des accords-cadres négociés en vue de défendre les droits sociaux fondamentaux reposant avant tout sur la reconnaissance des conventions de l'OIT[669].

Les administrateurs, dirigeants exécutifs et salariés doivent tout faire pour mettre en œuvre les dispositions des conventions collectives signées avec les centrales syndicales pour favoriser l'application de certains dispositifs des conventions de l'OIT. En outre ils ne pourront pas déroger au droit du travail en vigueur dans le pays où l'entreprise exerce son activité[670].

Les administrateurs, dirigeants exécutifs et salariés doivent garantir la protection des employés qui dénoncent les actes de mauvaise gestion ou

---

contestation de ses pratiques qui viennent de l'extérieur ».

[667] Dans un arrêt *Oneryldiz c. Turquie*, une explosion de méthane dans une décharge avait causé un décès et des destructions de propriété. La Cour a énoncé que l'Etat avait une obligation positive de protéger la vie et de minimiser les circonstances d'atteintes à la vie. Dans une affaire *López Ostra c. Espagne*, une station d'épuration émettait des gaz et odeurs qui gênaient les résidents. La Cour a retenu une violation du respect de la vie privée et familiale, ainsi que de la prohibition des traitements cruels, inhumains et dégradants, prenant en compte les dégradations de la santé, l'angoisse générée chez les requérants et le fait que la station opérait en violation des lois nationales.

[668] F. Garron, L'obligation des entrepreneurs envers le voisinage : JCP E 2006, p. 1715.

[669] Par exemple les accords-cadres signés par Carrefour 2001, Danone 1988.

[670] Le fait de signer lors de son embauche le règlement intérieur *et* le contrat de travail n'autorise pas l'employeur à se prévaloir des clauses insérées à tort dans le contenu du règlement intérieur (cass soc 2/10/97, no. 3226 D, RJS 11/97 n° 1236 ; cass soc 19/11/97 BC V n° 383 ; RJS 1/98 no. 35). De plus, un salarié n'est pas tenu d'observer une clause illicite du règlement intérieur, même s'il en a eu connaissance lors de son engagement (cass soc 10/6/82 JS 1982 F 63).

ceux de gestion non conforme à l'éthique des affaires. Toutefois, afin d'éviter les abus, le droit américain priorise une procédure discrète de résolution des conflits liés à la faute de gestion [671] . Ainsi, les dénonciateurs[672] qui divulguent au grand public d'éventuelles pratiques frauduleuses ou des actes de négligence ne bénéficient pas de la protection du « Whistleblower Protection Act »[673].

458-Les administrateurs, dirigeants exécutifs doivent s'abstenir de faire obstacle à la progression des droits de participation du salarié. En accédant au capital social de son entreprise[674], le salarié accède au statut d'actionnaire et bénéficie ainsi des droits et devoirs attachés à ce statut. En tant que non actionnaire, il peut néanmoins participer aux assemblées[675] ou encore au conseil d'administration[676] si dans ce dernier cas, le président du conseil l'y a convié. Ces droits d'opposition et le pouvoir de contrôle dans une société en difficulté sont prévus respectivement aux articles 110 et 111 de l'Acte Uniforme, adopté le 10 avril 1998, portant organisation des procédures collectives d'apurement du passif et aux articles 48 et art 49 du même acte.

459-Les administrateurs, dirigeants exécutifs et salariés doivent favoriser l'intégration de clauses protectrices des droits de l'Homme dans les contrats publics et d'investissement. Les contrats publics et d'investissements sont traditionnellement conclus entre une entreprise et un Etat, lieu d'un investissement ou de développement d'une activité, dans des cas fréquents d'exploitations des ressources naturelles[677]. Le développement d'activités par une entreprise étrangère peut s'avérer désastreux au niveau des droits des communautés locales environnantes. Il peut entraîner des déplacements de populations, des dommages et dégradations environnementaux considérables, des destructions de propriété, des dommages corporels ou décès ; etc[678]. L'introduction de

[671] Loi Dodd Frank juillet 2010

[672] En anglais « whistleblowers ».

[673] Nicholas P. Tides and Matthew Craig Neumann c. The Boeing Company, United States Court Of Appeals for the 9th Circuit, 3 mai 2011.

[674] Par le rachat des actions (art 640 de l'AUSC) ou au moment des privatisations dans la mesure où un pourcentage leur est réservé.

[675] Article 537 de l'AUSC

[676] Article 455 de l'AUSC

[677] L'entreprise y trouve son intérêt étant donné les faibles coûts des exploitations dans les Etats africains. Le gouvernement profite de l'avantage économique qu'un investissement privé étranger ou une activité nouvelle peut représenter pour l'Etat, d'autant que les entreprises locales peuvent ne pas avoir suffisamment de moyens pour développer de telles activités

[678] En raison de la détermination de la zone d'exploitation par exemple ; en raison de rejets de déchets dans l'air ou dans les rivières ou d'utilisation d'eau ou d'énergie.

clauses contractuelles dans les accords visant à prévenir ces conséquences, la protection des droits des populations locales et peuples autochtones présents sur le territoire et leur implication dans le processus sont essentielles.

460-Des organisations, telles que l'International Bar Association, œuvrent dans ce sens. Cette dernière est en train de mettre en place un « Model Mining Development Agreement » (MMDA), c'est-à-dire un contrat-type de concession minière. Ce modèle contient de nombreuses clauses permettant la protection des communautés locales et leur inclusion dans le processus d'exploitation, ainsi que des mécanismes de recours.

Le modèle promeut le développement local. Il reconnaît le droit de propriété des peuples autochtones sur leurs terres ancestrales[679]. Il encourage également l'inclusion des populations locales dans la mise en œuvre de la concession[680]. Par ailleurs, les droits à la santé et à l'éducation sont reconnus. Des mesures drastiques sont également prévues pour les impacts de la concession sur l'environnement, par l'élaboration d'études d'impact.

Enfin, le MMDA comprend également des clauses garantissant la transparence de la concession et l'absence de corruption.

461-Les administrateurs, dirigeants exécutifs et salariés doivent privilégier l'utilisation de la médiation dans le règlement des litiges relatifs à la responsabilité des entreprises dans le domaine des droits de l'Homme.

De plus en plus, la médiation est utilisée dans le cadre des litiges impliquant des entreprises dans le domaine des droits de l'Homme. Elle présente pour l'entreprise l'avantage d'éviter une procédure qui pourrait nuire à son image. Pour les victimes, elle permet une meilleure participation à la procédure et une compensation financière généralement importante.

Elle a été utilisée dans le cadre d'affaires (Total en France ; Trafigura[681] en Côte d'Ivoire ; Unocal aux Etats-Unis) ou encore dans une affaire entre

---

[679] Et la nécessité en conséquence de leur verser un loyer en raison de l'occupation et de les relocaliser : Section 2.5 du Model Mining Development Agreement (MMDA), draft, 4 octobre 2010.

[680] Notamment, il confère une préférence locale dans le choix des travailleurs et une embauche locale exclusive pour les postes les moins qualifiés : Section 28.0 du MMDA.

[681] Une entreprise multinationale avait déversé des déchets toxiques en Côte d'Ivoire, ce qui avait causé de nombreux dégâts à de nombreuses victimes.

Le 23 juillet 2010, le Tribunal d'Amsterdam condamnait la Société Trafigura à un million d'Euros d'amende, pour les faits s'étant déroulés aux Pays-Bas. A noter que la Cour d'appel de La Haye a rejeté la requête de Greenpeace d'étendre la requête aux faits qui s'étaient déroulés en Côte d'Ivoire, aux motifs qu'aucun des suspects n'avait la nationalité néerlandaise ou ne vivait aux Pays-Bas et que les activités de la Société sont pour l'essentiel localisés à

BP et des fermiers colombiens[682]. Cette pratique de la médiation présente néanmoins le désavantage d'éviter l'adjudication par des juges impartiaux et de freiner l'avancement jurisprudentiel. Par ailleurs, elle ne permet pas nécessairement une bonne transparence et information du public.
La valorisation des droits sociaux passe également par la protection des actionnaires.

B. PROTECTION DES ACTIONNAIRES

462-Dans le droit des sociétés, la protection des actionnaires passe d'abord par celle de l'intérêt social[683]. Dans cette rubrique, nous n'allons pas discuter les développements relatifs à l'intérêt social, mais certaines incursions seront nécessaires pour appuyer la pertinence de sa prise en compte dans un code de bonne conduite.
Ainsi le rapport « Vienot I » ne décrit-il pas la notion d'intérêt social, mettant à la charge des dirigeants une conduite exemplaire et le « principe d'accountability » par lequel le dirigeant doit des comptes aux actionnaires. Le dirigeant a donc un rôle que l'on pourrait assimiler à celui d'agent, au service d'autres acteurs : « l'intérêt social est le pôle vers lequel les dirigeants sociaux doivent orienter leur conduite et qui leur impose de respecter en toutes circonstances un intérêt plus large que les leurs propres »[684].

463-Les administrateurs, dirigeants exécutifs et salariés doivent œuvrer pour la préservation de l'intérêt social au risque de voir leur responsabilité civile et/ou pénale engagée selon les cas.

---

l'étranger : FIDH, L'affaire du « Probo Koala » ou la catastrophe du déversement des déchets toxiques en Côte d'Ivoire, avril 2011, pp. 37s. Suite à un imbroglio judiciaire sur le versement de la somme, la Cour d'appel d'Abidjan a ordonné le déblocage des fonds et leur versement à la coordination nationale des victimes.

682 DAY (M.), "Corporate legal accountability for human rights abuses : Group claims in England and Wales", 2008 p. 2.

683 E. Lepoutre, Les sanctions des abus de minorité et de majorité dans les sociétés commerciales, Dr. et Patrimoine, déc. 1995, p.68 ; F.X. Lucas, La réparation du préjudice causé par un abus de minorité, Petites Affiches 12 sept. 1997.

684 Le Rapport Viénot, de 1995, qui s'inscrit dans une perspective devant beaucoup à la doctrine de l'entreprise,consacre une conception de l'intérêt social qui accorde une place de choix aux Stakeholders, ou du moins, à un grand nombre d'entre eux. Il le définit « comme l'intérêt supérieur de la personne morale elle-même, c'est-à-dire de l'entreprise considérée comme un agent économique autonome, poursuivant des fins propres, distinctes notamment de celles de ses actionnaires, de celle de ses salariés, de ses créanciers dont le fisc, de ses fournisseurs et de ses clients, mais qui correspondent à leur intérêt commun, qui est d'assurer la prospérité et la continuité de l'entreprise ». Le comité considère que l'action des administrateurs doit être inspirée par le seul souci de l'intérêt de la société concernée.

Les dirigeants sont responsables des actes de violation des dispositions statutaires ou légales, telles l'utilisation de fonds sociaux à des fins illicites [685], ainsi que des fautes de mauvaise gestion. De ce fait, l'actionnaire subissant un préjudice personnel sera fondé à ester en justice, à titre individuel, contre la restriction de ses droits politiques[686] tel le droit à l'information[687] et le pouvoir d'alerte[688], ou pour préserver ses droits financiers[689].

L'action sociale peut, quant à elle, être engagée par un associé agissant individuellement, sans rechercher l'accord de ses coassociés [690]. La reconnaissance légale[691] et l'encadrement jurisprudentiel[692] de l'abus de majorité facilite l'exercice de la contestation d'une position

---

685 TGI de Ouagadougou, jugement du 10 janvier 2000, Revue burkinabé de droit, no. 42, 2ème semestre 2002, Ohadata J-05-248.

686 L'actionnaire subissant un préjudice politique lié à la restriction de ses droits de participation à la vie sociale,comme le fait de l'empêcher d'assister à une assemblée (CCJA, arrêt n°034/2008/PC, 03 juillet 2008 *Bassirou Ka c.*

Abdoulaye Cisse, Mohamed El Bechir Sissoko et Djibril Cisse : Protection des actionnaires - l'assemblée générale irrégulièrement convoquée est nulle : « que c'est en usant de son pouvoir souverain d'appréciation qu'elle a constaté « que les conditions de tenue de l'assemblée générale n'ont pas été respectées et par conséquent toutes les résolutions qui en sont issues sont nulles »).

687 Le droit à l'information permet à l'actionnaire de prendre des décisions éclairées. L'actionnaire peut en dehors de toute procédure d'urgence (Arrêt de la Cour d'Appel de Cotonou rendu le 17/08/2000, arrêt n° 256/2000, AFFAIRE Société Continentale des Pétroles et d'Investissements, Monsieur Séfou FAGBOHOUN, SONACOP ,Monsieur Cyr KOTY, Monsieur Mounirou OMICHESSAN C/ Etat béninois, Ohadata J-06-101 : « la procédure d'expertise de gestion n'est pas en soi une procédure d'urgence »), demander une expertise de gestion (Arrêt de la Cour d'appel d'Abidjan rendu le 02/03/2004, arrêt n° 376, société METALOCK PROCESS-CI SARL c/ TOURREGUITART JORGE CLUSSELA, Ohadata J-04-489 : « Un associé ayant des parts sociales qui représentent plus d'un cinquième du capital social peut demander avec succès une expertise de gestion des comptes ».).

688 Le pouvoir d'alerte de l'actionnaire est distinct de celui du commissaire aux comptes et il peut être exercé en dehors d'une mesure d'urgence (Arrêt de la Cour d'Appel de Cotonou rendu le 30/09/1999, arrêt n° 178/99, AFFAIRE Dame Karamatou IBIKUNLE C/ Sté CODA-BENIN et quatre Autres, Ohadata J-06-93).

689 Tribunal Régional de Niamey, Jugement civil n°96 du 26 mars 2003, Abass HAMMOUD c. Jacques Claude LACOUR, Ohadata, J-04-78 : un préjudice financier résultant de son droit de faire fructifier son apport comme le fait de publier des états financiers de synthèse inexacts dans le but de réduire, par exemple, les dividendes distribués aux actionnaires, peut ester en justice.

690 Cour Appel d'Abidjan, Arrêt n°826 du 20 juin 2003, Aie Jean Marie c.Société INTERBAT.

691 Article 130 de l'AUSC.

692 Jugement du Tribunal de Première Instance d'Abidjan rendu le 12/04/2001, Koffi Victor Bergson (Me Kousougro Sery) c/ Loteny Télécom (Me Takoré et Associés), Ecodroit, n° 12, juin 2002, p.8 Ohadata J-02-184. Jugement du Tribunal Régional de Niamey rendu le 26/03/2003, Abass HAMMOUD c/ Jacques Claude LACOUR, Ohadata J-04-78.

dominante. Et la reconnaissance de l'abus de minorité[693] peut permettre de limiter un abus de droit qui freinerait l'activité de l'entreprise.

464-Les abus de gestion, notamment ceux relatifs à la comptabilité de la société, peuvent engager la responsabilité, même en l'absence de toute distribution de dividendes fictifs[694]. Le fondement de l'action sociale est le préjudice subi par la société. Les sanctions des dirigeants s'étendent de l'annulation de l'acte faisant grief[695] à la sanction patrimoniale et elles sont aussi bien d'ordre civil que pénal[696]. La faillite personnelle peut en outre, entraîner la privation des droits politiques. Afin de prévenir tout conflit d'intérêt, les actes énoncent des incompatibilités de fonctions[697]. Il est à noter que le droit OHADA encadre également le secteur financier dans ses activités liées au crédit[698].

465-Les administrateurs, dirigeants exécutifs et salariés feront de l'implication des investisseurs institutionnels un devoir. Ils doivent à cet effet communiquer leur politique générale de vote et les votes émis en assemblée générale.

Le conseil d'administration doit procéder à la présentation systématique d'un rapport sur son fonctionnement à l'assemblée générale et à la communication n aux actionnaires des conséquences, pour eux- mêmes et pour l'entreprise et les actionnaires de son plan de skock options[699] (dilution, impact sur le bénéfice par action)[700].

Au delà de la protection des droits sociaux, la responsabilité sociale de l'entreprise met une autre obligation à la charge du dirigeant. Il doit, dans le cadre de l'éthique, protéger l'environnement dans lequel son entreprise exerce ses activités.

---

693 Article 131 de l'AUSC.

694 Tribunal Régional de Niamey, Jugement civil n°96 du 26 mars 2003, Abass HAMMOUD c/ Jacques Claude LACOUR, Ohadata J-04-78.

695 TGI Ouagadougou, formation correctionnelle, jugement n°860 du 10 janvier 2000, Ministère Public et UAB C. Yaméogo Jean Vivien Alfred, Ohadata J-02-51.

696 Pour les infractions relatives au contrôle des sociétés articles 897 à 900 de l'AUSC. Ou encore pour la distribution des dividendes fictifs (titre 7 de l'AUSC).

697 A titre d'exemple l'article 697 de l'AUSC énonce que la fonction de commissaire aux comptes est incompatible avec toute activité commerciale.

698 CCJA, Avis n°02/2000/EP, 26 avril 2000, Ohaddata J-02-03 : dans ce sens, les établissements bancaires ou financiers peuvent passer les conventions de l'article 507 de l'AUSC à condition que celles-ci relèvent de leurs opérations courantes. Toutefois, l'autorisation préalable d'un conseil d'administration est nécessaire, même lorsque la société anonyme fait des garanties qui relèvent de son activité professionnelle.

699 Vr. l'ordonnance du 24 juin 2004 en France.

700 Vr. Rapport de l'Institut Montaigne de 2003.

PARAGRAPHE II : LA PROTECTION DE L'ENVIRONNEMENT

466-Toute société, forte des particularités inhérentes à sa nature, est enracinée dans un environnement, un milieu dont elle ne peut prétendre faire abstraction. Les sociétés contemporaines, et singulièrement les sociétés industrielles, présentent la particularité d'être dotées d'une capacité de nuisance considérable, pour les individus comme pour l'environnement. Aux nuisances de voisinage classiques, se sont substituées des atteintes potentielles à la santé et à l'environnement qui invitent à une plus grande vigilance sur les activités de ses entreprises. Afin de renforcer la protection de l'environnement, la loi Barnier votée en 1995 en France[701], et influencée notamment par la Charte mondiale de la nature (ONU) de 1982 et par la Conférence de Rio de 1992, permet aux individus de se regrouper en « associations agréées de protection de l'environnement », afin d'avoir un plus large accès à la justice[702]. De ce constat s'est dégagée une obligation de production de rapports sur l'environnement et en cas de défaillance ou d'atteinte grave à l'environnement de la part de la société, des sanctions peuvent être prononcées.

A. OBLIGATION DE PRODUIRE UN RAPPORT SUR L'ENVIRONNEMENT

467-La protection de l'environnement apparaît, de plus en plus, non comme l'objet d'une branche autonome du droit, mais bien comme un impératif devant être intégré à tous les niveaux[703]. C'est pourquoi on peut le rencontrer au travers de la responsabilité[704], des règles de

---

[701] La loi Barnier de février 1995 portant renforcement de la protection de l'environnement

[702] Consécration du principe de participation du public au processus décisionnel et l'accès à la justice en matière d'environnement consacré par le Conseil économique et social des Nations-Unies dans la Convention signée le 25 juin 1998 à Aarhus au Danemark (cf. art. 6 §3 - 4 et 8). Les citoyens doivent pouvoir poursuivre l'entreprise pour violation des normes environnementales, mais ce droit est encore limité, en raison de la difficulté de rattacher le préjudice aux dégâts environnementaux.

[703] Il en est du droit français comme du droit communautaire européen depuis le traité d'Amsterdam, il consacre de facto sinon de jure l'intégration des exigences de la protection de l'environnement dans toutes les branches du droit.

[704] Vr. not. G. Viney, Les principaux aspects de la responsabilité civile des entreprises pour trouble à l'environnement, JCP éd. G, 1996, I, 3900, p. 39 ; E. Alt, La responsabilité environnementale, Petites Affiches 21 avr. 1995, n° 48, p. 7.

concurrence[705], des procédures collectives[706] ou de la fiscalité. Dès lors, la prise en compte des données environnementales participe à la gouvernance d'entreprise d'autant plus qu'un nombre croisant

---

[705] P. Thieffry, La protection de l'environnement, la liberté du commerce et la concurrence, JCP, éd. E, 1994, n° 26, Cah.dr. entr. p. 18 ; Politique de l'environnement et subsidiarité : l'exemple des comportements environnementaux de l'entreprise, Rev. Marché unique, 1994, n° 3, p. 177.
P. Thieffry, Le nouvel encadrement des aides d'Etat à l'environnement (2008-2014) : LPA 7 mars 2008, p. 4.
Un arrêt du 2 décembre 2008 de la chambre commerciale (Cass. com. 2 déc. 2008, n° 07-19.861, F-D : JurisData n° 2008- 046120 ; Contrats, con. Consom.2009.58, obs. Malaurie- Vignal), casse l'arrêt qui avait refusé d'indemniser le demandeur au motif que son concurrent, qui exploitait un restaurant au mépris du POS de la commune, ne démontrait pas « que l'exploitation du restaurant litigieux l'ait empêché de développer sa clientèle, ait agressé cette dernière et ait gêné l'exploitation de son hôtel ». La cour d'appel avait excessivement relativisé la prise en compte de l'illicéité des conditions d'exploitation et la Cour de cassation réaffirme très nettement une solution bien assise qui fait des concurrents les défenseurs potentiels du respect d'une réglementation destinée à protéger chacun.

[706] C. Saint Alary, Les intentions de réforme des lois du 1er mars 1984 et du 25 janvier 1985, in dossier « Le droit des entreprises en difficulté à l'aube de l'an 2000 », Petites Affiches n° 178, du 6 sept. 2000, n° 23, relevait que les projets de réforme du droit des procédures collectives envisageaient d'adjoindre au bilan économique et social un bilan environnement lorsque l'entreprise comprend des installations classée.

La troisième chambre civile a eu, par un arrêt du 18 juin 2008 (Cass. 3e civ., 18 juin 2008, n° 07- 12.966 : D. 2008, p. 2742, obs. A.C. Monge et F. Nési ; Gaz. Pal. 8 nov. 2008, p. 51, obs. P. Steichen et obs. D. Voinot ; RTD com. 2008, p. 856, obs. C. Saint- Alary Houin), à connaitre de la découverte d'un passif environnemental par le cessionnaire d'une entreprise ayant fait l'objet d'un plan de cession. Outre le fait qu'il retient que l'obligation spéciale d'information de l'article L. 514-20 du code de l'environnement ne s'applique pas aux cessions dans le cadre des procédures collectives (hors ventes d'immeuble isolé), la Cour repousse cette argumentation en relevant que l'état descriptif et estimatif des éléments d'actifs dépendant du redressement judiciaire révélait sans ambiguïté la présence d'amiante dans les immeubles, devant être repris tant au titre de déchets industriels dangereux que de « bâtiment avec amiante » et qu'il ressortait du projet d'entreprise établi par le cessionnaire, incluant dans sa politique industrielle des investissements immobiliers concernant le programme de désamiantage, que celui-ci avait été pris en considération dans toute son ampleur. Cette question de l'appréciation de la prise en compte de l'ampleur de la pollution pouvait prêter à discussion ; mais dans la mesure où le candidat à la reprise connaissait la présence d'amiante et avait la possibilité de faire du degré exact de pollution du bien une condition de son offre, la solution est parfaitement cohérente.
Un arrêt de la cour d'appel de Dijon du 22 avril 2008 (CA Dijon, 22 avr. 2008, n°07/01552) a retenu également que le cessionnaire qu a repris une entreprise industrielle comprenant des immeubles pollués au vu d'une étude sur l'état des sols ne peut ultérieurement demander une modification du jugement arrêtant la cession qui modifierait complètement les objectifs du plan. Ces solutions sont logiques dès lors que l'on admet que la cession n'est pas une vente de droit commun et que cette opération » dont le caractère forfaitaire implique l'existence d'un aléa exclusif de l'application des garanties prévues dans le droit commun de la vente » obéit à de règles propres édictées en vue d'un maintien au moins partiel de l'activité par une loi d'ordre public » (Cass. com. , 22 oct. 1996, n° 94-10.356, D : JurisData n° 1996-004074).

d'actionnaires, personnes physiques ou personnes morales, se préoccupe de la préservation de l'environnement.

468-Les administrateurs, dirigeants exécutifs et salariés sont appelés à assurer la diffusion de l'information environnementale de l'entreprise exerçant ses activités dans la zone OHADA.

De quelles informations s'agit-il ? Il s'agira de tout fait de l'entreprise susceptible d'être source de dommages causés aux espèces et habitats naturels protégés[707] ou de dommages affectant les eaux, les sols[708]. Sur ce constat de l'empreinte environnementale de l'activité commerciale A. Tunc relevait que le capitalisme « s'est révélé capable d'épuiser les ressources naturelles et de rendre l'environnement désagréable ou dangereux »[709]. De même, J. Pailluseau, plus tard, pouvait souligner la nécessaire protection d'intérêts collectifs et individuels en matière, notamment, de consommation, d'environnement, de santé et de sécurité[710]. Un auteur dira que les sociétés doivent « dans les limites compatibles avec le concept de maximalisation du profit à long terme, reconnaître que sa richesse et son pouvoir lui créent des devoirs à l'égard des autres intérêts de la collectivité »[711].

469-Les administrateurs, dirigeants exécutifs et salariés sont ainsi incités, en cas de menace imminente d'un dommage, à prendre des mesures nécessaires afin qu'il ne se réalise pas.

Les administrateurs, dirigeants exécutifs et salariés doivent veiller à ce que l'entreprise mette en place un système de gestion environnementale[712], qui reposerait sur quatre phases : prévoir, faire, vérifier et améliorer. Il s'agit ici de collecter et évaluer des informations afin de fixer des objectifs mesurables, sans oublier de suivre et de contrôler régulièrement les progrès réalisés, et dans le cas contraire, recadrer la stratégie initialement suivie.

---

[707] Vr. Directive 79/409/CEE du Conseil du 2 avril 1979 et directive 92/43/CEE du Conseil du 21 mai 1992.

[708] Vr. Directive 2000/60/CE,

[709] A. Tunc, La société anonyme et l'intérêt général : in Droits et libertés à la fin du XXe siècle, Etudes offertes à CA Colliard, Pédone 1984, rééd. in Jalons-André Tunc, p. 309.

[710] J. Paillusseau Le droit des activités économiques à l'aube du XXIe siècle : D. 2003, Chr. p. 260, n°5.

P.Didier, Théorie économique et droit des sociétés, préc., appuie son analyse, notamment sur l'évocation de la catastrophe de Bophal, le cas de l'amiante ou des pollutions majeures.

[711] David S. Ruder, in Business Lawyer, cité in La société anonyme et l'intérêt général, préc., p. 317.

[712] A titre d'exemple de Système de gestion de l'environnement nous pouvons citer le Système de management environnemental et d'audit de l'UE (ci-après, l'ISO 14001 ou encore le Multi-State Working Group on Environmental Performance aux Etats-Uni1s.

470-Afin d'assurer un comportement éthique des administrateurs, des dirigeants exécutifs, des salariés, la production d'un rapport de gestion doit être une exigence. Le législateur OHADA n'ayant pris aucun acte uniforme relatif à la responsabilité sociale de l'entreprise référence sera faite au décret du 20 février 2002 en France qui énumère les informations devant figurer dans le rapport de gestion[713]. L'intégration de données environnementales dans les comptes sociaux est une exigence en droit français. Dans la zone OHADA, même si les organismes régionaux tentent souvent de jouer un rôle d'initiateur de normes leur mise en pratique est faible. De fait, lorsqu'une institution régionale telle la CEMAC[714] ou l'UEMOA[715]adoptent des normes, les Etats ne prennent pas toujours les mesures nécessaires pour les rendre applicables sur leur territoire[716]. Face à cette insuffisance législative, de multiples travaux, tant internationaux[717] que communautaires[718] ou nationaux, tentent d'améliorer cette comptabilisation[719].

471-Les administrateurs, dirigeants exécutifs et salariés doivent adopter des démarches volontaires de diffusion d'informations environnementales. Ils peuvent le faire au travers de l'adoption d'un

---

[713] En premier lieu, on y trouve des données environnementales quantitatives brutes, que sont la consommation de ressources en eau, matières 1ères et énergie, les rejets dans l'air, l'eau ou le sol affectant gravement l'environnement et des nuisances sonores ou olfactives et les déchets.

En second lieu, des informations à caractère financier doivent être communiqués : les dépenses engagées pour prévenir les conséquences de l'activité de la société sur l'environnement, le montant des provisions et garanties pour risques en matière d'environnement, le montant des indemnités versées au cours de l'exercice en exécution d'une décision judiciaire en matière d'environnement et les actions menées en réparation de dommages causés à celui-ci.

En dernier lieu, le rapport devra contenir divers renseignements relatifs aux mesures environnementales qui ont été prises, et aux démarches d'évaluation ou de certification entreprises en matière d'environnement.

[714] Règlement n°09/05-UEAC-14 couche d'ozone qui a été réalisé en prenant en considération la Convention de Vienne de 1985 pour la protection de la couche d'ozone.

[715] L'initiative de l'UEMOA en adoptant l'Acte additionnel n°04/2001 portant adoption de la politique énergétique commune de l'UEMOA dont l'article 3 s'articule autour notamment de la préservation de l'environnement.

[716] Exemple du Cameroun où il est difficile de trouver un règlement portant application du règlement de la CEMAC sur la couche d'ozone.

[717] CNUCED, Comptabilité des coûts et passifs environnementaux et présentation financière correspondante, Genève, Nations unies, 1999.

[718] Document du Forum consultatif de la comptabilité : Considérations écologiques et comptabilité, XV/6004/94-FR, déc. 1995 ; recommandation de la commission du 30 mai 2001, concernant la prise en considération des aspects environnementaux dans les comptes et rapports annuels des sociétés.

[719] A. Mikol, La comptabilité environnementale doit-elle être normalisée ?, RF compt., n°272, nov. 1995, Dossier : « La comptabilité de l'environnement », p. 32.

rapport[720] environnemental autonome différent du rapport annuel. Il sera adopté à la suite d'une procédure de certification et aura comme rôle la diffusion de l'information environnementale destinée à l'ensemble des parties prenantes. Ils doivent, en outre, développer la pratique de l'audit environnemental volontaire qui garantira l'indépendance et la fiabilité des informations collectées et diffusées.

472- La gouvernance des entreprises repose sur une juste identification des informations sociales et de leur mise à disposition. C'est pourquoi les entreprises doivent se soumettre aux meilleures pratiques environnementales. Avec le développement des mouvements de défense de l'environnement particulièrement dans la zone OHADA, les marchés n'hésiteront pas à sanctionner une entreprise[721] qui ne respecterait pas les prescriptions relatives à la protection de l'environnement.

B. SANCTIONS DE L'ENTREPRISE IRRESPECTUEUSE DE L'ENVIRONNEMENT

473-Le code de bonne conduite va avoir deux conséquences :

i. La première, lorsque les administrateurs, les dirigeants exécutifs, et les salariés observent les prescriptions dudit code en matière environnementale, c'est l'image[722] de la société sur le plan du marketing commercial et la valeur de l'action qui vont bénéficier une cotation auprès du public et du marché[723].

---

720 Règlement n° 1221/2009 (J.O. UE du 22/12/2009 propose une approche volontaire qu'il encadre et entend « inciter les organisations à publier des rapports rigoureux et vérifiés de manière indépendante sur leurs performances du point de vue de l'environnement ou du développement durable ».

721 Au Cameroun, le décret n° 2005/05/7/PM du 23 février 2005 et l'arrêté n° 0070/MINEP du 22 avril 2005prescrivent l'élaboration d'un Plan de Gestion Environnementale. Les promoteurs du projet n'ayant pas respecté ces textes ont reçu des notifications telle la Notification n°01382/L/MNEP/SG/DNC/BIE du 27 septembre 2006 à la station Total Boulevard Présidentiel. Un procès à été engagé et gagné par le gouvernement contre les industriels suite aux dommages causés à l'environnement.

722 Dans le but de maximiser ses profits, la société Nike a délocalisé sa production dans des pays où le coût salarial est très bas et à parallèlement imposé un rendement élevé. Cette politique avait un effet néfaste sur l'environnement social et juridique dans les pays où les sous traitants sont implantés. Les syndicats et les ONG ont fait pression sur l'entreprise Nike aux moyens de boycott, de traduction en justice pour publicité mensongère et de divulgation au public des pratiques contraires aux droits sociaux fondamentaux. Ces actions ont terni l'image de Nike qui a accusé une baisse de son chiffre d'affaires. Pour contenter les parties prenantes et comme moyen de défense, Nike a adopté un code de conduite en 1992, qui a été renforcé en 1996 et en 1997 et a adhéré à la Fair Labor Association en 1998.

723 Le Conseil européen des 25 et 26 septembre 2008 a approuvé des conclusions sur des « Marchés publics écologiques pour un meilleur environnement ». Il souligne l'importance

ii. La seconde, lorsque l'entreprise est irrespectueuse de l'environnement une sanction administrative peut être prononcée à son encontre. Il lui sera interdit par exemple de participer aux appels d'offres publics, d'où l'interdiction d'accès aux marchés publics[724].

Une autre sanction plus personnelle cette fois-ci, peut concerner l'administrateur ou le dirigeant exécutif si sa rémunération est indexée sur le respect de la protection de l'environnement[725]. Une atteinte grave à l'environnement pourra influer sur sa situation financière qui, à notre avis, est plus dissuasive. Une information environnementale et sociale insuffisante pourrait amener les actionnaires à établir qu'ils ont subi un préjudice du fait de la diffusion ou de la dissimulation d'informations extra-financières. Toute chose qui peut déboucher sur la mise en jeu de la responsabilité civile des administrateurs ou des dirigeants exécutifs des sociétés. A la lumière de certaines affaires récentes dont la plus notable est liée à la pollution du golf du Mexique, il n'est pas fantaisiste de considérer qu'une mauvaise information sur les risques environnementaux peux s'avérer trompeuse[726].

---

des achats publics dans la promotion de modes de production plus respectueux de l'environnement et soutient les « marchés publics écologiques ».

L'écologisation des marchés publics est définie comme « un processus par lequel , au sein de l'Union Européenne, les acheteurs publics cherchent à se procurer des fourniture, des services et des travaux avec une incidence réduite sur l'environnement pendant tout leur cycle de vie, par comparaison avec des prestations de mêmes nature qui pourraient être fournies si l'aspect environnemental n'était pas spécifiquement pris en compte ». Le conseil encourage le recours aux écolabels et aux normes de gestion environnementale pour l'évaluation des candidatures, ainsi que l'usage de clauses de performance.

724 Annexe au décret n° 2006-975 du 1er août 2006 portant code des marchés publics en France (CMP 2006 2011).

Cette annexe porte sur les clauses sociales et environnementales dans les marchés publics, qui sont des clauses facultatives. L'Etat et les collectivités locales doivent en effet concilier le principe de libre concurrence et les préoccupations de développement durable. En effet, le fait pour un acheteur d'imposer des critères environnementaux dans le cahier des charges ne doit pas avoir un effet discriminatoire. (Voir : Guide de bonnes pratiques en matière de marchés publics - NOR : ECEM0928770C).

725 F.G. Trébulle, Entreprise et développement durable Juin 2009-juill. 2010, a noté qu'après avoir connu une contestation actionnariale de sa politique de rémunération, la société Shell a annoncé, en février 2010 avoir limité les rémunérations de ses dirigeants et entreprendre de fixer une part substantielle de la part variable des rémunérations sur la base des performances extra-financières appréciées selon les critères du Dow Jones subtainability Index.

726 Vr. Arrêt de la chambre commerciale du 9 mars 2010, n° 08-21.793 : Bull. Joly Bourse, 2010, p. 316, note N. Rontchevsky ; JPCE 2010, n°1483, note S. Schiller ; Rev. societies 2010, p. 230, note H. Le Nabasque ; Dr. Sociétés 2010, comm. 109, obs. M.L. Coquelet ; v. égal. Ph. Merle, Attention Madame Chirac, prudence ! Bull. Joly Sociétés, 2010, p. 436 ; D. Martin et O. Tat Tieu, La responsabilité civile des administrateurs de société,- Evolutions

474-Il convient aussi de rappeler qu'en droit français, les Codes pénal et de procédure pénale prévoient à la fois la possibilité pour les associations de se constituer partie civile, lorsque leur objet statutaire est concerné[727], et la responsabilité des personnes morales[728]. Les personnes morales peuvent donc techniquement être poursuivies devant les juridictions pénales pour crimes contre l'humanité[729] ou atteinte à l'environnement[730]. Les victimes pourront dès lors initier l'action en se constituant partie civile[731].
Aux Pays-Bas, le Code civil prévoit qu'une ONG peut introduire une action dès que la violation des droits de l'Homme porte atteinte à l'intérêt général qu'elle promeut conformément à ses statuts[732].
Au Canada, la possibilité d'introduire des actions collectives dans le cadre de litiges concernant les dommages environnementaux par les personnes morales a été affirmée[733].

475-Les administrateurs, les dirigeants exécutifs et les salariés doivent être informés des sanctions résultant de la violation du code de bonne conduite et de ses conséquences. De nos jours, la prise en compte

---

jurisprudentielles : JCPG 2010, 740.

[727] Articles 2-1 et suivants du Code de procédure pénale. La Cour de cassation a supprimé la nécessité d'une habilitation législative à cette fin.

[728] Article 121-2 du Code pénal. Notamment, dans une affaire *Rougier* (13 février 2004), la Chambre de l'Instruction de la Cour d'appel de Paris a rendu un arrêt confirmant d'ordonnance d'irrecevabilité de la plainte avec constitution de partie civile d'agriculteurs camerounais et les Amis de la Terre à l'encontre des dirigeants de la société SFID, société de droit camerounais, d'une part et à l'encontre de sa maison mère la société Rougier. Cette plainte avait été déposée en 2002 du chef de destruction de biens appartenant à autrui, faux et usage de faux, escroquerie, recel et corruption de fonctionnaire.

[729] Article 213-3 du CP français

[730] QUEINNEC (Y.), Les Principes Directeurs de l'OCDE à l'intention des entreprises multinationales : Un statut juridique en mutation, Sherpa, juin 2007, p. 24.

[731] Cass.crim. cassation partielle sans renvoi, n° 10-28.938 du 25 sept. 2012. (Affaire TOTAL, pour la pollution des eaux ou voies navigables françaises à la suite d'un accident de mer dans la zone économique exclusive par un navire Citerne d'une jauge brute égale ou supérieure à 150 tonneaux.

[732] Nederlandse Burgerlijke Wetboek (BW), art. 3 :305a(1) ; JÄGERS (M.) et VAN DER HEJDEN (M.J.), "Corporate Human Rights Violations : The feasibility of Civil Recourse in the Netherlands", *Brook. J. Int'L.L.*, 2008, vol. 33, p. 849. De même, le Code pénal aux Pays-Bas permet la poursuite des personnes morales ou de leurs dirigeants : HEFENDEHL (R.), "Corporate Criminal Liability : Model Penal Code Section 2.07 and the Development in Western Legal Systems", 4 Buffalo Criminal Law Review 283, p.288.

[733] Notamment dans le cadre de l'affaire *Vale (Inco Ltd)* : ROSENHEK (S.), COOPER (R.), "Canada's Largest Environmental Class Action Judgment Based on Pollution : Nickel Refinery to Pay $36M to Homeowners", Fasken Martineau, 15 septembre 2010.

de l'environnement[734] par l'entreprise, s'impose comme un principe d'évaluation de la maximisation de la valeur actionnariale.

CONCLUSION DU CHAPITRE II

476-Les activités de la société anonyme de la zone OHADA doivent être connues et maîtrisées par les dirigeants exécutifs. Il est évident que, dans le contexte de crises économiques récurrentes, la formation continue constitue un défi pour l'entreprise. C'est pourquoi il a été nécessaire de consacrer des développements sur des aspects tels que la formation des organes sociaux et la responsabilité sociétale de l'entreprise.

Dans le cadre de la formation des organes sociaux la maîtrise des outils relatifs à l'identification des risques et à la promotion du principe « appliquer ou expliquer » seront d'une utilité incommensurable pour les administrateurs et les dirigeants exécutifs dans la prise des décisions stratégiques dans l'intérêt de l'entreprise.

477-Pour lui permettre de faire face à sa responsabilité sociétale, nous avons fait d'une part de la valorisation des droits sociaux par l'ancrage du concept des parties prenantes[735] dans les sociétés anonymes de la zone OHADA une exigence majeure compte tenu de la prégnance de ce concept dans le droit des sociétés. Et d'autre part, la protection des actionnaires et celle de l'environnement deviennent une obligation des dirigeants sociaux. C'est la production des rapports annuels et le rapport sur la protection de l'environnement qui attestera de l'opportunité de sanctionner.

---

[734] F.G.T., Personnalité morale et citoyenneté, considérations sur « l'entreprise citoyenne » : Rev. Sociétés 2006, p. 41- L'entreprise citoyenne ? in Figures de la citoyenneté, dir. E. Desmons, Paris, 2006, L'harmattan, p. 195-239.

[735] M. Capron et F. Quairel-Lanoizelée, Mythes et réalités de l'entreprise responsable, la Découverte, Paris, 2004,

CONCLUSION DE LA DEUXIEME PARTIE

478-Avec l'interdépendance croissante des économies[736], la gouvernance des sociétés commerciales de l'Afrique subsaharienne se devait de faire sa mue. A cet effet, la direction des sociétés anonymes dans la zone OHADA doit converger vers des pratiques harmonisées de gouvernance. Celle-ci devra passer nécessairement par l'institution de normes de gouvernance des sociétés anonymes de la zone pour ne pas dire un code de gouvernance des SA, OHADA.

479-La précision des domaines qui sont concernés par la pratique de la gouvernance tels que l'administration de la société anonyme et le renforcement des pouvoirs des dirigeants sociaux constitue le premier corpus. Et à ce niveau, l'accent a été mis sur le facteur culturel[737] qui est une recommandation de l'OCDE. En effet, dans la zone OHADA, l'essentiel des sociétés anonymes sont des PME, le plus souvent familiales[738]. Dans la gestion quotidienne la famille joue un rôle clé dans la prise des décisions stratégiques. C'est pourquoi un pan du développement a consisté à plaider pour la légalisation du rôle du conseil de famille comme organe social de la société pour ceux qui le désirent.

480-La particularité de cette convergence ne s'arrête pas là. Un autre plaidoyer a été fait pour l'amélioration de la transparence dans le cadre du renforcement des pouvoirs des dirigeants sociaux. Par plus d'informations, le conseil d'administration pourra éclairer ses lanternes en demandant la présence personnelle d'un cadre dirigeant afin de donner des précisions sur des points particuliers du rapport de gestion de la direction générale. Cette présence aura l'avantage de faciliter la prise d'une décision stratégique judicieuse par le conseil et renforcera le sentiment d'appartenance de ce cadre dirigeant à l'entreprise et à ses idéaux.

---

[736] L'OCDE, la gouvernance au XXI è siècle, 2002, p. 9.

[737] Vr. recommandation de l'OCDE 2004, p. 29. : Pour pouvoir établir un régime de gouvernement d'entreprise efficace, il convient de mettre en place un cadre juridique réglementaire et institutionnel approprié et efficace sur lequel l'ensemble des intervenants sur le marché puissent s'appuyer lorsqu'ils établissent entre eux des relations contractuelles relevant du droit privé. Ce régime de gouvernement d'entreprise se compose normalement d'éléments relevant de la loi, de la réglementation, de mécanismes d'autodiscipline, d'engagements volontaires et des pratiques des entreprises qui sont les produits des circonstances, de l'histoire et de traditions propres à chaque pays.

[738] M. BAUER, Les patrons des PME entre le pouvoir, l'entreprise et la famille, Inter Éditions Coll. L'Entreprise, Paris 1993, p. 48.

481-Pour arriver à la convergence vers des pratiques de gouvernance universellement admises, nos recherches ayant constaté que certaines dispositions de l'AUSC sont obsolètes, l'actualisation de celles-ci s'est imposée comme une nécessité.
Ce faisant l'adaptation des concepts juridiques à la culture entrepreneuriale africaine a été proposée par la redéfinition des concepts et la mise à jour de certaines dispositions de l'AUSC.
Ces différentes réformes si elles sont bien menées, doivent avoir des effets sur la pratique de gouvernance de la société anonyme par la transparence de la gestion et l'assurance d'une performance qui, généralement, fait défaut à nos entreprises.

482-Tous ces plaidoyers et recommandations seront lettres mortes si ils ne sont pas accompagnés par l'émergence d'un code de bonne conduite unique pour la zone OHADA. La proposition qui a été faite en la matière a l'avantage d'intégrer une vision globale de l'éthique par la prise en compte de divers facteurs qui annihilent l'application des normes d'intégrité et le développement du concept de responsabilité sociétale des entreprises. A notre avis la création des instituts de formation des membres du conseil d'administration et desdirigeants exécutifs à l'image de l'Institut Sénégalais des Administrateurs (ISA) sera un moyen pour faciliter l'ancrage des concepts tels que : transparence ; obligation d'information ; parties prenantes ; responsabilité sociale des entreprises.

CONCLUSION GENERALE

483-Aux termes de cette étude nous remarquons que l'évolution de la gouvernance d'entreprise repose à priori sur trois sources : les législations [739] qui contraignent les sociétés à faire évoluer leurs comportements, les professionnels [740] qui font évoluer les pratiques quotidiennement et les chercheurs[741] qui, par leurs travaux, font prendre conscience aux deux premiers acteurs de l'intérêt de telle ou telle pratique. Mais à y regarder de près, il est fort probable que la véritable source d'évolution de la gouvernance d'entreprise se réduise aux deux premiers acteurs, les professionnels et les chercheurs[742].

484-L'apport de notre travail se veut donc de deux ordres : scientifique (et plus particulièrement théorique) et pratique, utile aux entreprises de la zone OHADA.

Notre ambition fut, lorsque nous entamions cette thèse, de démontrer l'existence des éléments de la gouvernance dans l'AUSC et de ses insuffisances afin de prôner la nécessaire évolution vers des pratiques universellement admises.

485-Pour être plus pragmatique nous avons volontairement restreint notre champ de recherche en le limitant aux seules sociétés anonymes de la zone OHADA. Ce choix nous a permis effectivement de mettre en exergue les dispositions de l'AUSC qui balisent la pratique de la gouvernance dans ces sociétés. Cela a facilité l'inventaire des dispositions qui traitent de la question de pouvoirs dans la société anonyme.

C'est pourquoi dans le cadre de la hiérarchisation des organes sociaux au sein de la société anonyme, l'AUSC a, en plus de la présence d'une direction moniste ou dualiste, institué l'administration par un administrateur général[743]. Le législateur OHADA a assuré la protection de l'actionnaire en améliorant les conditions de sa participation à la vie de la société[744]. Ainsi divers articles traitent de sa participation aux

[739] Loi Sarbanes Oxley

[740] Rapport 2010 de l'AMF sur le gouvernement d'entreprise et la rémunération des dirigeants.

[741] Pichet Eric, Le gouvernement d'entreprise dans les grandes sociétés cotées : De la convergence des pratiques à l'émergence de principes de bonne gouvernance, Les éditions du siècle.

[742] KEYNES John Maymard, Théorie générale de l'emploi, de l'intérêt et de la monnaie, Macmillan Cambridge Press, for Royal Economic Society, 1936, chapitre XXIV, V.

[743] Art. 494 de l'AUSC.

[744] Art. 125 de l'AUSC.

assemblées générales[745], de son droit de vote[746], de son droit d'information, de son droit d'alerte, de son droit de demander une expertise de gestion, de son droit aux dividendes[747] et de son droit d'exercice des actions en justice etc... Ceci nous a permis de relever des insuffisances dans l'AUSC grâce à une étude comparative avec la pratique de gouvernance d'entreprise issue des rapports de l'Union Européenne[748], des lois[749] et rapports de la France[750], du rapport[751] de l'OCDE sur le gouvernement d'entreprise.

486-Les premières insuffisances sont en rapport avec la structure de gouvernance adopté par le législateur OHADA, notamment une société anonyme avec conseil d'administration où le président du conseil a les mêmes attributions que le directeur général et la société anonyme avec président- directeur général où on observe une confusion de pouvoirs entre les mains d'une seule personne. De nos jours ne favorise pas la transparence prônée par la gouvernance d'entreprise. Les secondes insuffisances sont pour la plupart en rapport soit avec la production des normes, soit avec leur application.

487-L'OHADA doit coexister avec d'autres législations communautaires. On peut dénombrer dans la zone six structures pertinentes considérées comme des communautés économiques régionales (UEMOA, CEDEAO, CEMAC, OAPI, CIMA, CIPRES).

A l'évidence, il apparaît que la diversité des organisations régionales dans une même zone géographique induit une situation de concurrence dans l'élaboration des normes et dans leur application : un risque de conflit de compétence juridictionnelle n'est pas à écarté.

On ne peut écarter non plus un risque réel de conflit positif (chevauchement de normes) ou de conflit négatif (abstention dans la production de normes).

Cette pluralité de sources de droit peut être source d'insécurité juridique.

---

745 Art. 125 de l'AUSC.

746 Art. 129 de l'AUSC

747 Art. 144 de l'AUSC

748 Rapport de la commission présidée par M. Frits Bolkestein, Modernisation du droit des droits et renforcement du gouvernement d'entreprise dans l'Union européenne- un plan pour avancer, mai 2003.

749 Loi n° 2001- 420 du 15 mai 2001, sur les Nouvelles Régulations Economiques ; loi n° 2003- 706 du 1er août2003 dite « loi de sécurité financière »

750 Rapport VIENOT I et II ; Rapport Bouton de 2002.

751 Rapport de l'OCDE, Principes de Gouvernement d'Entreprise, 1999.

Il serait donc souhaitable que les acteurs passent préalablement par des concertations et qu'on aboutisse à une coopération entre les différentes juridictions.

488-L'effectivité d'une règle de droit ne peut être mesurée que lorsque sa violation est frappée de sanction. Tel semble être le cas pour les différents Actes Uniformes. Or, le législateur OHADA a laissé le soin à chaque Etat- partie de fixer les sanctions encourues en cas d'infraction pénale s'agissant par exemple de la matière du droit des sociétés.

Dans plusieurs Etats, ces peines ne sont pas fixées de sorte que les contrevenants ne sont nullement inquiétés (c'est le cas notamment pour l'infraction de l'abus de biens sociaux).

A ces insuffisances viennent se greffer celles liées à l'application des actes uniformes. A ce niveau c'est la non fiabilité des informations économiques au sein de l'espace OHADA qui n'est pas incitative. Ces informations sont gérées par le Registre de commerce et du Crédit Mobilier disponible près des greffes des Tribunaux de commerce.

Or, ces registres ne sont pas toujours bien renseignés par les commerçants, de sorte qu'il est difficile, voire impossible d'obtenir des renseignements crédibles sur un commerçant ou encore une entreprise.

489-Les informations financières sont elles aussi issues de deux méthodes qui coexistent souvent. Ainsi, observe-t-on dans la zone UEMOA le SYSCOA et le droit comptable OHADA qui ont tous vocation à régir la production comptable des sociétés anonymes ce qui rend difficile le contrôle légal. De la même façon les détenteurs du capital auront du mal à exercer un contrôle sur la conduite des affaires de la société.

C'est donc fort justement qu'il peut être observé avec un auteur que, dans les faits, porter atteinte au droit d'information des actionnaires revient à rendre illusoire leur pouvoir de contrôle et à remettre en cause les principes du fonctionnement de la société anonyme ainsi que le caractère d'ordre public qui s'y rattache[752]. Prenant en considération cette réalité, les principes de « corporate governance » de l'O.C.D.E. énoncent ainsi que « Lorsque les parties prenantes interviennent dans le gouvernement d'entreprise, elles doivent avoir accès en temps opportun et de façon régulière à des informations pertinentes, suffisantes et fiables »[753]. Une convergence des normes comptables de la zone OHADA vers

---

[752] Heurteux (C.), L'information des actionnaires et des épargnants. Etude comparative, thèse, p. 59, n°86.

[753] Cf. Principes de gouvernement d'entreprise de l'O.C.D.E., 2004, point IV, D, p. 21, 50.

les normes IAS et IFRS applicables à toutes les sociétés anonymes serait un gage donné aux investisseurs internationaux.
De cette analyse théorique, nous avons souhaité que nos recherches aboutissent à un apport pratique utile aux sociétés anonymes de la zone OHADA.
À l'ère du village mondial fondé sur le développement fulgurant des NTIC, nous avons prôné la direction des sociétés anonymes dans la zone OHADA vers des pratiques harmonisées de gouvernance, pour plus de pérennité et de performance des entreprises.

490-Dans le but d'apporter des corrections aux insuffisances constatées dans l'AUSC des propositions de mise à jour de certaines dispositions ont été préconisées.
Elles ont surtout concerné la séparation réelle des organes sociaux avec les vœux de l'institution d'un président non exécutif à défaut de la présence d'un administrateur indépendant au conseil d'administration, du renforcement des pouvoirs des dirigeants sociaux. Cette solution a l'avantage d'assurer l'indépendance des organes chacun vis-à-vis de l'autre, chacun jouant pleinement son rôle. Mais on ne peut parvenir à un tel résultat que par l'institution d'un code de gouvernance propre à la zone OHADA. Nous nous avons essayé de donner l'ossature d'un tel code qui, peut être n'est pas la panacée, mais aura l'avantage de jeter les bases d'une réflexion académique dans ce sens. La légalisation du conseil de famille s'avère être une piste à explorer, car conforme à la culture africaine. Le professeur Amsatou Sow Sidibé cite Asserj en ces termes : « De même, selon la conception ango-saxonne des pays de Common Law, le droit doit être adapté à la société pour laquelle il est édicté ; il faut ainsi maintenir le droit coutumier et moderniser progressivement le droit suivant l'évolution de la société concernée »[754].

491-La transparence reste le maître mot de cette étude. En effet, la transparence permet une participation efficace des actionnaires à la vie sociale, et la doctrine s'en fait abondamment l'écho. Ainsi pour cet auteur, « le droit d'information ne constitue pas une fin en soi, mais bien plutôt un moyen accordé par le législateur en vue d'un résultat déterminé pour que les actionnaires puissent participer à la vie sociale, il leur faut connaître la situation de la société dont ils sont membres »[755]. La mise en œuvre de ce code sera facilitée par l'adoption d'un code de bonne

---

[754] (Am.) Sow Sidibé, Le pluralisme juridique en Afrique (l'exemple du droit successoral sénégalais), L.G.D.J 1991,

[755] Heurteux (C.), L'information des actionnaires et des épargnants, Etude comparative, thèse préc., p. 99, n° 167.

conduite à l'échelle OHADA pour permettre l'ancrage des nouvelles pratiques de gouvernances qui tiennent compte de la culture des communautés. C'est la création des instituts de formation des dirigeants sociaux dans les capitales de l'OHADA qui va permettre aux entreprises de participer à la formation continue des administrateurs et des dirigeants exécutifs en vue d'assurer leur performance.

492-En guise d'épilogue et en vue de poursuivre la recherche dans cette voie, il reste à méditer la vision que propose T. S. KUHN du progrès épistémologique : « Pour être acceptée comme paradigme, une théorie doit sembler meilleure que ses concurrentes, mais il n'est pas nécessaire qu'elle explique (en fait elle n'explique jamais) tous les faits auxquels elle peut être confrontée »[756].

---

[756] KUHN Thomas S., The structure of scientific revolution, 1962, La structure des révolutions scientifiques, Traduction FLAMMARION, 1970, p.11.

BIBLIOGRAPHIE

I-OUVRAGES GENERAUX

ANDRIEUX ET DIREX

- Traité pratique des sociétés anonymes, La Villeguérin, 1986.

ANOUKAHA (F.), POUGOUE (P.), CISSE (A.), DIOUF (ND.), NGUEBOU TOUKAM (J.)

- Sociétés commerciales et GIE, Bruylant, Bruxelles, 2002.

MERCADAL (B.) JANIN (P.)

- Mémento Pratique Francis Lefebvre : Sociétés commerciales 1995, Edition Francis Lefebvre, 1994.

BATTIFOL (H.) et **LAGARDE (P.)**

- Traité de droit international privé, 8e éd. LGDJ. 1993.

BERGEL (J.-L)

- Théorie générale du droit, 4eme éd., Dalloz, Paris, 2004.

BLAISE (J.-B)

- Droit des affaires, 3ème éd. LGDJ. 2002.

CAPITANT (H.)

- Comment il faut faire sa thèse de doctorat en droit, 2ème éd., Librairie Dalloz, 1928.

CHAPUT (Y.)

- Droit des affaires, Droit fondamental, PUF, 1993.
- Droit des sociétés, PUF, Paris, 1993.

CASIMIR (J.- P.), COURET (A.)

- Administration des entreprises, droit des affaires éd. Sirey.

CHARTIER (Y.) et **MESTRE (J.)**

- Les grandes décisions de la jurisprudence, les sociétés, PUF, 1988.

CHARTIER (Y.)

- Droit des sociétés, PUF, Paris, 1993

COPPER (R.)

- Traité des sociétés anonymes, 4 tomes, 4ème éd. Paris, Dalloz, 1931.

CORNU (G.)

- Vocabulaire Juridique, Association Henri CAPITANT, 6ème éd., PUF, Paris, 2004.

COZIAN (M.) et **VIANDIER (A.)**

- Droit des sociétés litec 5e éd.

COZIAN (M.), VIANDIER (A.), DEBOISSY (F.)

- Droit des sociétés, 17ème éd., LITEC, Paris, 2004.

DE JUGLART (M.), IPPOLITO (B.)

- Les sociétés commerciales : cours de droit commercial, éd. Montchrestien.
DEKEUWER. DEFOSSEZ (F.)
- Droit commercial : Activité commerciale, Commerçants, fonds du commerce, concurrence, consommation, 7ème éd. Montchrestien.
DIDIER
- Droit Commercial, t.2 : Les entreprises, Thémis, 1992.
DREYFUS (S.)
- La thèse et le mémoire de doctorat. Etude méthodologique, 2ème éd. Cujas, 1983.
ESCARA (J.) et **RAULT (J.)**
- Traité théorique et pratique de droit commercial, t. IV, Les sociétés commerciales, Paris, 1959.
TERRE (F.), SIMLER (PH.), LEQUETTE (Y.)
- Droit des obligations, Précis Dalloz, 7e ed. 1999.
RIPERT (G.) et ROBLOT (R.)
- Traité de droit commercial, 18eme édition, par M. Germain LGDJ, 2002,
GRAND (G.), BEATRICE, FRANCIS, MEMENTO LMD
- Comptabilité générale, 7ème éd., Gualino éditeur, Paris 2007.
GUILLIEN (R.), VINCENT (J.)
- Lexique des termes juridiques, 16ème éd., Dalloz, Paris, 2007.
GUYON (Y.)
- Droit des sociétés, Montchrestien, Paris, 1989..
JUGLART DE et IPPOLITO
- Cours de droit commercial, 2ème vol. : Les sociétés commerciales, Montchretien, 1994.
KONE (MAMADOU), le nouveau droit commercial des pays de la zone OHADA : comparaison avec le droit français, LGDJ.
KOUASSIGAN (G-A.)
- L'homme et la terre. Droits fonciers coutumiers et droit de propriété en Afrique occidentale, ORSTOM, Paris. 1966.
CONSTANTINESCO (L.-J.)
- Traité de droit comparé, t. 1 : Introduction au droit comparé, L.G.D.J., 1972.
LASSEGUE (P.)
- Lexique de comptabilité, 4e édition, Dalloz. 1998.
L'HELIAS (S.)
- Le retour de l'actionnaire- pratique du corporate governance en France, aux Etats-Unis et en Grande-Bretagne,- Edition Gualino éditeur.

LE CANNU (P.)
- Droit des sociétés, Domat, Droit privé, Montchrestien, Paris, 2002.
LE CANNU (P.), DONDERO (B.)
- Droit des sociétés, Domat droit privé, 3ème éd. Montchretien.
LEFEBVRE (G.) ET ROUSSEAU(S.)
- Introduction au droit des affaires, Thémis 2006.
MESTRE (J.) et FAYE
- Lamy sociétés commerciales, 1997.
MESTRE (J.), PANCRAZI (M-E.)
- Droit commercial, 25ème édition, Paris : L.G.D.J., 2001.
MESTRE (J), VELARDOCCHIO (D.), BLANCHARD-SEBASTIEN (C.)
- Sociétés commerciales, Paris : Lamy, 2002.
MERCADAL (B.), JANIN (PH.)
- Mémento pratique, Droit des affaires, Sociétés commerciales, éd. Lefebvre, Paris, 2002.
MERLE (PH.)
- Droit commercial, Sociétés commerciales, 12ème éd, Dalloz, Paris, 2008.
MODI KOKO BEBEY (H.-D.)
- Administration des entreprises, droit des affaires éd. Sirey.
PEDAMM (M.)
- Droit commercial : Commerçants et fonds de commerce, concurrence et contrats du commerce, 2ème éd. Dalloz 2000.
PETIT (B.)
- Droit des sociétés, Paris : Litec, 2002.
PRIEUR (M.)
- Droit de l'environnement, Dalloz 2001.
PLANIOL (M.), RIPERT (G.), Traité pratique de droit civil français, tome VI, 2ème édition par ESMEIN (P.), Paris LGDJ, 1952.
RIPERT (G.)
- Aspects juridiques du capitalisme moderne, Paris : L.G.D.J., 1951, réédition LGDJ 1992.
R. (SEROUSSI)
- Introduction au droit comparé, éd. Dumod, 2000.
SIMLER (PH.) ET DELEBECQUE (PH.)
- Droit civil, les sûretés- la publicité foncière, Dalloz 3è éd. 2000.
VAN DER HELM (A.J.) et MEYER (V.M.)
- Comparer en droit, éd. C.E.R.D.I.C., 1991.
VIDAL (D.)

- Manuel droit des sociétés, 5eme éd., LGDJ, Paris, 2006
WEBER (M.)
- *Economie et société*, Pocket, Paris. ,1995.

II-OUVRAGES SPECIALISES, THESES ET MONOGRAPHIES

A CHAQQAGNON
- L'administrateur provisoire des sociétés commis par justice, thèse. Paris 1954.
BEAUD (M.)
- L'art de la thèse, Paris : La Découverte, 1998.
BALENSI (I.)
- Les conventions entre les sociétés commerciales et leurs dirigeants, thèse Paris 2, 1975.
BAUER (M.)
- Les patrons des PME entre le pouvoir, l'entreprise et la famille, InterEditions Coll. L'Entreprise, Paris, 1993.
BERGERES et DUPRAT
- Les dirigeants de sociétés, Delmas, 1994.
BERR
- L'exercice du pouvoir dans les sociétés commerciales, Sirey, 1961. Bibliothèque de droit commercial, t. III.
BEZARD (P.)
- La société anonyme, Montchrestien, Paris, 1986.
BONNET (C.)
- Le secret dans la vie économique, Thèse, Paris, 1970.
BOYER (R.)
- La Théorie de la Régulation, une analyse critique, La Découverte, 1986.
BRIERE DE L'ISLE ET HONORAT, Président du conseil d'administration, Encyc. Dalloz, Droit des sociétés.
BULLE (F.) et **GERMAIN (M.)**
- Pratique de la société anonyme, Dalloz, 1991.
BOURNOIS (F.), DUVAL (J.), ROUSSILON (S.) (coord.)
- Comités exécutifs : voyage au cœur de la dirigeance, éd. d'organisation, Paris, 2007.
BURGARD
- Direction générale et Direction technique des sociétés anonymes, LGDJ, 1968.
CALPERS
- Principes fondamentaux de gouvernement d'entreprise, 13 avril 1998.
CAUSSAIN (J.J.)

- P-DG : Direction générale, juris-classeur des sociétés, Fasc. K. 150.
CHARTIER (Y.)
- Droit des affaires, 3/ Entreprises en difficultés, Prévention-Redressement-Liquidation, PUF, Paris, 1989.
- La gestion et le contrôle des sociétés anonymes dans la jurisprudence, LITEC, Paris, 1978.
CHARREAUX (G.)
- Le gouvernement des entreprises, Paris, Economica, 1997.
DAHMANI, (M.)
- L'occidentalisation des pays du tiers monde : mythes et réalités, Economica et Office des Publications Universitaires, Paris, 1983.

DE CORDT (Y.)
- L'égalité entre actionnaires ; mythe ou réalité ?, th. Louvain-la-Neuve, 2003.
DELEBECQUE
- Conseil d'administration, Encyclopédie Dalloz, Droit des sociétés, 1996.
DEEN (G.), WILLIAM (F.)
- Maitrise des risques du dirigeant : responsabilité civile, pénale et fiscale, Sanctions patrimoniales et extrapatrimoniales, éd. Francis LEFEBVRE, 2009.
DIENG (F.)
- La direction des sociétés anonymes en droit sénégalais comparée aux droits français anglais et américain, thèse Pari I 1995, 849 p.
DIOUF (M.)
- L'intervention du juge dans la vie des sociétés commerciales, thèse UCAD. 2007.
DJIAN (Y.)
- Le contrôle de la direction des sociétés anonymes dans les pays du marché commun, Thèse Paris, 1963, Sirey, 1965.
FABRICE (F.), ELVIRE (DE F.), AMBROISE (M.)
- Dirigeant de Société : statut juridique, social et fiscal, éd. Delmas, 2009/2010.
F. (SCHOLASTIQUE)
- Le devoir de diligence des administrateurs de sociétés. Droit français et anglais, thèse, p. 293, n°561.
FANTO (J.)
- Corporate Governance in American and French Law, Montchrestien, 1997.

FRINAULT (J.), GABARE-LEIBLER (M.D.)
- La remise en cause de l'information du public et des actionnaires aux Etats- Unis, Thèse en droit, Paris, 1, 1984.
- L'évaluation des entreprises et des droits sociaux, ed. La Villéguérin 1991.
GOMEZ, P-Y. et MENDY, M.
- L'analyse des institutions, entre culturalisme et économisme : l'exemple des institutions de la propriété au Sénégal, Management International, Vol.9, n°3, Printemps 2005.
GUENGANT (A.), DE VENDEUIL (S.), DAVODET (D.), ENGEL (PH.)
- Juge et droit des sociétés en 70 thèmes : Textes, commentaires, jurisprudence, éd. Litec.2008.
GUILLIEN (R.), VINCENT (J.)
- Lexique des termes juridiques, 16ème éd., Dalloz, Paris, 2007.
GUYON (Y.)
- Les missions des administrateurs provisoires de sociétés, Mélanges Bastian, t.1. 1974.
- Corporate Governance in American and French Law, Montchrestien, 1997.
HEURTEUX (C.)
- L'information des actionnaires et des épargnants en droit français et comparé, Thèse Grenoble, 1960, Sirey, 1961.
IGALENS (J.) ET POINT (S.)
- Vers une nouvelle gouvernance des entreprises, DUNOD 2009.
JEANTIN (M.) et LE CANNU (P.)
- Droit commercial, Instruments de paiement et de crédit, Entreprises en difficulté, Précis Dalloz, 5ème éd., Paris, 1999.
KASSIS (A.)
- Théorie générale des usages du commerce, L.G.D.J, 1984.
LE CANNU (P.)
- La société anonyme à directoire, Thèse Paris, LGDJ, 1979.
LEJEUNE (G.), EMMERICH (J.- P.)
- Audit et Commissariat aux comptes, éd. Gualino.
LENOIR (F.) et OZIEL (G.)
- L'Administrateur de société anonyme en questions, Soficom 1ère éd.
LOHOUES-OBLE (J.)
- Traité OHADA et Règlement de procédure de la CCJA, in Traité et Actes uniformes commentés, juriscope, 1999.
MADJARIAN (G.)

- L'invention de la propriété : de la terre sacrée à la société marchande, L'Harmattan, Paris. 1991.
MAGNIER (V.)
- L'américanisation du droit interne des sociétés commerciales, éd. Dalloz 1952.
MEDINA (A.)
- Abus des biens sociaux, Prévention- Direction –Poursuite, Dalloz, Paris, 2001.
MESTRE (J.) et GROSSI (I.)
- L'éthique du dirigeant d'entreprise, in Ethique en entreprise, Librairie de l'Université d'Aix en Provence, 2001.
MERCADAL (B.), JANIN (PH.)
- Mémento pratique, Droit des affaires, Sociétés commerciales, éd. Lefebvre, Paris, 2002.
MERCIER (S.)
- L'éthique dans les entreprises, La Découverte 1999.
MOULIN (J.- M.)
- Le principe d'égalité entre les actionnaires, thèse Paris V, 2001.
MORTIER (R.)
- Le rachat par une société de ses droits sociaux, Dalloz, Nouv. Bibl. thèses, 2003, préf ; J.-J. Daigre, p. 32, n° 37.
MUKA TSHIBENDE (L.- D.)
- L'information des actionnaires, source d'un contre pouvoir dans les sociétés anonymes de droit français et du périmètre OHADA., Presses Universitaires D'Aix-Marseille, 2009.
NACIRI (A.)
- Traité de gouvernance corporative : Théories et pratiques à travers le monde, les presses de l'université Laval.2006.
NZOUABETH (D.)
- Les litiges entre associés, thèse UCAD 2005.
OHADA
- Traité et actes uniformes commentés et annotés, 2ème éd., JURISCOPE, 2002.
PEYRELEVADE (J.)
- Le gouvernement d'entreprise : ou les fondements incertains d'un nouveau pouvoir, Paris, Economica, 1999.
PINIOT (M-C.)
- La corporate governance à l'épreuve de la jurisprudence de la chambre commerciale de la Cour de Cassation, Mélanges AEDBF 1999, II 369.
PEDERSEN (T.) et THOMSEN (S.)

- Economic and Systemic Explanations of Ownership Concentration among Europe's Largest Companies. International Journal of the Economics of Business, Vol.6, n°3, 1999.
PESQUEUX (Y.) et TRIBOULOIS (B.)
- La dérive organisationnelle : Peut-on encore conduire le changement ? L'harmattan 2004.
PIGE (B.) et PAPER (X.)
- Reporting financier et gouvernance des entreprises : Le sens des normes IFRS. EMS, 2005.
PICHET (E.)
- Le gouvernement d'entreprise dans les grandes sociétés cotées : De la convergence des pratiques à l'émergence de principe de bonne gouvernance, les éd. du siècle, 2009.
RIPERT (G.) et ROBLOT (R.)
- Les aspects juridiques du capitalisme moderne, cité par Paul LE CANNU, Droit des sociétés, Domat, Droit privé, Montchrestien, Paris, 2002.
ROUSSEAU (S.)
- Droit des sociétés par action, Thémis 2005.
ROUVEYRAN (J.-C)
- Mémoires et thèses. L'art et les méthodes, éd. Maisonneuve& Larose, 1989, p.48 et s.
ROLAND (P.)
- La Gouvernance de l'entreprise, (nouvelle édition) Paris : La Découverte, 2009 (collection « Repères »),
- Le gouvernement d'entreprise dans les grandes sociétés cotées : De la convergence des pratiques à l'émergence de principes de bonne gouvernance, les éd. du siècle, 2009.
RUELLAN (C.)
- La loi de la majorité dans les sociétés commerciales, Thèse Paris II, 1997.
TUNC (A.)
- Le droit anglais des sociétés anonymes, 2e éd., Dalloz 1978, Paris.
SAUGET (I.),
- Le droit de retrait, thèse Paris X. 1991.
SCHMIDT (D.)
- Les droits de la minorité dans la société anonyme, SIREY 1970.
STOFFEL- MUNK (PH.)
- L'abus de droit dans le contrat, essai d'une théorie, Th. L.G.D.J., 2000.
SAKHO (A.)

- Les groupes de sociétés en Afrique : Droit, pouvoir et dépendance économique, Karthala- Cres. 2010.
STRATEGIE NATIONALE DE DEVELOPPEMENT DURABLE : Bonnes pratiques dans les pays de l'OCDE, OCDE 2006.
SAWADOGO (F.-M.)
- Droit des entreprises en difficultés, Bruylant, Bruxelles, 2002.
Sow Sidibé (Am.)
- Le pluralisme juridique en Afrique (l'exemple du droit successoral sénégalais), L.G.D.J 1991.
TREBULLE (F.G.)
- Responsabilité sociale des entreprises, Répertoire Sociétés, Dalloz 2003.
- L'émission de valeurs mobilières, Recherches Juridiques, éd. Economica 2006
TERRE (F.), SIMLER (PH.), LEQUETTE (Y.)
- Droit des obligations, Précis Dalloz, 7e ed. 1999.
VAISSE (S.)
- La loi de la majorité dans la société anonyme, contribution à l'étude de la nature juridique de la société anonyme, Thèse Paris, 1967.
VIANDIER (A.)
- Précis de fiscalité des entreprises, Litec 4e éd. 1999.
- « Sociétés et loi NRE- Les réformes de la loi « nouvelles régulations économique », éd. F. Lefebvre 2001.
WEBER (MAX)
- L'éthique protestante et l'esprit du capitalisme, suivi d'autres essais, traduction GROSSEN J.-P. ; Paris ; GALLIMARD, 2003 (Coll. Bibliothèque des sciences humaines).
WIRTIZ (P.)
- Les meilleures pratiques de gouvernance d'entreprise, éd. La découverte Paris 2008.

III-ARTICLES DE DOCTRINE ET NOTES DE JURISPRUDENCES

ABDOUL WAHAB (B.)
- note sous arrêt C.C.J.A. : 10 janv. 2002, n° 002, Le Juris-Ohada, n°3, 2002, p.60.
ABOUDRAMANE (O.)
- note sous arrêt C.C.J.A : 11 oct. 2001, n° 002/001, Ecodroit, n° 10, avril 2 002, p. 32.
AGBOYIBOR (P.)

- obs. sous Avis C.C.J.A : 13 oct. 1999, n° 002/99/E.P., Rev. dr. aff. Int., n° 8, 1999, p. 924.
A. (RABANI)
- Le droit pénal des affaires du Niger : une construction duale entre droit uniforme législation nationale, OHADA D-05-30.
ABALLEA (T.) ET COHEN- SALMON (S.)
- Le vote électronique dans les sociétés commerciales : vers une internationalisation du rôle des organes de décision (réflexions à partir des lois N.R.E. et signature électronique), in Rev. dr.aff.int.n°3, 2003, p285 et s.
ABRAS (J.)
- Responsabilité extracontractuelle des dirigeants sociaux. L'existence d'une faute séparable des fonctions entendue restrictivement : présent offert aux dirigeants ou nécessité ? JCP E 2008.
ACTE UNIFORME du 24 mars 2000 portant organisation et harmonisation des comptabilités des entreprises, J.O. OHADA n°10, p.1 et s.
ALBERT (M.)
- L'irruption du corporate governance, in Rev. éco. Fin ;, n° 31 ? 1994 ? P. 11.
AMATA (V.)
- Le contrôle des sociétés et la certification des comptes annuels par les commissaires aux comptes, Banque 1980, p. 977.
ALFANDARI (E.)
- L'entreprise non capitaliste existe-t-elle encore en France ? In Mélanges M. Jeantin, Dalloz 1999.
ARMAND-PREVOST (M.),
- L'expertise de gestion, RJC 1998, Doctrine p. 125.
ARMAND- PREVOST (M.)
- Le pouvoir de vote, RJ com., n° spéc., nov. 1990, 147.
ARSEGUEL (A.)
- note sous Cass.Crim 26 mai 1994, Bull. Joly 1994, p. 978.
ATTARD (J.)
- Contrats et environnement : quand l'obligation d'information devient instrument de développement durable, Revue Juridique de l'environnement 2005.
AZIERES (O.)
- Comités d'audit : vers un meilleur exercice de la responsabilité des administrateurs, in Vers un nouvel équilibre des pouvoirs dans les

sociétés cotées ? La « corporate governance » à la française, Petites Affiches, n° 116, 1995, p.29.
B. DAILLE-DUCLOS
- Le devoir de loyauté du dirigeant, JCP, ed. E, 1998,1486.
BAILLOD (R.)
- L'information des administrateurs de sociétés anonymes, in Rev. trim. dr. com., n° 1, 1990, p.1.
B. (ROLLAND)
- Toutes les sociétés doivent rendre des comptes environnementaux !, In Dr. sociétés, n° 11, 2003, pp.4 s.
BADINTER(R.)
- Les pouvoirs du président-directeur général de la société anonyme de type classique après la réforme du droit des sociétés commerciales : D.S. 1969, Chr., p.185 et s.
BAHUON (A.-P.)
- Le contrôle par l'auditeur et les nouvelles normes comptables : signification et logique, Revue de Jurisprudence Commerciale, 2005.
BALESME (N.) et KLUTSCH (S.)
- « Consolidation et combinaison des comptes : la pratique au Gabon », Revue française de comptabilité, n° 365, avril 2004.
BALLET (J.) ET BAZIN (D.)
- Prendre au sérieux les enjeux environnementaux : l'ambiguïté de l'approche par les parties prenantes : Vertigo, Vol 5, n° 2, septembre 2004 : http://www.vertigo.uquam.ca/pdf/vertigovol5no2.pdf
BARANGER (G.)
- Le rapport spécial du président du conseil d'administration sur le fonctionnement du conseil et les procédures de contrôle interne, in Bull ; Joly sociétés, n° 1, 2004, p.169 et s.
BARANGER (S.)
- Les améliorations de la production comptable, in information financière : quelles nouvelles donnes ?, Rev. Lamy dr. aff., n° 63, 2003. P.7 s.
BARBIERI (J.-F.)
- Responsabilité de la personne morale ou responsabilité des dirigeants ? La responsabilité personnelle à la dérive, In aspects actuels du droit des affaires, Mélanges en l'honneur de Yves Guyon, Dalloz, 2003, p. 41s.
BARON (C.)
- La gouvernance : débats autour d'un concept polysémique, Droit et sociétés 2003/2, n° 54, p.329.
BASTIAN (D.)

- note sous Cass. Civ : 4 juin 1946, JCP 47, II, 3518.
- note sous Jurisprudence Motte Civ 4/6/1946 JCP 47 11 3548 ; De la villa des sources (COM 29/11979 JCP 91 ed. G, IV, p77), du journal de doullens (Com. 12/1/1988 JCP 88 ed. E, I, 15240).
BARBIERI (J.-F.)
- note sous Cass.com. : Dr. et patrim. N° 100, 2002, pp. 98 s.
- obs. sous Cass. com., 20 mai 2003, Rev. trim.dr. com., 2003, p.523 s.
- note sous Cass.crim. 24 spt. 1998, n°97-81.803, NPT, LPA 11 mai 1999, p. 13.
BEER (C.J.)
- La place de la notion de contrôle en droit des sociétés, in Mélanges en l'honneur de Daniel Bouton, t 1 : Droit des sociétés, Litec, 1974 p. 1s.
BROU KOUAKOU (M.)
- obs. sous Ord. C.C.J.A : 13 juin 2001, n° 01/2001, Le Juris-Ohada, avril-juin 2003, p. 37.
- note sous arrêt C.C.J.A : 27 mars 2003, n° 004/2003, Le Juris- Ohada, avril-juin 2003, p. 14 ; 24 avril 2003, n° 008/2003, Le Juris-Ohada, avril-juin 2003, p. 26 ; 24 avril 2003, n° 009/2003, Le Juris-Ohada, avril-juin 2003, p. 29.
FENEON (A.) : note sous Trib.com. Paris : 7 nov. 2001, Le Juris- Ohada, avril-juin 2003, p. 55.
LEBARS (B.) et MARTOR (B.)
- Management et financement de la société anonyme de droit OHADA, JCP 2004, n°5, supplément a la Semaine Juridique n° 44, p. 12.
BERTEL (J-P.)
- Liberté contractuelle et société, RTDcom 1996. 626, n° 52.
BERTEL (J-P.), FIELD (B.), NEUVILLE (C.), VEZINET (I.), BEZARD (P.)
- « L'intérêt social » ; Droit & Patrimoine avril 1997. 44.
BERLIOZ (G.)
- « Comptabilité et ingénierie juridico-financière » ; RD compt. 1996, p. 103.
BERTHON (J.)
- Indices et performances boursières dans l'investissement, Revue d'économie financière 2005.
BEZARD (P.)
- Intérêt social : il faut déterminer avec précision la portée de l'intervention du juge, Droit et patrimoine, avril 1997, p.53.
BIGOU-LARE (N.)

- Le SYSCOA et la pertinence de l'information comptable : Une analyse de la pratique dans les entreprises Togolaises, 22ème congrès de l'AFC, France 2001.
BORGES (R.M.)
- Le droit d'information individuel des administrateurs de société anonyme, Bull. Joly 1997, p.347.
BOULOC (B.)
- note sous Cass.crim. , 26 mai 1994 : Bull. Crim.n° 206 p. 482 ; Rev. Soc. 1994, p.771.
- obs sous Cass.crim., 14 juin 1993 : Bull. crim.n° 208 p. 526 ; Rev. Soc. 1994, p. 90.
- note sous Cass.crim., 24 avril 1971 : Bull. crim., n° 117, p.303 ; Rev. Sociétés, 1971, p. 608.
- note sous Cass.crim. 9 nov. 1992 : Bull. Crim. n° 361 p. 1004 ; Rev. Sociétés 1993, p. 433.
- note sous Cass. crim. , 7 juin 1983 : Bull.crim., n° 172 ; Rev. Sociétés 1984, p. 119.
- note sous Cass. crim. 27 juin 1995 : Bull. crim. n° 236, p. 664 ; Rev. Sociétés 1995, p.746.
- note sous Cass. crim. 11 mai 1981 : d. 1982, p. 653.
- note sous Cass. crim. 14 octobre 1991 : Rev. Sociétés 1992, p. 782.
- note sous Cass. crim. 26 octobre 1995 n°94-83.780 (n° 5097 P-F) : RJDA 1/96 n°73, RBDA 23/95 p. 4, Rev. sociétés 1996 p.326.
CABY (JEROME)
- La convergence internationale des systèmes de gouvernance des entreprises : faits et débats, IAE de Paris (Université Paris 1 • Panthéon - Sorbonne) - GREGOR - 2003- 07 –1
CADBURY (SIR ADRIAN)
- La corporate governance, Les Echos Conférence, séminaire du 25 oct 1994,
CAMENSULI- Feuillard (L.)
- L'irresponsabilité du dirigeant à l'égard de l'associé, du créancier et de la société débitrice en difficulté : Bull. Joly 2008, p. 66.
C. MALECKI
- L'administrateur indépendant : un acteur incontournable de la gouvernance d'entreprise?, Actes pratiques et ingénierie Sociétaire, nov. 2004, p. 3.
CARTIER (Y.)
- Droit des affaires,3/ Entreprises en difficultés, Prévention-Redressement- Liquidation, PUF, Paris, 1989, p. 83.

CAUSSAIN (J.J)
- Le gouvernement d'entreprise- Le pouvoir rendu aux actionnaires : CREDA Litec 2005.
CAUSSAIN (J. J.)
- Les règles du jeu et le jeu des règles : La gouvernance imposée, www.creda. ccip.fr
CAUSSAIN (J.J.), DEBOISSY (F.) et WICKER (G.)
- obs. sous Cass. Com, 20 mai 2003, ull.Joly sociétés, n°7, 2003, pp. 786 S.
CERATI- GAUTHIER (A.)
- « La nouvelle expertise de gestion assure- t- elle une meilleure information des actionnaires minoritaires ? », LPA, 5 avril 2002, n° 69, p. 4.
CHAMPAUD (C.)
- Les fondements sociétaires de la « doctrine de l'entreprise », In Mélanges
J. Paillusseau, Dalloz 2003.
CHAPUT (Y.)
- Le commissaire aux comptes, partenaire de l'entreprise, Paris, Presses Sciences Po/CREDA, 1999.
CHAPUT (Y.)
- Le monde idéal : les principes de la gouvernance d'entreprise, in cahiers de Droit de l'entreprise n°5, supplément à la Semaine Juridique n°44-45 du 3 novembre 2005, p. 25-26.
CHAPUT (Y.)
- Droit de la prévention et du règlement des difficultés des entreprises, PUF, 1986, n° 40 cite par Filiga Michel SAWADOGO, Droit des entreprises en difficultés, Bruylant, Bruxelles, 2002, n° 40, p. 36.
Chartier (Y.)
- note sous CA Paris 22 juin 1978, Rev. Sociétés 1979, 333.
CHAZAL ET REINHARD
- obs. sous Cass. Com., 20 mai 2003, Dr. et patrim., n° 120, 2003 ; pp. 91-93.
COLASSE (B.)
- Le SYSCOA-OHADA à l'heure des IFRS, journées d'études techniques co-organisées par la FIDEF, l'ONNECA du Sénégal et l'INTEC à Dakar les 22-23 déc. 2008, RCF 425 oct.2009.
COLASSE (B.)
- Harmonisation comptable internationale : de la résistible ascension de l'IASC/IASB, Gérer et Comprendre, n° 75, 2004 p. 30-40.

Colloque du CREDA
- La gouvernance dans les sociétés anonymes : un bouclier pour les dirigeants ? 12 mai 2009.
CONTIN
- note sous C.A. Paris, 22 mai 1965, Fruehauf, JPC 1965, II, n° 14274 bis.D.1968, p.147.
Constantin (A.),
- De quelques aspects de l'assurance de responsabilité civile des dirigeants sociaux ; RJDA 2003, p.595
Couret (A.)
- Mondialisation et droit des sociétés, la structure juridique des entreprises (corporate governance), Revue internationale de Droit Economique, 2002, n°2, p. 339-367.
- Régulation financière, sociétés cotées et sociétés non cotées, Les petites affiches, 3 juin 2002, n. 110, p. 29.
COURET (A.) et PELTIER (F.)
- note sous T. Com. Nanterre 26 févr. 1993, D. 1993. 337.
- note sous Cass. com., 2juillet 1985, JCPE, II, 14758.
COQUELET (M.L.)
- obs. sous Arrêt de la chambre commerciale du 9 mars 2010, n° 08-21.793 : Dr. sociétés 2010, comm. 109.
DAIGRE (J-J.)
- Le gouvernement d'entreprise : feu de paille ou mouvement de fond ; Droit & patrimoine, juill-août 1996.21
DEGOS (J.G.)
- Les enjeux de la normalisation internationale, (document inédit) 2000.
DELGA (J.)
- *Ethique, éthique d'entreprise, éthique du gouvernement d'entreprise*, D. 1999, Chroniques p. 397.
DELMAS MARTY (MIREILLE)
- La mondialisation du droit. Risques et chances D. 1999 chr. p. 43
DESCORPS- DECLERE (F.)
- Pour une réhabilitation de la responsabilité civile des dirigeants sociaux, RDT com., 2003, p. 25.
DESCHEEMAEKER (P.)
- *Nouvelles* régulations *internationales des sociétés cotées : les principales dispositions du Sarbanes-Oxley Act of 2002* , Bull. Joly janvier 2003, § 1, p. 5.
DOM (JEAN-PHILIPPE)
- La protection des minoritaires, Rev. soc juill.-sept. 2001, p. 533-

- note sous Soc 30 mars 1999, Bull. Joly 1999, p. 1107, n° 259.
DOMINIQUE PLIHON
- Quel scénario pour la gouvernance d'entreprise? Une hypothèse de double convergence, rev. D'économie financière.
DIDIER (P.)
- note sous Cass. com. 24 avril 1990, Rev. Sociétés, 1991, 347.
DIOUF (N.)
- «Infractions en relation avec les nouvelles technologies de l'information et procédure pénale : l'inadaptation des réponses nationales face à un phénomène de dimension internationale», RSDA, n°2-3-4, 2003-2004, p. 59- 83.560.
ETHIQUE ET DROIT DES SOCIETES, in Procédures collectives et droit des affaires, Morceaux choisis, Mélanges en l'honneur d'Adrienne Honorat, éd. Frison-Roche, 200, p.291 s.
FAL, G.
- Relancer les Bourses francophones, le 30 mars 2008 - in http ://www.jeuneafrique.com/jeune_afrique/article_jeune_afrique.asp?art_cle=LIN30038relansenohp0.
F-X. L LUCAS
- Promesse d'achat de droits sociaux à prix garanti et prohibition des clauses léonines, JCP, ed. E, 2000, P.168.
FARJAT (G.)
- Les pouvoirs privés économiques, in Mélanges offerts à Philippe Kahn, Litec, Paris, 2000, p. 622.
FENEON (A.)
- Les droits des actionnaires minoritaires dans les sociétés commerciales de l'espace OHADA, Revue Penant, 2002.
FEUDJO (R.-J)
- Harmonisation des normes africaines (OHADA) et internationales (IAS/IFRS) : une urgence ou une exigence ? , *La Revue des Sciences de Gestion*, 2010/5 n°245-246, p. 149-158.
FRANÇOIS (D.- P.)
- Action de priorité : jusqu'où peut-on aller? Rev. Banque et droit, Janvier-Février 1998.
FEDERIC PELTIER
- La convergence du droit français avec les principes de la corporate governance américaine, Rev. De droit bancaire et de la bourse, n° 60, Mars-Avril 1997.
G. (KENGNE)

- Le rôle du juge en matière d'abus du droit de vote, P.A. 12 juin 2000, n°116, n°1, p.10.
G. LIKILLIMBA (A.)
- Le préjudice individuel et/ ou collectif en droit des groupements, RTD com. 2009, p.1.
Germain (M.)
- « Transparence et information » ; Petites affiches 19 nov. 1997, p. 16.
GALBRAITH CITE PAR CAMILLE (J.-S.)
- Assemblée générale d'actionnaires dans les SA, réalité ou fiction? (Etudes comparatives), Etudes offertes à René RODIERE, Dalloz 1981, p. 128.
GIBISILA
- Irrégularité de la procédure de révocation d'un directeur général, J.C.P., 1995, éd. G., II 22369.
GODON (L.)
- note sous CA Versailles, 5 juin 2003, Rev. Soc 2004, p. 108.
GRANIER (T.)
- Le rapport de gestion après l'ordonnance n° 20045-1382, Revue des sociétés, 2005.
GIRAD (C.)
- Une typologie de l'activisme des actionnaires minoritaires en France, p. 1-25, http//www.ubourgogne.fr
GOMEZ (P-Y.), MENDY (M.)
- L'analyse des institutions, entre culturalisme et économisme : l'exemple des institutions de la propriété au Sénégal, *Management International*, Vol.9, n°3, Printemps 2005, p.19-31.
GRANIER (TH.)
- Le rapport de gestion après l'ordonnance n° 2004-1382 du 20 décembre 2004, Rev. soc n° 2, 2005, p. 315-320.
GUYON (Y.)
- Les dispositions du décret du 3 mai 2002 relatives aux assemblées générales d'actionnaires, Rev. soc juill-sept 2002, p. 421-429.
- Les réformes apportées au droit des sociétés par la loi du 15 mai 2001 relative aux nouvelles régulations économiques, Rev. soc juill. Sept 2001, p. 503-514.
- note sous Cass.com. : 28 avril 1998J.C.P. éd. E, n° 31, 1998, p. 1258-1259, Rev. Sociétés, 1998, pp.767 s.
HEMARD (J.)
- note sous CA Paris 30 mars 1977,Rev. Sociétés 1977, 470,
HOUIN (R.)

- obs. sous Soc, 4 janvier 1974, RTDcom 1975, p. 114.
- obs. sous CA Paris, 18 mars 1959, Rev. Trim. dr. Com.1963, 859.

HOVASSE (H.)

- note sous Cass. com., 8 octobre 2002, Dr. Sociétés, 2003, n° 36.

ISSA-SAYEGH (J.)

- L'OHADA et le gouvernement des entreprises, article publié sur le site : www.ajbef.info/spip.php?auteur
- note sous Avis C.C.J.A. : 26 avril 2000, n° 02/2000/E.P., www.ohada.com

JEANTIN (M.)

- note sous TGI de Nanterre, 15 mars 1983, D.S 1983, p. 514.

JEANTIN (M). et VIANDIER (A.)

- note sous Trib. com. Nanterre 12 déc. 1989 (aff. Régie Renault), Gaz. Pal. 1990, I, p. 171.

KADDOUCH (R.)

- L'irréductible droit de vote de l'associé, Semaine Juridique, Entreprise et Affaires, Tome I, 2008, n°1549, p. 21-25.

KOUASSIGAN (G-A.)

- Droit Occidental et Conception négro- africaine de la famille, Culture, Famille et Développement, In Revue « Afrique, Genève », Volume XVI, n° 1977-1978, p. 57 et s.

KLUTSCH (S.), PARFAIT NGUEMA (Y.)

- Quel avenir pour le droit comptable OHADA ?, R.F.C. 432 Mai 2010.

KULLMANN (V.-.J.)

- Amendes pénales et amendes administratives infligées au dirigeant : pour une assurance raisonnée, JCPE, 2009, 1226.

LACOMBE (J.)

- Régularité et sincérité des comptes et image fidèle de l'entreprise : la quadrature du cercle ? in Etudes dédiées àRoblot, L.G.D.J. 1984.

LE CANNU (P.)

- Le principe de contradiction et la protection des dirigeants, Bull. Joly 1996, 11.
- « Les conventions réglementées après la loi n° 2001-420 du 15 mai 2001 », BJS 2001, 720.
- Le droit de vote de l'usufruitier d'actions, Rev. De Sociétés avril-juin, n° 2/2004 p.318.
- La responsabilité civile des dirigeants de personne morale après la loi de sauvegarde : Rev. soc. 2005, p. 743.
- note sous Rappr. Com. 15 nov. 1994, Bull. Joly 1995, p. 65, n° 14.

- note sous Cass. Com., 24 avril 1990, (cassation partielle) cts Cointreau c.cts Rémy Martin et Cie, Bull. Civ. IV, n° 125, p. 82 ; Bull. mens. inf. soc. (Joly) 1990, p 512.
- note Cass.com. : 28 avril 1998, affaire Vergnet S.N.C. S.O.G.E.A et alii, Bull. Joly sociétés, n° 7, 1998, pp.808-811.

LEBARS (B.) et MARTOR (B.)

- « Management et financement de la société anonyme de droit OHADA », JCP 2004, n°5, supplément a la Semaine Juridique n°44, p. 14.

LEBLOND (J.)

- Les pouvoirs respectifs de l'assemblée générale, du conseil d'administration, du Président-directeur général, et du Directeur général adjoint, dans la doctrine institutionnelle, Gaz. PAL 1957, 1, doctr, p. 29-32.

LE DOUBLE

- note sous C.A. Paris, 1ère ch., sect. C.O.B., 6 avril 1994, affaire Conso ès qual. c. C.O.B., J.C.P. éd. E, n° 39, 1994, I. 338, pp.451 s. spéc. P. 453.

LE NASBASQUE (H.)

- Répartition statutaire des bénéfices et renonciation aux dividendes, Rev. RTD.Com p.169 n° 01 janvier/mars 2005.
- Le développement du devoir de loyauté en droit des sociétés, RTD com. 1999, 273.
- note sous Cass. Com., 20 mai 2003, Rev. Sociétés, n°3, 2003, pp. 479 s.
- note sous Arrêt de la chambre commerciale du 9 mars 2010, n° 08-21.793 : Rev.
sociétés 2010, p. 230.

LEVEL (P.)

- L'arbitrabilité in Perspectives d'évolution du droit français de l'arbitrage, Rev. Arb, 1992, p.195 et s.

LEROY (F.)

- Introduction, in la Responsabilité sociale des entreprises, Mél. R. Pérez, Ems éd., 2005, p. 20.

LIENHARD (A.)

- Sociétés Cotées : information sociale et environnementale de l'entreprise, Litec 2002.
- note sous Cass. Com. 10 mai 2006, D 2006, Tome 2, p. 1533.
- obs. sous Cass. Com., 20 mai 2003, J.C.P. éd.E, 2003, n° 32-35, p.3131.

LOHOUES-OBLE (J.)

- L'apparition d'un droit international des affaires en Afrique, Revue internationale de droit comparé, 1999, p. 543.
LUCAS (F.-X.)
- note sous Cass.Com., 9 janv. 2001, BJS, avr. 2001, § 92.
MBAYE (K.)
- L'éthique, aujourd'hui, Leçon inaugurale donnée le 14 décembre 2005 à l'Université Cheikh Anta Diop de Dakar, www.ohada.com/.../787/lecon-inaugurale-keba-mbaye.pdf
MALAURIE (PH.) et VIGNAL
- obs. sous Cass. com. 2 déc. 2008, n° 07-19.861, F-D : JurisData n° 2008- 046120 ; Contrats, con. Consom.2009.58,
MATSOPOULOU
- note sous Cass. crim., 31 oct. 2007, affaires Abd. El Illah X., Rev. societies, n° 1, 2008, p. 165 s.
MERLE (PH.)
- note sous Cass. Com. 19 oct. 1999, n° 96-20.687, affaire S.A. Garages Voltaire c. Alain Lefevre, Bull. C.N.C.C., n°117, 2000. pp. 60 s.
MERCIER (A.)
- note sous Cass. Com. 28 avril 1998, Dr. et patrim., n° 104, 2002, pp.. 96 s.
MONGE (A.C.) et NESI (F.)
- obs. sous Cass. 3e civ., 18 juin 2008, n° 07- 12.966 : D. 2008 p. 2742.
MOULY (Chr.)
- note sous CA Montpellier 7 janv.1980 : Rev, Sociétés 1980 p.737.
MONSALLIER (M.C.)
- L'aménagement contractuel du fonctionnement de la société anonyme, LGDJ 1998. T. 303, n° 757 et s, p. 317.
MAGNIER (V.)
- Information boursière et préjudice des investisseurs, D. 2008, p.558.
- Réception du droit américain dans l'organisation interne des sociétés commerciales, *Arch. phil. Droit n°* 45, 2001, p. 213-225.
MALICKI (C.)
- Informations sociales et environnementales : de nouvelles responsabilités pour les sociétés cotées ? Dalloz 2003.
MARCUS LUTTER
- Le code de bonne conduite allemand du gouvernement d'entreprise, rev. des sociétés n° 4 oct. Déc 2002.
MARTINET (Y.)
- Responsabilité sociale des entreprises : Convergence entre document unique et rapport de gestion, Semaine Juridique, éd. Entreprise 2004.

Midowski (A.)
- Le délit d'initié et ses dangers pour les dirigeants et directeurs de société : Petites affiches 20 novembre 1996 n° 140 p.11
MEUKE (B.- Y.)
- L'information des actionnaires minoritaires dans l'OHADA : réflexion sur l'expertise de gestion», http://www.juriscope.org/actujuridiques/doctrine/OHADA/Ohada_20.pdf.pp.1-13.
MEYRIEUX MAGNE (Y.)
- Délégation de pouvoirs : du droit pénal au droit social, jurisprudence sociale Lamy n° 45, 2 Nov-1999, P4.
MODI KOKO BEBEY (H.-D.)
- La réforme du droit des sociétés commerciales en Afrique, Rev. soc, avril-juin 2002, p. 255-266.
NDJANYOU
- Portée du système comptable OHADA sur la production et la diffusion de l'information financière des entreprises de petite dimension, Revue africaine de l'intégration Vol.2, juillet 2008.
N. DION
- Corporate governance et sociétés françaises, Dr. sociétés oct. 1995, p.1
NARO (G.)
- Responsabilité sociale de l'entreprise et pilotage des performances, In la responsabilité sociale de l'entreprise, Mélanges R. Pérez, 2004.
- Nouvelles 8ème directive « concernant les contrôles légaux des comptes annuels et des comptes consolidés » : réflexions liminaires (dir. 2006/43/C.E. du 17 mai 2006), in Bull. Joly sociétés, n) 10, 2006, p.1183 s.
OMAN (CH.), BLUME (D.)
- La gouvernance d'entreprise : un défi pour le développement, www.oecd.org/dev/repères, Repères n° 3.
OPPETIT (B.)
- Ethique et droit des affaires, in Mél. A. Colomer, Litec 1993, p. 319.
PAILLUSSEAU (J.)
- L'efficacité de l'entreprise et la légitimité du pouvoir » ; Petites affiches 19 juin 1996, n°74.23
- « Les fondements du droit moderne des sociétés », JCPE 1984, I,
- Le droit des activités économiques à l'aube du XXIe siècle : D. 2003, Chr. p. 260, n°5.
PARACHKEVOVA (I.)

- La nouvelle responsabilité des dirigeants dans les procédures collectives : révolution ou évolution ? Peitites affiches 19 déc. 2006, n° 252, p. 4.
PEDERSEN (T.), et THOMSEN (S.),
- "Economic and Systemic Explanations of Ownership Concentration among Europe's Largest Companies". International Journal of the Economics of Business, Vol. 6, n° 3, 1999. p. 125.
PHILIPPE DOM (J.)
- La protection des minoritaires, Rev. Soc juill. – sept.2001, p. 550.
PIROVANO (A.)
- La « boussole » de la société, Intérêt commun, intérêt social, intérêt de l'entreprise ? D. 1997, chr. p. 189.
- Quelques aspects sur le fondement, la nature et le domaine de la responsabilité civile des commissaires aux comptes, in Bull. Joly sociétés, n° 5, 2004, p.617 s.
PONTAVICE (D.)
- note sous Cass. Com. 12 nov. 1992, n° 90-18.502, affaire Camyor c. De la Grandière Villez et alii, Bull. Joly sociétés, n°1, 1993, pp. 93-95 ; Bull. C.N.C.C., n° 89, 1993, pp. 110 s.
PORACCHIA (D.)
- La corporate governance à la française ou la loi du 29 oct. 2002 sur le cumul des mandats dans la société anonyme, droit et patrimoine, Janv. 2003.
- obs. sous Cass. Com. 18 déc. 2001, affaire Alain Moinier c. Banque populaire de Lorraine, J.C.P. éd. E, 2002, n°22, p.899.
- obs. sous trib.Com. Paris. 2ème ch., 25 nov. 2003, affaire L. et alii c. S.A.S.C. Finance, Bull. Joly sociétés, n° 3, 2004, pp. 376 s.
- obs. sous Cass. Com. 20 mai 2003 ; Gaz. Pal. , 2004, I. jur., pp.482 s.
PRECEROU (R.)
- note sous Rappr. Paris, 9 février 1935, GAZ. Pal.1935, 1, 671 : Aix, 3février 1966, J.C.P. 1966, II, 14861.
RAYNAUD (B.)
- « La prévention des conflits d'intérêts dans les sociétés par actions », JCP éd. E. 2003, 354.
REGNAUT- MOUTIER (C.)
- note sous Cass. com. 19 déc. 2006, p. BJS 2007. 472.
REINHARD
- note sous Cass. Crim. 26 mai 1994, n° 93-83.180, D. 1995,110.
RONTCHEVSKY (N.)

- note sous Arrêt de la chambre commerciale du 9 mars 2010, n° 08-21.793 : Bull. Joly Bourse, 2010, p. 316.
REYGROBELLET (A.)
- La gouvernance des sociétés anonymes en Europe, l'exemple du régime de la responsabilité des dirigeants, Colloque du CREDA 12 mai 2009, p.17.
SAINT (C.) et HOUIN (A.)
- obs. sous CA Dijon, 22 avr. 2008, n°07/01552, RTD com. 2008, p. 856.
SAINTOURENS (B.)
- Le cumul des mandats sociaux au sein de la société anonyme après la loi du 29 octobre 2002, Rev droit des sociétés n° 1-Janvier-Mars 2003, Dalloz.
- Les réformes du droit des sociétés par les lois du 26 juillet pour la confiance et la modernisation de l'économie et du 2 août 2005 en faveur des petites et moyennes entreprises, Rev. soc. 2005, n°5, p. 556.
SAKHO (A.)
- Les attentes en matière de mission légale de commissariat aux comptes, Revue Sénégalaise de Droit des affaires n°5-6-7-8/2005-2006, p.92.
- Gouvernance et contrôle interne dans les entités d'intérêt public : le fonctionnement des organes de direction, rôle et responsabilité des administrateurs 1er avril 2005, inédit.
- Justice alternative et concurrence : les modes alternatifs de règlement des conflits et la législation communautaire de la concurrence, à paraître dans Annales Africaines CREDILA.
- La bonne gouvernance d'entreprise :« la corporate governance », Revue africaine de Management, n° 1, février 2010, p. 22. Cette revue est éditée par l'Institut
- Polytechnique de Dakar et l'Association Sénégalaise des anciens auditeurs de l'ENA-Dakar.
- La gouvernance d'entreprise, interview donnée dans Réussir, le magazine du Business Dakar, le 7 mars 2009.
- Politiques de Ressources Publiques pour réduire la pauvreté : civisme fiscal et secteur informel, World Bank institute/CREA, Dakar, Centre d'Enseignement à Distance, 27 novembre 2001 – 19 février 2002.
- Administrateur de société : un métier, des enjeux, inédit.
SCHILLER (S.)
- note sous Arrêt de la chambre commerciale du 9 mars 2010, n° 08-21.793 : JPCE 2010, n°1483.
SCIBERRAS (J.-CH.)

- L'irrigation de l'entreprise par les nouvelles technologies de l'information et de la communication : le point de vue d'un praticien, Droit social, 2002, p. 93-99.
SCHMIDT (D.)
- Les conflits d'intérêts dans la société anonyme, éd. Joly, 1999, p.36
- les actionnaires minoritaires, un combat légitime ?, Cahiers de droit de l'entreprise, n° 5, septembre 2005, p.59.
SORTAIS (J.-P.)
- Rapport sur l'expertise de l'article 226, Gaz- Pal., 2, doctr, p. 28-29.
SOUOP (S.)
- note sous arrêt C.C.J.A. : 11 oct. 2001, n° 001/2001, Ohadata n° J- 02-05, www.ohada.com ; 11 oct. 2001, n° 002/2001, Ohadata n° J- 02-06, www.ohada.com
STEICHEN (P.) ET VOINOT (D.)
- obs. sous Cass. 3e civ. 18 juin 2008, Gaz. Pal. 8 nov. 2008, p. 51.
TAMEGHE (S.)
- Interrogations sur l'abus de minorité dans l'Acte uniforme relatif aux sociétés commerciales du groupement d'intérêt économique, www.afrilex.u.bordeaux4.fr, p. 1-24.
TCHANKAN (P. J.)
- «L'entreprise familiales au Cameroun» Cahier de recherche du Creff n°2000-05, 2005.
TREBULLE (F.G.)
- L'information environnementale, quelle place en droit des sociétés, chron. Semaine juridique : Entreprise et affaires n° 6, 9 février 2006, 1257
- L'environnement en droit des affaires, In Mélanges Y. Guyon, dalloz 2003.
- Stakehoders Theory et droit des sociétés, Bulletin Joly sociétés déc. 2006, p. 30.
- La Comptabilisation de l'environnement, Droit des sociétés 2004.
- Entreprise et développement durable et construction, Revue de droit de l'immobilier 2006.
- Entreprise et développement durable, Semaine Juridique, éd. Entreprises 2006.
- note sous CA Orléans, ch. Com., 12 mars 2002 Cts Faverio c / Drogo : Juris-Data n° 2002-176581 ; Dr. societies 2003, comm. 24.
SAINTOURENS (B.)
- note sous CA Douai, 17 nov. 1994 n° 10 ; BJS Juill. 1995, p. 671.

- note sous Cass.Com 9 mai 2001, affaire Renaud c. S.A.R.L. Pilkington France, Dr. sociétés, n° 7, 2001, §.118, p. 19-20, note Lucas, Bull. Joly sociétés, 2001, pp.1020 s.
- note sous Cass. Com., 20 mai 2003, affaire Mme Seusse c. Sté d'application de techniques de l'industrie (S.A.T.I.), Rec. Dalloz, 2003.
- note sous Cass.com. 10 oct. 1995, Bull. Joly 1995, p. 1064, n° 379.
SCHMIDT (D.)
- note sous Cass. Com. 19 janvier 1988, B.R.D.A 1988, n°6, Paris, 1er janvier 1984. 779.
SCHMIDT (D.) et DION (N.)
- note sous cass. Com. 27 février 1996 JCP E II 838.
SIBON (J-L)
- note sous Cass. crim. 11 mai 1981 Rev. Sociétés 1982, p. 102.
STREIFF
- note sous Cass. crim. 27 nov. 1991 Bull. crim. n° 439, p.1121 ; Bull. Joly 1992, p.405.
TUNC (A.)
- Le gouvernement des sociétés anonymes, les mouvements de réforme aux Etats-Unis et au Royaume –Uni ; RTD com. p. 1994.
VATINET (R.)
- « Les conventions réglementées », Rev. Sociétés 2001, 561.
VIDAL (D.)
- L'atteinte à l'intérêt social ; critère du domaine de l'expertise de gestion ; Dr. Soc 1997-1998, n° 4, avril 1998. 13.
- note sous CA Paris 31 mars 1995, Dr sociétés 1995, n° 152.
- note sous Cass. Com., 4 juin 1996, Dr. soc., juill.-août 1996, n°150.
- note sous CA Paris, 27 oct. 1995, Dr soc, janv. 1996, n°16.
- note sous Cass. Com , 3 janv. 1996, Dr. soc. Avr. 1996 n°83.
- obs.sous CA Paris, 20 mai. 1998 : Dr. sociétés 1998, n°127.
- note sous CA Versailles, 17 janvier 2002, affaire Lehning Laboratoires c. Berreti et alii, Petites Affiches, n° 127, 2003, pp. 8 s.
- note sous Soc. 31 mars 1981, Dr. sociétés 1999, n° 102 (contrat de travail frauduleux).
VIANDIER (A.) et CAUSSAIN (J.J.)
- note sous Com. 4 mai 1999, J.C.P. éd. E. 2000, p.31.
- obs. sous CA Paris, 21 nov. 1991, Sonatra c/ Bon : J.C.P. 1992, éd. E, I, 145, n° 8.
- obs. sous CA Douai, 17 nov. 1994, JCPE éd. E 1995. I. 475.
- note sous CA Paris 12 mars 1999 J.C.P. éd. E 1999, p.1239.
- obs. sous Cass. Com. 11 0ct. 1967 : D. 1968, jurispr. p. 136.

- obs. sous Cass. Com. obs. : 28 avril 1998, Dr. sociétés, n° 4, 2002, §.68, p.25-26.
VIRASSAMY (GEORGES J.)
- Les limites à l'information sur les affaires d'une entreprise, RTDcom 1988, n° 12, p. 177-217.
WELCH (J.)
- Ancien président de General Electric au Financial Times du 12 mars 2009 « On the face of it (crisis), shareholder value is the dumbest idea in the world).
ZAFFT (R.)
- Le gouvernement d'entreprise : une affaire de famille, L'Observateur, n. 234, octobre 2002, p. 18.

IV- JURISPRUDENCES

A- JURISPRUDENCE FRANÇAISE

- Pau 31 janv. 1967, D. 1967, 476.
- Com. 4 oct. 1988, (aff. Willot) Bull. Joly 1988, p. 863, n° 277, P.L.C.
- Com. 13 févr. 1996, D. 1996, som. 345, J. Cl. Hallouin.
- Paris, 16 mai 1978, Rev. Sociétés 1979, 72
- Versailles 10 mai 1990, Bull. Joly 1990, p.770, n° 228 (convention conclue par le cessionnaire de la majorité des actions garantissant au cédant sa nomination comme directeur général).
- Paris 2 mai 1990, Bull. Joly 1990, p.775, n° 2230.
- Angers, 14 janvier 1974, Rev. Des syndics, 1974.160.
- Com. 2 juin 1992, Bull. Joly 1992, p.1078, n° 349 (promesse de maintien en fonction, atteinte au principe de la libre révocabilité).
- CA Paris, 3e Ch. Sect. A, 4 avr. 2006, Rev. Soc juill-sept. 2006, p. 667.
- Cass. Civ. 9 janv. 1964, p. 519.
- Cass.com, 3 janvier 1996, n° 94-10.765.
- Cass. Com. 26 avril 1994, Pesnelle c/société Autoliv Klippan cité par Paul LE CANNU, ibid., p. 441.
- Soc.31 mars 1981, Bull. Jolly 19981, p.742, n° 365, 4° esp.
- Définition de l'abus de majorité : Cass. Com., 18 avril 1961, Etablissements Picard, JCP 1961, II, n°12164.
- Définition de l'abus de minorité : Cass. Com., 9 mars 1993, Flandin, Rev. Sociétés, janvier – mars 2000, p. 36.
- C.A. Paris, 30 juin 1995, Metaleurrop, JCPE, 1996, II, n°795.
- CA Paris, 31 mars 2000 : RJDA 1/2001, n° 43, p.40.

- CA Paris, 2 Juill. 2002 : Bull. Joly Sociétés 2002, p. 120 ; JCPE, n° 50, p.1991.
- Cass. Com. 30 mai 1980 : Bull. civ. IV, n.223.
- Cass.Com. , 22 avr.1976 : D. 1977, jurisp. P.4
- Cass. Com., 22 janvier 1991, Société Pyrénées Diesel c. François Grenet.
- Cass. Com., 5 mai 1998 : Bull. Civ. IV. n° 149, P. 120 ; D. affaires 1998, p. 1097 ; Rev. Sociétés 1999, p. 344 ; Bull. Joly Sociétés 1998, p. 755 ; Dr. Sociétés Oct. 1998, n° 129, p.15).
- Versailles, 13e ch., 25 nov.1987 : JCP 88, éd., 15168, n°2.
- Paris, 3e ch. A, 26 juin 1990 : JCP 90, éd. E, 15915.
- Cass. Com., 14 janvier 1992, Vitama, Bull. Joly Sociétés, mars 1992, p.273 et s.
- Cass.crim., 30 sept. 1991, p. n°90-83965 : Cass. crim. 19oct 1971 : Bull. crim. n° 272, p. 670.
- Cass. crim., 4 sept. 2002, p.n°01-85893.
- Cass. crim. 6 janv ; 1970 : Bull. crim. n°11 ; p.22.
- CA Poitiers, 11 mars 1977, juris-Data n°045335.
- CA Paris, 8 nov. 1991 : Bull. Joly Sociétés 1992, p. 177 ; Dr sociétés févr. 1992, n°35.
- Cass. Com., 21oct. 1997 : RJDA janv. 1998, n°64.
- Cass. com., 11 oct.2005 : Bull. Joly Sociétés 2006, n° 129, p. 621 : Rev. Sociétés 2006, p. 570.
- -Cass. com., 12 févr. 2008 : RJDA 6/2008 n° 679, p. 679 ; Bull. Joly Sociétés 2008, n° 81, p. 384.
- -CA Paris, 24 mai 2002 : Dr, sociétés 2002, n° 177.
- Chambre commerciale de la Cour de cassation du 22 février 2008, n°07-12307.
- Cass. com. , 17 mars 2009, n°08- 11819.
- CA Paris, 9e ch. A, 7 juin 1988 ; Aix-en- Provence, ch. Coor. 7 décembre 1988 ; Paris, 9e ch., 5 juin 1976.
- CA Paris, 6 févr. 2008 :JurisData n° 2008-358145 ; Dr sociétés juill. 2008, n° 142, p. 12.
- CA Paris, 6 mai 1993 : Bull. Joly Sociétés 1993, p. 737.
- Trib. Com. Seine, 11 juillet 1952, journ. Soc. 1955, 350, ordonnant la communication des documents comptables à un administrateur.
- Paris, 18 mars 1959, Gaz. Pal. 1959, 2,7 ; Rouen, 24 novembre 1959, Gaz. Pal. 1960, 1, 144 ; Amiens, 7mai 1963, Gaz. Pal. 2, 246 ; Paris, 13 juin 1964, D. 1965, 398.
- Trib. Com. Marseille, 7 nov. 2001, Bull. Joly 2002, p.106.

- Cass. com., 17 janv. 2006 : JCPE 2006, n° 25, p. 1125.
- Cass. com. 6 mai 2008.
- CA Paris 5 déc. 1983 : Bull. Joly 1984 p. 150.
- Cour de cassation, Chambre civile 1, 26 mai 2011, pourvoi n°10-16894
- Cass. req. 23 juin 1941 ; Journ. Soc.143, 209, note R.D.
- Cass. Com. 1er juillet 2008, D 2008, A J, Tome 2, p. 1994
- Connaissance de l'existence d'un puits pollué sur le site : CA Lyon, 10 avr. 2003, n° 01/06915 : Juris-Data n° 2003-219240.
- CA Paris 31 janvier 1985 : Rev. Sociétés 1985, p. 414.
- Cass. crim. 16 septembre 1985 : Bull. Joly 1985, p. 1039.
- Cass. crim. 19 novembre 1987 : D. 1988, p. 191.
- T. corr. Paris 12 septembre 2006 n° 18992026, 11e ch., 1e sect. : RJDA 3/07 n° 269, D. 2006 AJ p. 2522.
- Cass. com. 18 mai 1999 n°967 D., Receveur des impôts de Mende c/Pascal ; RJF 8-9/99 n° 1083.
- Cass. Com., 8 févr. 2005 : RJDA 5/2005, n° 582.
- C.A. Paris, 15 janvier 1964, GAZ. Pal., 1964, I, jur., p.293 s.
- Trib. gr. inst. 6 janvier 1973, Bull. C.N.C.C., n°9, 1973, p.75
- C.A. Lyon, 23 nov. 1971, Bull. C.N.C.C., n° 6, 1972, p. 235.
- C.A. Bordeaux, 24 mars 1986, Bull. C.N.C.C., n° 62, 1986, p.294
- Trib. gr. inst. Le Havre, 15 nov. 1979, Bull. C.N.C.C., n° 37, 1980, p. 44.
- Cour de cassation Chambre Commerciale 23 mars 2010 pourvoi numéro 09-10791.
- Cass. Com. 19 mai 1954 : Bull. CIV. III. N° 189
- Paris 5e Ch. A, 21 déc. 1983 : Bull. Joly 1984, 303. / Lamy sociétés commerciales p. 124-25.
- Cass. 3e CiV., 19 février 1986, N°84, RTD.CIV 1987, p.761
- Cour de cassation, chambre Commerciale, 28 septembre 2010, n°09-66255.
- Cass. 1ère Civ. 9 oct. 1985 ; Bull.civ.I, n°255.
- Cass. com., 4 mai 1999, Bull. Joly 1999 p. 1222.
- Cass. com. 19 novembre 1991 n° 1434 ; RJF 2/92 n° 259.
- C. cass. Chambre commerciale, audience publique du 8 oct. 2002, n° de pourvoi : 99-
- Crim. 28 juin 1902, D. 1903, I, p.285 ; Crim. 21 janv. 1911, Bull. crim., n° 54.
- Crim. 19 sept. 2007, n° 06-85.003, Bull. crim., n° 217 AJDA 2008, 111.

- Crim, 21 déc. 1982, n°82-03.24.
- Crim. 12déc. 1989, n° 89-81.074, Bull. crim., n°477 ; JCP 1990, IV, p. 102.
- Crim. 23 nov. 2004, n° 04-81.601, Bull. crim., n° 295 ; D. 2005, 317.
- CA Paris, 11e ch . corr., 11 mai 2007, juris-Data n° 2007-336450.
- Com. 22 janv. 2008, n°6-20.379, Bull. civ. IV, n°9 ; D. 2008, 413 ; Bull. Joly, p.419 : le directoire (investi des pouvoirs les plus étendus pour agir en toute circonstance au nom de la société) peut nommer un préposé pour déclarer les créances.
- Civ. 2e, 22 oct. 1997, n° 94-13.225, Bull. civ. II, n° 258 ; D. 1998, 391 ; JCP N 1998, n°6, p. 207 ; Gaz. Pal. 1998, n° 32-34.
- Com. 22 déc. 1976, JCP 1976, IV, p. 51.
- Com. 3 juin 1997, n° 94-12.450, Bull. civ. IV, n°167 ; D. 2000, 73.
- Com. 6 févr. 1962, Bull. civ. IV, n°80.
- Com. 15 mars 2005, n°03-13.032, Bull. civ. IV, n°64 ; D. 2005, 957 ; Bull. Joly 2005. P. 972.Soc. 13 mai 2008 ; n°07-40.002, NP.
- Cass. com., 20 mai 2003, Sati, Bull. civ. IV, n° 84.
- CA Paris 29 mars 2002 n° 01-9596, 3è ch. C, Charpentier c/ Souchon ès qual.
- C.A. Paris, 14ème ch. A, 26 mars 2003, Rev. jur. dr. aff., n° 841, 2003, p. 743.
- Cass. com., 6 juin 1990 : Bull. Joly Sociétés 1990, p. 782 ; D. 1992, jurispr. P. 56 ; Rev. sociétés 1990, p. 606.
- Cass. com., 6 mai 2002 : Dr. sociétés juill. 2002, n° 276, p. 21 ; Bull. CNCC sept. 2002, p.337.
- Arrêt de principe : Cass. Com. 11 février 1964, Bull. civ. III, n° 67.
- Cass. soc. 2/10/97, n° 3226 D, RJS 11/97 n° 1236.
- Cass soc. 19/11/97 BC V n° 383 ; RJS 1/98 n° 35.
- Cass soc. 10/6/82 JS 1982 F 63.
- Cass. com., 22 oct. 1996, n° 94-10.356, D : JurisData n° 1996-004074.
- Cass.com. 12 février 2008, n°06-20.212 (n° 231 F-PB), Comité central d'entreprise de la banque des Antilles françaises.
- Cass.crim. 25 sept. 2012, n° 10-82.938, cassation partielle sans renvoi.

B- JURISPRUDENCE O.H.A.D.A.

- Cour suprême du Niger, n° 01-158/c du 16/08/01, SNA LEYMA c/ Groupe HIMA SOULEY, précise que le juge de référé est compétent pour désigner le mandataire de l'art 516, alinéa 2-2°.
- CA Abidjan, arrêt n° 1247 du 28 nov. 2003, WWW. Ohada.com (ohadata J-03-347).

- CA Abidjan, 23 oct. 2003, arrêt n° 1161. Ste ASH internationale c/ Maurice Kacou ; www.ohada.com (ohadata J-03-317).
- Trib. Reg. hors classe de Dakar, jugement n° 327 du 19 févr. 2003, Pèdre Diop c/ Oumar SECK et BAG SARL ; www.ohadata.com (ohadata. J-o3-180).
- CA Dakar, arrêt n° 547 du 22 juillet 2010, Bull. des Arr. rendus par la CA de Dakar en matière civile et commerciale 2011, Vol. n°1, p. 325.
- CA Dakar, arrêt n° 22 du 09 janvier 2009, SGBSc/Société Kasy Bois, Bull.des Arr. de la CA de Dakar 2011, Vol. n°1, p.321.
- TPI Yaoundé, Ord. Réf. N° 494/0, 06 février 2001, NDJEUDJUI Thaddée contre Continental Business Machines S.A.
- Arrêt de la Cour d'Appel de Cotonou rendu le 17/08/2000, arrêt n° 256/2000, AFFAIRE Société Continentale des Pétroles et d'Investissements, Monsieur Séfou FAGBOHOUN, SONACOP, Monsieur Cyr KOTY, Monsieur Mounirou OMICHESSAN C/ Etat béninois, Ohadata J-06-101.
- Arrêt de la Cour d'appel d'Abidjan rendu le 02/03/2004, arrêt n° 376, société METALOCK PROCESS-CI SARL c/ TOURREGUITART JORGE CLUSSELA, Ohadata J-04-489
- Arrêt de la Cour d'Appel de Cotonou rendu le 30/09/1999, arrêt n° 178/99, AFFAIRE Dame Karamatou IBIKUNLE C/ Sté CODA-BENIN et quatre Autres, Ohadata J-06-93.
- Tribunal Régional de Niamey, Jugement civil n°96 du 26 mars 2003, Abass HAMMOUD c. Jacques Claude LACOUR, Ohadata, J-04-
- Cour Appel d'Abidjan, Arrêt n°826 du 20 juin 2003, Aie Jean Marie c.Société INTERBAT.
- Jugement du Tribunal de Première Instance d'Abidjan rendu le 12/04/2001, Koffi Victor Bergson (Me Kousougro Sery) c/ Loteny Télécom (Me Takoré et Associés), Ecodroit, n° 12, juin 2002, p.8 Ohadata J-02-184.
- Jugement du Tribunal Régional de Niamey rendu le 26/03/2003, Abass HAMMOUD c/ Jacques Claude LACOUR, Ohadata J-04-78.
- Tribunal Régional de Niamey, Jugement civil n°96 du 26 mars 2003, Abass HAMMOUD c/ Jacques Claude LACOUR, Ohadata J-04-78.
- TGI Ouagadougou, formation correctionnelle, jugement n°860 du 10 janvier 2000, Ministère Public et UAB c.Yaméogo Jean Vivien Alfred, Ohadata J-02-51.
- CCJA, Avis n°02/2000/EP, 26 avril 2000, Ohaddata J-02-03.

V-RAPPORTS, ETUDES ACTES DE COLLOQUES

BESSON (E.)

- Rapport N° 2327 fait au nom de la commission des finances, de l'Economie générale et du plan sur le projet de loi relatif aux nouvelles régulations économiques, 12 avril 2000.

BOUTON (D.)

- Pour un meilleur gouvernement des entreprises cotées, 23 septembre 2002.

CREDA

- La pratique de la société à directoire, Paris : Litec, 1980.

HOUILLON (P.)

- Rapport N° 233 fait au nom de la commission des lois constitutionnelles, de la législation et de l'administration générale de la République sur la proposition de loi n° 193 de Mr Philippe HOUILLON, modifiant certaines dispositions du Code de commerce relatives aux mandats sociaux, 25 septembre 2002.

VIENOT

- Rapport n° 1 **:** Le conseil d'administration des sociétés cotées, Rapport du groupe de travail de l'A.F.E.P et du C.N.P.F, juillet 1995.
- Rapport n°2 **:** Rapport du comité sur le gouvernement d'entreprise, Rapport du groupe de travail de l'A.F.E.P et du MEDEF, juillet 1999.

Rapport OCDE

- Principes de gouvernement d'entreprise de l'OCDE, 2004, disponible sur http://www.oecd.org/dataoecd/32/19/31652074.PDF.

Rapport de la commission européenne

- Présidée par M. Frits Bolkestein : Modernisation du droit des sociétés et renforcement du gouvernement d'entreprise dans l'Union européenne- un plan pour avancer, mai 2003.
- Au-delà de la certification : Quels nouveaux progrès pour le commissariat aux comptes ?, Colloque du centre de recherche de droit des affaires de la Chambre de Commerce et d'Industrie de Paris (CREDA), JCP éd. E 1992, I, 173.
- Vers un nouvel équilibre des pouvoirs dans les sociétés cotées, ADANA, PA 27 septembre 1995, n° 116.
- L'information légale dans les affaires : quels enjeux ? Quelles évolutions ?,

Colloque du centre de recherche sur le droit des affaires de la Chambre de Commerce de Paris (CREDA), JCP éd. E 1994, I, 387.
- L'expert face à la faute de gestion, Colloque du 6 mai 1999, RJC septembre 2000.

- Dossier : la gouvernance d'entreprise, colloque du 21 avril 2005.
- Colloque du 12 mai 2009- Chambre de commerce et d'industrie de Paris, La Gouvernance dans les sociétés anonymes : Un bouclier pour les dirigeants ?

VI-TEXTES DE LOIS, DECRETS ET DIRECTIVES

- Acte Uniforme relatif au droit des sociétés commerciales et du Groupement d'intérêt économique.
- Loi n°87-31/AN-RM du 29 août 1987 portant Régime Général des Obligations au Mali
- Le code des obligations civiles et commerciales du Sénégal
- Loi n° 88-14 du 5 janvier 1988, loi relative aux actions en justice des associations agréées de consommateurs et à l'information des consommateurs.
- Loi n° 89-421 du 23 juin 1989, loi relative à l'information et à la protection des consommateurs ainsi qu'à diverses pratiques commerciales.
- Loi n° 94-679 du 8 août 1994, loi portant diverses dispositions d'ordre économique et financier.
- Loi n° 2001-420 du 15 mai 2001, loi relative aux nouvelles régulations économiques.
- Loi n° 2002-1303 du 29 octobre 2002 modifiant certaines dispositions relatives aux mandats sociaux publiée au J.O. n° 254 du 30 octobre 2002.
- Loi n° 2003-706 du 1er août 2003, loi de sécurité financière.
- Directive 2007/36/CE du Parlement européen et du Conseil du 11 juillet 2007 concernant l'exercice de certains droits des actionnaires de sociétés cotées, Journal officiel n° L 184 du 14/07/2007 p. 0017 – 0024.
- Directive 79/409/CEE du Conseil du 2 avril 1979 et directive 92/43/CEE du Conseil du 21 mai 1992.
- Règlement n°09/05-UEAC-14 couche d'ozone qui a été réalisé en prenant en considération la Convention de Vienne de 1985 pour la protection de la couche d'ozone.
- Règlement n° 1221/2009 (J.O. UE du 22/12/2009.
- Circulaire n° 005 20011/CB/C/CB relative à la gouvernance des établissements de crédit de l'Union Monétaire Ouest Africaine.

VII- SITES INTERNET

OHADA : http ://www.ohadad.com
Chaire en éthique des affaires (Université de Montréal) : http ://www.cea.unmtreal.ca/

Cercles des jeunes dirigeants d'entreprise : http ://www.cjd.net/
Business Social for Responsability Europe : http ://csreurope.org/
Site de RSEnews : http ://www.rsenews.com/public/index.php.
AFNOR : http ://www.afnor.org/
Iso : http :// www.iso.org/
American Bar Association : http ://www.Abanet.org/
Assemblée Nationale de la République Française : http ://www.Assemble-nationale.fr
Autorité des marchés financiers : http ://www.amf-France.org/
Chaire de dirigeance d'entreprise 'ESCP-EAP) :
http : www.escp.eap.net/fr/faculty_research/chairs/egchair/index.html
Comité des régulateurs européens : http ://www.cesr-eu.org/
Institut français des administrateurs de sociétés : http ://www.ifa-asso.com/
Institut de l'entreprise http ://www.institut-entreprise.fr
Institut français du gouvernement d'entreprise : http :// www.ifge-online.org/fr

ANNEXES

LES CODES DE BONNES PRATIQUES

BELGIQUE

Le Code belge LIPPENS

Provenance : la Commission Corporate Governance
Date : 9 Décembre 2004
http ://www.ecgi.org/codes/documents/bel_code_dec2004_fr.pdf

L'auteur du code

Crée à l'initiative de la Commission bancaire, financière et des assurances, d'Euronext Bruxelles et de la Fédération des entreprises de Belgique, la Commission corporate Govenernance a été crée pour rédiger un code unique des meilleures pratiques de GE pour toutes les sociétés cotées en bourse.

L'objet et historique du code

Regroupant les principaux acteurs du monde des affaires belge, ce code a pour ambition de servir de modèle au législateur. Le but du code est de contribuer à la création de valeur à long termes.

Le contenu, l'esprit et l'impact du code

Ce code est très flexible et s'adresse à des entreprises de toute taille. Il est fondé sur le principe « comply or explain » (se conformer ou s'expliquer) d'origine anglaise. Ce code comporte 9 principes qui doivent être adopté par toutes les sociétés. Son impact est national.

ETATS-UNIS

Global Corporate Governance Principles

Provenance : CalPERS

Date : 1999

http ://www.ecgi.org/codes/documents/calpers.pdf

L'auteur du code

Ce document nous présente les principes internationaux de gouvernement d'entreprise adoptés par « CalPERS », le plus grand fonds de pension public américain.

L'objet et historique du code

Celui-ci a pour but d'assurer aux employés publics californiens des revenus constants et conséquents tout au long de leur retraite, tout en minimisant le coût que cet avantage représente pour eux.

Le contenu, l'esprit et l'impact du code

CalPERS a décidé d'instaurer au sein de son organisation une politique de gouvernement d'entreprise afin de maximiser la rentabilité de son fonds d'investissements. Son impact est considérable et dépasse largement les frontières américaines car calPERS est le gros fonds de pension américain et ioue un rôle de guide pour les autres fonds de pension.

TIAA- CREF Policy Statement on Corporate governance

Provenance : Teacher Insurance and Annuity Association- College Retirement Equities Fund

Date : March 2000.

http ://www3.tiaa-cref.org/bookstore/detail.do?id=146

L'auteur du code

"Teachers Insurance and Annuity Association- College Retirement Equities Fund" (TIAA-CREF) est un fonds de pension de professeurs, investisseur à long terme sur les marchés des actions américains et internationaux.

L'objet et l'historique du code

Le code a été rédigé dans le sillage de celui de CalPERs ; TIIA reconnait que le développement, la vitalité et l'intégrité des sociétés cotées sont des points critiques pour la force des investissements du TIAA-CREF et pour l'économie toute entière du pays et la société. L'objectif de son rapport est de servir de base de dialogue avec les conseils d'administration et les cadres dirigeants, avec pour objectif d'améliorer les pratiques de gouvernance d'entreprise et d'augmenter la valeur pour l'actionnaire à long terme.

Le contenu, l'esprit et l'impact du code

Bien que nombre des spécifications contenues dans ce rapport se rapportent principalement aux sociétés constituées aux Etats-Unis, les principes généraux s'appliquent à toutes les sociétés cotées dans lesquelles le TIAA-CREF est susceptible d'investir. La révision régulière de ce code reflète la réaction du TIAA-CREF aux principaux échecs de GE récents, au dysfonctionnement du marché, aux réponses législatives ainsi qu'aux régulations qu'ils ont entraînées, l'impact de ce code est important aux Etats –Unis et ailleurs.

International Comparison of Corporate Governance : Guidelines and Codes of Best Practice in Developed Markets

Provenance : Weil, Gotshal & Manges LLP

Date : 2001

Http :
www.ecgi.org/codes/documents/international_comparison_developed_markets.pdf

L'auteur du code

WEIL, GOTSHAL & MANGES LLP, fondé en 1931, est devenu l'une des sociétés les plus importantes et les plus prestigieuses dans le secteur des services juridiques complets, avec environ 650 avocats répartis dans 11 bureaux à travers le monde. L'auteur de cette étude, H.J. GREGORY, est une associée de WEIL, GOTSHAL & MANGES LLP à New- York, qui s'est spécialisée en GE en tant que pratique juridique. Dans le domaine des politiques publiques, Mme GREGORY a travaillé sur différents projets de GE pour le compte de l'OCDE, la Commission européenne, la banque mondiale, et la SEC. Elle a, entre autres, joué le rôle de Conseiller juridique auprès du Egon Zehnder International « Institutional Investors Advisory Group ».

L'objet et l'historique du code

Cette étude comparative s'organise selon les même lignes que celle de H.J. GREGORY, « International Comparison of Corporate governance Guidelines and Codes of Best Parctice In Developed Maekets » (1997, révision en 2000). Son « axe vertical » repose sur le « GENERAL MOTORS Board ofs Directors Corporate Governance guidelines on Significant Corporate Governance issues » ; la fin de l'étude englobe des questions subsidiaires que les GM Guidelines » ne traitent pas.

Le contenu, l'esprit et l'impact du code

Les conseils juridiques en GE de WEIL GOTSHAL, conduit par l'associé majoritaire I. M. MILLSTEIN couvrent la composition, la structure et les processus du conseil d'administration ; la rémunérationdes dirigeants et des administrateurs ; les responsabilités des administrateurs à propos des fusions, des essaimages et autres transactions extraordinaires ; les enquêtes internes ou gouvernementale sur la comptabilité prétendue ou autre mauvaise gestion de l'entreprise ; les initiatives et litiges des actionnaires, et le respect des lois fédérales et de l'Etat en matière de gouvernance, des réglementations des titres, des règles de cotations et des meilleures pratiques. Ce code est une source d'inspiration pour nombre de sociétés américaines.

Core Policies, General Principles, Positions & Explanatory Notes

Provenance : Council of Institutionnal Investors

Date : 25 March 2002

Http ://www.ecgi.org/codes/documents/cii_corp_gov_pol.pdf

L'auteur du code

Le conseil des Investisseurs institutionnels regroupe les investisseurs institutionnels britanniques

L'objet et historique du code

Le conseil supporte les initiatives de gouvernement d'entreprise et défend les pratiques de gestion responsable et de « good corporate citizenship ». Il pense que les pratiques de gouvernance d'entreprise devraient protéger les actionnaires et assurer une égalité de traitement financier de ces derniers. Il a établi une liste d'objectifs et de recommandations de « corporate governance » afin de mettre en place une meilleure gestion au sein des sociétés cotées. Les politiques fondamentales du conseil des investisseurs institutionnels doivent être complétées par les entreprises, car elles ne sont que des principes généraux des droits des actionnaires et plusieurs opinions générales sur les problèmes « types » de gouvernement d'entreprise. Les politiques de GE du Conseil des Investisseurs institutionnels établissent des objectifs et des lignes directrices à suivre par les sociétés cotées.

Le contenu, l'esprit et l'impact du code

Les politiques du Conseil n'engagent ni ses membres ni les sociétés. Elles sont conçues pour apporter des lignes directrices que le Conseil a jugées appropriées dans la majorité des situations. La plupart d'entre elles ont résisté à l'épreuve du temps, ayant plus d'une décennie d'expérience en entreprise. Mais les membres du conseil sont conscients

que les situations varient, et qu'ils ne font là que traiter les questions de politiques dans des situations particulières où les faits sous-jacents le justifient. Elles incluent des politiques structurelles considérées par le Conseil comme devant s'appliquer à toute entreprise, des principes généraux sur les droits des actionnaires et la responsabilité du CA, et un certain nombre de notes plus générales sur diverses problématiques de GE. Le Conseil espère que les CA des entreprises respecteront ou dépasseront ces standards, et adopteront en complément des politiques similaires pour mieux protéger les intérêts des actionnaires.
L'impact de ce code, national, est limité au monde de la gestion d'actif.

Principles of Corporate Governance

Provenance : The Business Roundtatle
Date : May 2002
http ://www.ecgi.org/codes/documents/brt_may2002.pdf

L'auteur du code

"The Business Roundtable" est une association de PDG "d'éminentes" societies américaines, qui compte plus de 4,5 trillions $ de chiffre d'affaires annuel et 10 millions d'employés. Les sociétés membres représentent près du tiers de la valeur totale du marché américain et de l'impôt sur les sociétés versés au gouvernement fédéral. Les sociétés du « Roundtable » donnent plus de 7 milliards $ par an toutes associations caritatives confondues, représentant près de 60% du total des dons d'entreprises. Elles sont à la pointe de l'innovation technologique, avec 86 milliard$ de dépenses annuelles en recherche et développement, près de la moitié du total des dépenses privées de R&D américaines.

L'objet et l'historique du code

Ses précédentes publications traitant de problèmes de GE incluaient :
- The Business Roundtable's statement on Corporate Governance and American Competitiveness (mars 1990),
- Statement on Corporate Responsibily (octobre 1981)
- The Role and Composition of the Board of Directors of the Large Public Owned Corporation (janvier 1978).

Le "Business Roundtable" pense que la meilleure façon d'entretenir la confiance du public et des investisseurs et de mettre en valeur le GE, passe par l'action consciencieuse, et tournée vers l'avenir, d'hommes d'affaires soucieux de générer de la valeur à long terme pour l'actionnaire, avec le plus d'intégrité possible.

Le Contenu, l'esprit et l'impact du code

Les six principes directeurs de GE doivent aider les sociétés cotées à) être compétitives, à créer des emplois et à générer de la croissance économique ; ils sont prévus pour assister la direction et le conseil d'administration dans leurs efforts individuels pour mettre en place les meilleures pratiques de gouvernement d'entreprise. Sept ans après sa dernière publication sur le GE, un grand nombre des pratiques qu'il avait soumis à considération sont devenus plus courantes. Cela résulte de l'action volontaire des milieux d'affaires en l'absence de nouvelles lois et régulations, et reflète l'impact positif des actionnaires intéressés. « The Business Roundtable » juge important de permettre aux processus de GE de continuer d'évoluer selon la même tendance à l'avenir. L'impact de ce code est très important aux Etats-Unis.

Commission on Public Trust and Private Enterprise Findings and Recommendations :

Part 2 : Corporate Governance

Provenance The Conference Board

Date : 9 January 2003

http ://www.ecgi.org/codes/documents/757.pdf

L'auteur du code

Le " Conference Board" organize des coférences , établit des previsions et évalue les tendances, délivre de l'information et des analyses, etv permet aux dirigeants de se rapprocher et d'apprendre les uns des autres. Quant au « Pew Charitable Trusts », il réaliste des investissements stratégiques pour aider les organismes et les citoyens à dévelloper des solutions pratiques aux problèmes difficiles. Il soutient les activités non lucratives dans le domaine de la culture, l'éducation, l'environnement, la santé et les services à la personne, les politiques publiques, et la réligion. En 2001, fort d'environ 4,3 milliards $ d'actifs, il avait engagé plus de 230 millions $ auprès de 175 organismes non lucratifs. La commission de douze personnes convoquée par le « Conference Board » comprend des leaders connus du milieu des affaires, de la finance, du service public et des universitaires. Bien que parrainée et appuyée par le « Conference Board », la commission jouit d'une totale indépendance et d'une grande autorité dans ses conclusions et recommandations ; elle est soutenue financièrement par Peter G. PETERSON, Président du groupe BLACKSTONE et de la Banque Fédérale de réserves de New-York, et John W. SNOW, PDG de CSX CORPORATION et ancien Président du Business Roundtable. Parmi les autres membres de la « Commission du Conference Board sur la confiance du public et l'esprit d'entreprise individuel » : John H. BIGGS, ancien PDG du TIAA-CREF ; John C. BOGLE, fondateur du Groupe VANGUARD ; Charles A. BOWSHER, ancien Contrôleur financier général des Etats-Unis ; Peter M. GILBERT,

Directeur des investissements du système de retraites des fonctionnaires du Commonwealth de Pennsylvanie ; Andrew S. GROVE, Président d'INTEL CORPORATION ; Ralph S. LARSEN, ancien PDG de JOHNSON & JOHNSON et ancien Président du Business Council, Arthur LEVITT Jr. , ancien Président de la SEC et de l'american Business Conference, Lym SHARP PAINE, professeur à la Harward Business School, Waren. B. RUDMAN, ancien sénateur (Paul, Weiss, Rifkind, Wharton& Garrison) , Paul A. VOLCKER, ancien Président du conseil des gouverneurs de la Reserve fédérale.

L'objet et l'historique du code

Le « conference Board » a convoqué cette commission pour analyser les causes de la perte de confiance du public et des investisseurs envers les sociétés, leurs dirigeants et les marchés de capitaux américains. Son objectif est de traiter des problèmes de rémunération (partie I), de gouvernance (partie 2), et d'audit et comptabilité (partie 3) et d'emettre des recommandations en termes de bonnes pratiques. En tant qu'organisme à but non lucratif, oeuvrant comme organisme indépendant et global dans l'intérêt du public, le « Conference Board » crée et dissémine la connaissance du management et du marché afin d'aider les entreprises à renforcer leurs performances et mieux servir la société.

Le contenu, l'esprit et l'impact du code

Le code institué cherche à stabiliser l'actionnariat des entreprises cotées, son impact est très important aux Etats-Unis.

Restoring Trust- The Breeden Report on Corporate Governance for the future of MCI, Inc.

Provenance : The United States District Court for the southern District of New- York.

Date : August 2003

http//www.ecgi.org/ codes/ documents/ breeden_cg_report.pdf

L'auteur du code

Ce rapport a été préparé par l'ancien Président de la SEC, Richard C. Breeden, pour le juge du tribunal d'instance des Etats-Unis sur le district sud de New -York, qui supervise la faillite de MCI.

L'objet et l'historique du code

« Restoring trust » n'est pas une simple étude sur le GE. Elle est aussi destinée à servir de plan de travail pour l'action. La mise en demeure permanente et les injonctions postérieures de la Cour ont nécessité de developper des recommandations destinées à
empêcher que ne se reproduisent les abus en matière de GE qui ont contribué à l'effondrement de WORLDCOM. Ainsi « Restoring Trust »

est non seulement une étude, mais également un plan d'action pour des changements qui seront mis en place.

Le contenu, l'esprit et l'impact du code

Ses 78 recommandations ont été développées conformément aux termes de la mise en demeure permanente prononcée en novembre 2002 par J.S. RAKOFF du Tribunal d'instance des Etats –Unis pour le district sud de New-York à propos du procès intenté par la SEC (Securities & Exchange Commission) à WORLDCOM, Inc. L'impact de ce code, lié à la personnalité de son auteur, est fort.

Asset Manager Code of Professional Conduct

Provenance : CFA center for Financial Market Integrity

Date : November 2004

http//www.cfainstitute.org/pressroom/05releases/20050429_01.html

L'auteur du code

Le CFA Center for Financial Market Integrity est le centre de recherché et de politiques de " l'Institut FCA", une association professionnelle internationale d'analyse financier à but non lucratif qui gère le programme du Chartered Financial analyst à travers le monde.

L'objet et l'historique du code

Crée afin de développer des solutions pertinentes et pratiques aux problématiques rencontrées sur les marchés internationaux des capitaux, ce centre défend les intérêts des investisseurs en promouvant des standards élevés qui existent en termes d'éthique et de professionnalisme au sein de la communauté des investisseurs. « L'Institut du CFA », ex- AIMR (Association for Investment Management and Research, jusqu'en 2004) compte 76000 membres à travers 117 pays, dont les 64000 détenteurs de diplôme CFA et 131 associations professionnelles affiliées. Le « code du gérant d'actifs » s'adresse aux sociétés encore privées de code éthique ou qui ne sont pas soumises à enregistrement auprès d'un régulateur, comme les hedge funds. Quant aux investisseurs institutionnels qui respectent déjà un code de conduite, ce nouveau code peut leur permettre d'évaluer leurs propres pratiques. Le Centre du CFA met en avant un ensemble de standards éthiques et professionnels à l'attention des sociétés de gestion d'actifs en compte séparés ou fonds communs, y compris les hedge funds, les FCP et les SICAV. Il renforce la protection de l'investisseur en encourageant les sociétés à adhérer volontairement à un ensemble de standards éthiques stricts.

Le contenu, l'esprit et l'impact du code

Le code fournit aux gérants d'actifs des lignes directrices spécifiques et pratiques, qui ont pour vocation de couvrir l'ensemble de la relation gérant-client. Ce code traite principalement les défaillances qui ont miné la confiance des investisseurs dans le metier de la gestion d'actifs. L'adoption de ce code est de nature à favoriser le comportement éthique dans le secteur de l'investissement. Toute société d'investissement devrait suivre bun code éthique, car l'autorégulation, qui dépasse le minimum requis par la loi, rend les marchés plus efficients. L'impact de ce code est assez modeste.

France

Vienot I Report

Provenance : Conseil National du Patronat français (CNPF)
Association Française des Entreprises Privées
Date June 1995
http ://www.ecgi.org/codes/documents/vienot1_fr.pdf

Vienot II Report

Provenance : Mouvement des Entreprises de France (MEDEF)
Date July 1999
http ://www.ecgi.org/codes/documents/vienot2_fr.pdf

Promoting Better Corporate Governance In Listed Companies (BOUTON report)
Provenance : AFEP- AGREF MEDEF
Date : 23 September 2002
http ://www.ecgi.org/codes/documents/rapport_bouton.pdf

L'auteur du code

Ce rapport est issu d'un groupe de travail preside par Daniel Bouton, Président de la Banque Société Générale sous l'égide du MEDEF et en association avec l'AFEP.

L'objet et l'historique du code

En juillet 1999 a ainsi été publié un rapport mis au point par un groupe de présidents de sociétés cotées, le rapport Viénot II, faisant suite au rapport Viénot I, publié n juillet 1995 sous le titre « Le conseil d'administration des sociétés cotées ». Faisant suite aux conclusions du rapport de 1995 sur le gouvernement d'Entreprise de faire, trois ans après, l'état de la mise en œuvre des recommandations formulées par le Comité, celui-ci s'est effectivement réuni vers la fin de l'année 1998, à la demande de l'association Française des Entreprises Privées (AFEP) et du Mouvement des Entreprises de France (MEDEF).

M. Marc VIENOT, Président d'honneur de la SOCIETE GENERALE d'alors, a été désigné pour présider ce Comité pour la seconde fois. Le Comité a soumis son rapport en juillet 1999. En avril 2002, M. Bertrand Collomb, Président de l'AFEP-EGREF (Association Française des Entreprises Privées) et M. Ernest Antoine Seillière, Président du MEDEF, ont souhaité mesuré si « l'adéquation entre l'attente des Investisseurs et des marchés, d'une part, et l'ensemble du corps des règles, normes et comportements, d'autre part, restait satisfaisante ». Ces deux organismes ont alors demandé à Daniel Bouton de constituer un nouveau groupe de travail pour examiner le fonctionnement des organes de direction des sociétés cotées et la qualité de l'information financière. Ce Comité de personnalité a rassemblé 11 présidents de grands groupes français et 3 représentants de groupe de réflexion.

Le contenu, l'esprit et l'impact du code

Il s'agit de promouvoir certains principes de bon fonctionnement et de transparence propres à améliorer leur gestion et leur image auprès du public et des investisseurs. Ces codes ont un fort impact en France et ont inspiré le législateur.

Recommandations sur le gouvernement d'entreprise

Provenance : L'Association Française de la Gestion Financière (AFG)
Date : March 2004
http ://www.ecgi.org/codes/documents/fichier65.pdf
http ://www.afg.asso.fr/upload/3/fichier65.pdf

L'auteur du code

L'Association Française de la Gestion Financière (AFG) est une organisation professionnelle de la gestion pour compte de tiers, qui représente les professionnels français de la gestion d'actifs. Ces derniers gèrent près de 1600 milliards d'euros d'actifs (4e rang mondial), soit l'équivalent du PIB de la France, dont :

- 1000 milliards d'euros sous forme de gestion collective (OPCVM : SICAV et fonds communs de placement, premier rang européen).
- et le solde sous forme de gestion individualisée sous mandat.

L'objet et l'historique du code

Le CA de l'AFG avait décidé la constitution en 1997 de la Commission du gouvernement d'entreprise, présidée par J-P. HELLEBUYCK, et lui avait notamment assigné pour objectif la publication d'un code de GE rassemblant les demandes des gestionnaires. Les recommandations issues de ses premiers travaux, publiées en 1998, on fait l'objet d'une réactualisation en octobre 2001 et au cours de l'année 2004 ; le document 2006 en est donc la 4e version.

Le contenu, l'esprit et l'impact du code

Les recommandations s'appliquent aux sociétés françaises dont les titres sont admis à la négociation sur un marché réglementé français, et leurs principes généraux à tous les investisseurs que les gestionnaires réalisent à l'étranger. Elles constituent des critères de vote destinés à guider les gestionnaires adhérant à l'AFG. Elles n'ont pas vocation à se traduire nécessairement par des adaptations législatives. Ces recommandations s'adressent essentiellement aux sociétés de gestion dans leur sélection d'entreprise faisant appel public à l'épargne. L'objectif est de développer la valeur des investissements des clients. L'impact de cet excellent code est important en France et dépasse les frontières du monde de la gestion d'actifs.

GRANDE-BRETAGNE

Cadbury Report (The Financial Aspects of Corporate Governance)

Provenance : Financial Reporting Council London Stock Exchange the accountancy profession

Date : 1er December 1992

http ://www.ecgi.org/codes/documents/cadbury.pdf

L'auteur du code

Le Comité fut constitué en mai 1991 par le " Financial Reporting Council", la Bourse de Londres et les professionnels de l'expertsie comptable. Ses membres sont : Sir A. CADBURY (Président) ; I. BUTLER, membre du Council, ex- Président, Comité des entreprises du CBI ; J. BUTLER, Associé majoritaire, KPMG PEAT MARWICK ; J. CHARKHAM, Conseiller auprès du Gouverneur de la Banque d'Angleterre ; H. COLLUM, Président, Groupe des administrateurs financiers, Sir R. DEARING, Président « Finacial Reporting Council », A. LIKIERMAN, Professeur de comptabilité et de contrôle financier, London Business School ; N. MACDONALD, Vice- Président, Institut des Expert- Comptables agrées d'Ecosse, M. SHELDON, Président, LAW SOCIETY ; Sir A. H. SMITH, Président, Bourse de Londres ; Sir D. DE TRAFFORD, Bt. Président, Institut des administrateurs.

L'Objet et l'historique du code

Le Comité s'est mis en place pour traiter des aspects financiers du GE. Les causes fondamentales avancées étaient le relâchement des normes comptables, l'absence d'un cadre clair garantissant que les administrateurs maintiennent les contrôles dans leur travail. Le Comité s'est réuni dans un climat économique difficile, suite aux affaires BCCI et MAXWELL, exposant les rapports et les comptes des sociétés à un examen minutieux d'une rigueur inhabituelle. L'objectif du Comité est de permettre d'élever les standards de GE et le niveau de confiance envers le reporting financier et l'audit, en exposant clairement les responsabilités respectives des personnes impliquées et ce qu'on attend d'elles.

Le contenu, l'esprit et l'impact du code

Les recommandations du Comité se concentrent sur les fonctions de contrôle et de reporting des CA, et sur le rôle des auditeurs. Au cœur des recommandations du Comité se trouve un code de bonnes pratiques conçu pour atteindre le niveau nécessairement élevé de comportement d'entreprise. La Bourse de Londres tente d'exiger que toute société cotée enregistrée au RU expose si elle se conforme au code et qu'elle justifie toute zone de non- conformité. Le rapport CADBURY a eu un double impact : Il est appliqué par la Bourse de Londres et il bénéficie de l'aura du « code fondateur ».

UNION EUROPEENNE

Corporate Governance in Europe

Provenance : Report of a CEPS Working Party

Date June 1995

http ://www.ecgi.org/codes/documents/ceps_june1995.pdf

L'auteur du code

Les travaux ont été présidés par Dr. U. BOSCH, Senior Vice Président, DEUTSCHE BANK. Ce rapport résulte d'une réunion de travail de CEPS (Centre d'Etudes des politiques européennes) visant à orienter la politique de GE dans l'Europe de demain.

L'objet et l'historique du code

Dans une approche actionnariale[757], le premier code transnational s'est inspiré du code CADBURY. L'objet du code est de proposer un ensemble de lignes directrices pour le GE à l'intérieur de l'UE.

Le contenu, l'esprit et l'impact du code

Très européen, ce code a eu une influence sur la convergence des esprits en Europe.

---

757 « Corporate governance refers mainly to the relationship between the owners and managers of a corporation", p. V.

OCDE

OCDE Principles of Corporate Governance

Provenance : Organization for Economic Co-operation and Development

Date : May 1999

http ://www.ecgi.org/codes/documents/principle_fr.pdf

L'auteur du code

L'organisation pour la coopération et le développement économique qui réunit 30 des pays les plus riches de la planète.

L'objet et l'historique du code

« Les principes relatifs au gouvernement d'entreprise (GE) ont pour objet d'aider les gouvernements des pays Membres et des pays non membres à évaluer et améliorer le cadre juridique, institutionnel et réglementaire régissant, à l'échelon national, l'organisation du pouvoir dans l'entreprise, et de proposer des orientations et des suggestions aux autorités boursières, aux investisseurs, aux sociétés et à d'autres parties intervenant dans le processus d'élaboration d'un système efficace de gouvernement d'entreprise ».

Le contenu, l'esprit et l'impact du code

Il n'existe pas de modèle unique de gouvernement d'entreprise. Néanmoins, les travaux réalisés dans les pays Membres et au sein de l'OCDE ont permis de dégager certains éléments communs qui concourent à la qualité du gouvernement d'entreprise. Les Principes s'appuient sur ces éléments communs et sont énoncés de façon à couvrir les différents modèles existants. Ils mettent l'accent sur les problèmes de gouvernement d'entreprise résultant de la séparation entre propriété et contrôle du capital. L'impact de ce code, lié au prestige et au sérieux de l'institution est fort.

Draft Guideline on Corporate Governance of State-owned Enterprises

Provenance : Organization for Economic Co-operation and Development (OECD)

Date : 20 December 2004

http ://www.ecgi.org/codes/documents/oecd_guidelines_dec2004.pdf

L'objet et l'historique du code

Dans les années 80 et 90, de grandes vagues de privatisation eurent lieu dans les pays de l'OCDE comme ailleurs. La plupart d'entre eux repensent désormais l'organisation et le management des entreprises contrôlées par l'Etat, et se tournent vers les recommandations de l'OCDE pour orienter leurs réformes. L' « OECD Steering Gruop on Corporate Governance » mandata en juin 2002 le « Groupe de travail sur la

Privatisation et le GE d'actifs possédé par l'Etat » d'établir les lignes directrices et des bonnes pratiques de GE dans les entreprises publiques. Les conclusions du groupe de travail devaient être présentées à l'OCDE pour approbation en 2005.

Le contenu, l'esprit et l'impact du code

Ces recommandations portent sur la façon de régir la propriété au sein de l'administration publique, de nommer les administrateurs et les investir de responsabilités, et d'assurer la transparence. En exerçant de façon appropriée ses droits de propriété et ses responsabilités, l'Etat peut en effet jouer un rôle important dans le contrôle de la performance de l'entreprise et l'instauration de bonnes pratiques de GE, au profit firme et de la société. L'impact de ce code, lié au prestige et au sérieux de l'institution est non négligeable.

ICGN STatement on Global Corporate Governance Principles

Provenance : International Corporate Governance Network (ICGN)

Date : 8 July 2005

http ://www.ecgi.org/codes/documents/revised_principles_jul2005.pdf

L'auteur du code

L'ICGN a été fondé en 1995 sous l'impulsion des principaux investisseurs institutionnels comprenant des investisseurs, des entreprises, des intermédiaires financiers, des universitaires et d'autres personnes particulièrement intéressés par le développement généralisé des pratiques de gouvernement d'entreprise. L'un des objectifs de l'ICGN est de faciliter le dialogue international sur les préoccupations des investisseurs. Pour elle, cela va permettre aux entreprises de mener une compétition de manière plus efficace et aux économies de mieux prospérer. Etablir une communication productive entre investisseur et entreprises engendrera le plein emploi, de meilleurs salaires et une meilleure santé des actionnaires. L'ICGN estime également qu'il est dans l'intérêt du public d'encourager et de permettre aux propriétaires des entreprises de participer à leur gouvernance.

L'objet et l'historique du code

L'ICGN considère donc que c'est dans le meilleur intérêt des entreprises d'adhérer à ces recommandations, même en l'absence de toute exigence légale nationale d'application.

Grâce à ce procédé, l'ICGN maintient que les entreprises seront dotées d'une plus grande compétitivité et qu'elles pourront prospérer et faire des économies beaucoup plus significatives.

Le contenu, l'esprit et l'impact du code

L'objectif principal du code, dans un premier temps, est de convaincre les entreprises d'adopter les principes de gouvernement d'entreprise proposé par l'OCDE, que l'ICGN considère comme étant le minimum des standards à mettre en place. Dans un deuxième temps, elles devraient inclure les modifications avancées de ces principes préconisées par l'ICGN afin de rechercher une optimisation générale de leur manière de manager leurs activités. L'objectif primordial est donc de faire prendre conscience aux différents acteurs que sans l'application de ces règles de déontologie, ils ne pourront pas maximiser leurs rendements et courent un risque de dérive de leurs conduites. Les principes de gouvernement d'entreprise de l'ICGN mettent en lumière des éléments que prennent en compte les investisseurs dans leurs décisions d'investissement.
En 1999, les ministres représentant les 29 gouvernements composant l'OCDE ont avalisé des principes de gouvernement d'entreprise qui sont devenus le minimum des normes acceptables pour les entreprises et les investisseurs à travers le monde. L'OCDE, a révisé ces principes en 2004. L'ICGN y a participé en lui soumettant certains principes qu'elle avait identifiés.

CHARTE DE L'ADMINISTRATEUR DE L'INSTITUT SENEGALAIS DES ADMINISTRATEURS (ISA)

Préambule

L'objet de la présente Charte est de contribuer à la qualité du travail des Administrateurs en favorisant l'application des principes et bonnes pratiques de gouvernement d'entreprise que commandent l'éthique et l'efficacité.
Les Administrateurs – de sociétés cotées et non-cotées – membres de l'ISA s'engagent à adhérer aux règles directrices contenues dans la présente Charte et à les mettre en œuvre.

Article 1 – Administration et intérêt social

L'administrateur doit agir en toute circonstance dans l'intérêt social de l'entreprise. Il doit, quel que soit son mode de désignation, se considérer comme représentant l'ensemble des actionnaires.

Article 2 – Respect des lois et des statuts

L'Administrateur doit prendre la pleine mesure de ses droits et obligations. Il doit notamment connaître et respecter les dispositions légales et réglementaires relatives à sa fonction, ainsi que les règles propres à la société résultant de ses statuts et du règlement intérieur de son Conseil

Article 3 – Exercice des fonctions : principes directeurs

L'Administrateur exerce ses fonctions avec indépendance, loyauté et professionnalisme.

Article 4 – Indépendance et devoir d'expression

L'Administrateur veille à préserver en toute circonstance son indépendance de jugement, de décision et d'action.

Il s'interdit d'être influencé par tout élément étranger à l'intérêt social qu'il a pour mission de défendre.

Il alerte le Conseil sur tout élément de sa connaissance lui paraissant de nature à affecter les intérêts de l'entreprise.

Il a le devoir d'exprimer clairement ses interrogations et ses opinions. Il s'efforce de convaincre le Conseil de la pertinence de ses positions. En cas de désaccord, il veille à ce que celles-ci soient explicitement consignées aux procès-verbaux des délibérations.

Article 5 – Indépendance et conflit d'intérêts

L'Administrateur s'efforce d'éviter tout conflit pouvant exister entre ses intérêts moraux et matériels et ceux de la société. Il informe le Conseil de tout conflit d'intérêt dans lequel il pourrait être impliqué. Dans les cas où il ne peut éviter de se trouver en conflit d'intérêt, il s'abstient de participer aux débats ainsi qu'à toute décision sur les matières concernées.

Article 6 – Loyauté et bonne foi

L'Administrateur ne prend aucune initiative qui pourrait nuire aux intérêts de la société et agit de bonne foi en toute circonstance. Il s'engage personnellement à respecter la confidentialité totale des informations qu'il reçoit, des débats auxquels il participe et des décisions prises.

Il s'interdit d'utiliser pour son profit personnel ou pour le profit de quiconque les informations privilégiées auxquelles il a accès. En particulier, lorsqu'il détient sur la société où il exerce son mandat d'Administrateur des informations non rendues publiques, il s'abstient de les utiliser pour effectuer ou faire effectuer par un tiers des opérations sur les titres de celle-ci.

Article 7 – Professionnalisme et implication

L'Administrateur s'engage à consacrer à ses fonctions le temps et l'attention nécessaires.

Il s'informe sur les métiers et les spécificités de l'entreprise, ses enjeux et ses valeurs, y compris en interrogeant ses principaux dirigeants. Il participe aux réunions du Conseil d'Administration avec assiduité et diligence. Il s'efforce de participer à au moins un des comités spécialisés du Conseil, lorsqu'il(s) existe(nt).

Il assiste aux Assemblées Générales d'actionnaires. Il s'efforce d'obtenir dans les délais appropriés les éléments qu'il estime indispensables à son information pour délibérer au sein du Conseil en toute connaissance de cause.
Il s'attache à mettre à jour les connaissances qui lui sont utiles et a le droit de demander à l'entreprise les formations qui lui sont nécessaires pour le bon exercice de sa mission.

Article 8 – Professionnalisme et efficacité

L'Administrateur contribue à la collégialité et à l'efficacité des travaux du Conseil et des comités spécialisés éventuellement constitués en son sein. Il formule toute recommandation lui paraissant de nature à améliorer les modalités de fonctionnement du Conseil, notamment à l'occasion de l'évaluation périodique de celui-ci.
Il accepte l'évaluation de sa propre action au sein du Conseil.
Il s'attache, avec les autres membres du Conseil, à ce que les missions de contrôle soient accomplies avec efficacité et sans entraves. En particulier, il veille à ce que soient en place dans l'entreprise les procédures permettant le contrôle du respect des lois et règlements, dans la lettre et dans l'esprit.
Il s'assure que les positions adoptées par le Conseil font l'objet, sans exception, de décisions formelles, correctement motivées et transcrites aux procès-verbaux de ses réunions.

Article 9 – Application de la Charte

S'agissant de principes essentiels au bon fonctionnement d'un Conseil d'Administration, les Administrateurs membres de l'ISA s'efforcent de veiller à la bonne application de la présente Charte au sein des Conseils auxquels ils participent.
Dans le cas où un Administrateur membre de l'ISA n'est plus en position d'exercer ses fonctions en conformité avec celle ci, soit de son propre fait, soit pour toute autre raison y compris tenant aux règles propres à la société où il exerce son mandat, il doit en informer le Président du Conseil d'Administration, rechercher les solutions permettant d'y remédier et, à défaut d'y parvenir, en tirer les conséquences personnelles.

***

Les recommandations de la présente Charte ont été rédigées par référence aux sociétés anonymes à Conseil d'Administration.
Elles concernent également les sociétés anonymes à Directoire et Conseil de Surveillance pour les membres de ces derniers.
FAIT à DAKAR le 22 Mai 2006

Pour les membres fondateurs de l'ISA
Le Président, Abdoul MBAYE

Arrêt de la Cour Suprême du Canada rendue le 29 octobre 2004

Les faits étaient les suivants :

« Au début des années 1990, Wise Stores était cotée en bourse et exploitait quelque 50 grands magasins populaires dont les ventes annuelles s'élevaient à 100 millions. Les trois fils du fondateur, Lionel, Ralph et Harold Wise, étaient actionnaires majoritaires et administrateurs de la société. Peoples, avec ses 75 magasins, étaient une filiale de Marks & Spencer Canada Inc. (M&S) et générait des ventes de 150 millions de dollars, mais présentait des pertes d'exploitation annuelles de quelque 10 millions.

En 1992, Wise acheta Peoples pour 27 millions de dollars. Un solde important du prix de vente demeurait à payer à M&S sur une période de sept ans. Pour garantir sa position, M&S négocia des restrictions financières rigoureuses concernant les activités de Peoples. Celle-ci ne pouvait faire l'objet d'un regroupement avec Wise avant le paiement intégral du prix d'achat, et Peoples ne devait fournir aucune aide financière à Wise. Les frères Wise furent nommés seuls administrateurs de Peoples.

A la suite de l'acquisition, la direction regroupa l'administration et les achats des deux sociétés, et les exploita essentiellement comme une entité unique. La tenue d'une comptabilité parallèle et des ententes d'entreposage en commun des marchandises entraînèrent des problèmes administratifs désastreux, qui drainèrent 10 millions de capitaux propres des sociétés.

Lionel Wise consulta David Clément, Vice- président à l'administration et aux finances des sociétés, qui recommanda que celles-ci fassent une meilleure utilisation des systèmes informatiques en place. Cela exigeait que l'une des sociétés devienne acheteur pour le groupe, traite exclusivement avec les fournisseurs, gère les stocks et revende ensuite les marchandises demandées aux magasins de l'autre société. Tout cela pouvait être géré au moyen d'un logiciel unique qui contrôlerait instantanément les achats, les livraisons et l'état des stocks pour tous les magasins. Peoples fut alors désignée comme acheteur pour le groupe.

Mise en place en février 1994, la politique d'approvisionnement élimina les problèmes administratifs, mais fut mal accueillie par M&S, car elle pouvait avoir pour effet que Peoples finance Wise, situation interdite par le contrat de vente. M&S et Wise s'entendirent pour limiter à trois millions la somme due à Peoples par Wise et pour annuler la nouvelle politique dès l'exercice suivant. En octobre 1994, en raison d'un envoi massif de marchandises en préparation des fêtes, l'endettement de Wise envers Peoples atteignit 15 millions. De plus, les ventes de Peoples étaient en baisse et son déficit se comptait de nouveau en millions de dollars. C'en fut trop pour M&S qui demanda la nomination d'un séquestre pour contrôler les actifs de Peoples. En réaction, Wise et Peoples se placèrent sous la protection de la loi sur la faillite pour présenter une proposition à leurs créanciers. En janvier 1995, Wise et Peoples déposèrent une requête en faillite. La liquidation de leurs actifs fut suffisante pour couvrir la dette envers M&S et la Banque TD, les seuls créanciers garantis, mais les fournisseurs demeurèrent impayés ».

Le juge de première instance avait conclu qu'en mettant en place une nouvelle politique d'approvisionnement, les administrateurs de Peoples avaient manqué à leurs obligations envers la société. A son avis, une personne raisonnable aurait compris que la nouvelle procédure aurait pour effet de dépouiller Peoples de ses stocks et que celle-ci recevrait en contrepartie des comptes recevables de Wise, qui ne seraient probablement pas recouvrés et ne seraient pas recouvrables. Le juge ajouta plus tard qu'à son avis, les créances dues à peoples par Wise avaient entraîné Peoples vers la faillite.

La cour suprême a quant à elle jugé que la nouvelle politique constituait une décision d'affaires raisonnable visant à régler un problème grave pour les deux sociétés. Il est légitime que les administrateurs tentent de redresser les problèmes financiers d'une société. La Cour suprême a décrit l'obligation fiduciaire comme étant un « devoir de loyauté ». En vertu de cette obligation, les administrateurs doivent respecter la confiance que leur ont accordée les actionnaires. Pour ce faire, ils doivent éviter les conflits d'intérêts avec la société, éviter d'abuser de leur situation pour obtenir des avantages personnels et maintenir la confidentialité des renseignements qui leur sont communiqués dans le cadre de leur fonction d'administrateur.

Un problème de gestion des stocks avait une incidence négative sur les activités de Wise et de Peoples. Avec l'aide du vice-président à l'administration et aux finances, les frères Wise, motivé par le désir de faire de Wise et de Peoples de «meilleures entreprises», ont mis en place une solution. Cette motivation, en l'absence de fraude, de malhonnêteté et d'avantages personnels pour les administrateurs, va tout à fait dans le sens du devoir de loyauté.

Traditionnellement, on décrivait le fait d'agir au mieux des intérêts d'une société comme le fait d'agir au mieux des intérêts des actionnaires.

Cette simplification exagérée ne donne pas une image fidèle de la réalité complexe dans laquelle fonctionnent les sociétés.

Les décisions des administrateurs ont une incidence sur les intérêts de différents groupes (actionnaires, employés, créanciers, clients, gouvernement et collectivité, y compris en matière d'environnement) qui traitent avec les sociétés, qu'on appelle parfois les parties intéressées.

Il est donc légitime pour les administrateurs de tenir compte des conséquences de leurs décisions sur l'un de ces intérêts opposés. Mais les intérêts des parties intéressées ne devraient pas être confondus avec ceux de la société. Agir au mieux des intérêts d'une société revient essentiellement à rendre la société rentable, prospère et concurrentielle.

Les groupes des parties intéressées ont des intérêts opposés dont l'importance relative a tendance à varier en fonction de chaque situation.

Les administrateurs ne pourraient gérer adéquatement les affaires d'une société s'ils devaient vouer une loyauté à l'un ou l'autre groupe de parties intéressées selon les circonstances. C'est pourquoi la Cour suprême a rejeté l'argument selon lequel les administrateurs avaient du jour au lendemain des obligations fiduciaires envers les créanciers de la société du fait que celle-ci était «au bord de l'insolvabilité». Il s'agissait par ailleurs d'un argument auquel les administrateurs pouvaient difficilement répondre, étant donné que l'expression « au bord de l'insolvabilité» ne peut être définie et n'a aucune signification en droit».

Les administrateurs ont essentiellement des obligations envers la société, mais ils ne peuvent, dans leurs efforts pour créer une meilleure société, favoriser de façon injuste les intérêts de certaines parties intéressées au détriment d'autres. Quoique les administrateurs n'aient pas d'obligation fiduciaire envers les groupes de parties intéressées, celles-ci sont protégées par la loi. Un groupe ou une personne ayant subi un préjudice en raison des actions des administrateurs peut introduire auprès du tribunal une demande de redressement pour abus de droit.

Même si la nouvelle politique d'approvisionnement a été adoptée au mieux des intérêts de Peoples, qu'en est-il du fait que les frères Wise n'ont pas prévu la réaction négative de M&S (la politique violait les clauses du contrat de vente), l'incidence sur les flux de trésorerie de la société et l'endettement inter-société entre Peoples et Wise ? En fin de compte, le juge de première instance a conclu que la nouvelle politique avait entrainé Peoples vers la faillite. Peut- on dire que les administrateurs sont responsables de leurs mauvaises décisions ? Pas nécessairement.

C'est ici qu'entre en jeu l'obligation de diligence, selon laquelle les administrateurs sont tenus d'agir avec prudence, en s'appuyant sur les renseignements dont ils disposent. Ils doivent prendre des décisions d'affaires raisonnables. Il ne leur incombe pas de trouver la solution parfaite à tous les problèmes.

En général, on estimait antérieurement que l'obligation de diligence était une norme subjective plutôt souple. Pour être tenu responsable, l'administrateur devait être déclaré coupable d'aveuglement volontaire ou de négligence grave. La Cour suprême a élevé cette norme à un niveau objectif : «l'apparition de normes plus strictes force les sociétés à améliorer la qualité des décisions des conseils d'administration. L'établissement de règles de régie d'entreprise devrait servir de bouclier protégeant les administrateurs contre les allégations de manquement à leur obligation de diligence».

La Cour suprême reconnaît néanmoins que les tribunaux ne sont habituellement pas en mesure d'analyser adéquatement les avantages et inconvénients d'une décision donnée.

Elle a réitéré son appui à une approche de longue date adoptée par les tribunaux à l'échelle internationale, qui consiste à substituer après coup son opinion à celle des administrateurs pour évaluer les décisions des sociétés, compte tenu de l'expérience que possèdent les administrateurs et que ne possèdent pas les avocats et les juges. Les juges sont toutefois en mesure d'examiner le contexte dans lequel les décisions ont été prises et la façon dont elles l'ont été, pour déterminer « si l'on a exercé un degré de prudence et de diligence nécessaire pour en arriver à ce qu'on prétend être une décision d'affaire raisonnable ». Or, dans la mesure où les administrateurs ont choisi l'une des solutions raisonnables qui s'offraient, leur décision ne fera pas l'objet de révision judiciaire, sauf si l'ont peut démontrer qu'ils ont écarté « une autre transaction qui pouvait effectivement être réalisée et était manifestement plus avantageuse pour l'entreprise que celle qui a été choisie ».

Les administrateurs dans l'ensemble du pays devraient être soulagés d'apprendre qu'ils ont encore droit à l'erreur sans en être automatiquement tenus personnellement pour responsables.

De façon inattendue, la Cour suprême a conclu que les administrateurs avaient une obligation de diligence envers toutes les parties lésées par le manquement de ceux-ci à leurs obligations, y compris les créanciers de la société.

En outre, la Cour a accepté la position des administrateurs selon laquelle l'instauration de la nouvelle politique d'approvisionnement constituait une décision d'affaires raisonnable, prise en vue de corriger les problèmes graves et urgents. Fait plus important encore, la Cour a rejeté les conclusions du juge de première instance selon lesquelles la nouvelle politique avait causé l'insolvabilité de Peoples. Des problèmes beaucoup plus importants, notamment un contexte économique difficile et l'arrivée de Wal- Mart au Canada, étaient responsables de l'effondrement de Peoples.

INDEX THEMATIQUE

(Les chiffres renvoient aux numéros de paragraphe)

TABLE DES MATIERES

Structures éditoriales du groupe L'Harmattan

L'Harmattan Italie
Via degli Artisti, 15
10124 Torino
harmattan.italia@gmail.com

L'Harmattan Hongrie
Kossuth l. u. 14-16.
1053 Budapest
harmattan@harmattan.hu

L'Harmattan Sénégal
10 VDN en face Mermoz
BP 45034 Dakar-Fann
senharmattan@gmail.com

L'Harmattan Cameroun
TSINGA/FECAFOOT
BP 11486 Yaoundé
inkoukam@gmail.com

L'Harmattan Burkina Faso
Achille Somé – tengnule@hotmail.fr

L'Harmattan Guinée
Almamya, rue KA 028 OKB Agency
BP 3470 Conakry
harmattanguinee@yahoo.fr

L'Harmattan RDC
185, avenue Nyangwe
Commune de Lingwala – Kinshasa
matangilamusadila@yahoo.fr

L'Harmattan Congo
219, avenue Nelson Mandela
BP 2874 Brazzaville
harmattan.congo@yahoo.fr

L'Harmattan Mali
ACI 2000 - Immeuble Mgr Jean Marie Cisse
Bureau 10
BP 145 Bamako-Mali
mali@harmattan.fr

L'Harmattan Togo
Djidjole – Lomé
Maison Amela
face EPP BATOME
ddamela@aol.com

L'Harmattan Côte d'Ivoire
Résidence Karl – Cité des Arts
Abidjan-Cocody
03 BP 1588 Abidjan
espace_harmattan.ci@hotmail.fr

Nos librairies en France

Librairie internationale
16, rue des Écoles
75005 Paris
librairie.internationale@harmattan.fr
01 40 46 79 11
www.librairieharmattan.com

Librairie des savoirs
21, rue des Écoles
75005 Paris
librairie.sh@harmattan.fr
01 46 34 13 71
www.librairieharmattansh.com

Librairie Le Lucernaire
53, rue Notre-Dame-des-Champs
75006 Paris
librairie@lucernaire.fr
01 42 22 67 13

www.ingramcontent.com/pod-product-compliance
Lightning Source LLC
La Vergne TN
LVHW011149061026
849535LV00003B/666